Soft Skills für Softwareentwickler

Uwe Vigenschow ist Abteilungsleiter bei Werum IT Solutions GmbH. Daneben ist er auch als Mediator und Fachautor mehrerer Bücher und zahlreicher Artikel aktiv. In dieses Buch sind über 30 Jahre Erfahrung als Entwickler, Berater, Freiberufler, Projektleiter und Führungskraft bei verschiedenen Firmen und in unterschiedlichen Branchen eingeflossen.

Björn Schneider ist als Leiter People & Organisation bei der Hypoport AG beschäftigt. Sein Bereich ist für die Personal- und Organisationsentwicklung auf Basis des agilen Mindsets von ca. 1500 Mitarbeitern bei dem stark wachsenden Finanzdienstleister zuständig. Neben der Leitung führt er persönliche Coachings, Beratungen und Trainings durch und konzipiert bzw. moderiert Workshops. Seit 1995 hat er verschiedene Rollen durchlebt, wie z.B. Softwareentwickler, (Multi-)Projektleiter, Führungskraft, personalverantwortlicher Bereichsleiter, Trainer und Berater, Geschäftsführer eines Beratungsunternehmens sowie Coach für Führungskräfte.

Ines Meyrose ist selbstständige Imageberaterin und Mediatorin. Die Kommunikationswirtin bietet seit 2005 Seminare, Workshops und Einzelcoachings zu Kommunikation und Außendarstellung von Firmen und Menschen an. Zuvor arbeitete sie langjährig im Dienstleitungs- und Vertriebsbereich mit Personalverantwortung. Als Moderatorin begleitet sie Projekte und Prozesse, als Mediatorin ist sie im Konfliktmanagement für Unternehmen tätig. Ines Meyrose ist Mitglied der Versammlung Eines Ehrbaren Kaufmanns zu Hamburg e.V. und Mentorin an der Hamburg School of Business Administration.

Papier plus+ PDF.

Zu diesem Buch – sowie zu vielen weiteren dpunkt.büchern – können Sie auch das entsprechende E-Book im PDF-Format herunterladen. Werden Sie dazu einfach Mitglied bei dpunkt.plus+:

www.dpunkt.plus

Transformation, 5
Transparenz, 93
Traumdeutung, 312, 318
Trennungsphase, 269
Trivialentscheidungen, 325
Tuckman, Bruce W., 268
Typen, 171, 172
    AAAA – allgemeinwissender, allgegenwärtiger arroganter Architekt, 179
    besserer Verkäufer, 197
    Choleriker, 220
    formaler Prozessler, 225
    freundlicher Kollege, 215
    Hacker, 188
    Konzepteklopfer, 207
    Mr. 120 %, 192
    No-Future-Entwickler, 175
    Visionär, 210
    XXPler: eXtreme eXtreme Programmer, 184
    zurückgezogener Spezialist, 201
Typologie, 132, 141, 319
typologische Komponenten, 320

U

Über-Ich, 312, 313
Überlebenshaltungen, 263
Übermensch-Ich, 259
Überprüfbarkeit, 55
Überstunden, 244
Umfeld, 7
Umfeldbewertung, 15
Umfeldbeziehungen, 14
Umfeldgrößen, 15
Umfeldgruppen, 14, 18, 19
Umfeldsysteme, 15
UML, 56, 84, 157
UML-Werkzeuge, 82
Umorientierungsphase, 269
Unbekanntes, 123
unbewusste Inkompetenz, 97
unbewusste Kompetenz, 97
Unbewusstes, 52, 99, 100, 103, 113, 312, 313, 315, 316
Unentschlossene, 18
Unfreiheit, 112
Ungeborgenheit, 112
Unified Modeling Language, *siehe* UML
Universalist, 197
Universalquantor, 53, 56, 58
Unsicherheit, 53, 112
Untermensch-Ich, 259
Unterschiedlichkeit, 140
Unterstützer, 18, 21
Unwesentliche, 21
Unzulänglichkeiten, 146

V

Veränderer, 18
Veränderung, 234
Veränderungsbarrieren, 19
Veränderungsprozess, 96
Verantwortlichkeit, 11, 23, 87, 125, 272
Verantwortlichkeitsgrenze, 87, 103, 166
Verdrängung, 313, 315
Verfolger, 159, 160
Verfolger-Rolle, 336
Vergänglichkeit, 112
Vergleich, 53, 55
Vergleichsreferenz, 55
Verhalten, 68, 331
    abwertendes, 7, 87
    arrogantes, 87
Verhaltensänderung, 65, 87, 88
Verhaltenskreuz, 327
Verhaltensmuster, 113
Verhaltensweisen, 67
Verhandlung, 293
    Vorbereitung, 294
    Ziel, 295
Verhandlungsführer, 296
Verhandlungslinie, 299
Verhandlungspartner, 302
Verhandlungsstrategie, 297
Verhärtung, 256
Verlässlichkeit, 29
Vermittler, 23, 245
vernetzte Struktur, 3
Versagensängste, 125
Verschiebung, 314
Verstehen, 333
Vertrag, 8
Vertrauen, 27, 87, 109, 110, 328
Vertrauensverlust, 257
Vertrieb, 16
Verweigerung, 282
Videounterhaltung, 82
vier Aspekte, 325
vier Ohren, 115, 116, 118, 119, 127, 325, 327
vier Schnäbel, 115, 118, 327

Vier-Quadranten-Modell, 132, 134, 140, 141, 171, 172, 176, 177, 192, 241, 262, 267, 305, 306, 321
Visionär, 133
Visualisierung, 36, 37, 80, 95, 280
Vorgehensmodell, 8
Vorgeschichte, 130
Vorsicht, 328
Vorstand, 16
Vorträge, 136
Vorurteil, 7
Vorwissen, 86

W

W-Frage, *siehe* Frage
Wachheit, 101
Wahlfreiheit, 52
Wahrhaftigkeit, 164
Wahrnehmung, 5, 127
Wahrnehmungsfunktion, 320
Walkthrough, 58
Wandlung, 112
Warum-Typus, 133
Was-Typus, 133
Watzlawick, Paul, 117
Wechsel, 112, 329
Werkzeug, 8
Werte, 92, 95, 146, 237, 329, 339
Werte- und Entwicklungsquadrat, 325
Wertegefüge, 339
Wertekonflikt, *siehe* Konflikt
Wertepriorität, 340
Wertequadrat, 164, 328, 329
Wertschätzung, 27, 66, 67, 86–88, 104, 140, 246, 249, 272, 305, 327, 328, 330
Whiteboard, 82, 86, 90, 95
Widerstand, 279, 315
Wie-Typus, 133
Win-lose, 257, 259, 286
Win-win, 256, 259, 285
Wirklichkeit, 52
Wirkung, 164
Wirkungsgrad, 302
Wirtschaftlichkeit, 29
Wissenschaftler, 133
Wissensgedächtnis, 103
Wohin-noch-Typus, 133
Wohlbefinden, 103
Workshop, 11
Wortwahl, 86

X

XP, 35, 177, 251

Z

Z-Problemlösungsmodell, 142, 240
Zersplitterung, 258
Zerstörungstrieb, *siehe* Destrudo
Ziel, 25, 86, 95, 130, 279, 294
Zielgleichheit, 27
Zielkonflikt, 22, 243, 253
Zielkonsens, 246
Zugehörigkeit, 112
Zusammenarbeit, 34, 172
Zustandsmodell, 157
Zustimmung, 43, 44
Zuwendung, 27
Zwang, 130

Uwe Vigenschow · Björn Schneider · Ines Meyrose

Soft Skills für Softwareentwickler

Fragetechniken, Konfliktmanagement,
Kommunikationstypen und -modelle

4., überarbeitete Auflage

Uwe Vigenschow
uwe@vigenschow.com

Björn Schneider
mail@bjoernschneider.de

Ines Meyrose
info@konflikte-mediation.de

Lektorat: Christa Preisendanz
Copy-Editing: Ursula Zimpfer, Herrenberg
Satz: Uwe Vigenschow
Herstellung: Frank Heidt
Umschlaggestaltung: Helmut Kraus, *www.exclam.de*
Druck und Bindung: mediaprint solutions GmbH, 33100 Paderborn

Bibliografische Information der Deutschen Nationalbibliothek
Die Deutsche Nationalbibliothek verzeichnet diese Publikation in der Deutschen Nationalbibliografie; detaillierte bibliografische Daten sind im Internet über *http://dnb.d-nb.de* abrufbar.

ISBN:
Print   978-3-86490-697-8
PDF   978-3-96088-825-3
ePub   978-3-96088-826-0
mobi   978-3-96088-827-7

4., überarbeitete Auflage 2019
Copyright © 2019 dpunkt.verlag GmbH
Wieblinger Weg 17
69123 Heidelberg

Hinweis:
Dieses Buch wurde auf PEFC-zertifiziertem Papier aus nachhaltiger Waldwirtschaft gedruckt. Der Umwelt zuliebe verzichten wir zusätzlich auf die Einschweißfolie.

Schreiben Sie uns:
Falls Sie Anregungen, Wünsche und Kommentare haben, lassen Sie es uns wissen: hallo@dpunkt.de.

Die vorliegende Publikation ist urheberrechtlich geschützt. Alle Rechte vorbehalten. Die Verwendung der Texte und Abbildungen, auch auszugsweise, ist ohne die schriftliche Zustimmung des Verlags urheberrechtswidrig und daher strafbar. Dies gilt insbesondere für die Vervielfältigung, Übersetzung oder die Verwendung in elektronischen Systemen.

Es wird darauf hingewiesen, dass die im Buch verwendeten Soft- und Hardware-Bezeichnungen sowie Markennamen und Produktbezeichnungen der jeweiligen Firmen im Allgemeinen warenzeichen-, marken- oder patentrechtlichem Schutz unterliegen.

Alle Angaben und Programme in diesem Buch wurden mit größter Sorgfalt kontrolliert. Weder Autor noch Verlag können jedoch für Schäden haftbar gemacht werden, die in Zusammenhang mit der Verwendung dieses Buches stehen.

5 4 3 2 1 0

Vorwort

»Warum Entwickler nicht zuhören und Fachbereiche nicht entwickeln können« – so hätte dieses Buch auch heißen können. Es geht um den zentralen Erfolgsfaktor *Kommunikation*. Projekte scheitern unserer Meinung nach nur selten aufgrund technischer Probleme. Dafür sind wir Softwareentwickler viel zu gute Problemlöser. Viel öfter scheinen die Ursachen im Bereich der *Soft Skills* zu liegen. Mit Themen wie Fragetechniken, Kommunikationsmodellen oder Konfliktmanagement haben wir im Gegensatz zu technischen Inhalten während unserer Ausbildung meist nur wenig Berührung gehabt.

Warum nur machen uns die anderen immer das Leben so schwer? Dabei könnte es doch so einfach sein. Bereits seit längerer Zeit arbeiten wir ganz agil direkt mit den Fachbereichen am Whiteboard zusammen. So entstehen Konzepte, deren Umsetzung bei den Anwendern eine hohe Akzeptanz haben wird. Es werden nur jene Aufgaben betrachtet, die wirklich realisiert werden sollen und zu gut wartbarem Code führen (Abb. 1).

Abbildung 1: In einer idealen Welt kommunizieren Entwickler und Mitarbeiter aus den Fachbereichen direkt und konfliktfrei.

Doch wie sieht es oftmals wirklich aus? So toll funktioniert das nicht mit der direkten Kommunikation. Häufig werden sogar mehr Konflikte offenkundig, als vorher durch schriftliche Konzeptübergaben auftraten (Abb. 2). Wird unsere Kommunikation also schlechter? Nein, dieser vermeintliche Nachteil ist einer der wesentlichen Vorteile: Die Konflikte werden früher sichtbar! Unterschwellig sind sie oft bereits vorhanden, bei indirekter Kommunikation können wir ihnen nur einfacher aus dem Weg gehen. Zumindest vorerst...

Abbildung 2: Häufig erleben wir in unserer realen Welt eine alles andere als konstruktive Kommunikation. Die gegenseitige, abwertende Meinung legt den Grundstein für aufkommende Konflikte.

Was sind die Ursachen dafür? Wie entstehen solche Konflikte und was können wir dagegen tun? Fangen wir mit den Ursachen an: Es sind die kleinen Grenzverletzungen und das tägliche Wildern im Verantwortlichkeitsbereich des anderen (Abb. 3).

Was passiert, wenn wir so etwas tun? Wir treten dem anderen bildlich auf die Füße, und dieser wird entsprechend reagieren. Nun werden wir glücklicherweise in unserem Berufsalltag nicht gleich handgreiflich. Die Reaktionen haben dennoch die gleichen Konsequenzen. Viele Konflikte finden darin ihre Ursache.

Warum tun wir das? Häufig liegt einem solchen Verhalten eine abwertende innere Einstellung zugrunde: *Ich bin O.K., du bist nicht O.K.* Typische Aussagen, die wir in diesem Zusammenhang von Entwicklern immer wieder gehört haben, lauten z. B.:

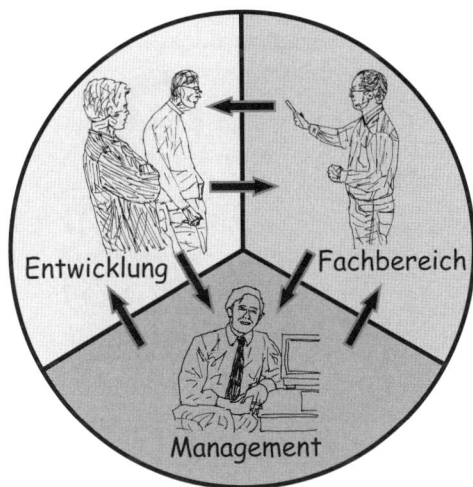

Abbildung 3: Konkrete Ursachen für Konflikte sind häufig die Grenzverletzungen an den gegenseitigen Verantwortlichkeitsbereichen. Entwickler mischen sich z. B. in die Anforderunganalyse ein oder Fachbereiche machen technische Vorgaben.

- »Da muss ich mich auf das Niveau einer Fachabteilung herab begeben!«
- »Die hat doch sowieso keine Ahnung!«
- »Das versteht der eh nicht!«
- »Dieser Erbsenzähler versteht die technischen Probleme nicht!«

Wenn wir versuchen, die andere Seite zu verstehen und uns in sie hineinversetzen, wird schnell klar, warum sie aggressiv oder ablehnend reagiert. So wie in Abbildung 4 möchten wir auch nicht behandelt werden. Wir werden auf diese Sicht auf Seite 87 ausführlich zurückkommen.

Greifen wir wieder unseren roten Faden auf: Wer arbeitet schon gerne mit arroganten Menschen zusammen, die einen nicht ernst nehmen? Wer möchte dann nicht schadenfroh die eine oder andere Falle stellen oder mal richtig auf den Putz hauen?

Wie können wir angemessener kommunizieren und eine offenere Einstellung den anderen Bereichen gegenüber entwickeln? Wir werden dazu im Weiteren die Problematik analysieren, Modelle erläutern und daraus Techniken für ein konstruktives Miteinander im Umfeld der Softwareentwicklung ableiten. Die Entwicklung unserer Soft Skills ist dabei essenziell für den Projekterfolg. Diesen Zusammenhang wollen wir mit einer Metapher illustrieren. Adrian Fröhlich hat das Bild von Auto und Straße für Projekt und Projektumfeld geprägt [27]. Die Entwicklung des Automobils wäre oh-

Abbildung 4: Wie wirken die beiden *echten* Programmierer auf Sie?

ne die parallele Entwicklung des Straßennetzes kaum vorstellbar. Ebenso sind Projekte und ihre Infrastruktur eng miteinander verwoben. Dabei sind die Soft Skills wie die Reifen eines Autos. Sie sind die Überträger unserer Leistungsfähigkeit auf die Straße (Abb. 5).

Abbildung 5: Unsere Soft Skills sind wie die Reifen an einem Auto. Über sie wird unsere Leistungskraft auf die Projektstraße übertragen.

Eine zweite Metapher für unsere Ziele, die wir mit dem Buch verfolgen, ist die *Brücke*. Besser ausgebildete Soft Skills sind gerade in der IT so wichtig, da wir dort häufig die Brücke schlagen zu den verschiedenen Fachbereichen, zum Management, in Richtung Marketing und Produktmanagement sowie zum Anwender bzw. Kunden. Je angemessener wir mit den verschiedenen

Gruppen kommunizieren können, umso belastbarer werden diese Brücken werden.

In diesem Buch haben wir einen großen Teil unserer Erfahrungen mit Themen aus dem Bereich der Soft Skills zusammengefasst und aufbereitet. Wir befassen uns z. T. seit über zehn Jahren mit Aspekten aus der Arbeitspsychologie, auf die wir in diversen Seminaren gestoßen sind. Wir halten sie für essenziell in unserer täglichen Projektarbeit und möchten sie Ihnen auch ein Stück näherbringen. Uns haben sie gerade in heiklen Situationen oft geholfen.

Eine zweite Motivation kommt für uns dazu: Soft Skills machen Spaß. Sicher, es ist nicht unbedingt einfach, sich auf diesen Bereichen weiterzuentwickeln. Doch geht eine starke Faszination von den psychologischen Zusammenhängen aus, die uns dauerhaft dabeigehalten hat. Begleiten Sie uns ein Stück auf dem Weg, unsere individuelle Leistungsfähigkeit noch besser nutzen zu können.

Uwe Vigenschow und Björn Schneider

Hamburg und Herrnburg, November 2006

Vorwort zur 2. Auflage

Wir freuen uns sehr über den Erfolg der ersten Auflage dieses Buchs. Mittlerweile haben wir bereits ein zweites Buch zum Thema Soft Skills in der IT für Führungskräfte und Projektleiter veröffentlicht und ein drittes für IT-Berater und Veränderungsmanager ist in Arbeit. Unter diesen Umständen haben wir gerne eine Überarbeitung dieses Buchs eingeschoben. Was hat sich gegenüber der ersten Auflage geändert?

Zurecht ist der Teil zum Thema *Konfliktmanagement* als etwas zu optimistisch kritisiert worden. Hier haben wir die umfangreichsten Anpassungen und Ergänzungen vorgenommen. Wir konnten dazu die Erfahrungen der vergangenen drei Jahren intensiv nutzen und einfließen lassen. Sowohl Ines Meyrose als auch Uwe Vigenschow haben als ausgebildete Mediatoren tiefere praktische Erfahrungen auf diesem Gebiet sammeln können. Die beiden haben die entsprechenden Kapitel komplett neu geschrieben und das anschließende Kapitel über Verhandlungstechnik gleich mit überarbeitet.

Zusätzlich sind diverse kleine Verbesserungen inhaltlicher und struktureller Art erfolgt, und ein kleines *Facelifting* mit einer Anpassung an das Layout unseres zweiten Soft-Skills-Buchs hat auch stattgefunden. Ansonsten haben wir versucht, all das zu bewahren, was dieses Buch so erfolgreich gemacht hat. An diversen Stellen haben wir weiterführende Hinweise auf das zweite Soft-Skills-Buch ergänzt. Wenn Sie einzelne Themen vertiefen möchten, legen wir Ihnen dieses Buch ans Herz [84].

Natürlich freuen wir uns sehr über Feedback von Ihnen. Ihre Anregungen sind uns herzlich willkommen.

Uwe Vigenschow, Björn Schneider und Ines Meyrose

Hamburg und Lübeck, Oktober 2010

Vorwort zur 3. Auflage

Als wir 2006 damit begonnen haben, ein Buch über Soft Skills in der IT zu schreiben, haben wir nicht ansatzweise damit gerechnet, was sich im Laufe der Jahre daraus ergeben würde. So decken alleine die Publikationen beim dpunkt.verlag ein breites Spektrum der sogenannten weichen Themen ab: Peter Siwon stellte 2010 *Die menschliche Seite des Projekterfolgs* in den Mittelpunkt seiner anregenden Veröffentlichung. Jörg Dirbach, Markus Flückiger und Steffen Lentz haben 2011 mit *Software entwickeln mit Verstand* ein tolles Buch zum Thema Wissensarbeit verfasst. 2012 hat sich Alex Rammlmair mit der *IT-Verkaufsberatung in der Praxis*, einem für viele ITler doch eher schwierigen Thema, intensiv und spannend befasst. Heinz Hellerer hat sich in *Soft Skills für Softwaretester und Testmanager* ebenfalls 2012 den besonderen Herausforderungen dieser Rollen bezüglich Kommunikation und Stress- bzw. Konfliktmanagement gewidmet.

Soft Skills für Softwareentwickler ist nun nach 2007 und 2011 für den dritten Durchgang noch einmal von uns überarbeitet worden. Es bildet den Ausgangspunkt für zwei weitere Bücher, die wir zu Soft Skills in der IT geschrieben haben. *Soft Skills für IT-Führungskräfte und Projektleiter* stellt mittlerweile in der zweiten, aktualisierten und ergänzten Auflage von 2012 die Themen Führung, Coaching und Teambildung in den Fokus. In *Soft Skills für IT-Berater* (2012) stehen eine kundenorientierte Beratung und die Gestaltung von Veränderungen im Mittelpunkt.

Was hat sich in dieser Auflage verändert? Es gab für uns keinen Anlass zu größeren Umbauten wie noch zur zweiten Auflage. Im Laufe der Zeit haben sich jedoch viele einzelne Aspekte angesammelt, die wir gerne anpassen oder aktualisieren wollten. Insgesamt sind fast 60 Textpassagen, Abbildungen oder Tabellen auf 62 Seiten bearbeitet oder ergänzt worden.

Wir freuen uns sehr über den Erfolg und die Entwicklung in den letzten acht Jahren, für den wir uns bei Ihnen, den Leserinnen und Lesern, herzlich bedanken. Wir hoffen, Ihnen in Ihrem Alltag ein wenig helfen zu können, noch erfolgreicher und wirkungsvoller zu sein.

Uwe Vigenschow, Björn Schneider und Ines Meyrose

Hamburg und Lübeck, April 2014

Vorwort zur 4. Auflage

Wie schnell die Zeit vergeht... Zum Jahresende 2006 kam die erste Auflage der *Soft Skills für Softwareentwickler* in die Buchläden und Onlineshops. Bereits fünf Jahre ist es her, dass wir dieses Buch zur 3. Auflage überarbeitet haben. Da wurde es Zeit, zu prüfen, was zur 4. Auflage anzupassen oder zu aktualisieren ist.

Das einleitende Kapitel 4 zu den Fragetechniken haben wir um weitere Fragearten und ein Fazit ergänzt und dazu die Struktur der Kapitel 4 und 5 verändert. So konnten wir die Unterschiede der einzelnen Fragearten noch klarer herausarbeiten.

Die Möglichkeit, Konflikte mit Mediationen zu lösen, ist in den letzten Jahren bekannter geworden. Immer mehr Unternehmen trauen sich, externe Mediatoren hinzuzuziehen, und machen damit gute Erfahrungen. Unsere neusten Erkenntnisse und aktuelle praktische Erfahrungen sind in die Überarbeitung des Kapitels 19 zum Konfliktmanagement eingeflossen.

Der stetige Erfolg dieses Buches nach fast 13 Jahre zeigt uns, dass wir auch heute noch aktuelle Themen behandeln. Diese Bestätigung unserer Arbeit freut uns sehr. Wir hoffen, dass es Ihnen genauso viel Spaß macht, sich mit Themen aus dem Bereich der Soft Skills zu befassen, wie uns. Vielleicht sind auch unsere beiden weiteren Bücher zu Soft Skills für Sie interessant und anregend. *Soft Skills für IT-Führungskräfte und Projektleiter* [84] liegt in der dritten, überarbeiteten Auflage vor und *Soft Skills für IT-Berater* [83] rundet den Themenblock mit Inhalten zur Beratung und der Gestaltung von Veränderungen ab.

Wenn etwas Spaß macht, werden wir darin besser. Über bessere Soft Skills erzielen wir mehr Wirkung. Damit sollten unsere Projekte erfolgreicher werden. Das ist doch ein schönes Ziel, oder?

Uwe Vigenschow, Björn Schneider und Ines Meyrose

Hamburg und Lübeck, Mai 2019

Struktur des Buchs und Inhaltsübersicht

»Soft Skills für Softwareentwickler« gliedert sich in fünf Teile, in denen jeweils eine zentrale Frage thematisiert und geklärt wird:

1. **Projektarchitektur und Kommunikationsschnittstellen:** Wo kommt es mit wem im Projektverlauf zu welchen Kontakten und welche Kommunikation entsteht dabei?
2. **Fragetechniken:** Wie kommen wir bei diesen Kontakten an die richtigen Informationen?
3. **Erfolgreich kommunizieren:** Wie können uns einfache Kommunikationsmodelle helfen, effizient und empfängerorientiert zu kommunizieren?
4. **Kommunikationstypen:** Wie können wir im Arbeitsumfeld mit den verschiedenen Menschentypen angemessener umgehen und kommunizieren?
5. **Konfliktmanagement:** Wie erkennen wir Konflikte frühzeitig und reagieren angemessen? Wie können wir z. B. besser verhandeln?

Nachwort: Was verstehen wir unter People Driven Development?
Anhang: Wie sieht die Theorie hinter den beschriebenen Modellen aus? Welche einfachen Übungen können uns bei unserer Weiterentwicklung helfen?
Literaturverzeichnis: Was sind unsere Referenzen? Wie können Sie einzelne Themen weiter vertiefen?
Index: Wie finden wir unter der Fülle an Informationen etwas wieder?

Wir versuchen, möglichst viel zu visualisieren, weil wir der Meinung sind, dass sich komplexe Informationen so besser transportieren lassen. Daher finden Sie die Strukturübersicht in Abbildung 6 als Baum dargestellt.

Soft Skills für Softwareentwickler
- **Kommunikationsschnittstellen**
  - Projektstruktur
  - Projektumfeldanalyse
  - Projektmarketing
- **Fragetechniken**
  - Allgemeine Fragetechniken
  - Sechs-Stufen-Fragetechnik in der Softwareanalyse
  - Reviews erfolgreich durchführen
  - Feedback und aktives Zuhören
- **Erfolgreich kommunizieren: Kommunikationsmodelle**
  - Effiziente Kommunikationsformen
  - Eisbergmodell: vier Kommunikationsebenen
  - Aspekte der Kommunikation
  - Einfaches Persönlichkeitsmodell
  - Ich bin O.K., du bist O.K.: Transaktionsanalyse
  - Verantwortung und Manipulation
- **Kommunikationstypen**
  - Kommunikationstypen in der IT
  - Entwickler-Kommunikationstypen
  - Kommunikationstypen in den Fachbereichen
  - Projektleiter-Kommunikationstypen
- **Konfliktmanagement**
  - Konflikte analysieren
  - Konfliktmuster rechtzeitig erkennen
  - Konflikte managen
  - Erfolgreich Verhandlungen führen
- **Nachwort: People Driven Development**
- **Anhang**
  - Theoretische Grundlagen zu den Modellen
  - Übungen

Abbildung 6: Inhaltsübersicht in Form eines Baums. Die Äste stehen für die fünf Teile, das Nachwort und den Anhang, die Blätter für die einzelnen Kapitel.

Inhaltsverzeichnis

I	Projektarchitektur und Kommunikationsschnittstellen	1
1	**Software- und Projektstruktur**	**3**
1.1	Komplexität von Projektstrukturen	3
1.2	Bedeutung für IT-Projekte	7
2	**Projektpolitik? Projektumfeldanalyse!**	**13**
2.1	Was sind Stakeholder?	15
2.2	Stakeholder Elicitation: Wer hat Interessen?	16
2.3	Situationsbeispiele	22
3	**Projektmarketing**	**25**
3.1	Wie funktioniert Marketing?	25
3.2	Projektbegleitendes Marketing	27
3.3	Begeisterungsqualität	31
3.4	Events und Präsentationen	35

II	Mit Fragetechniken zu besseren Informationen	39
4	**Grundlegende Fragetechniken**	**41**
4.1	Informationsfrage	41
	Infobox: Offene und geschlossene Fragen	42
4.2	Mit Fragen auf den Punkt kommen	44
4.3	Anregende Fragen	48
4.4	Fazit	49
5	**Die Sechs-Stufen-Fragetechnik**	**51**
5.1	In sechs Schritten zur Softwareanalyse	51
	Infobox: Neurolinguistisches Programmieren (NLP)	52
5.2	Ein kleiner Beispielfragenkatalog	54
5.3	Fragetechniken in Reviews anwenden	58
	Infobox: Stärken und Kritikpunkte des NLP	63

6	Feedback und aktives Zuhören	65
6.1	Warum überhaupt Feedback geben?	65
6.2	So funktioniert es: Feedback-Regeln	68
6.3	Aktiv zuhören: Verluste minimieren	71
6.4	In kritischen Situationen auf die Meta-Ebene	72
	Infobox: Standardlösung – Auf die Meta-Ebene gehen	73

III	Erfolgreich kommunizieren	77

7	Effiziente Kommunikationsformen	79
7.1	Modellieren und Visualisieren	79
7.2	Rangliste effizienter Kommunikationsformen	82
7.3	Störungskultur	83
	Infobox: Regeln für eine langfristige Dokumentation	84
7.4	Konflikte 1. Teil: Wertschätzung	86
7.5	Kommunikation auf Augenhöhe	93

8	Von Eisbergen und Schiffen	99
	Infobox: Psychologische Modelle	99
8.1	Das Eisbergmodell	100
	Infobox: Bewusstsein oder nicht bewusst sein?	101
	Infobox: Bewusstsein – Aufmerksamkeit, Gefühl und Gedächtnis	103
8.2	Konflikte 2. Teil: Geschäftsordnung	103
8.3	Konflikte 3. Teil: Unter Wasser	108
	Infobox: Pacing – Brücken bauen	109
	Infobox: Geschlossene Haltungen öffnen	110

9	Aspekte der Kommunikation	115
9.1	Vier Ohren und vier Schnäbel	115
9.2	Konstruktiv mit Kritik umgehen	121
	Infobox: Reframing – Umdeuten von Verhaltensweisen	122
9.3	Das innere Team	127
9.4	Situationsabhängigkeit	129

10	Ein einfaches Persönlichkeitsmodell	131
10.1	Vier Präferenzen	131
10.2	Anwendung in der Kommunikationssituation	134
10.3	Die Unterschiedlichkeit nutzen	139

11	Ich bin O.K., du bist O.K., ihr seid O.K.	145
11.1	Transaktionsanalyse	145
11.2	Die Transaktionsarten	148
11.3	Aufspaltung der Ich-Grundzustände	156

11.4	Spiele: Das Drama-Dreieck	158
	Infobox: Spiele der Erwachsenen	159

12 Verantwortung oder Manipulation? 163
12.1	Wir tragen Verantwortung!	163
12.2	Was ist Manipulation?	164
12.3	Mit Manipulationen umgehen	167

IV IT-Kommunikationstypen   169

13 Kommunikationstypen in der IT 171
13.1	Einführung	171
13.2	Überblick aller zwölf Kommunikationstypen	172

14 Entwickler-Kommunikationstypen 175
14.1	Der No-Future-Entwickler	175
14.2	AAAA – der allwissende, allgegenwärtige, arrogante Architekt	179
14.3	XXPler – eXtreme eXtreme Programmer	184
14.4	Der Hacker	188
14.5	Mr. 120 %	192

15 Kommunikationstypen in den Fachbereichen 197
15.1	Der bessere Verkäufer	197
15.2	Der zurückgezogene Spezialist	201
	Infobox: Timebox und Meilenstein	206
15.3	Der Konzepteklopfer	207
15.4	Der Visionär	210

16 Projektleiter-Kommunikationstypen 215
16.1	Der freundliche Kollege	215
16.2	Der Choleriker	220
16.3	Der formale Prozessler	225

V Konfliktmanagement   231

17 Konflikte analysieren 233
17.1	Konflikt definieren	233
17.2	Verschiedene Arten von Konflikten	235
17.3	Beziehungs- und Wertekonflikte	239
17.4	Rollenkonflikte	241
17.5	Dynamik in Konflikten	245

18 Konfliktmuster rechtzeitig erkennen 251
18.1 Schwierigkeit – Problem – Konflikt 251
18.2 Entwicklungsstufen eines Konflikts 255
Infobox: Sieger und Verlierer 259
18.3 Kommunikationsmuster in Konflikten 262
18.4 Gruppendynamik 265

19 Konflikte managen 273
19.1 Kritikgespräche führen 273
19.2 Moderationsleitfaden für die Win-win-Ebene 277
19.3 Mediation für die Win-lose-Ebene 285

20 Erfolgreich Verhandlungen führen 293
20.1 Nach dem Harvard-Konzept verhandeln 293
20.2 Das Harvard-Konzept 297

Nachwort: People Driven Development 307

VI Anhang 309

A Die theoretischen Grundlagen 311
A.1 Persönlichkeitstheorie nach Freud 312
A.2 Analytische Psychologie 316
A.3 Typologie nach C. G. Jung 319
A.4 Die Transaktionsanalyse 322
A.5 Differenzielle Kommunikationstheorie 325

B Übungen 333
B.1 Verbale Kommunikation: Sagen und Verstehen 333
B.2 Freies Sprechen: Drei-Wörter-Übung 334
B.3 Freies Sprechen: Aber-zu-und-Übung 335
B.4 Unsere Lieblingsrolle im Drama-Dreieck 336
B.5 Projektion auf andere Menschen 337
B.6 Werte priorisieren 339

Danksagung 341

Referenzen und weiterführende Literatur 343

Index 349

Teil I
Projektarchitektur und Kommunikationsschnittstellen

▷ **Software- und Projektstruktur** 3
Unsere Projektstrukturen ähneln in ihrer Komplexität den Softwarestrukturen. Um unsere Softwarearchitektur kümmern sich Architekten, Designer und Entwickler. Aber wer kümmert sich um die Schnittstellen zwischen den Teams und zu den anderen Projektbeteiligten? Der Schlüssel für erfolgreiche Projekte liegt in der Architektur unserer Projektstruktur!

▷ **Projektpolitik? Projektumfeldanalyse!** 13
Softwareprojekte sind so gut wie immer eng mit Projektpolitik verknüpft. Wir sollten wissen, wer und was alles mit unserem Projekt zu tun hat und welche Interessen dabei mitspielen, um nicht zur passiven Spielfigur zu werden. Die Projektbeteiligten verfolgen leider nicht immer dasselbe Ziel. Die Projektumfeldanalyse gibt uns ein Mittel in die Hand, die daraus resultierenden Probleme in den Griff zu bekommen.

▷ **Projektmarketing** 25
Tue Gutes und rede darüber! Projekterfolg ist eine subjektive Größe, die sich im Auge des Betrachters ergibt. Ein paar kleine Projektmarketingaktivitäten können viel bewegen! Eine mögliche Schlüsselposition kann dabei der Begeisterung zukommen, die wir mit meist kleinen Anpassungen für die Anwender schaffen können.

1 Software- und Projektstruktur

1.1 Komplexität von Projektstrukturen

Wir stellen im Rahmen von Projekten hochkomplexe Software her, die maßgeschneidert die Anforderungen erfüllt. Jedenfalls ist das unser Ziel. Die Zeiten, in denen tolle Projekte von einer einzelnen Person gestemmt wurden, sind lange vorbei. Die Komplexität der Anforderungen und der Integration in bestehende Systemlandschaften erfordert angemessene Projektstrukturen. Diese können schnell ähnlich komplex werden wie die zu realisierende Softwarestruktur (Abb. 1.1).

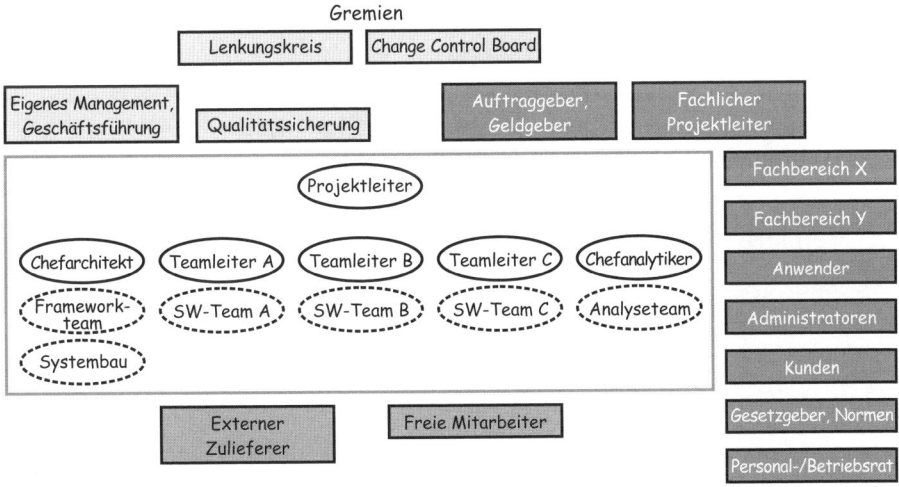

Abbildung 1.1: Heutige Projekte erreichen schnell eine komplexe Projektstruktur.

Wenn wir die Managementsicht aus Abbildung 1.1 technisch weiter auflösen und die Schnittstellen explizit modellieren, erhalten wir eine hochgradig vernetzte Struktur, die wir vermutlich in unserer Software nicht dulden würden (Abb. 1.2). Zu aufwendig wären Wartung und Erweiterungen. Die abgebildeten Interfaces sind nur Beispiele. Im Einzelfall kann Ihre Realität etwas einfacher oder noch komplexer aussehen.

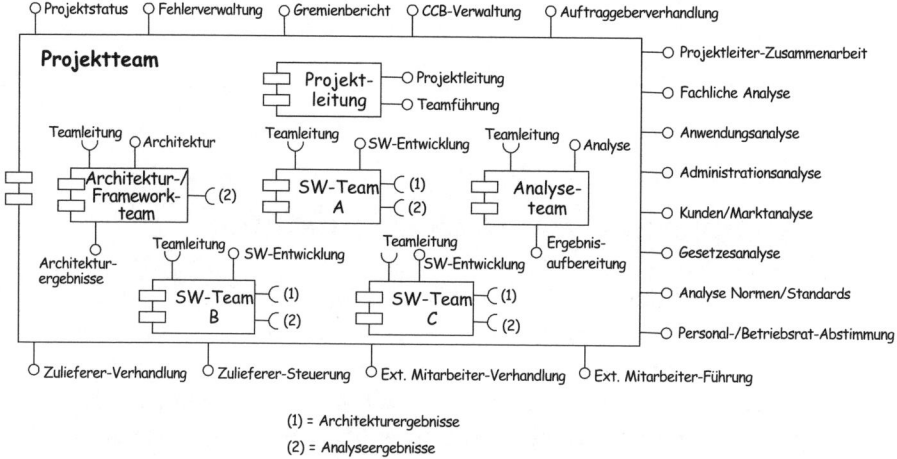

Abbildung 1.2: Die Verfeinerung der Projektstruktur aus Abbildung 1.1 führt zu einem komplexen Kommunikationsnetzwerk. (Beispielhafte Darstellung in UML: Alle Interfaces sind bidirektional.)

Innerhalb unserer Teams finden wir zudem eine Mikrostruktur vor, die eigene Kommunikationsinterfaces ausgebildet hat (Abb. 1.3). Die Gesamtkomplexität wird so noch um eine Stufe erhöht.

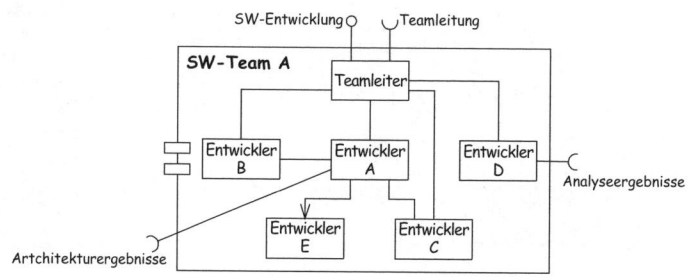

Abbildung 1.3: Zusätzlich zur Struktur aus Abbildung 1.2 finden wir innerhalb unserer Teilteams eine Mikrokommunikationsstruktur vor. (Beispielhafte Darstellung in UML: Alle Interfaces sind bidirektional.)

Glücklicherweise brauchen wir uns der Projektstruktur nicht machtlos zu ergeben. Wir sollten dies auch nicht tun, denn gerade in den Kommunikationsschnittstellen liegt der wesentliche Schlüssel zum Projekterfolg! Genauso, wie wir technische Mittel besitzen, um die Abhängigkeiten innerhalb unserer Software in den Griff zu bekommen, gibt es Techniken für die Projektstruktur und Kommunikationsschnittstellen.

Die Themen Selbstorganisation und komplexe Systeme behandeln wir in diesem Buch nicht weiter. Damit haben wir uns eingehend in unserem Buch *Soft Skills für IT-Führungskräfte und Projektleiter* befasst, das wir Ihnen als Weiterführung empfehlen [84].

1.1.1 Was sind Kommunikationsschnittstellen?

Wo liegt nun eigentlich das Problem? Die Schnittstellen sind eindeutig definiert und die erwarteten Ergebnistypen detailliert vorgegeben. Es sollte doch alles klar sein!? Doch egal, wie wir kommunizieren: Der Vorgang lässt sich gut mit einem Filterprozess vergleichen. Bei jedem Transfer bleibt etwas auf der Strecke! Die Anteile können je nach Kommunikationskanal und beteiligten Personen variieren, aber es geht immer Kommunikationsinhalt verloren: Wir haben ein Sender-Empfänger-Problem!

Ein einfaches Kommunikationsmodell beschreibt Kommunikation als Folge von Transformationen [69]. Dabei kann es bei jeder Transformation zu Verlusten im Informationsgehalt kommen. Dies erfolgt sowohl zwischen Personen wie auch innerhalb eines Menschen (Abb. 1.4).

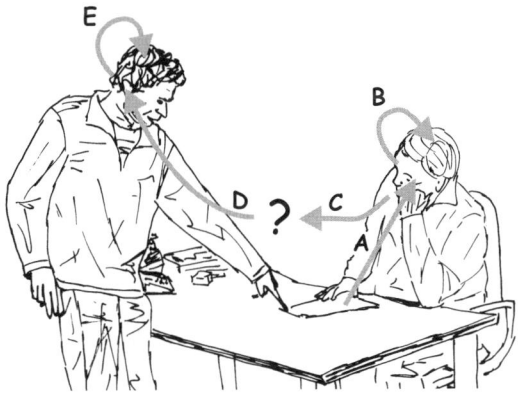

A subjektive Wahrnehmung von Text und Abbildungen
B Transformation der Wahrnehmung ins Gehirn
C Transformation aus dem Gehirn in Sprache
D subjektive Wahrnehmung des gesprochenen Worts
E Transformation der Wahrnehmung ins Gehirn

Abbildung 1.4: Kommunikation als Transformations- und Filterprozess: das Kommunikationsmodell nach Shannon und Weaver [69]

Jede Wahrnehmung ist subjektiv. Dazu kommt das Ausfiltern von Informationen aufgrund der physikalischen Einschränkungen unserer Wahrnehmung. Das Wahrgenommene wird transformiert und als Erinnerung im Gehirn abgelegt. Bei dieser Transformation helfen uns unsere bisherigen Erfahrungen. Sie erleichtern uns das schnelle Erfassen, filtern aber erneut

Informationsgehalt aus. Außerdem ist unsere Wahrnehmung durch unsere individuelle Auffassungsgabe begrenzt.

Bei der Rücktransformation aus unserem Gehirn in extern Kommunizierbares, also z. B. Sprache, bleibt erneut einiges auf der Strecke. Besonders bewusst wird uns dies, wenn wir nicht in unserer Muttersprache, sondern in einer Fremdsprache kommunizieren müssen. Wir spüren förmlich, wie Informationsgehalt versickert. Bei unserem Gesprächspartner spielen sich noch einmal dieselben Prozesse ab.

Kommunikationsschnittstellen sind also an sich bereits kritisch. In Teil II ab Seite 41 werden wir Techniken kennenlernen, mit denen wir den Informationsverlust drastisch minimieren können. Das löst zwar noch nicht alle unsere Probleme, doch wir kommen damit deutlich besser voran. Die verbleibenden Probleme beruhen darauf, dass wir es nicht mit technischen Interfaces zu tun haben, sondern mit Menschen.

1.1.2 Andere sind nicht komisch, sondern nur anders!

Wie die Objekte einer Klasse sind auch wir Menschen Individuen. Wir sind nach dem gleichen Bauplan erstellt, aber unsere Attribute lassen einen großen Spielraum an Individualität zu. Kommen wir mit Menschen in Kontakt, so verstehen wir diejenigen schneller, die ähnlich wie wir gestrickt sind. Andere hingegen scheinen uns völlig fremd zu bleiben (Abb. 1.5).

Cooler Entwickler   Überzeugender Projekleiter

Abbildung 1.5: Menschen sind absolut individuell (links). Derselbe Mensch kann in bestimmten Situationen unterschiedliche Rollen einnehmen (rechts).

In homogenen Gruppen kann dies leicht dazu führen, dass Menschen, die »anders« sind, abgewertet werden. Gruppen von Softwareentwicklern verhalten sich da nicht anders. Die Anwender haben sowieso keine Ahnung, die Administratoren machen alles kaputt und der Fachbereich weiß nicht, was er will, obwohl die eigene Lösung doch eigentlich perfekt ist. Und Manager lassen sich von bunten Bildern eher beeindrucken als von detaillierten Informationen. Wie können wir in so einem Umfeld überhaupt arbeiten?

Achtung! Was wir hier vorschnell machen, ist eine abwertende Klassifizierung. Wir packen die Menschen in »Schubladen«, die so negativ vorbelegt sind, dass wir sie dann gar nicht mehr ernst nehmen können. Hier lauert eine enorme Gefahr, die uns isolieren und projektgefährdende Konflikte erzeugen kann!

Schauen wir uns dazu noch einmal Abbildung 1.1 an. Ob wir wollen oder nicht, wir haben es mit einer Reihe von Menschen zu tun, die keinen technischen Background mitbringen. In deren Bereichen sind ganz andere Qualifikationen notwendig. Wenn sie diese nicht hätten, sondern eher technische, wären sie vermutlich unsere Kollegen. Wenn wir ihre Qualifikationen hätten, säßen wir an deren Stelle!

Diese Heterogenität ist besonders wichtig. Um so etwas Komplexes wie ein Softwareprojekt erfolgreich gestalten zu können, sind verschiedenste Qualifikationen erforderlich. Unsere technischen Fähigkeiten sind dafür absolut notwendig, aber eben nicht ausreichend. In Teil III ab Seite 79 wollen wir Ihnen zeigen, wie wir einen angemessenen Zugang zu Menschen aufbauen können, die ganz anders als wir gestrickt sind. Zusätzlich erfahren Sie dabei, wie Konflikte vermieden werden können. Wir werden uns auch »Schubladen« bauen, die im Gegensatz zu unseren bisherigen (Vor-)Urteilen positiv formuliert und belegt sind.

1.2 Bedeutung für IT-Projekte

»Ja natürlich mag es Softwareprojekte geben, in denen die Kommunikation eine besondere Bedeutung hat. Aber doch nicht in meinem Projekt oder meinem Team. Da ist alles klar und geregelt.« Auf solche oder ähnliche Gedanken können Sie nach dem Lesen der ersten Seiten kommen. Und vielleicht ist Ihr Umfeld genau die Ausnahme, die die Regel bestätigt. Aber wie wahrscheinlich ist das?

Vielen Lesern mag es einleuchten, dass die Kommunikation in agilen Projekten einen besonderen Wert hat. Wir gehen jedoch davon aus, dass so gut wie alle Softwareprojekte primär Kommunikationsprojekte sind und sich nur sekundär mit technischen Themen befassen. Verstehen wir wirklich, was die Stakeholder brauchen? Verstehen wir wirklich, welche Probleme der Architekt oder das parallel arbeitende Team sieht? Betrachten wir zur Illustration kurz den Wert von Kommunikation und Zusammenarbeit in zwei sehr unterschiedlichen Kontexten.

1.2.1 Agilität: Kleine Projekte, kleine Probleme?

Der Begriff *agil* bedeutet so viel wie *beweglich* oder *leicht zu führen* [20]. Im Agilen Manifest [1] sind die folgenden Prinzipien einer *leichtgewichtigen* Softwareentwicklung festgelegt:

Menschen und Zusammenarbeit vor Prozessen und Werkzeugen
Funktionierende Produkte vor umfassender Dokumentation
Zusammenarbeit mit dem Kunden vor vertraglichen Verhandlungen
Reaktion auf Veränderung vor der Einhaltung eines Plans

Die Punkte auf der rechten Seite der Aussagen sind wertvoll, aber kein Selbstzweck. Sie sollen die wichtigeren Punkte der linken, hervorgehobenen Seite sinnvoll und angemessen unterstützen. Dabei sind die Art und der Grad des Einsatzes der unterstützenden Maßnahmen genau zu bestimmen. Was steckt hinter den vier Punkten? Es gibt für die Toolfrage keine *Silver Bullet*. Wichtig ist, wie wir im Prozess oder mit Werkzeugen arbeiten. Unser methodisches Wissen ist gefragt. Es kann weder durch ein Vorgehensmodell noch durch ein Tool ersetzt werden: *A fool with a tool is still a fool!*

Was nützen vollständige Analyse- und Designdokumente, wenn unsere Software nicht einsatzfähig ist, weil sie entweder nicht das macht, was eigentlich gebraucht wird, oder aber zu fehlerhaft ist? Ein umfangreiches Vertragswerk scheint eher zum Verstecken der wenigen relevanten Abschnitte zu dienen als zur Klarheit. Selbst mit noch so viel Aufwand und den besten Rechtsanwälten wird uns kein wasserdichter Vertrag gelingen. Und wenn doch, was machen wir, wenn unser Softwarepartner in Konkurs geht?

Was nützt es dem Auftraggeber, wenn der Plan eingehalten wurde, aber sich in der Zwischenzeit die Anforderungen geändert haben? Dies kann bei einer falschen Priorisierung von Bewertungsfaktoren zu seltsamen Auswüchsen führen.[1] Bei der Bewertung von Aktiengesellschaften kann es dazu kommen, dass, nur um die geplanten Gewinne eines Quartalsberichts einzuhalten, auf Gewinne verzichtet wird, weil von einigen Börsianern auch positive Abweichungen negativ beurteilt werden [12]. So etwas sollte uns Entwicklern nicht passieren. Dafür gibt es vier zentrale Prinzipien agiler Softwareentwicklung, die helfen können, diese Probleme zu vermeiden [3]:

- **Mut**
  - Vertraue darauf, Probleme, die morgen auftreten, auch morgen lösen zu können.
  - Spreche aktuelle Probleme noch heute offen und konstruktiv an.

---

[1] In einer Studie konnten wir 2009 zeigen, das gerade erfolglose Projekte das Ziel der Umsetzung der *ursprünglichen* Anforderungen besonders oft erreichen, wogegen erfolgreiche Projekte die *aktuellen* Anforderungen umgesetzt haben [85].

Unsere Buch-Empfehlungen für Sie

Computing

dpunkt.verlag

- Java 3
- Programmierung 4
- Webentwicklung 6
- Microsoft 6
- Softwarequalität & Testen 8
- Softwarearchitektur 10
- Softwareentwicklung 11
- Agile Methoden 12
- Agile Leadership 15
- IT & Business 17
- Administration & IT-Sicherheit 18
- Design & Publishing 19

Stand: 12/2018

Java

M. Inden
Java 9 – Die Neuerungen
Syntax- und API-Erweiterungen und Modularisierung im Überblick

Michael Inden bietet einen fundierten Überblick über die Neuerungen in JDK 9. Einen weiteren Schwerpunkt bilden die Erweiterungen in diversen APIs, etwa in den Klassen Optional und Stream. Im Bereich Concurrency wurde die Klasse CompletableFuture ergänzt und Reactive Streams werden unterstützt.

2018, 376 Seiten, Broschur, € 26,90 (D)
ISBN 978-3-86490-451-6

M. Inden
Der Weg zum Java-Profi
Konzepte und Techniken für die professionelle Java-Entwicklung. Aktuell zu Java 9.

Diese umfassende Einführung in die professionelle Java-Programmierung vermittelt das notwendige Wissen, um stabile und erweiterbare Softwaresysteme auf Java-SE-Basis zu bauen. Die Neuauflage wurde durchgehend überarbeitet, aktualisiert und erweitert. Natürlich darf Java 9 nicht fehlen.

4., überarbeitete und aktualisierte Auflage
2018, 1416 Seiten, Festeinband, € 49,90 (D)
ISBN 978-3-86490-483-7

H. Mössenböck
Sprechen Sie Java?
Eine Einführung in das systematische Programmieren

Dieses Buch zeigt von Grund auf, wie man Software systematisch entwickelt. Es beschreibt Java in allen Einzelheiten und vermittelt darüber hinaus allgemeine Programmiertechniken: algorithmisches Denken, systematischer Programmentwurf, moderne Softwarekonzepte und Programmierstil.

5., überarbeitete und erweiterte Auflage
2014, 360 Seiten, Broschur, € 29,90 (D)
ISBN 978-3-86490-099-0

G. Oelmann
Modularisierung mit Java 9
Grundlagen und Techniken für langlebige Softwarearchitekturen

Dieses Buch zeigt, wie man mit Java 9 Anwendungen auf Basis von Modulen entwickelt. Der Leser erfährt, wie er schlanke Java-Laufzeitumgebungen erzeugen kann und welche Rolle aktuelle Themen wie Microservices, Self-Contained Systems und Container-Technologien in diesem Zusammenhang spielen.

2018, 330 Seiten, Broschur, € 32,90 (D)
ISBN 978-3-86490-477-6

J. Bloch
Effective Java
Best Practices für die Java-Plattform

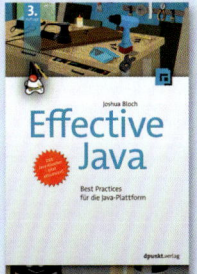

Dieser Klassiker wird oft als Pflichtlektüre für Java-Entwickler bezeichnet und liegt jetzt endlich auch in deutscher Sprache vor. Joshua Bloch taucht mit Best Practices und in verständlicher Sprache in die Tiefen der Sprach- und Bibliotheksfunktionen von Java ein – inklusive der Neuerungen von Java 8 und 9.

3. Auflage
2018, 410 Seiten, Broschur, € 36,90 (D)
ISBN 978-3-86490-578-0

Programmierung

D. Bader
Python-Tricks
Praktische Tipps für Fortgeschrittene

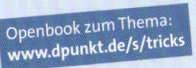
Openbook zum Thema:
www.dpunkt.de/s/tricks

Wenn du schon eine Weile in Python programmierst und bereit bist, in die Tiefe zu gehen, deine Kenntnisse abzurunden und deinen Code pythonischer zu machen, dann ist dieses Buch genau das Richtige für dich. Du wirst einen wahren Schatz an praktischen Tipps und Entwurfsmustern finden, die dir helfen, ein noch besserer Python-Programmierer zu werden.

2018, 210 Seiten, Broschur, € 29,90 (D)
ISBN 978-3-86490-568-1

A. Sweigart
Eigene Spiele programmieren – Python lernen
Der spielerische Weg zur Programmiersprache

Entwickeln Sie Computerspiele mit Python – auch wenn Sie noch nie zuvor programmiert haben! Versuchen Sie sich an Hangman oder Tic-Tac-Toe, und wechseln Sie danach in die »Profi-Liga« der Spieleprogrammierung. Auf Ihrem Weg lernen Sie grundlegende Konzepte der Programmierung und Mathematik kennen.

2017, 416 Seiten, Broschur, € 24,90 (D)
ISBN 978-3-86490-492-9

E. Matthes
Python Crashkurs
Eine praktische, projektbasierte Programmiereinführung

Zunächst werden Sie mit grundlegenden Programmierkonzepten wie Listen, Wörterbüchern, Klassen und Schleifen vertraut gemacht. Sie erlernen das Schreiben von sauberem Code und wie Sie ihn sicher testen. In der zweiten Hälfte des Buches werden Sie Ihr neues Wissen mit drei praxisnahen Projekten umsetzen.

2017, 622 Seiten, Broschur, € 32,90 (D)
ISBN 978-3-86490-444-8

A. Sweigart
Routineaufgaben mit Python automatisieren
Praktische Programmierlösungen für Einsteiger

Das Web durchsuchen, Dateien umbenennen oder automatisch Mails verschicken: In diesem Buch lernen Sie, wie Sie mit Python Aufgaben erledigen, die sonst Stunden benötigen. Wenn Sie die Grundlagen gemeistert haben, werden Sie Programme schreiben, die automatisch viele praktische Arbeiten erledigen.

2016, 576 Seiten, Broschur, € 29,90 (D)
ISBN 978-3-86490-353-3

A. Spillner · U. Breymann
Lean Testing für C++-Programmierer
Angemessen statt aufwendig testen

Openbook zum Thema:
www.dpunkt.de/s/lt

Jeder Entwickler testet die von ihm programmierte Software, bevor er diese eincheckt. Die Autoren präsentieren dem C++-Entwickler unterschiedliche Standardtestverfahren mit vielen praktischen Beispielen. Sie geben ihm Hinweise für die Nutzung der Verfahren und einen Leitfaden für deren Einsatz. Die C++-Beispiele verwenden verschiedene Werkzeuge und sind im Netz verfügbar.

2016, 246 Seiten, Broschur, € 29,90 (D)
ISBN 978-3-86490-308-5

Programmierung

M. Simons
Spring Boot 2
Moderne Softwareentwicklung mit Spring 5

Spring Boot verdrängt seit einigen Jahren zunehmend »klassische« Spring-Anwendungen. Dieses Buch bietet eine umfassende und praktische Einführung in die von Spring Boot 2 unterstützten Spring-Module und -Technologien. Behandelt werden dabei Themen wie Testen, Security, Deployment und Dokumentation.

2018, 460 Seiten, Broschur, € 36,90 (D)
ISBN 978-3-86490-525-4

K. Spichale
API-Design
Praxishandbuch für Java- und Webservice-Entwickler

Mit APIs bzw. Schnittstellen zum Zweck der Arbeitsteilung, Wiederverwendung oder Modularisierung haben Entwickler täglich zu tun. Dieses Buch zeigt, was gute APIs ausmacht. Nach der erfolgreichen Lektüre können Sie APIs für Softwarekomponenten und Webservices entwerfen, dokumentieren und anpassen.

2., überarbeitete und erweiterte Auflage
2. Quartal 2019, ca. 370 Seiten, Broschur, ca. € 34,90 (D)
ISBN 978-3-86490-611-4

R. Preißel · B. Stachmann
Git
Dezentrale Versionsverwaltung im Team
Grundlagen und Workflows

Nach einer kompakten Einführung in die wichtigen Konzepte und Befehle von Git beschreiben die Autoren ausführlich deren Anwendung in typischen Workflows, z.B. »Mit Feature-Branches entwickeln«, »Ein Release durchführen« oder »Große Projekte aufteilen«. Neu: Continuous Delivery und parallele Releases.

4., aktualisierte und erweiterte Auflage
2017, 342 Seiten, Broschur, € 32,90 (D)
ISBN 978-3-86490-452-3

L. D. Gardner
JavaScript für Raspi, Arduino & Co.
Roboter, Maker-Projekte und IoT-Geräte programmieren und steuern

Verwenden Sie JavaScript, die Sprache des Webs, zur Steuerung von kleinen Robotern, kreativen Maker-Projekten und IoT-Geräten. Mit dem Node.js-Ökosystem funktioniert Hardware-Prototyping intuitiv. Dieses ansprechend illustrierte Buch lehrt, wie man Plattformen wie Arduino, Tessel 2 und Raspberry Pi einsetzt.

2018, 514 Seiten, Broschur, € 32,90 (D)
ISBN 978-3-86490-554-4

H. Mössenböck
Kompaktkurs C# 7

Dieses Buch beschreibt in kompakter Form den gesamten Sprachumfang von C# 7. Es richtet sich an Leser, die bereits Erfahrung mit einer anderen Programmiersprache wie Java oder C++ haben und sich rasch in C# einarbeiten wollen, um damit produktiv zu werden. Mit zahlreichen Beispielen und weit über 100 Übungsaufgaben mit Musterlösungen.

2019, 344 Seiten, Broschur, € 29,90 (D)
ISBN 978-3-86490-631-2

Webentwicklung

F. Maurice
PHP 7 und MySQL
Ihr praktischer Einstieg in die Programmierung dynamischer Websites

Mit diesem Buch meistern Sie elegant den Einstieg in die Programmierung dynamischer Webseiten mit PHP & MySQL. Anhand vieler Beispiele und Übungen und immer gut verständlich vermittelt Ihnen Florence Maurice Grundlagen und fortgeschrittene Techniken für die Entwicklung sicherer Websites.

5., aktualisierte und erweiterte Auflage
2019, 600 Seiten, Festeinband, € 22,90 (D)
ISBN 978-3-86490-601-5

O. Zeigermann · N. Hartmann
React
Die praktische Einführung in React, React Router und Redux

Lernen Sie in diesem Buch, wie Sie mit React wiederverwendbare UI-Komponenten entwickeln und wie Sie auf Basis der einzelnen Komponenten ganze Anwendungen zusammenbauen. Nach der Lektüre sind Sie in der Lage, eigene Projekte mit React zu meistern.

2016, 342 Seiten, Broschur, € 32,90 (D)
ISBN 978-3-86490-327-4

G. Woiwode · F. Malcher · D. Koppenhagen · J. Hoppe
Angular
Grundlagen, fortgeschrittene Techniken und Best Practices mit TypeScript
– ab Angular 4, inklusive NativeScript und Redux

Suchen Sie einen Schnelleinstieg in das populäre JavaScript-Framework von Google? Dieses Buch führt Sie anhand eines Beispielprojekts schrittweise an die Entwicklung heran und vermittelt, wie Sie strukturierte und modularisierte Single-Page-Anwendungen mit dem neuen Angular (ab Version 4) programmieren.

2017, 574 Seiten, Broschur, € 34,90 (D)
ISBN 978-3-86490-357-1

Microsoft

T. Joos
Microsoft Windows Server 2016 – Das Handbuch
Von der Planung und Migration bis zur Konfiguration und Verwaltung

Dieses Buch gibt Ihnen einen tiefgehenden Einblick in den praktischen Einsatz von Windows Server 2016. Es richtet sich sowohl an Neueinsteiger in Microsoft-Servertechnologien als auch an Umsteiger von Vorgängerversionen. Planung und Migration, Konzepte und Werkzeuge zur Administration sowie die wichtigsten Konfigurations- und Verwaltungsfragen werden praxisnah behandelt.

2017, 1112 Seiten, Festeinband, € 59,90 (D)
ISBN 978-3-96009-018-2 (O'Reilly)

T. Joos
Microsoft Exchange Server 2016 – Das Handbuch
Von der Einrichtung bis zum reibungslosen Betrieb

Dieses Handbuch bietet Ihnen einen tiefgehenden Einblick in den Einsatz von Microsoft Exchange Server 2016. Sowohl Neueinsteiger in Microsofts Messagingtechnologien als auch Umsteiger von Vorgängerversionen profitieren vom Expertenwissen des Autors in den Bereichen Konfiguration und Verwaltung von Exchange Server.

2016, 674 Seiten, Festeinband, € 59,90 (D)
ISBN 978-3-96009-013-7 (O'Reilly)

Microsoft 7

C. Zacker
Installation, Speichertechnologien und Computing mit Windows Server 2016
Original Microsoft Prüfungstraining 70-740

Dieses Original Microsoft Prüfungstraining hilft Ihnen dabei, sich effizient auf die Microsoft Zertifizierungsprüfung 70-740 »Installation, Storage, and Compute with Windows Server 2016« vorzubereiten.

2018, 538 Seiten, Festeinband, € 49,90 (D)
ISBN 978-3-86490-445-5 (Microsoft Press)

A. Bettany · A. J. Warren
Installieren und Konfigurieren von Windows 10
Original Microsoft Prüfungstraining 70-698

Dieses Original Microsoft Prüfungstraining bereitet Sie effizient auf die Microsoft-Zertifizierungsprüfung 70-698 »Installing and Configuring Windows 10« vor.

2019, 522 Seiten, Festeinband, € 49,90 (D)
ISBN 978-3-86490-456-1 (Microsoft Press)

W. Assaf · R. West · S. Aelterman · M. Curnutt
SQL Server Administration
Insider-Wissen – praxisnah & kompetent

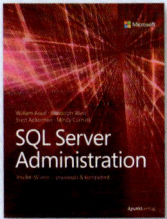

Dieses von Experten für Experten geschriebene Handbuch ist vollgepackt mit hilfreichen Tipps, zeitsparenden Problemlösungen und allem, was Sie zum Planen, Implementieren, Verwalten und Sichern von SQL Server benötigen – egal ob am eigenen Standort, in der Cloud oder in einer Hybridinstallation.

2019, 674 Seiten, Festeinband, € 49,90 (D)
ISBN 978-3-86490-584-1 (Microsoft Press)

A. Ferrari · M. Russo
Datenanalyse mit Microsoft Power BI und Power Pivot für Excel

Microsoft bietet Ihnen mit Power BI und Power Pivot für Excel starke Tools, um Daten effektiv zu modellieren. Mit diesem Buch lernen Sie Schritt für Schritt anhand realer Beispiele mit steigendem Schwierigkeitsgrad, wie Sie einfache Tabellen in umfassende und aussagekräftige Modelle verwandeln.

2018, 264 Seiten, Broschur, € 34,90 (D)
ISBN 978-3-86490-510-0 (Microsoft Press)

E. Bott · C. Stinson
Windows 10 für Experten
Insider-Wissen – praxisnah & kompetent

Geschrieben von einem Expertenteam erklärt Ihnen dieses Buch alles, was Sie über Windows 10 wissen müssen: von der Verwendung des Browsers Edge über Sicherheitsfragen bis zum fortgeschrittenen System-Management, mit vielen zeitsparenden Lösungen und Tipps.

3., aktualisierte Auflage
2. Quartal 2019, ca. 1000 Seiten, Festeinband, ca. € 36,90 (D)
ISBN 978-3-86490-638-1 (Microsoft Press)

P. Yosifovich · A. Ionescu · M. E. Russinovich · D. A. Solomon
Windows Internals
Band 1: Systemarchitektur, Prozesse, Threads, Speicherverwaltung, Sicherheit und mehr

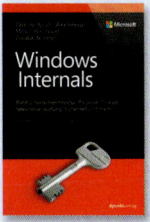

Tauchen Sie ein in die inneren Mechanismen von Windows und lernen Sie die Kernkomponenten kennen, die hinter den Kulissen arbeiten. Dieser Leitfaden wurde von einem Expertenteam verfasst und vollständig auf Windows 10 und Windows Server 2016 aktualisiert.

Übersetzung der 7. englischsprachigen Auflage
2018, 938 Seiten, Festeinband, € 59,90 (D)
ISBN 978-3-86490-538-4 (Microsoft Press)

F. Simon · J. Grossmann · C. A. Graf · J. Mottok · M. A. Schneider
Basiswissen Sicherheitstests
Aus- und Weiterbildung zum ISTQB® Advanced Level Specialist – Certified Security Tester

Die Autoren geben einen fundierten Überblick über die technischen, organisatorischen und prozessoralen Aspekte des Sicherheitstestens und vermitteln das erforderliche Praxiswissen, um für IT-Anwendungen die notwendige Sicherheit zu erhalten, die für eine wirtschaftlich sinnvolle und regulationskonforme Inbetriebnahme von Softwaresystemen notwendig ist.

1. Quartal 2019, ca. 220 Seiten, Festeinband, ca. € 32,90 (D)
ISBN 978-3-86490-618-3

A. Spillner · T. Roßner · M. Winter · T. Linz
Praxiswissen Softwaretest – Testmanagement
Aus- und Weiterbildung zum Certified Tester – Advanced Level nach ISTQB®-Standard

In diesem Buch werden Grundlagen, praxiserprobte Methoden und Techniken sowie die täglichen Aufgaben und Herausforderungen des Testmanagements vorgestellt und anhand eines durchgängigen Beispiels erläutert. Es umfasst den benötigten Stoff zum Ablegen der Prüfung Certified Tester – Advanced Level – Testmanager.

4., überarbeitete und erweiterte Auflage
2014, 506 Seiten, Festeinband, € 44,90 (D)
ISBN 978-3-86490-052-5

A. Spillner · T. Linz
Basiswissen Softwaretest
Aus- und Weiterbildung zum Certified Tester – Foundation Level nach ISTQB®-Standard

Das Buch umfasst den benötigten Stoff zum Ablegen der Prüfung »Certified Tester« (Foundation Level) nach dem Standard des International Software Testing Qualifications Board (ISTQB®) und ist auch für das Selbststudium geeignet.
Die 5. Auflage ist konform zur deutschen Ausgabe des ISTQB®-Lehrplans Version 2011.

5., überarbeitete und aktualisierte Auflage
2012, 312 Seiten, Festeinband, € 39,90 (D)
ISBN 978-3-86490-024-2

G. Bath · J. McKay
Praxiswissen Softwaretest – Test Analyst und Technical Test Analyst
Aus- und Weiterbildung zum Certified Tester – Advanced Level nach ISTQB®-Standard

Das Buch deckt sowohl funktionale als auch technische Aspekte des Softwaretestens ab und vermittelt damit das notwendige Praxiswissen für Test Analysts und Technical Test Analysts – beides entscheidende Rollen in Testteams. Es umfasst den benötigten Stoff zum Ablegen der Prüfung Certified Tester – Advanced Level – TA/TTA.

3., überarbeitete Auflage
2015, 588 Seiten, Festeinband, € 44,90 (D)
ISBN 978-3-86490-137-9

M. Winter · T. Roßner · C. Brandes · H. Götz
Basiswissen modellbasierter Test
Aus- und Weiterbildung zum ISTQB® Foundation Level – Certified Model-Based Tester

Modellbasiertes Testen umfasst die Erstellung und Nutzung von Modellen für die Systematisierung, Formalisierung und Automatisierung von Testaktivitäten. Dieses Buch vermittelt die Grundlagen und gibt einen fundierten Überblick über den modellbasierten Testprozess. Die 2. Auflage ist konform zum ISTQB®-Lehrplan Foundation Level Extension »Model-Based Tester«.

2., vollständig überarbeitete und aktualisierte Auflage
2016, 474 Seiten, Festeinband, € 44,90 (D)
ISBN 978-3-86490-297-0

Softwarequalität & Testen

T. Linz
Testen in Scrum-Projekten – Leitfaden für Softwarequalität in der agilen Welt
Aus- und Weiterbildung zum ISTQB® Certified Agile Tester – Foundation Extension

Entwicklungsleiter, Projektleiter, Testmanager und Qualitätsmanager erhalten in dem Buch Hinweise und Tipps, wie Testen und Qualitätssicherung in agilen Projekten erfolgreich organisiert werden können. Tester erfahren, wie sie in agilen Teams mitarbeiten und ihre Expertise optimal einbringen können. Die 2. Auflage ist konform zum ISTQB®-Lehrplan Foundation Extension »Agile Tester«.

2., aktualisierte und überarbeitete Auflage
2017, 270 Seiten, Festeinband, € 34,90 (D)
ISBN 978-3-86490-414-1

M. Daigl · R. Glunz
ISO 29119
Die Softwaretest-Normen verstehen und anwenden

Die ISO/IEC/IEEE 29119 stellt eine neue Normenreihe für Softwareprüfungen dar, die Vokabular, Prozesse, Dokumentation und Techniken für Softwaretesten beschreibt. Das Buch gibt eine praxisorientierte Einführung und einen fundierten Überblick über diese Normen (Teil 1 bis 4) und zeigt insbesondere die Umsetzung der Anforderungen aus der ISO 29119 hinsichtlich der Testaktivitäten auf.

2016, 264 Seiten, Festeinband, € 34,90 (D)
ISBN 978-3-86490-237-6

J. Albrecht-Zölch
Testdaten und Testdatenmanagement
Vorgehen, Methoden und Praxis

Der Leser erfährt in diesem Buch, wie man Testdaten gewinnt, nutzt, archiviert und inwiefern der Datenschutz zu beachten ist. Es zeigt Methoden, Best Practices und ein Vorgehen zum Verbessern eines Testdatenmanagements auf. Mustergliederungen und Checklisten helfen bei der Umsetzung in der Praxis.

2018, 454 Seiten, Festeinband, € 42,90 (D)
ISBN 978-3-86490-486-8

K. Franz · T. Tremmel · E. Kruse
Basiswissen Testdatenmanagement
Aus- und Weiterbildung zum Test Data Specialist Certified Tester Foundation Level nach GTB

Das Buch gibt einen praxisorientierten Überblick über das Testdatenmanagement sowie konkrete Anregungen für die effiziente Bereitstellung von Testdaten. Der Inhalt ist konform zum Lehrplan »Certified Tester Foundation Level Test Data Specialist« nach GTB und eignet sich gleichermaßen für das Selbststudium wie als Begleitliteratur zu den entsprechenden Schulungen.

2018, 208 Seiten, Festeinband, € 32,90 (D)
ISBN 978-3-86490-558-2

C. Ebert
Systematisches Requirements Engineering
Anforderungen ermitteln, dokumentieren, analysieren und verwalten

Dieses Buch beschreibt praxisorientiert und systematisch das gesamte Requirements Engineering vom Konzept über Analyse und Realisierung bis zur Wartung und Evolution eines Produkts. Die 6. Auflage vertieft Themen wie agile Entwicklung, Design Thinking, verteilt arbeitende Teams sowie Soft Skills.

6., überarbeitete und erweiterte Auflage
2019, 494 Seiten, Broschur, € 39,90 (D)
ISBN 978-3-86490-562-9

Softwarearchitektur

K. Hightower · B. Burns · J. Beda
Kubernetes
Eine kompakte Einführung

Kubernetes vereinfacht das Bauen, Deployen und Warten skalierbarer, verteilter Systeme in der Cloud radikal. Dieser praktische Leitfaden zeigt Ihnen, wie Kubernetes und die Container-Technologie dabei helfen können, in Bezug auf Schnelligkeit, Agilität, Zuverlässigkeit und Effizienz in ganz neue Bereiche vorzudringen.

2018, 204 Seiten, Broschur, € 29,90 (D)
ISBN 978-3-86490-542-1

E. Wolff

Openbook zum Thema: www.dpunkt.de/s/msr

Das Microservices-Praxisbuch
Grundlagen, Konzepte und Rezepte

Eberhard Wolff zeigt Microservices-Rezepte, die Architekten anpassen und zu einem Menü kombinieren können. So lässt sich deren Implementierung individuell auf die Anforderungen im Projekt ausrichten. Demo-Projekte und Anregungen für die Vertiefung runden das Buch ab.

2018, 328 Seiten, Broschur, € 36,90 (D)
ISBN 978-3-86490-526-1

V. Vernon
Domain-Driven Design kompakt
Aus dem Englischen von Carola Lilienthal und Henning Schwentner

Dieses Buch bietet einen kompakten Einstieg in die wesentlichen DDD-Konzepte, wie Ubiquitous Language, Bounded Contexts, Aggregates, Entities und Subdomänen. Nach der Lektüre sind Sie in der Lage, in Projekten eine gemeinsame Sprache für Fachanwender und Entwickler auch über Teamgrenzen hinweg zu finden.

2017, 158 Seiten, Broschur, € 29,90 (D)
ISBN 978-3-86490-439-4

C. Lilienthal
Langlebige Software-Architekturen
Technische Schulden analysieren, begrenzen und abbauen

Die Autorin beschreibt, wie langlebige Softwarearchitekturen entworfen, umgesetzt und erhalten werden können. Sie erörtert an Beispielen aus real existierenden Systemen, wie die typischen Fehler in Softwarearchitekturen aussehen und was sinnvolle Lösungen sind. Hinzugekommen in der 2. Auflage sind u.a. der Modularity Maturity Index und Mob Architecting.

2., überarbeitete und erweiterte Auflage
2017, 304 Seiten, Broschur, € 34,90 (D)
ISBN 978-3-86490-494-3

M. Gharbi · A. Koschel · A. Rausch · G. Starke
Basiswissen für Softwarearchitekten
Aus- und Weiterbildung nach iSAQB®-Standard zum Certified Professional for Software Architecture – Foundation Level

Dieses Buch vermittelt das nötige Grundlagenwissen, um eine dem Problem angemessene Softwarearchitektur für Systeme zu entwerfen. Es behandelt die wichtigen Begriffe und Konzepte der Softwarearchitektur sowie deren Bezug zu anderen Disziplinen. Die 3. Auflage ist konform zum iSAQB®-Lehrplan Version 2017.

3., überarbeitete und aktualisierte Auflage
2018, 228 Seiten, Festeinband, € 32,90 (D)
ISBN 978-3-86490-499-8

E. Wolff
Microservices
Grundlagen flexibler Softwarearchitekturen

Eberhard Wolff bietet hier »einen umfassenden und tiefen Einstieg« (iX) in Microservices, inklusive deren Vor- und Nachteile. Dabei erklärt er die übergreifende Architektur von Microservices-Systemen, die Architektur einzelner Services und die Auswirkungen auf Projektorganisation, Deployment und Betrieb.

2., aktualisierte Auflage
2018, 384 Seiten, Broschur, € 36,90 (D)
ISBN 978-3-86490-555-1

Softwareentwicklung

T. Geis · G. Tesch
Basiswissen Usability und User Experience
Systematisch und strukturiert vom Nutzungskontext zum gebrauchstauglichen Produkt
Aus- und Weiterbildung zum UXQB® Certified Professional for Usability and User Experience – Foundation Level (CPUX-F)

Gebrauchstaugliche Produkte, die ein positives Benutzererlebnis erzeugen, sind das Ergebnis eines systematischen Prozesses. Die Autoren geben einen fundierten Einstieg sowie einen Überblick über die Kompetenzfelder »Usability and User Experience« und deren Zusammenspiel anhand zahlreicher Beispiele für Gestaltungsprinzipien und Gestaltungsregeln.

1. Quartal 2019, ca. 220 Seiten, Festeinband, ca. € 32,90 (D)
ISBN 978-3-86490-599-5

T. Geis · K. Polkehn
Praxiswissen User Requirements
Nutzungsqualität systematisch, nachhaltig und agil in die Produktentwicklung integrieren
Aus- und Weiterbildung zum UXQB® Certified Professional for Usability and User Experience – Advanced Level »User Requirements Engineering« (CPUX-UR)

Im Buch wird fundiert aufgezeigt, wie mit User Requirements erfolgreich die Usability & User Experience und damit die Nutzungsqualität von Produkten maximiert werden kann. Die systematische Herleitung, Spezifikation und Strukturierung von Nutzungsanforderungen aus dem Nutzungskontext werden im Detail erörtert.

2018, 220 Seiten, Festeinband, € 32,90 (D)
ISBN 978-3-86490-527-8

G. Vollmer
Mobile App Engineering
Eine systematische Einführung – von den Requirements zum Go Live

Der Autor beschreibt ein strukturiertes und systematisches Vorgehen zur Entwicklung mobiler Apps. Anhand eines durchgehenden Anwendungsbeispiels zeigt er, wie sämtliche Phasen des Softwarelebenszyklus mit geeigneten Methoden, Werkzeugen, Sprachen und Best Practices der Softwaretechnik durchzuführen sind, um hochqualitative Apps zu entwickeln.

2017, 324 Seiten, Broschur, € 29,90 (D)
ISBN 978-3-86490-421-9

K. Pohl · C. Rupp
Basiswissen Requirements Engineering
Aus- und Weiterbildung nach IREB®-Standard zum Certified Professional for Requirements Engineering – Foundation Level

Dieses Lehrbuch für die Zertifizierung zum Foundation Level des CPRE umfasst Grundlagenwissen in den Gebieten Ermittlung, Dokumentation, Prüfung und Abstimmung, Verwaltung von Anforderungen sowie die Werkzeugunterstützung. Die 4. Auflage ist konform zum IREB®-Lehrplan Foundation Level Version 2.2.

4., überarbeitete Auflage
2015, 192 Seiten, Festeinband, € 29,90 (D)
ISBN 978-3-86490-283-7

T. Weilkiens · A. Huwaldt · J. Mottok · S. Roth · A. Willert
Modellbasierte Softwareentwicklung für eingebettete Systeme verstehen und anwenden

Das Buch beschreibt den effektiven Einsatz der Modellierung eingebetteter Software von den Anforderungen über die Architektur bis zum Design, der Codegenerierung und dem Testen. Für jede Phase werden Paradigmen, Methoden, Techniken und Werkzeuge beschrieben, wobei die praktische Anwendung im Vordergrund steht.

2018, 384 Seiten, Broschur, € 39,90 (D)
ISBN 978-3-86490-524-7

Agile Methoden

J. Bergsmann
Requirements Engineering für die agile Softwareentwicklung
Methoden, Techniken und Strategien

Das Buch gibt einen praxisorientierten Überblick über die am weitesten verbreiteten Techniken für die Anforderungsspezifikation und das Requirements Management in agilen Projekten. Es beschreibt sowohl sinnvolle Anwendungsmöglichkeiten als auch Fallstricke der einzelnen Techniken. Die 2. Auflage berücksichtigt den IREB®-Lehrplan RE@Agile Primer.

2., überarbeitete und aktualisierte Auflage
2018, 386 Seiten, Festeinband, € 36,90 (D)
ISBN 978-3-86490-485-1

T. Steimle · D. Wallach
Collaborative UX Design
Lean UX und Design Thinking: Teambasierte Entwicklung menschzentrierter Produkte

Dieses Buch bietet einen praxisorientierten Überblick zu Grundlagen und Anwendungen kollaborativer Methoden des User Experience Design. Von einem durchgängigen Praxisbeispiel ausgehend werden disziplinübergreifende UX-Methoden vorgestellt und in einem kohärenten Vorgehensmodell miteinander verknüpft.

2018, 240 Seiten, Festeinband, € 29,90 (D)
ISBN 978-3-86490-532-2

A. Gerling · G. Gerling
Der Design-Thinking-Werkzeugkasten
Eine Methodensammlung für kreative Macher

Die Autoren beschreiben kompakt und praxisnah den Design-Thinking-Prozess in sechs Phasen. Sie geben dem Leser einen strukturierten und für die tägliche Arbeit nützlichen Werkzeugkasten an die Hand. Die konkret beschriebenen Anleitungen für den gesamten Projektverlauf erleichtern die Entscheidung für das richtige Werkzeug zur richtigen Zeit.

2018, 160 Seiten, Klappenbroschur, € 16,95 (D)
ISBN 978-3-86490-589-6

G. Gerling · M. Breunig
Pragmatische Innovation
Ein Leitfaden für Macher und Manager im Zeitalter der Digitalisierung

Dieses Buch führt Sie an die systematische Entwicklung insbesondere digitaler Innovationen heran. Es vermittelt anschaulich die Phasen des Innovationsprozesses, Innovationsstrategie und -portfolio sowie organisatorische Voraussetzungen. Die Verwendung von Design Thinking und Business Model Canvas wird im Kontext erläutert.

2. Quartal 2019, ca. 250 Seiten, Broschur, ca. € 29,90 (D)
ISBN 978-3-86490-544-5

J. Noack · J. Diaz
Das Design Sprint Handbuch
Ihr Wegbegleiter durch die Produktentwicklung

Design Sprints haben sich als eine der führenden Methoden etabliert, um mit einem klaren Fokus auf die Kundenbedürfnisse agil innovative Lösungen zu entwickeln; und das in vier oder fünf Tagen. Als Brücke von der Theorie zur Praxis bietet dieses Buch nicht nur eine Einführung in Design Sprints, sondern begleitet Sie bei der konkreten Durchführung als Handbuch und Nachschlagewerk.

1. Quartal 2019, ca. 150 Seiten, Klappenbroschur, ca. € 19,95 (D)
ISBN 978-3-86490-656-5

Agile Methoden

K. Bittner · P. Kong · D. West
Mit dem Nexus™ Framework Scrum skalieren
Kontinuierliche Bereitstellung eines integrierten Produkts mit mehreren Scrum-Teams

Das Nexus™-Framework ist ein einfacher und effektiver Ansatz, um Scrum in mehreren Teams über verschiedene Standorte und Zeitzonen hinweg erfolgreich anzuwenden. Die Autoren zeigen in kompakter Form, wie Teams mit Nexus™ ein komplexes Produkt in kurzen Zyklen und ohne Einbußen bei der Konsistenz oder Qualität liefern können.

2019, 166 Seiten, Broschur, € 29,90 (D)
ISBN 978-3-86490-576-6

T. Mayer · O. Lewitz · U. Reupke · S. Reupke-Sieroux
The People's Scrum
Revolutionäre Ideen für den agilen Wandel

In diesem Buch mit 39 Essays wird Scrum in einzigartiger Weise als eine Weltanschauung und nicht ausschließlich als Werkzeug oder Methode vermittelt. Es ermutigt den Leser, seinen Blick auf Projektmanagement, Firmenpolitik und Entwicklungspraktiken kritisch zu hinterfragen und neue Wege zu gehen.

2., überarbeitete Auflage
2018, 206 Seiten, Broschur, € 19,95 (D)
ISBN 978-3-86490-533-9

Openbook zum Thema:
www.dpunkt.de/s/spm

S. Roock · H. Wolf
Scrum – verstehen und erfolgreich einsetzen

Die Autoren beschreiben in kompakter Form die Scrum-Grundlagen und die hinter Scrum stehenden Werte und Prinzipien sowie die kontinuierliche Prozessverbesserung. Neu hinzugekommen sind in der 2. Auflage Techniken wie Storytelling, Story Mapping, Roadmap Planning sowie Lean Forecasting. Außerdem wurde das Buch an die neue Fassung des Scrum Guide vom November 2017 angepasst.

2., aktualisierte und erweiterte Auflage
2018, 264 Seiten, Broschur, € 29,90 (D)
ISBN 978-3-86490-590-2

C. Larman · B. Vodde
Large-Scale Scrum
Scrum erfolgreich skalieren mit LeSS

Das Skalierungsframework LeSS setzt auf Scrum auf und unterstützt Unternehmen dabei, Agilität über den gesamten Projektlebenszyklus hinweg zu skalieren: von der Sprint-Planung bis hin zur Retrospektive. Die Autoren zeigen, welche Anpassungen gegenüber Scrum im Kleinen für einen Einsatz im Großen notwendig sind und wie diese Anpassungen so minimal wie möglich gehalten werden können.

2017, 396 Seiten, Broschur, € 34,90 (D)
ISBN 978-3-86490-376-2

mit Poster zu SAFe 4.5

C. Mathis
SAFe – Das Scaled Agile Framework
Lean und Agile in großen Unternehmen skalieren

Das Buch gibt einen praxisorientierten Überblick über die Struktur, Rollen, Schlüsselwerte und Prinzipien von SAFe und führt den Leser im Detail durch die Ebenen des Frameworks. Dabei steht die Umsetzung in den agilen Teams im Vordergrund. Die 2. Auflage wurde auf SAFe Version 4.5 aktualisiert.

2., überarbeitete und aktualisierte Auflage
2018, 254 Seiten, Broschur, € 34,90 (D)
ISBN 978-3-86490-529-2

Agile Methoden

S. Kaltenecker
Tatort Kanban
Ein agiler Kriminalroman

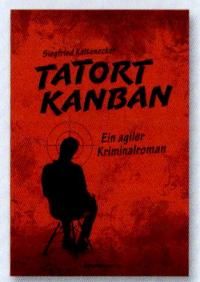

Ein Unternehmen, das sich Agilität auf die Fahnen geschrieben hat. Ein Whiteboard, an dem viele bunte Karten hängen. Ein Kollege, der morgens tot aufgefunden wird. War es Mord? Bei seiner Ermittlungsarbeit muss Chefinspektor Nemecek ein dichtes Netz an Beziehungen entwirren, entdeckt dabei Kanban und setzt es sogar für die eigenen Untersuchungen ein.

2. Quartal 2019, ca. 180 Seiten, Broschur, ca. € 19,95 (D)
ISBN 978-3-86490-653-4

D. J. Anderson · A. Carmichael
Die Essenz von Kanban
kompakt

Dieses Buch bietet in einem kompakten Überblick die »Essenz« dessen, was Kanban ist und wie es effektiv eingesetzt werden kann. Es führt in die Werte, die grundlegenden Prinzipien und Praktiken sowie wesentlichen Metriken für die Verbesserungsarbeit ein und gibt einen ersten Einblick in die Implementierung von Kanban in Organisationen.

2018, 112 Seiten, Broschur, € 14,95 (D)
ISBN 978-3-86490-531-5

M. Burrows
Kanban
Verstehen, einführen, anwenden

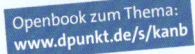
Openbook zum Thema:
www.dpunkt.de/s/kanb

Mike Burrows vermittelt die Kanban-Methode anhand von neun Werten, wodurch er den Prinzipien und Praktiken Kanbans ein starkes Gerüst verleiht. Weiter werden neuere Konzepte wie die drei »Agenden« und die »Kanban-Linse« sowie die Implementierung von Kanban mittels STATIK (Systems Thinking Approach to Introducing Kanban) vorgestellt.

2015, 272 Seiten, Broschur, € 34,90 (D)
ISBN 978-3-86490-253-6

D. J. Anderson · T. Bozheva
Kanban Maturity Model
So werden Unternehmen Fit for Purpose

Das Kanban Maturity Model entstand durch die Arbeit in den letzten zehn Jahren bei der Einführung von Kanban in kleinen und großen Unternehmen verschiedener Branchen. Es spiegelt die Erfahrung wider, dass die angewendeten Kanban-Praktiken zur organisatorischen Reife des Unternehmens passen müssen. Die KMM-Roadmap und konkrete Maßnahmen ermöglichen, die gewünschte Business-Agilität zu erreichen.

2. Quartal 2019, ca. 220 Seiten, Broschur, ca. € 34,90 (D)
ISBN 978-3-86490-608-4

D. J. Anderson · A. Zheglov
Fit for Purpose
Wie Unternehmen Kunden finden, zufriedenstellen und binden

Dynamische Märkte erfordern an den Kundenbedürfnissen ausgerichtete Produkte. Erfahren Sie, wie Sie Kunden finden, kontinuierlich zufriedenstellen und langfristig binden. Finden Sie konkrete Antworten darauf, ob Produkte an Kundenbedürfnissen ausgerichtet sind und wie diese verbessert werden können. Lernen Sie mit dem »Fit for Purpose«-Framework ein pragmatisches Vorgehen kennen, das Sie hierbei unterstützt.

2019, 302 Seiten, Broschur, € 34,90 (D)
ISBN 978-3-86490-579-7

Agile Leadership

H. Koschek · R. Dräther
Neue Geschichten vom Scrum
Von Führung, Lernen und Selbstorganisation in fortschrittlichen Unternehmen

Drei Jahre nach dem Bau der besten Drachenfalle aller Zeiten hat Scrum viele Anhänger gefunden. Der Open Space beim zweiten Wieimmerländer Scrum-Treffen ist deshalb vollgepackt mit Themen – von Führung über Selbstorganisation bis Vertrauen. Und dann geraten die agilen Werte in Gefahr!

2018, 464 Seiten, Broschur, € 32,90 (D)
ISBN 978-3-86490-273-4

V. Kotrba · R. Miarka
Agile Teams lösungsfokussiert coachen

Sinnvolle Selbstorganisation braucht Vertrauen. Wie können agile Teams zusammen wachsen? Wie kann Kooperation gefördert werden? Die Autoren stellen lösungsorientierte Coaching-Methoden vor und erklären, wie sie im beruflichen Alltag erfolgreich angewendet werden können. Die 3. Auflage enthält zusätzliche Tools und neue Gedanken zum Thema Selbstorganisation.

3., überarbeitete und erweiterte Auflage
2019, 284 Seiten, Broschur, € 32,90 (D)
ISBN 978-3-86490-614-5

S. Kaltenecker
Selbstorganisierte Unternehmen
Management und Coaching in der agilen Welt

Das Buch bietet Ihnen alles, was Sie für die Gestaltung agiler Unternehmen brauchen. Es vermittelt ein solides Grundverständnis sozialer Systeme, beschreibt bewährte Prinzipien und Praktiken der Selbstorganisation und bietet eine breite Palette von Praxisbeispielen, die das Zusammenspiel von Management und Coaching veranschaulichen.

2017, 330 Seiten, Broschur, € 34,90 (D)
ISBN 978-3-86490-453-0

S. Kaltenecker
Selbstorganisierte Teams führen
Arbeitsbuch für Lean & Agile Professionals

Der Autor beschreibt, wie Führung in einem sich selbst organisierenden Umfeld funktioniert, und zeigt, wie die eigenen Führungskompetenzen durch den Einsatz bewährter Techniken systematisch ausgebaut werden können. Die 2. Auflage wurde komplett überarbeitet und um neue Werkzeuge und Fallbeispiele ergänzt.

2., überarbeitete und erweiterte Auflage
2018, 254 Seiten, Broschur, € 32,90 (D)
ISBN 978-3-86490-551-3

A. Rüping
Gute Entscheidungen in IT-Projekten
Unbewusste Einflüsse erkennen, Hintergründe verstehen, Prozesse verbessern

Gute Entscheidungen in IT-Projekten zu treffen, ist nicht einfach. Manchmal fehlt das notwendige Wissen, manchmal kann sich eine gute Meinung nicht durchsetzen. Oft erschweren auch kognitive Verzerrungen die Entscheidungsfindung. Wer jedoch auf diese Hindernisse vorbereitet ist und mit ihnen umzugehen weiß, trifft bessere Entscheidungen; gerade in Projekten, die komplex oder unübersichtlich sind.

2. Quartal 2019, ca. 200 Seiten, Broschur, ca. € 29,90 (D)
ISBN 978-3-86490-648-0

C. Avery
The Responsibility Process
Wie Sie sich selbst und andere wirkungsvoll führen und coachen

Der Autor zeigt mit »The Responsibility Process™« den Weg und die Zwischenschritte hin zu echter Verantwortungsübernahme. Er gibt Ihnen konkrete Werkzeuge, Praktiken und Leadership-Weisheiten an die Hand, mit denen Sie lernen, diesen Prozess bewusst einzusetzen, um sich selbst und anderen kraft- und wirkungsvolles Handeln zu ermöglichen.

2019, 294 Seiten, Broschur, € 24,90 (D)
ISBN 978-3-86490-577-3

R. van Solingen
Der Bienenhirte – über das Führen von selbstorganisierten Teams
Ein Roman für Manager und Projektverantwortliche

Dieses außergewöhnliche Buch handelt von der Geschichte von Mark, einer Führungskraft in einer Supermarktkette, in der auf Selbstorganisation umgestellt wird. Eines Tages erfährt Mark von seinem Großvater, wie dieser vom Schafhirten zum Imker wurde und was er dabei gelernt hat. Seine klugen und praktischen Lektionen scheinen überraschend gut auf Marks Situation zu passen.

2017, 126 Seiten, Broschur, € 19,95 (D)
ISBN 978-3-86490-495-0

J. Hoffmann · S. Roock
Agile Unternehmen
Veränderungsprozesse gestalten, agile Prinzipien verankern, Selbstorganisation und neue Führungsstile etablieren

Agile Unternehmen agieren flexibler am Markt, entwickeln begeisternde Produkte und bieten Mitarbeitern sinnstiftendere Arbeitsplätze. Die Autoren beschreiben, was agile Unternehmen ausmacht, und bieten konkrete Praktiken an, mit denen das eigene Unternehmen schrittweise agiler gestaltet werden kann - mit vielen Fallbeispielen aus der Praxis.

2018, 214 Seiten, Broschur, € 29,90 (D)
ISBN 978-3-86490-399-1

F.-U. Pieper · S. Roock
Agile Verträge
Vertragsgestaltung bei agiler Entwicklung für Projektverantwortliche

Die Autoren beschreiben die vertragsrechtlichen Grundlagen bei agiler Softwareentwicklung, die verschiedenen Varianten der Vertragsgestaltung sowie die einzelnen Vertragsformen mit ihren Eigenschaften, Funktionsweisen, Vorteilen und Risiken, wobei auch eine formalrechtliche Einordnung vorgenommen wird.

2017, 168 Seiten, Broschur, € 26,90 (D)
ISBN 978-3-86490-400-4

P. Koning
Toolkit für agile Führungskräfte
Selbstorganisierte Teams zum Erfolg führen

Sie fühlen sich verantwortlich für Ihre agilen Teams. Sie möchten, dass die Teams wachsen und schneller auf die Veränderungen im Markt reagieren. Was ist das richtige Maß an Selbstorganisation für Ihre Teams? Wann sollten Sie Raum geben, wann eingreifen? Peter Koning zeigt anhand konkreter Werkzeuge, wie Sie auf neue Art und Weise führen können.

2. Quartal 2019, ca. 240 Seiten, Festeinband, ca. € 32,90 (D)
ISBN 978-3-86490-628-2

IT & Business

U. Haneke · S. Trahasch · M. Zimmer · C. Felden (Hrsg.)
Data Science
Grundlagen, Architekturen und Anwendungen

Das Buch bietet eine umfassende Einführung in Data Science und dessen praktische Relevanz für Unternehmen. Es behandelt die wichtigen Aufgabenfelder, Methoden, Rollen- und Organisationsmodelle sowie grundlegenden Konzepte und Architekturen für Data Science. Zahlreiche Anwendungsfälle helfen bei der konkreten Umsetzung in der Praxis.

1. Quartal 2019, ca. 250 Seiten, Festeinband, ca. € 59,90 (D)
ISBN 978-3-86490-610-7

M. Knoll
Praxisorientiertes IT-Risikomanagement
Konzeption, Implementierung und Überprüfung

Das Buch beschreibt die Grundlagen sowie Organisationsstrukturen und Elemente des IT-Risikomanagement-Prozesses. Dabei werden gängige Methoden sowie der Einsatz von Werkzeugen anhand von Beispielen aus der Praxis erläutert. Die 2. Auflage wurde komplett überarbeitet und um Themen wie DevOps, Schatten-IT, Industrie 4.0 erweitert.

2. überarbeitete und erweiterte Auflage
1. Quartal 2019, ca. 364 Seiten, Festeinband, ca. € 44,90 (D)
ISBN 978-3-86490-655-8

R. Finger (Hrsg.)
BI & Analytics in der Cloud
Architektur, Vorgehen und Praxis

Die Autoren geben einen fundierten Überblick und behandeln im Detail Themen wie die Cloud als Agilitätshebel für BI und Analytics, Big Data in der Cloud, Cloud Services, Cloud-Nutzungsstrategien für Data Analytics und Social-Media-Integration. Abgerundet wird das Buch mit einem Marktüberblick zu Cloud BI. Die Beiträge spiegeln dabei die konkreten Umsetzungserfahrungen der Autoren wider.

2019, 262 Seiten, Festeinband, € 59,90 (D)
ISBN 978-3-86490-591-9

H. Stauffer
Security für Data-Warehouse- und Business-Intelligence-Systeme
Konzepte, Vorgehen und Praxis

Der Autor beschreibt die Grundlagen der Security, welche Schutzziele bei BI-Projekten verfolgt werden müssen, auf welchen Ebenen Security berücksichtigt werden muss, welche Typen von Maßnahmen es gegen interne und externe Bedrohungen gibt und welche Datenschutz- bzw. regulatorischen Anforderungen zu beachten sind.

2018, 302 Seiten, Festeinband, € 59,90 (D)
ISBN 978-3-86490-419-6

J. Kohlhammer · D. U. Proff · A. Wiener
Visual Business Analytics
Effektiver Zugang zu Daten und Informationen

Die Autoren bieten einen praxisnahen Überblick über Visual Business Analytics mit seinen drei Teilgebieten: Information Design, Visual Business Intelligence und Visual Analytics. Anwendungsbeispiele und ein Blick in die Forschung runden das Buch ab. Die 2. Auflage wurde um neue Themen wie Visualisierungsstandards und maschinelles Lernen erweitert.

2., überarbeitete und aktualisierte Auflage
2018, 288 Seiten, Festeinband, € 69,90 (D)
ISBN 978-3-86490-410-3

W. Keller
IT-Unternehmensarchitektur
Von der Geschäftsstrategie zur optimalen IT-Unterstützung

Dieses Buch stellt die Sicht eines IT-Verantwortlichen auf die Herausforderungen dar, vor denen die IT-Funktion eines Unternehmens heute steht. Es beschreibt, wie ihn IT-Unternehmensarchitektur dabei unterstützen kann, seine Aufgaben im Sinne eines modernen IT-Verantwortlichen wahrzunehmen. Die 3. Auflage wurde um Themen wie Lean/Agile EAM und EAM für den Mittelstand erweitert.

3., überarbeitete und erweiterte Auflage
2017, 506 Seiten, Festeinband, € 49,90 (D)
ISBN 978-3-86490-406-6

Administration & IT-Sicherheit

L. Betz · T. Widhalm
Icinga 2
Ein praktischer Einstieg ins Monitoring

Die erweiterte und aktualisierte Neuauflage von »Icinga 2« gibt eine umfassende Einführung in das Monitoringprodukt. Dabei zeigt es Umsteigern und Monitoring-Neulingen praxisnah, wie eine Umgebung aufgebaut und Schritt für Schritt immer umfangreicher und umfassender gestaltet wird.

2., aktualisierte und erweiterte Auflage
2018, 686 Seiten, Broschur, € 44,90 (D)
ISBN 978-3-86490-556-8

K. Schmeh
Kryptografie
Verfahren, Protokolle, Infrastrukturen

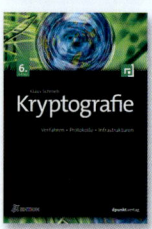

Das Grundlagenwerk beschreibt alle relevanten Verschlüsselungs-, Signatur- und Hash-Verfahren in anschaulicher Form. Es geht auf kryptografische Protokolle, Implementierungsfragen, Sicherheits-Evaluierungen, Seitenkanalangriffe sowie Public-Key-Infrastrukturen (PKI) und Netzwerkprotokolle ein.

6., aktualisierte Auflage
2016, 944 Seiten, Festeinband, € 54,90 (D)
ISBN 978-3-86490-356-4

M. Messner
Hacking mit Metasploit
Das umfassende Handbuch zu Penetration Testing und Metasploit

Sicherheitsexperte Michael Messner erklärt Ihnen typische Pentesting-Tätigkeiten und zeigt, wie man mit Metasploit komplexe, mehrstufige Angriffe vorbereitet, durchführt und protokolliert.
»Eine gelungene Einführung, die auch für Leser mit Vorkenntnissen interessant ist.« (Linux Magazin)

3., aktualisierte und erweiterte Auflage
2018, 594 Seiten, Broschur, € 46,90 (D)
ISBN 978-3-86490-523-0

J. Forshaw
Netzwerkprotokolle hacken
Sicherheitslücken verstehen, analysieren und schützen

Top-Bug-Hunter James Forshaw befasst sich mit Netzwerken auf Protokollebene aus der Perspektive eines Angreifers, um Schwachstellen zu finden, auszunutzen und letztendlich zu schützen. Das Buch ist damit ein Muss für jeden Penetration Tester, Bug Hunter oder Security-Entwickler.

2018, 366 Seiten, Broschur, € 36,90 (D)
ISBN 978-3-86490-569-8

U. Troppens · N. Haustein
Speichernetze
Grundlagen und praktischer Einsatz: Vom Magnetband zur Cloud

Dieses Buch erklärt die grundlegenden Techniken für die Speicherung von Daten auf Disk- und Flashsystemen, Magnetbändern, Dateisystemen sowie Objektspeichern. Es erläutert wesentliche Übertragungstechniken wie Fibre Channel, iSCSI, InfiniBand und NVMe sowie deren Einsatz und wie sie helfen, Ausfallsicherheit, Anpassbarkeit und Erweiterbarkeit von Datenspeichern und Anwendungen zu gewährleisten.

3., aktualisierte und erweiterte Auflage
1. Quartal 2019, ca. 962 Seiten, Festeinband, ca. € 69,90 (D)
ISBN 978-3-86490-503-2

Design & Publishing

K. Sckommodau
Magazindesign
Gestaltungsgrundlagen und Umsetzung mit InDesign und Photoshop

Diese Anleitung führt Sie praxisnah durch den gesamten Workflow – von den grundlegenden Überlegungen zur Gestaltung über die Umsetzung in InDesign und die Bildbearbeitung bis hin zur fertigen Druckausgabe. Zudem finden Sie gezielt Lösungen für konkrete Fragestellungen und Checklisten.

2018, 320 Seiten, Festeinband, € 36,90 (D)
ISBN 978-3-86490-530-8

S. Schulze
Auf dem Tablet erklärt
Wie Sie Ihre guten Ideen einfach und digital visualisieren

Lassen Sie sich inspirieren, wie Sie mit einfachen Mitteln Ihre Ideen verdeutlichen, Gedanken strukturieren und Ihre Botschaft visuell darstellen. Von ersten Skizzen bis zur fertigen Präsentation – hier finden Sie Anleitungen, kleine Helfer und hilfreiche Tipps für das Zeichnen mit dem Tablet.

Weitere Titel zum Thema Zeichnen:
www.dpunkt.de/s/zeichnen

2018, 316 Seiten, Broschur, € 24,90 (D)
ISBN 978-3-86490-513-1

J. Jacobsen
Website-Konzeption
Erfolgreiche und nutzerfreundliche Websites planen, umsetzen und betreiben

In seinem erfolgreichen Klassiker zur Website-Konzeption vermittelt Jens Jacobsen Ihnen, wie Sie eine Website planen, konzipieren, umsetzen und betreiben. Ob Sie alles selbst machen oder mit Agenturen und/oder Auftragnehmern arbeiten – Sie sehen, wie Sie schon in der Konzeptionsphase Fehler vermeiden, die später nur schwer zu korrigieren sind.

8., aktualisierte Auflage
2017, 500 Seiten, Broschur, € 39,90 (D)
ISBN 978-3-86490-427-1

K. Posselt · D. Frölich
Barrierefreie PDF-Dokumente erstellen
Das Praxishandbuch für den Arbeitsalltag –
Mit Beispielen zur Umsetzung in InDesign und Office

Mit starkem Praxisbezug und anhand vieler Beispiele lernen Sie, barrierefreie PDF-Dokumente zu erstellen. Nach den gesetzlichen Anforderungen und den technischen Grundlagen zeigen die Autoren die praktische Umsetzung in den Standardprogrammen und die abschließende Prüfung und Korrektur der Dokumente.

1. Quartal 2019, ca. 650 Seiten, Broschur, ca. € 46,90 (D)
ISBN 978-3-86490-487-5

J. Santa Maria
Webtypografie

Präzise und auf den Punkt vermittelt Jason Santa Maria typografisches Grundwissen, übertragen auf das Web: Schriften erkennen, auswählen und kombinieren, Fallback-Lösungen, flexible Gestaltung der Webseite. Er zeigt, wie Sie mit Typografie Ihr Design prägen und ein angenehmes Leseerlebnis schaffen.

2016, 160 Seiten, Broschur, € 19,95 (D)
ISBN 978-3-86490-276-5

A. Weiss
Sketchnotes & Graphic Recording
Eine Anleitung

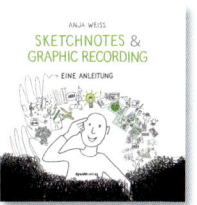

Visuell erfassen, festhalten, lernen, präsentieren – diese Anleitung führt vom einfachen Basisbildvokabular über die Umsetzung komplexer Themen in Bilder bis hin zum grafischen Verlaufsprotokoll in Wandgröße. Mit zahlreichen Beispielen, Anregungen, Übungen und Tipps zum simultanen Zeichnen vor Publikum.

2016, 206 Seiten, Festeinband, € 26,90 (D)
ISBN 978-3-86490-359-5

Konferenzen 2019

01.–03. April 2019, Köln
Die Softwareentwicklerkonferenz zu
Internet of Things und Industrie 4.0
www.buildingiot.de

14.–16. Mai 2019, Mannheim
Die Konferenz für Machine Learning
und Künstliche Intelligenz
www.m3-konferenz.de

DevOps Essentials

04.–06. Juni 2019, Darmstadt
Deep-Dive-Trainings zu Continuous
Delivery, DevOps und Containerisierung
www.devops-essentials.de

25.–28. Juni 2019, Darmstadt
Die Konferenz für Enterprise-JavaScript
www.enterjs.de

Herbstcampus

3.–5. September 2019, Nürnberg
Wissen, Austausch und Inspiration
für Entwickler
www.herbstcampus.de

// heise devSec( )

24.–26. September 2019, Heidelberg
Die Konferenz für sichere Software-
und Webentwicklung
www.heise-devsec.de

data2day

22.–24. Oktober 2019, Heidelberg
Die Konferenz zu Big Data, Data Science
und Machine Learning
www.data2day.de

In Kooperation mit:

plus⁺

Als **plus⁺**-Mitglied können
Sie bis zu zehn E-Books als
Ergänzung zu Ihren ge-
druckten dpunkt.büchern
herunterladen. Eine Jahres-
mitgliedschaft kostet Sie
lediglich 9,90 €, weitere
Kosten entstehen nicht.

Weitere Informationen unter:
www.dpunkt.plus

Weitere Bücher zum Thema
Computing unter:
www.oreilly.de

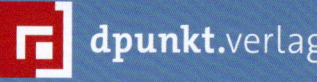

Wieblinger Weg 17
69123 Heidelberg
fon 0 62 21/14 83 0
fax 0 62 21/14 83 99
hallo@dpunkt.de
www.dpunkt.de

- Kommunikation
    - Sorge dafür, dass sich die Menschen persönlich kennenlernen.
    - Interveniere bei sozialen Problemen zwischen Beteiligten sofort, denn Kommunikationsprobleme sind dringlich.
- Feedback
    - Vergewissere dich regelmäßig, auf dem richtigen Weg zu sein.
    - Entwickle im Team.
    - Führe Reviews mit der jeweiligen Zielgruppe wie z. B. anderen Teams, Fachexperten, Designern, Anwendern durch.
    - Führe Akzeptanztests durch.
- Einfachheit
    - Suche die einfachste Lösung, um die Anforderungen zu erfüllen. Sie wird immer noch kompliziert genug sein.
    - Entwickle für drei ähnliche Probleme lieber drei verschiedene Lösungen als einmal eine komplexe, generische Universallösung, die doch nicht alle Anforderungen erfüllt und um ein Vielfaches teurer werden wird.
    - Erst beim vierten Mal bist du dir ausreichend sicher, dass du eine abstrakte, generische Lösung erstellen kannst.[2]
    - Vorher ist meist der Aufwand für die Erstellung der generischen Lösung höher als für die drei Einzellösungen.

Die Kommunikation und damit die Kommunikationsfähigkeit wird also als zentraler Erfolgsfaktor gesehen. Dies deckt sich mit unserer Erfahrung aus diversen Negativbeispielen. Obwohl agile Projekte in der Regel von der beteiligten Personenzahl her kleine Projekte sind, spielt die direkte Kommunikation und Kommunikationsfähigkeit bei allen Beteiligten eine überproportional wichtige Rolle.

Schnell kommt es zu Missverständnissen zwischen Entwicklern und Nicht-Entwicklern aus den Fachbereichen oder dem Management. Dadurch entwickeln wir die falsche Software, und die Manager verstehen nicht, was eigentlich vor sich geht. Die Situation wird noch verschärft, indem sowohl die Fachbereiche als auch das Management erheblich mit ihren Erfolgen von uns Entwicklern abhängig sind. Sie sind also abhängig von Menschen, die sie nicht verstehen! Eine solche Situation wird beinahe zwangsläufig zu Ängsten führen – und Angst ist ein schlechter Berater.

---

[2]Über die Anzahl *vier* lässt sich streiten. Hier geht es weniger um Redundanzfreiheit im Code als um den Sinn und Widersinn generischer Lösungen.

Es kann auch sein, dass unser Gesprächspartner blockiert und wir nicht an die Informationen herankommen, die wir benötigen. Und wir merken das noch nicht einmal. Unser Auftreten kann so weit führen, dass wir uns politische Gegner schaffen, mit denen wir dann Machtspiele austragen, anstatt uns auf unser Projekt zu konzentrieren. Auch innerhalb unseres Entwicklungsteams entgehen uns schnell durch mangelhafte Kommunikation mögliche Synergien. So werden wir kaum eine effiziente Lösung finden können.

Dieses Buch befasst sich im Wesentlichen mit den direkten Kommunikationstechniken. In jedem Teil werden Sie daher Techniken kennenlernen, die Ihnen besonders in agilen Projekten helfen können.

1.2.2 SOA: Großprojekte und direkter Kontakt

Hinter SOA (Service-oriented Architecture) steckt eine Architektursicht zur flexiblen Umsetzung von Geschäftsprozessen in Software. Häufig etwas vorschnell wird SOA auf ein technisches Problem zur Bereitstellung von Webservices reduziert. Schauen wir uns erfolgreiche SOA-Projekte an, stellen wir fest, dass die Technologie gegenüber der Methodik häufig eher sekundär ist [73].

Der Rahmen für SOA-Projekte liegt entgegengesetzt zu den vorher behandelten agilen Projekten. Das Ziel ist dabei die Flexibilisierung der Softwareunterstützung von Geschäftsprozessen in Großfirmen und Konzernen. Waren früher Prozesse über lange Zeiträume konstant, fordert der Markt heute deutlich schnellere Reaktionen, sodass Prozesse durchaus alle paar Monate angepasst werden können (Abb. 1.6).

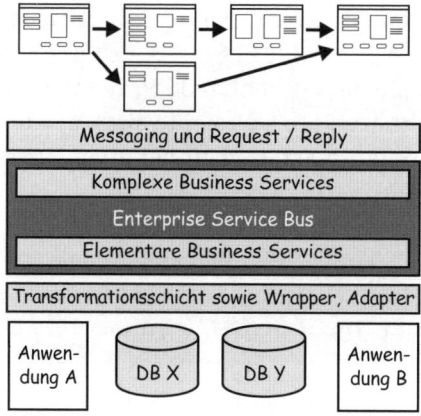

Abbildung 1.6: SOA ist mehr als die Integration von Anwendungen. Durch die Zerlegung in Services kann die Flexibilität der IT-Lösungen erhöht werden, um der Dynamik der Anforderungen besser gerecht zu werden.

Aus technischer Sicht wird mit SOA der bestehende heterogene Zoo von Anwendungen und Informationssystemen durch einen zentralen Enterprise Service Bus gekapselt, der als Schnittstelle für die Anwendungen *Services* zur Verfügung stellt.

Die zentrale Fragestellung lautet: Wie kommen wir zu den einzelnen Services? Dies kann nur in enger Zusammenarbeit mit den Fachbereichen erfolgen, um hinterher auch das angestrebte Ziel der Flexibilität zu erreichen. Ausgangspunkt sind die Geschäftsprozesse, die weiter zerlegt werden und zu statischen wie dynamischen Modellen führen, aus denen dann die konkreten Services abgeleitet werden. Um die gewünschte Dynamik an Änderungen und Erweiterungen realisieren zu können, erfolgt diese methodische Ableitung der Services im direkten Kontakt aller Beteiligten in Form von Workshops. Dabei werden die Geschäftsprozesse analysiert und, falls notwendig, IT-kompatibel modelliert. Des Weiteren werden in einem Domänenmodell Verantwortlichkeiten sowie Schnittstellen festgelegt (Abb. 1.7). Mit den so gefundenen Services können dann (hoffentlich) schnell Prozessanpassungen in unseren Anwendungen erfolgen, indem die Services als Bausteine aufgefasst und neu rekombiniert werden.

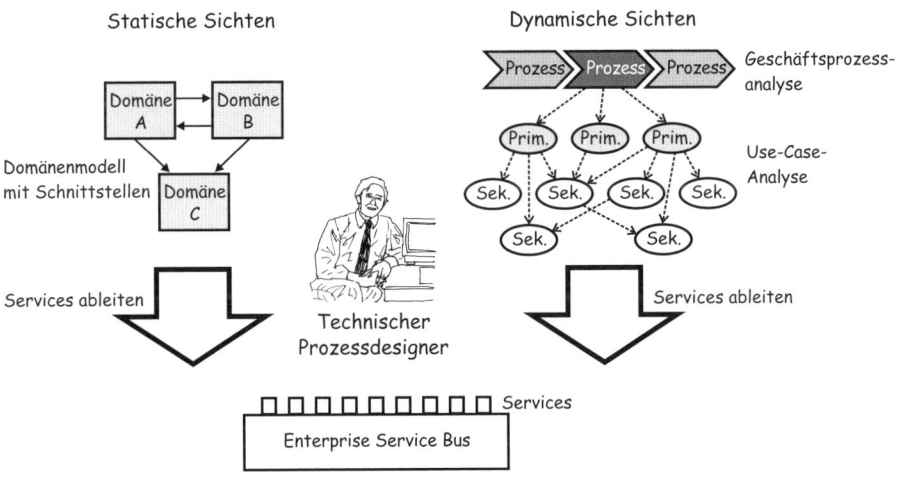

Abbildung 1.7: Die Entwicklung einer SOA ist primär ein organisatorischer und geschäftsprozessorientierter Ablauf.

Dabei wird auf IT-Seite eine neue Rolle definiert, eine Art *technischer Prozessdesigner*. Aufgrund der hohen Dynamik der Anforderungsänderungen ist das primäre Arbeitsmittel des technischen Prozessdesigners die Durchführung von Workshops. Er transformiert die Ergebnisse der Workshops in technische Modelle und stimmt diese mit den fachlichen Ansprechpartnern ab. Meist wird diese Aufgabe von einem kleinen Kernteam wahrgenommen. Für diese Rolle sind offensichtlich neben technischen und methodischen Fähigkeiten starke kommunikative Fertigkeiten notwendig.

In der direkten Kommunikation der Beteiligten werden die Abläufe optimiert und angepasst. Der Prozessdesigner sorgt für die Transformation der fachlichen Sicht in eine technische und für eine angemessene Modellierung. Damit ist er verantwortlich für die Dokumentation der statischen und dynamischen Sichten auf die Abläufe in den betrachteten Bereichen.

2 Projektpolitik? Projektumfeldanalyse!

Bei Softwareprojekten ist meist viel Geld im Spiel. Damit eng verbunden sind Machtinteressen bestimmter Personen. Als Projektverantwortliche und Projektbeteiligte sind wir damit automatisch in die Projektpolitik eingebunden, ob wir wollen oder nicht. Auch wenn wir selbst eine Aversion gegen *Machtspielereien* haben, sollten wir zumindest wissen, was um uns herum passiert und wie die Machtverhältnisse aussehen. So gesehen hat Projektpolitik etwas von Schachspielen. Wer positioniert wo seine *Figuren*? Welchen *Wert* haben sie? Und wie gut spielen Sie *Schach* (Abb. 2.1)?

Abbildung 2.1: Projektpolitik lässt sich mit Schachspielen vergleichen.

Mit einer Projektumfeldanalyse versuchen wir, um in der Metapher zu bleiben, die Farbe und Wertigkeit der *Spielfiguren* herauszufinden. Dabei haben wir oft bemerkt, dass Softwareprojektpolitik noch viel komplexer ist, als Schach zu spielen. Es gibt mehr als nur zwei Farben und viel mehr Beteiligte als Spielfiguren beim Schach. Das Hauptziel der Projektumfeldanalyse ist es, die Interessen und Bedürfnisse aller Umfeldgruppen zu erfassen, um sie bei der Projektrealisierung so weit wie möglich berücksichtigen zu können.

Eine Projektumfeldanalyse besteht aus verschiedenen Teilen. Vielleicht ist Ihnen die sogenannte *Stakeholder Elicitation* bekannt, also das Identifizieren der Projektbeteiligten. Wir werden uns diesen Punkt im Einzelnen noch näher anschauen. Vorher ist es wichtig, dass wir die folgende Frage beantworten: Warum kann eine Projektumfeldanalyse unsere Projekterfolgsaussichten verbessern?

Projekt- und Problemlösungsprozesse haben verschiedene Abhängigkeiten. Die äußeren Bedingungen verändern sich während der Projektlaufzeit, und ebenso können sich auch die Einstellungen der beteiligten bzw. betroffenen Personen ändern. Mit einer Projektumfeldanalyse können wir diese Erfolgsfaktoren bewusst adressieren und analysieren. Unser Ziel ist, die Einstellungen und Motivationen aller Beteiligten zu erfassen sowie die Beziehungen der Personen zueinander zu erkennen.

Wir reduzieren so die Gefahr, projektpolitische Fehler zu machen, und wissen, auf wen wir uns in Krisenzeiten verlassen können bzw. wer eine besondere Behandlung braucht. In schwieriges Fahrwasser kommen wir vermutlich mit jedem Projekt irgendwann einmal. Die Ergebnisse der Projektumfeldanalyse geben uns dann Hilfestellung und Orientierungspunkte bei unserem Bestreben, wieder in ruhigere Gewässer zu gelangen.

Im Fokus einer Projektumfeldanalyse steht also, die Interessen und Bedürfnisse aller Umfeldgruppen bei der Projektrealisierung angemessen berücksichtigen zu können. Wir versuchen dazu, folgende Ergebnisse zu erreichen:

- ganzheitliches und frühestmögliches Erfassen der Einflussfaktoren,
- frühes Erkennen von Potenzialen und Problemfeldern,
- Beurteilen möglicher Konsequenzen für die Projektdurchführung,
- Feststellen der Abhängigkeiten zu anderen Aufgaben oder Projekten,
- Optimieren der Kommunikation anhand der Darstellung der Umfeldbeziehungen,
- Ableiten von Maßnahmen zur Optimierung der Umfeldbeziehungen (Projektmarketing).

Projektmanagement ist somit ein ganzheitlicher Prozess. Sich dabei nur auf methodische, budgetäre oder ressourcentechnische Fragen zu konzentrieren, birgt enorme Gefahren. Leider gibt es kein »Kochrezept« für ein ganzheitliches Projektmanagement. Jede Situation ist anders, die beteiligten Personen sind andere oder haben sich verändert.

Glücklicherweise können wir ein methodisches Grundgerüst dafür aufbauen. Dazu durchlaufen wir grob gesagt die folgenden Schritte:

1. Identifikation des Projektumfelds: Wir erfassen so viele Einflussgrößen wie möglich. Das sind z. B.:

   - Personen mit ihren Hierarchien, Strukturen, räumlichen Verteilungen und Zugriffsmöglichkeiten bzw. Erreichbarkeiten
   - Entwicklungsumfeld: Wie gut funktioniert es, wie angemessen ist es für unser Projekt und wie geläufig ist es den Entwicklern?
   - Umfeldsysteme, also die bestehende Systemlandschaft, in die sich unser Projektergebnis einordnen soll. Mögliche Fragen dazu sind z. B.:
     - Welche Schnittstellen gibt es?
     - Welche Eigendynamik haben diese Systeme?
   - Andere, parallel laufende Projekte, die Einfluss auf unser Projekt haben, z. B. über Abhängigkeiten der Projektergebnisse mit unserem Projekt oder den Bedarf an denselben Ressourcen oder Personal.

2. Gliederung nach organisatorisch-sozialen Umfeldgruppen: die Stakeholder Elicitation
3. Umfeldbewertung und detaillierte Analyse einzelner Umfeldgrößen
4. Ableitung von Strategien und Maßnahmen

Die technischen Themen aus dem obigen Katalog liegen uns meist ganz gut. Wie aber analysieren wir dagegen unser personelles Projektumfeld? Und was sind eigentlich *Stakeholder*? Konzentrieren wir uns auf die Beantwortung dieser Fragen.

2.1 Was sind Stakeholder?

Woher der Begriff *Stakeholder* ursprünglich kommt, scheint nicht eindeutig geklärt. Eine passende Erläuterung für unseren Kontext lautet:

> Stakeholder sind Stangen mit kleinen Schildern, die im 19. Jahrhundert in den USA benutzt wurden, um ein Gebiet für eine Person abzustecken. Die Person machte damit ihren Anspruch geltend.[1]

---

[1] Leider liegt uns keine Quellenangabe für diese Erklärung vor. Vielleicht weiß einer der Leser mehr über die Herkunft des Begriffs?

Stakeholder in unserem Zusammenhang sind Interessenhalter, also anspruchsberechtigte Personen bzw. Gruppen [88]. Sie haben entweder unmittelbar Einfluss auf das Projektergebnis oder sind von den Projektzielen direkt bzw. indirekt betroffen. Stakeholder tragen damit direkt oder indirekt zu den Anforderungen an das Projektergebnis bei. Das Project Management Institute, Inc. definiert den Begriff *Stakeholder* folgendermaßen [53]:

- eine Person, Personengruppe oder eine Organisation,
- die aktiv am Projekt beteiligt ist oder durch den Projektverlauf oder das Projektergebnis beeinflusst wird bzw.
- die gegebenenfalls den Projektverlauf oder das Projektergebnis beeinflussen kann.

Um Sie zu einem Blick über den Tellerand anzuregen, sind in der folgenden Liste beispielhaft mögliche Stakeholder-Gruppen aufgeführt.

- Anwender des Systems
- Fachabteilungen
- Revisionsabteilung
- Auftraggeber, also z. B. Geldgeber, Vorstand, Management oder Geschäftsführung
- Gesetzgeber
- Standards und Normen
- Kunden
- Marketing und Vertrieb
- Systemadministratoren
- Servicepersonal wie z. B. Hotline, Schulungspersonal oder Support
- Käufer des Systems
- Softwareentwickler, dazu gehören z. B.
  - eigenes Entwicklungsteam
  - Systemwartung: die Weiterentwickler des Projektergebnisses
  - Wartungsentwickler des Altsystems, das durch unser Projektergebnis abgelöst werden soll.
  - Softwaretester und Mitarbeiter der Qualitätssicherung

Eine ganz schön lange Liste... Wie bekommen wir die in den Griff? Die tiefere Betrachtung der Stakeholder erfolgt in der *Stakeholder Elicitation*.

2.2 Stakeholder Elicitation: Wer hat Interessen?

Den Begriff *Elicitation* kann man sinngemäß mit »ans Licht bringen« übersetzen. Dabei geht es nicht nur um die Liste der Stakeholder. Das ist nur der erste Schritt. Vielmehr geht es um die Interessen und Ziele der einzelnen Gruppen bzw. Personen und wie wir damit umgehen bzw. darauf reagieren können. Doch gehen wir der Reihe nach vor.

2.2.1 Stakeholder – Interessen und Ziele identifizieren

Sammeln wir zuerst unsere Stakeholder und dazu unsere Kenntnisse zu deren Zielen und Interessen:

1. Möglichst vollständige Liste der Stakeholder erstellen. Diese Liste kann recht umfangreich sein und durchaus über 50 Einträge beinhalten.
2. Stakeholder priorisieren. Dazu beantworten wir die Frage, wie hoch das Risiko für unseren Projekterfolg ist, wenn wir einen bestimmten Stakeholder vernachlässigen.
3. Interessen und Ziele der Stakeholder identifizieren:
   a. Beschreiben Sie die Interessen und Ziele der einzelnen Stakeholder.
   b. Identifizieren Sie Probleme und Schwachstellen aus Sicht der Stakeholder.
   c. Beschreiben Sie die wichtigsten Anforderungen an Ihr Projekt aus Sicht der Stakeholder.
   d. Beachten Sie dabei auch persönliche politische Standpunkte und Probleme bzw. Schwachstellen von Bedeutung jeweils aus Sicht der einzelnen Stakeholder.
4. Konkrete Ansprechpartner zu jeder Gruppe von Stakeholdern finden und mit Kontaktinformationen benennen. Je nach Gruppengröße möglichst mehrere Ansprechpartner finden.

Mit einigen können wir direkt und offen kommunizieren, mit anderen nur indirekt oder vielleicht gar nicht. Lassen Sie die Liste über den gesamten Projektverlauf wachsen und bauen Sie aktuelle Erkenntnisse ein.

Es kann hilfreich sein, diese Liste nicht alleine aufzustellen, sondern verschiedene Kollegen mit möglichst großem internem Erfahrungsschatz daran zu beteiligen. So wird der erste Eindruck schon deutlich runder.

2.2.2 Stakeholder gruppieren

Wenn wir die Liste haben, können wir eine erste Gruppierung mittels nachfolgender Kriterien durchführen:

Anforderungsverantwortliche sind befugt, Anforderungen festzulegen. Oftmals sind sie die Budgetverantwortlichen oder arbeiten diesen direkt zu. Sie sind häufig keine Fachexperten und nur selten die Anwender des zu erstellenden Systems.

Fachexperten sind die Experten eines Fachgebiets, die uns unsere fachlichen Fragen beantworten können. Sie haben oft eine hohe Detailkenntnis. Sie sind nicht unbedingt die späteren Anwender des zu erstellenden Systems.

Systembetroffene sind direkt von dem zu entwickelnden System betroffen, also z. B. die späteren Anwender.

Ein konkreter Stakeholder kann zu einer, mehreren oder keiner dieser Kategorien gehören. Diese Information ist besonders hilfreich, wenn es darum geht, an Informationen zu den Anforderungen zu gelangen oder die Akzeptanz eines Softwareprojekts bewusst zu erhöhen. So wissen wir, wen wir alles zu berücksichtigen haben.

Mit dem Thema *Akzeptanz* nähern wir uns bereits dem wenig erfreulichen Bereich der Firmenpolitik. Warum gerade dieser Bereich für den späteren Projekterfolg so wichtig sein kann, erkennen wir bei einer zweiten Gruppierung nach *Umfeldgruppen*. Dabei betrachten wir die folgenden vier Kategorien:

Promotoren und Sponsoren sind die Personen, die den Innovationsprozess aktiv gestalten und fördern sowie Widerstände überwinden. Sie geben uns aktive Unterstützung und stellen den Erfolg bzw. dessen Wahrnehmung sicher. Sie strahlen positive Energie aus und stehen voll und ganz hinter dem Projekt. Sie stellen uns Personal, Budget, Infrastruktur usw. zur Verfügung, und ihr Verlust hätte schwerwiegende Folgen für den Projektfortschritt. Bei den Promotoren gibt es zwei Spezialisierungen:

   Machtpromotoren sind Topmanager außerhalb des Projekts, die in der Regel ein geringes Fach- und Methodenwissen haben. Sie sind aktive und intensive Förderer und können Sanktionen über Opponenten verhängen.

   Fachpromotoren haben eine hohe Akzeptanz aufgrund ihres Expertenwissens, und zwar unabhängig von ihrer hierarchischen Position. Ein Fachpromotor kann entweder ein Projektteammitglied sein oder außerhalb des Projekts stehen.

Unterstützer und Veränderer geben uns die inhaltliche Unterstützung. Sie haben einen breiten Rückhalt in der zugrunde liegenden Organisation und können punktuell Ressourcen bereitstellen.

Unentschlossene und Meinungswechsler sind labil und wechseln je nach äußerem Einfluss die Meinung. Sie haben keinen direkten Machteinfluss, sind aber für die Meinungsbildung und das Stimmungsbild mitverantwortlich. Durch geeignete Maßnahmen können sie zu Unterstützern und Förderern gemacht werden.

Gegner und Veränderungsbarrieren sind die Personen, von denen offener oder verdeckter Widerstand gegen das Projekt ausgeht. Sie können wesentlichen negativen Einfluss darauf ausüben, das Projektziel zu erreichen. Ihre Ziele können vielfältig und daher für uns schwer erkennbar sein, wie z. B. der Projektabbruch, die Umbesetzung von Schlüsselpositionen oder die Aneignung des Projekts. Gegen diese Opponenten kann nur mithilfe von Macht- oder Fachpromotoren vorgegangen werden!

Beide Möglichkeiten zur Gruppierung unserer Stakeholder sind voneinander unabhängig und haben ihre eigenen Vorzüge. So können *Systembetroffene* in verschiedenen Umfeldgruppen gefunden werden. Im Folgenden betrachten wir die vier Umfeldgruppen genauer. Wir können sie grafisch wie z. B. in Abbildung 2.2 darstellen und die Stakeholder entsprechend in einer Stakeholder-Map zuordnen.

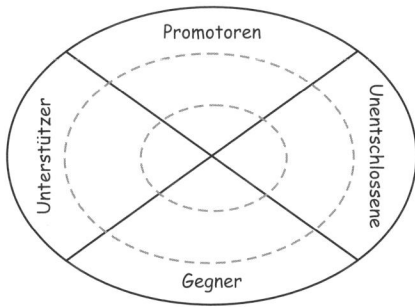

Abbildung 2.2: Schema einer Stakeholder-Map nach Umfeldgruppen

Dazu teilen wir eine Zeichenfläche in vier Zonen entsprechend den Umfeldgruppen auf und ordnen die Stakeholder grafisch zu. Unsere aufbereiteten Informationen über die Stakeholder können wir jetzt visualisieren. Dabei ordnen wir die Stakeholder von innen nach außen gemäß ihrem *Betroffenheitsgrad* z. B. nach drei Gruppen (stark, mittel, kaum) an. Dies ist in Abbildung 2.2 durch die gestrichelten Bereiche dargestellt.

2.2.3 Die Stakeholder-Map

Die Stakeholder-Map ist die Visualisierung unserer Stakeholder-Analyse. Für wichtige Stakeholder und insbesondere für unseren projektpolitischen Umgang mit der Gruppe der Gegner kann eine *Beziehungsanalyse* von hohem Wert sein. Dabei zeichnen wir in die Stakeholder-Map mit verschiedenen Pfeilarten die persönlichen Beziehungen zwischen den Stakeholdern ein (Abb. 2.3). Diese Erkenntnisse können uns später helfen, uns gegen Angriffe zu wehren bzw. vorab zu schützen.

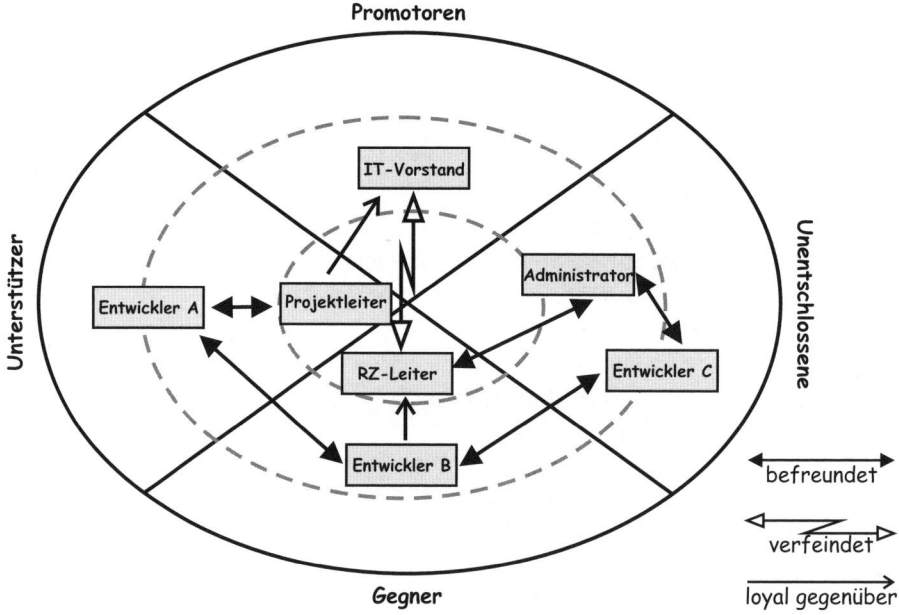

Abbildung 2.3: In die Stakeholder-Map können die Ergebnisse einer Beziehungsanalyse eingetragen werden. Für uns von Interesse sind die Beziehungsarten *befreundet*, *verfeindet* und *loyal gegenüber*, wobei die ersten beiden Beziehungen bidirektional sind und die letzte auch einseitig sein kann.

Wenn wir uns das schematische Beispiel aus Abbildung 2.3 anschauen und die Gegnerschaft zwischen IT-Vorstand und Rechenzentrumsleiter mit dem Beziehungsgeflecht darum herum auf uns wirken lassen, werden wir wohl eher an ein Schachspiel als an ein Softwareprojekt erinnert. Um für dieses politische Spiel gerüstet zu sein, kann uns die Information aus der Stakeholder-Map sehr nützlich sein. Wir wünschen es Ihnen nicht, doch zu oft geraten Projekte zum Spielball politischer Interessen. Wenn das passiert, sind wir so ausreichend dafür gerüstet.

2.2.4 Stakeholder bewerten

Auch wenn wir in unserem Kontext keine großen politisch motivierten Kämpfe auszufechten haben, sind die Übersicht und aktive Steuerung der Stakeholder von hoher Relevanz für den Projekterfolg. Betrachten wir die Interessen und Möglichkeiten von Stakeholdern etwas genauer. Dazu

2.2 Stakeholder Elicitation: Wer hat Interessen?

führen wir eine alternative einfache und dennoch wirkungsvolle Sichtweise ein, die sich aus einer Einteilung nach zwei Achsen ergibt: nach Wirkung bzw. Macht und nach Kooperation bzw. Interesse (Abb. 2.4) [53].

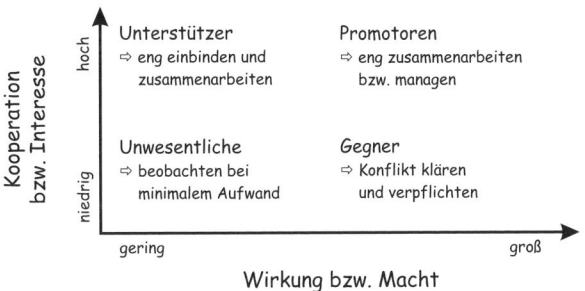

Abbildung 2.4: Bewertung von Stakeholdern nach zwei Achsen (nach [53])

Wir erhalten damit vier Grundkategorien für Stakeholder, die sich weitgehend mit den vier bisherigen Kategorien in Zusammenhang bringen lassen. Gleichzeitig können wir daraus die Prinzipien unserer Zusammenarbeit bzw. unseres Stakeholder-Managements ableiten.

Promotoren (und insbesondere Machtpromotoren): In dieser Kategorie finden wir Menschen, die ein großes Interesse am Projekt haben und gleichzeitig aufgrund ihrer Rolle oder internen Anerkennung kraftvolle Mittel in der Zusammenarbeit besitzen. Wegen ihrer großen Wirkung sind wir eng mit ihnen verbunden und versuchen, so intensiv wie möglich mit ihnen zusammenzuarbeiten. Sie sind besonders wertvoll für den Projektfortschritt und -erfolg, können aber für viel Unruhe sorgen, wenn sie ihre Ansichten oder Meinungen ändern. Daher arbeiten wir nicht nur eng zusammen, sondern organisieren regelmäßige Möglichkeiten zum gegenseitigen Austausch und für Feedback und betreuen sie eng, damit sie nicht unabsichtlich zusätzliche Probleme bereiten. Machtpromotoren können für unser Projekt wie ein *zweischneidiges Schwert* sein, wenn wir sie ungenügend betreuen.

Unterstützer: Hier finden wir oft die Personen, die eng am oder für das Projekt arbeiten, ohne aber über große Machtmittel zu verfügen. Wir binden sie eng ein und arbeiten intensiv mit ihnen zusammen, weil wir mit ihnen viele Elemente erarbeiten, die für den Projekterfolg und die Akzeptanz der Projektergebnisse von besonderer Bedeutung sind.

Unwesentliche: Diese Stakeholder spielen kaum eine Rolle für unser Projekt. Dennoch beobachten wir auch diese Kategorie, wenn auch mit minimalem Aufwand, da sich einzelne Veränderungen bei diesem Personenkreis im Verlauf des Projekts sonst unbemerkt abspielen und dann zu Problemen führen können. Eine Beförderung oder interne Reorganisation kann hier z. B. die Karten neu verteilen.

Gegner: Die Ergebnisse von IT-Projekten sorgen fast immer für interne Veränderungen in der Kundenorganisation. Deshalb gehört auch zu jedem IT-Projekt ein entsprechendes Veränderungsmanagement. Die Projektgegner gilt es zu identifizieren, damit wir konstruktiv mit dem Konflikt umgehen können. Wir versuchen, den Konflikt oder zumindest die unterschiedlichen Sichten zu klären und über entsprechende Vereinbarungen klare, verpflichtende Regeln für das gemeinsame Miteinander festzulegen.

2.3 Situationsbeispiele

Einige Beispiele für problembehaftete Situationen sollen dazu dienen, Ihren Blick für Zielkonflikte zu schärfen. Wenn unsere Ansprechpartner andere Ziele verfolgen als wir, kann es leicht dazu kommen, dass sie bewusst oder unbewusst die Verfolgung unserer Ziele torpedieren.

2.3.1 Der unmotivierte Ansprechpartner aus dem Fachbereich

In diesem Beispiel ist es für unser Projekt sehr wichtig, die fachlichen Testfälle mit dem Fachbereich X zu entwickeln, da dort das notwendige Fachwissen liegt. Herr Meier ist uns als Ansprechpartner aus dem Fachbereich X genannt worden. Leider ist Herr Meier bis über beide Ohren mit der Umstellung der internen Abrechnungen befasst, was überhaupt nichts mit unserem Projekt zu tun hat. Verschärfend kommt hinzu, dass Herr Meier in seinem Arbeitsumfeld mit unserem Projektergebnis nicht in Berührung kommt und keinen sichtbaren Nutzen davon hat.

Obwohl Fachexperten wie Herr Meier in der Regel fachlichen Anfragen wohlgesonnen sind, wird seine Unterstützung in diesem Fall eher schwach ausfallen. Er hat sowieso schon viel zu tun und soll jetzt Überstunden machen für etwas, was ihm nichts bringt. Vermutlich werden die Anzahl und die Qualität der Testfälle geringer sein als erhofft, und es ist zu befürchten, dass sein Zuarbeiten auch noch verspätet erfolgen wird.

Er ist daher bestenfalls neutral als Unentschlossener an der Grenze zur Gegnerschaft einzustufen. Wir haben ihn aber als Unterstützer eingeplant, was unter diesen Voraussetzungen jedoch kaum der Fall sein wird.

Es ist wichtig, dass wir eine solche Situation frühzeitig erkennen. Wie könnten wir dann reagieren? Wobei würde uns Herr Meier eher unterstützen? Diese Fragen lassen sich nicht allgemein beantworten, sondern hängen von individuellen Faktoren ab. Grundsätzlich sind unsere Möglichkeiten darauf begrenzt, auf der Beziehungsebene zu arbeiten und vielleicht kleine Zusatzvorteile für unseren Ansprechpartner herauszuarbeiten.

Wie könnte das konkret aussehen? Manchmal reicht es bereits aus, deutlich Verständnis für die Situation von Herrn Meier zu signalisieren und gemeinsam einen Plan auszuarbeiten, wie der Zusatzaufwand für unseren Ansprechpartner minimiert werden kann. Unser überlasteter Ansprechpartner erkennt, dass wir ihn wertschätzen und alles versuchen, ihm das Leben zu erleichtern. Vielleicht kann der Projektauftrag mit wenig Aufwand so erweitert werden, dass es doch einen Mehrwert für Herrn Meier gibt. Dann könnte sich seine Einstellung schnell ändern. Vielleicht haben wir auch Möglichkeiten, Herrn Meier an anderer Stelle zu entlasten. Er sieht dann, dass wir versuchen, etwas für ihn zu tun. Im Gegenzug wird er sich dann hoffentlich dankbar erweisen und uns auch weiterhelfen.

2.3.2 Der ängstliche Anwender

Stellen wir uns kurz vor, wir hätten den Auftrag, die Bedienbarkeit einer Software dahingehend zu optimieren, dass sich die Bearbeitungsabläufe deutlich verkürzen. Dazu müssen wir u. a. mit den Anwendern eng zusammenarbeiten, um das Optimierungspotenzial erkennen zu können.

Leider werden sich die Anwender wenig geneigt zeigen, eng mit uns zusammenzuarbeiten. Sie werden vermuten, dass diese Rationalisierung zum Abbau von Arbeitsplätzen führen wird. Aus Angst um ihren Arbeitsplatz werden sie daher zu Projektgegnern werden.

Möglicherweise ist sich unser Auftraggeber der Problematik durchaus bewusst und möchte sich aus dem zu erwartenden Konflikt gerne heraushalten. Dafür wird dann der Auftragnehmer implizit mit eingespannt. So wird das Feindbild IT bei den Anwendern weiter verstärkt.

Auch hier wird der Wert, diese Situation frühestmöglich zu erfassen, schnell deutlich. Unsere Reaktionen können dann zwei Richtungen verfolgen: zum Auftraggeber und zum Anwender. In Richtung Auftraggeber können wir versuchen, ihn stärker in die Pflicht zu nehmen, und den impliziten Anteil des Auftrags wieder an den eigentlichen Ausführenden zurückgeben. Im Projektauftrag können die verteilten Verantwortlichkeiten gut festgehalten werden. In Richtung Anwender können wir offen Verständnis zeigen. Manchmal gelingt es dann auch, gegenüber dem Auftraggeber als Mittler und Vermittler aufzutreten, was die konkreten Ausprägungen der Umsetzung der Anforderungen betrifft.

2.3.3 Der Entwickler des abzulösenden Legacy-Systems

Wo ist das Problem? Das Altsystem wird nach 15 Jahren endlich durch eine komplette Neuentwicklung abgelöst. Der alte prozedurale Datenbank-

Moloch fällt der neuen objektorientierten Multikanalarchitekur zum Opfer. Alle sollten sich doch freuen, endlich wieder etwas Neues machen zu dürfen und dabei die neuesten Technologien einsetzen zu können.

Doch leider blockt ausgerechnet der alte Chefentwickler, wo er nur kann. Alle undokumentierten Informationen, wovon es reichlich gibt, stecken nur in seinem Kopf, sodass es wirklich problematisch werden kann.

Was ist passiert? Der alte Chefentwickler ist ein absoluter Experte für das Altsystem. Sein Status steht und fällt damit. Er kennt alle Tricks, wenn es ein Problem gibt, und er genießt höchstes Ansehen bei den Anwendern, da er oft der Einzige ist, der ihnen im Ernstfall helfen kann. Dieser Status und damit auch die Quelle seiner Anerkennung sind durch die Neuentwicklung bedroht.

Er lebt komplett in der *alten* Welt und kennt die neue nur vom Hörensagen. Sein persönlicher Erfolg ist so stark mit der alten Technologie verknüpft, dass er regelrecht Angst vor den neuen Sprachen und Konzepten hat. Im allgemeinen Hype der anderen Entwickler kann diese kritische Situation schnell untergehen und erst zu spät wahrgenommen werden. Wenn es uns gelingt, seinen Status mit in die neue Welt hinüberzunehmen, bzw. wenn er dort schnell neues Ansehen aufbauen kann, ist schon viel geholfen. Der Schlüssel zum Erfolg liegt im frühzeitigen Erkennen solcher Situationen.

2.3.4 Machtspiele zwischen Teilprojektleitern

Mit einem erfahrenen Team einer Inhouse-Entwicklung wird seit einem Jahr ein Großprojekt abgewickelt, das noch etwa drei weitere Jahre laufen wird, um dann in eine möglichst lange Betriebs- und Wartungsphase zu gehen. Aufgrund privater Umstände wird mittelfristig einer der drei Projektleiterposten frei und ist intern neu zu besetzen. Die beiden aussichtsreichsten Kandidaten sind als bisherige Teilprojektleiter ähnlich qualifiziert und bereits mehrere Jahre in der Firma. Das vorher sehr kollegiale Verhalten der beiden Teilprojektleiter wandelt sich zusehens.

Beide sind sehr darauf bedacht, im besten Licht zu erscheinen. Die Zusammenarbeit ihrer Entwickler wird mit kleinen, kaum auffälligen Maßnahmen erschwert, damit der Konkurrent keine Vorteile daraus ziehen kann. Das Wechselspiel zwischen Kooperation und konstruktiver Konkurrenz ist aus den Fugen geraten. Je länger der Konkurrenzkampf dauert, umso größer ist die Gefahr, dass das Projekt darunter leidet.

In Gruppen wird es immer eine Dynamik geben. Dadurch wird das interne Gefüge immer wieder neu *durchgerüttelt*. Es ist notwendig, diese Phasen möglichst kurz zu halten und bewusst zu steuern. Dafür ist es wichtig, mögliche Konkurrenzsituationen abschätzen zu können. Auf Aspekte der Gruppendynamik gehen wir in Abschnitt 18.4.2 ab Seite 268 genauer ein.

3 Projektmarketing

Was macht eigentlich Projekterfolg aus? Selten werden zur Bewertung messbare Größen herangezogen. Viel stärker wirken sich oft eine große Kundenzufriedenheit und hohe Benutzerakzeptanz auf die Beurteilung eines Projektergebnisses aus. Nur alleine die Wirkung unserer Software reicht selten dazu aus, Anwender, Fachbereiche und Auftraggeber zu begeistern. Hier ist genaues Erfassen der wichtigen Bedürfnisse einerseits und aktive Überzeugungsarbeit andererseits gefragt [70].

Durch ein bewusstes Projektmarketing bekämpfen wir eines der Grundprobleme bei der Wahrnehmung der IT: Wir werden nur gesehen, wenn etwas nicht klappt. IT ist für Nicht-ITler nur Mittel zum Zweck. Bei einer Geschäftsprozessanalyse taucht eine Inhouse-IT nur bei den internen unterstützenden Prozessen auf. Die wertschöpfenden Geschäftsprozesse leisten die Fachabteilungen und nutzen dabei die von der IT bereitgestellte Infrastruktur und Software.

Es ist wie bei den Versorgungsunternehmen z. B. für Strom. Wir nehmen es als selbstverständlich hin, dass er fließt. Mit dem Stromversorger treten wir nur über die Rechnungen in Kontakt oder wenn es Probleme gibt und kein Strom kommt. In unserer Wahrnehmung verankern sich als Assoziationen zu Stromversorgern die Attribute *teuer* und, wenn es mal Probleme gab, auch *unzuverlässig*. Und Strom fließt besser, als die meisten Softwareprojekte laufen.

3.1 Wie funktioniert Marketing?

Durch Projektmarketing unterstützen wir aktiv das Erreichen unserer Projektziele. Dabei ist es hilfreich, Klarheit über diese Ziele zu haben. Das erreichen wir am besten, indem wir sie schriftlich formulieren. Dazu können wir uns an folgendem Schema orientieren. Ein Ziel erfüllt danach folgende Kriterien:

- operativ einsetzbar
  - zergliederbar in Einheiten wie Unter- oder Zwischenziele
  - messbar

- konkret ausdrückbar, also z. B. monetär wie über Einsparungspotenziale oder die Einhaltung von Budgetgrenzen
- realisierbar
- erreichbar
- nachvollziehbar
- schriftlich fixiert

Vor allem der letzte Punkt ist besonders wichtig, da es eine Korrelation zwischen dem Erreichen von Zielen und ihrer schriftlichen klaren Festlegung zu geben scheint [39, 68]. Wie finden wir unsere möglichen Ziele? Zumeist können wir sie aus erkannten Notwendigkeiten bzw. unseren Hypothesen dazu analytisch ableiten.

Passend zu den Zielen können wir eine Marketingstrategie entwickeln. Dabei bewegen wir uns im sogenannten strategischen *Marketing-Dreieck* (Abb. 3.1).

Abbildung 3.1: Das Marketing-Dreieck stellt die Wechselbeziehung zwischen Auftraggeber bzw. Kunde, Wettbewerb und dem Unternehmen bzw. der Unternehmenskultur dar.

Eine Erfolg versprechende Marketingstrategie ordnet sich angemessen in das Marketing-Dreieck ein und ist keine kühle Umsetzung einer prozessorientierten Strategie. Marketing spricht die Gefühle der Zielgruppen an. Marketing wird damit zum Großteil als *Emotionsmarketing*[1] betrieben. Einige der zugrunde liegenden Prinzipien des Emotionsmarketings können auch für uns gut geeignet sein, um unsere Ziele zu erreichen.

Dankbarkeit: Mit kleinen Geschenken erzeugt man beim Gegenüber das Gefühl, sich revanchieren zu müssen. Oft kann bereits durch kleine Anpassungen in unserer Software ein solcher Effekt erreicht werden. Die Kunst ist es, diese Gelegenheiten zu erkennen.

---

[1]Nach Egon Trapp, Diskussion im März 2006.

Bilder: Ein Bild sagt mehr als tausend Worte. Wir können kommunikativ viel erreichen, wenn es uns gelingt, die passenden Bilder in den Köpfen der anderen zu erzeugen, z. B. über geeignete Metaphern und gute Skizzen.

Freundlichkeit: Über Wertschätzung und freundliche, direkte Zuwendung schaffen wir Vertrauen und die Basis für eine offene Zusammenarbeit.

Ähnlichkeit: Vertrautes verbindet, Fremdes wird gefürchtet. Wir Softwareentwickler wirken oft auf viele Fachbereichsmitarbeiter fremd. Doch wie können wir versuchen, Ähnlichkeiten zu schaffen? Möglichkeiten dazu bieten sich z. B. durch die Adaption der fachspezifischen Wortwahl oder über ein Hospitieren bei den Anwendern.

Innere Konsequenz: Das ist die enge Einbindung des Fachbereichs bzw. des Kunden in möglichst viele Entscheidungsprozesse. Wenn der Auftraggeber sich als direkt beteiligt empfindet, steht er auch enger hinter den Entscheidungen und ist eher gewillt, gemeinsam die daraus resultierenden Konsequenzen zu tragen.

Sympathie: Durch Zielgleichheit kann Sympathie erreicht werden. Wer meine Ziele mitverfolgt, ist mir sympathisch. Das Geheimnis dabei ist, die Ziele des Auftraggebers und des Fachbereichs rechtzeitig zu erkennen.

3.2 Projektbegleitendes Marketing

Da Projekte meist länger als ein paar Wochen dauern, ist es bereits während des Projektverlaufs wichtig, die Weichen in der externen Wahrnehmung auf *Erfolg* zu stellen. Dazu ist einerseits die externe Wahrnehmung stetiger Projektfortschritte wichtig, um bei den Stakeholdern Vertrauen in das Projektteam zu bilden. Andererseits brauchen wir kurze Rückkopplungsschleifen über unsere Teilergebnisse, um die Benutzerakzeptanz optimieren zu können.

Auch nach innen zum Projektteam ist es wichtig, den Projektfortschritt spürbar und sichtbar zu machen. So finden wir Vertrauen und Mut, die noch anstehenden Probleme auch in den Griff zu bekommen, und können diese positive Grundstimmung nach außen tragen. Die Grundregel lautet:

Tue Gutes und rede darüber!

Aus einer Kröte werden wir so keinen Prinzen machen.[2] Brauchbare Projekte werden wir so aber gut wahrnehmbar bei den Stakeholdern als gelungene

---

[2]Obwohl das bei eigentlich gescheiterten Großprojekten auch schon gelegentlich gelungen sein soll.

Arbeit platzieren können. Richtig gute Ergebnisse werden auch als solche erkannt. Das Ziel, das wir umzusetzen versuchen, lautet:

> Aus Betroffenen machen wir am Erfolg Beteiligte!

Im klassischen Marketing finden wir dazu das Modell der *vier Säulen*: Produktpolitik, Preispolitik, Distributionspolitik und Kommunikationspolitik. Nach den vier englischen Begriffen *product*, *pricing*, *placement* und *promotion* wird dieses Modell auch als die *vier Ps* bezeichnet [70] (Abb. 3.2).

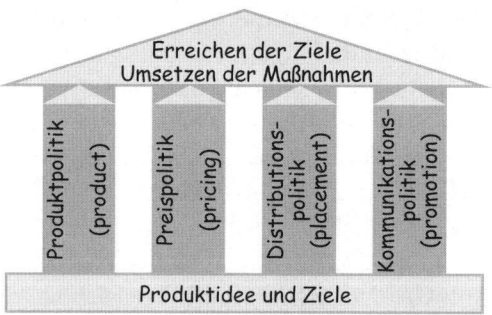

Abbildung 3.2: Die vier Säulen des Marketings können uns helfen, unsere Projektziele zu erreichen [70].

Was bedeutet das für das Softwareprojektmarketing? Gehen wir dazu die vier Bereiche durch und prüfen sie auf die für uns relevanten Aspekte.

3.2.1 Produktpolitik

Produktpolitik heißt, dass unser Produkt oder unsere Dienstleistung entworfen, gestaltet und in das bestehende bzw. sich parallel entwickelnde Umfeld passend eingegliedert wird. Der Begriff *Produkt* ist dabei weiter zu fassen als nur eine lauffähige Software. Als Produkt im Sinne des Projektmarketings können auch Zwischen- oder Abschlusspräsentationen oder Teilprojektergebnisse betrachtet werden. Hier können wir jedes Mal mit der Auftraggeberseite und unserem weiteren Projektumfeld in Kontakt treten, wobei häufig auch Gegenleistungen eingefordert werden oder erfolgen. Darunter fallen z. B. Berichte, die wir schreiben. Die wichtigen Objekte, die dabei zwischen den Beteiligten hin- und herfließen, sind die richtigen Informationen zur richtigen Zeit.

Der wohl wichtigste Informationsaspekt bei einem Softwareprojekt dient der Validierung unseres Produkts: Können die Ergebnisse seitens des Auftraggebers umgesetzt und angewendet werden? Die Benutzerakzeptanz und der wirtschaftliche Nutzen stehen dafür meist im Zentrum der Kommunikation.

Ein weiterer wichtiger Aspekt sind Entscheidungen seitens des Auftraggebers. Oft sind diese an Projektmeilensteine geknüpft. Wir sprechen dann von einem Entscheidungsmeilenstein z. B. bei der Ergebnispräsentation für einen Proof-of-Concept-Prototyp. Andere Meilensteine können der Qualitätspräsentation dienen und sind an Zahlungen gebunden. Für alle extern sichtbaren Meilensteine gilt im Rahmen des Projektmarketings generell, dass wir versuchen, die Termine exakt einzuhalten, und gegebenenfalls bei den Inhalten Abstriche vornehmen. Der Grundsatz dabei lautet, dass zu einem Meilensteinergebnis nur die Teile definiert werden, die auch der späteren, angestrebten Produktqualität genügen. Wir können uns dafür von vornherein etwas Spielraum in der Definition der Inhalte zu einem Meilenstein lassen. Die so geschaffene Verlässlichkeit wird sich positiv auf das Verhältnis zwischen Auftraggeber und Auftragnehmer auswirken. Als Anregungen für mögliche Fragestellungen im Kontext der Produktpolitik können die folgenden Fragen dienen [70]:

Projektstruktur: Wie soll das Projekt gegliedert sein? Welche Teilprojekte, Zwischenschritte und extern sichtbare Meilensteine können definiert werden? Welche inhaltlichen oder terminlichen Spielräume können wir dabei zulassen? Wer übernimmt welche Aufgaben mit Schnittstellen nach außen z. B. zum Auftraggeber oder späteren Anwender?

Marktanalyse: Wie sollen später mit dem Projektergebnis die Bedürfnisse und Wünsche des Auftraggebers erfüllt werden? Wer ist die Zielgruppe des Projekts? Was ist das Besondere an dem Projekt? Wie passt das Projekt in die bestehende Unternehmenskultur? Welche parallelen oder in einem anderen Zusammenhang mit uns verbundenen Projekte gibt es noch und wo liegen die Unterschiede zu unserem Projekt?

Projektmanagement: Wie kann die Qualität der Projektergebnisse erkannt werden? Welche weiteren Leistungen wie z. B. Schulungen oder Administration sind um das Projekt herum angesiedelt? Wer ist für das Projekt verantwortlich? Welche Sicherheiten bzw. sicheren Faktoren gibt es? Wo liegen die Unsicherheiten? Mit welcher Genauigkeit können Zeitpläne überhaupt aufgestellt werden? Wie kann die Nachhaltigkeit des Projekts nach Abschluss gewährleistet werden?

3.2.2 Preispolitik

Hier haben wir meist nur wenig Spielraum, doch gerade der sollte gut genutzt werden. Jedes Produkt und jede Dienstleistung hat ihren Preis. Gestaltungsmöglichkeiten haben wir bei den Zahlungsbedingungen, Rabattstaffeln oder den Verknüpfungen der zu erbringenden Aufgaben mit zu verrechnenden Zulieferleistungen durch den Auftraggeber, wie Fachinformationen, Entscheidungen oder Einführungsmaßnahmen.

Anregende Fragen im Kontext der Preispolitik können sein [70]: Was wird das Projekt kosten? Welche Dienstleistungen müssen zu welchen Preisen eingekauft werden? Was kosten konkurrierende Projekte im Vergleich zu ihrem Nutzen? Welche Risiken und Unsicherheiten müssen im Preis berücksichtigt werden? Wie kann der Preis psychologisch sinnvoll verkauft werden? Unter welchen Bedingungen erfolgt die Abgabe der Projektergebnisse?

3.2.3 Distributionspolitik

Die Verteilung unserer Projektergebnisse kann ebenfalls für unser Projektmarketing genutzt werden. Im klassischen Marketing sind damit die Vertriebswege gemeint. Bei Softwareprojekten liegt der Schwerpunkt eher in der Einführung der neuen Software. Sie ist damit Teil des Veränderungsprozesses, in den Softwareprojekte so gut wie immer eingebunden sind. Die Arbeitsweise der Anwender wird sich mit einem neuen Produkt in der Regel verändern. Dieser Einführungs- und Veränderungsprozess ist einer unserer Haupterfolgsfaktoren.

Hilfreiche Fragen für diese Form der Distributionspolitik sind [70]: Wer aus unserem Projektteam kann uns bei diesem Schritt helfen? Welche anderen Menschen außerhalb des Projektteams sind für das Projekt wichtig? Wie können diese Personen eingebunden werden? Welche Strukturen innerhalb des Unternehmens können genutzt werden? Wer sind unsere direkten Ansprechpartner? Welche Technologien können eingesetzt werden? Wo und wie werden Informationen und Ergebnisse gespeichert und dokumentiert? Welche Kooperationen sind möglich? Wie kann ein unterstützendes Netzwerk geschaffen werden?

3.2.4 Kommunikationspolitik

Im letzten Punkt kehren wir zu unserem Kernthema zurück, der Kommunikation. Wir können mit einer empfängerorientierten Kommunikation viel erreichen. Damit beschäftigen wir uns noch ausführlich in den anderen vier Teilen des Buchs. Unsere Aspekte der Kommunikationspolitik umfassen Themen wie Kick-off-Meetings, regelmäßige Besprechungen oder die Aufbereitung von Informationsdokumenten wie Statusberichten oder Ergebnispräsentationen.

Auch hierbei können uns einige Fragen helfen [70]: Wer soll mit den einzelnen Kommunikationsmaßnahmen angesprochen werden? Welche Kriterien können wir für einzelne Zielgruppen finden? Wie ist das Arbeitsumfeld dieser Zielgruppen? Wer ist über welche Kommunikationswege gut zu erreichen? Wie können wir die Kommunikationspolitik und deren Maßnahmen planen? Wer ist dafür verantwortlich? Welche Besprechungsmöglichkeiten gibt es bereits und welche brauchen wir evtl. zusätzlich? Welche informellen Kanäle können genutzt werden? Welche Veranstaltungen wie Kick-off-Meetings oder Teilabnahmen können organisiert werden? Wie kann die inhaltliche Botschaft jeweils möglichst einfach formuliert bzw. dargestellt werden? Welche besonderen und einzigartigen Inhalte gibt es?

3.3 Begeisterungsqualität

Softwarequalität setzt sich aus verschiedenen Bereichen zusammen. Dabei ist nicht jeder Aspekt für jede Software gleich wichtig. Wir fokussieren auf die unserer Ansicht nach wichtigen Aspekte und lassen weniger wichtige weg. Eine gute Übersicht der einzelnen möglichen Aspekte liefert die Norm ISO/IEC 25 000 (früher ISO 9126) (Abb. 3.3) [81, 82].

Abbildung 3.3: Die ISO/IEC 25 000 definiert die Aspekte von Qualität, die auf dem Weg vom Softwareprodukt zu einem Qualitätsprodukt zu beachten sind. Dabei sind für eine konkrete Software nicht alle Aspekte gleich wichtig. Es gilt, individuell für jedes Softwareprodukt eine Wertigkeit der einzelnen Aspekte je nach Umfeld und Zweck festzulegen.

Diese Sicht entspricht der einer Qualitätssicherung auf ein Produkt. Es gibt daneben weitere Sichten und hilfreiche Qualitätsmodelle wie das Kano-Modell.

3.3.1 Das Kano-Modell

Der japanische Professor Noriaki Kano hat bereits Ende der 70er-Jahre ein Qualitätsmodell aus Kundensicht entworfen und 1984 das sogenannte Kano-Modell der Kundenzufriedenheit veröffentlicht. Darin finden sich auch die klassischen Qualitätsaspekte aus Abbildung 3.3 wieder. Deren Wirkung auf die Kundenzufriedenheit wird jedoch aus subjektiver Kundensicht beurteilt (Abb. 3.4). Kano unterscheidet drei grundlegende Arten von Anforderungen [59]:

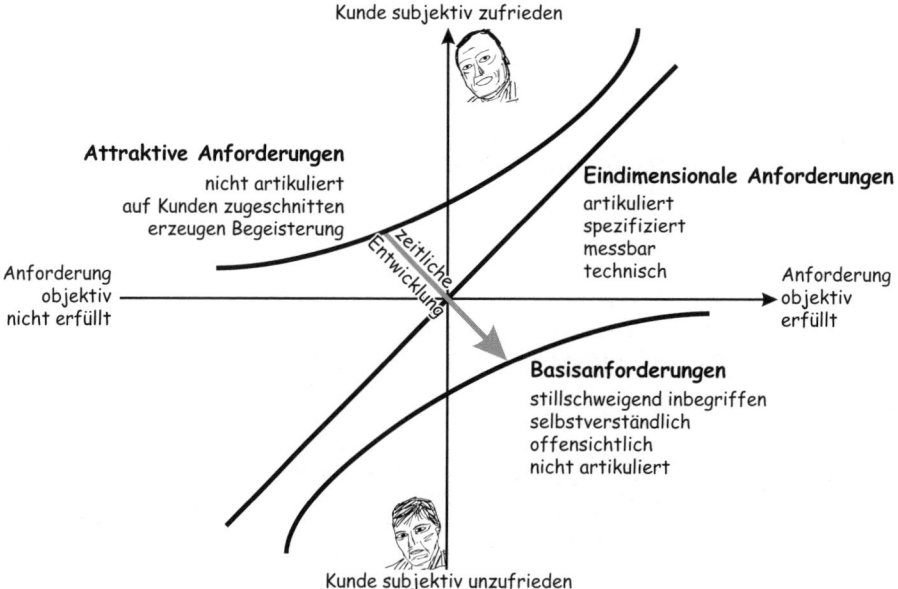

Abbildung 3.4: Das Kano-Modell für Kundenzufriedenheit

Basisanforderungen: Diese Eigenschaften muss ein Produkt haben, um überhaupt auf dem Markt platzierbar und erfolgreich sein zu können. Sie machen sozusagen den *Eintrittspreis* aus, um überhaupt konkurrenzfähig werden zu können. Wenn diese Eigenschaften nicht erfüllt sind, wird ein Kunde in keiner Weise an dem Produkt interessiert sein. Auch wird ein Kunde bezüglich dieser Eigenschaften stets neutral bleiben, egal wie gut wir sie verbessert haben. Die Basisanforderungen sind so selbstverständlich, dass sie nur seltenst überhaupt spezifiziert werden.

Eindimensionale Anforderungen: Diese Produktcharakteristika sind direkt und linear mit der Kundenzufriedenheit verbunden. Je mehr und besser diese Anforderungen erfüllt sind, desto zufriedener wird unser Kunde sein. Das gilt natürlich auch umgekehrt beim Fehlen oder bei Fehlern in der Realisierung solcher Anforderungen. Die eindimensionalen Anforderungen korrelieren meist direkt mit dem Preis des Produkts.

Attraktive Anforderungen: Diese Anforderungen bilden die Kriterien, die den größten Einfluss auf die Kundenzufriedenheit haben. Da sie weder zu den Basis- noch zu den eindimensionalen Anforderungen gehören, kann ein Fehlen von attraktiven Anforderungen nicht zur Unzufriedenheit führen. Ihr Fehlen schafft ein eher neutrales Kundengefühl. Attraktive Anforderungen sind weder von Kunden spezifiziert noch erwartet. Sie können daher kaum vorab erfasst werden. Solche Features sind meist unerwartet und führen zu einer überproportionalen Kundenzufriedenheit.

Die Begeisterungsqualität erreichen wir also nur über die attraktiven Anforderungen. Doch gerade an diese kommen wir in unserer Analyse nur schwer heran!

3.3.2 Beispiele aus der Softwarewelt

Wie stellt sich also das Kano-Modell für die Softwareentwicklung dar? Betrachten wir dazu ein kleines Beispiel. Stellen Sie sich ein umfangreiches Softwarepaket vor, das fast alle Geschäftsprozesse einer Firma unterstützt. Die Entwicklung arbeitet eng mit den Fachbereichen zusammen und hat die hohe Komplexität der Abläufe und Regeln brauchbar in der Software umgesetzt.

Natürlich klemmt es ab und zu irgendwo, doch meist ist nur eine Abteilung von Problemen betroffen. Die eindimensionalen Anforderungen sind meist akzeptabel umgesetzt, die Basisanforderungen sowieso. Unser Softwarepaket ist nicht perfekt, doch alle Abläufe sind funktionsfähig. Viele solcher Umfelder zeichnen sich durch eine hohe Dynamik in den Geschäftsabläufen aus. Regeln ändern sich, neue Inhalte wie Produkte und Partner kommen hinzu, und Abläufe werden entsprechend angepasst. Meist wird diese Dynamik auf wenige Abteilungen begrenzt sein. Dennoch wird die Entwicklung häufig den Bedürfnissen hinterhereilen.

Wie kommt hier die *Begeisterungsqualität* ins Spiel? Nicht in den eindimensionalen Anforderungen, dort haben wir es schon schwer genug, mit dem geforderten Tempo Schritt zu halten. Eine Möglichkeit ergibt sich in der Unterstützung der Abläufe nach erfolgten Änderungen. Vielleicht sind Vorbelegungen in den Eingabemasken nicht mehr sinnvoll, sie müssen meist überschrieben werden. Oder Vorbelegungen wären jetzt sinnvoll, wo sie es vorher nicht waren. Stimmen Tabulatorreihenfolgen noch mit den Arbeitsabläufen überein oder hemmen sie den Arbeitsfluss?

Solche Änderungen sind meist schnell gemacht und haben eine starke Außenwirkung. Die entsprechenden Abteilungen fühlen sich ernst genommen und sind bzw. bleiben weiter im Boot für zukünftige Anpassungen. Kleine Ursache, große Wirkung.

Häufig kennen die Fachabteilungen nicht die technischen Möglichkeiten für Vereinfachungen und fordern diese nicht an. Auch hier ergeben sich Möglichkeiten, mit vergleichsweise wenig Aufwand positive Wirkung zu erzielen. Wenn beim Erfassen von Rechnungen neuerdings die relevanten Informationen aus den Angeboten in einem Infofenster angezeigt werden, wenn bei der Entwicklung aufwendiger Vertragsparameter Proberechnungen per Button möglich sind oder wenn eine zusätzliche grafische Darstellung angezeigtes Tabellenwerk ergänzt, dann können wir abseits der einfachen Anforderungen Begeisterungsqualität erzeugen.

Im direkten Kontakt kommen uns Ideen für solche Detailverbesserungen mit großer Außenwirkung. Regelmäßiges Hospitieren in den Fachabteilungen oder regelmäßige Abnahmetests durch die Fachabteilungen schaffen die dafür notwendige Nähe.

An diesen Beispielen erkennen wir auch die Dynamik der Kundenzufriedenheit bzgl. eindimensionaler und attraktiver Anforderungen. Was heute noch zu den eindimensionalen Anforderungen zählt, kann morgen bereits eine Basisanforderung sein. Eigenschaften, die gestern noch Begeisterungsqualität hatten, sind heute bereits nur noch eindimensionale Anforderungen.

3.3.3 Wert des Kano-Modells

Was bringt uns das Kano-Modell? Wir erkennen besser die Zusammenhänge zwischen Anforderungen und Kundenzufriedenheit. Wenn es uns gelingt, mit unserer Software beim Kunden und Anwender etwas Begeisterungsqualität zu wecken, werden wir es bei der Lösung anderer Probleme leichter haben.

So können wir z. B. bei Schwierigkeiten mit eindimensionalen Anforderungen leichter Verständnis erwarten. Die Kundenzufriedenheit ist immer noch relativ hoch. Dies kann für eine Inhouse-Entwicklung eines komplexen Produkts ebenso wichtig sein wie für einen Produkthersteller in einer Konkurrenzsituation.

Dadurch verschieben sich u. U. unsere Prioritäten bei der Entwicklung. Verbesserungen über das Normalmaß hinaus haben bei den Basisanforderungen keine Konsequenzen für die Kundenzufriedenheit. Es ist viel wirkungsvoller, sich den eindimensionalen und attraktiven Anforderungen zu widmen. Auch erscheint es besonders wichtig, über den Tellerrand der Spezifikation hinaus zu blicken und einige wenige attraktive Anforderungen herauszuarbeiten.

Der Wert einer frühzeitigen und projektbegleitenden Zusammenarbeit zwischen Entwicklung, Auftraggeber, Fachbereichen und Anwendern wird durch die attraktiven Anforderungen weiter gesteigert. Nur über eine enge Beziehung und Zusammenarbeit werden wir Hinweise auf attraktive Anforderungen finden können. Bereits zu wissen, worauf man achten kann, schärft den Blick enorm. Die Umsetzung ist dann meist einfach und mit überschaubarem Aufwand realisierbar.

3.4 Events und Präsentationen

Projektmarketing heißt aktive Selbstdarstellung. Wenn Sie etwas gefunden haben, das Begeisterungsqualität ausstrahlt, können Sie das hervorragend nutzen, um Ihrer Softwareentwicklung ein positiveres Image zu geben. Präsentieren Sie regelmäßig den aktuellen Stand und den erreichten Fortschritt und verbinden Sie diese Präsentation mit positiven Erlebnissen. Dafür brauchen Sie nicht viel Geld, sondern etwas Fantasie.

3.4.1 Das Prosecco-Event

Manchmal reicht in unserer hektischen Arbeitswelt schon das kurze Innehalten, um positiv wahrgenommen zu werden. Ein paar Gläser Sekt und Orangensaft runden die Veranstaltung ab. Dieses sogenannte *Prosecco-Event* eignet sich besonders gut beim Erreichen eines extern sichtbaren Meilensteins [82]. So ist für jeden, selbst den, der nicht eingeladen ist, der Fortschritt offensichtlich. Nach 15 – 30 Minuten ist alles schon wieder vorbei, doch das positive Gefühl bleibt. Solche Events kann man beliebig ausbauen. Häufig liegen Kraft und Wirkung solcher Events gerade in der einfachen, ungezwungenen und fast schon spontanen Atmosphäre, die ein einfaches, kleines Prosecco-Event hat.

Das Prosecco-Event ist ein *Steh-Event*, also ein *Standup-Meeting*, wie wir es z. B. aus dem eXtreme Programming kennen.[3] Es bietet zwei entscheidende Vorteile: Es dauert nicht so lange und eine Durchmischung der verschiedenen Personen ist leichter möglich als bei einer gemütlich an mehreren Tischen sitzenden Runde. Wenn es Ihnen gelingt, zu einem solchen Ereignis die verschiedensten Projektbeteiligten zusammenzubringen, ergibt sich eine gute Möglichkeit zum Kennenlernen. Neue Mitarbeiter können vorgestellt und bekannt gemacht oder alte Beziehungen wieder aufgefrischt werden. So bietet dieses Event reichlich Mehrwert und sicherlich gibt es auch alle paar Monate einen guten Grund dafür.

3.4.2 Erfolgreiche Präsentationen

Zur Selbstdarstellung gehört eine gelungene Präsentation. Hierbei ergibt sich oft das Problem, dass Sie technische Themen vor einem nicht technischen Publikum zu präsentieren haben. Sie werden in Abschnitt 10.2.2 ab

---

[3]Eine *Stehung* ist der Gegensatz zu einer Sitzung.

Seite 136 ein Muster für erfolgreiche Präsentationen kennenlernen. Jetzt geht es erneut um die Sensibilisierung für das *Sender-Empfänger*-Problem aus Abschnitt 1.1.1 auf Seite 5.

Für Nicht-Entwickler wie z. B. Fachbereichsmitarbeiter oder Manager sind technische Details nicht nachvollziehbar. Softwareentwicklung ist für diese Menschen nur schwer erfassbar und meist etwas völlig anderes als ihr sonstiges Umfeld. Ihre Sichtweise auf die IT ist die auf einen Dienstleister. Ihr Interesse gilt daher stärker den sichtbaren Ergebnissen und ihren konkreten Vorteilen, die sich daraus für sie ergeben. Erfolgreiche Präsentationen konzentrieren sich oft nur auf diese Aspekte. Auf Nachfrage sind Sie sicher in der Lage, technische Details bei Bedarf zu erläutern.

Für technische Übersichtspräsentationen gilt die alte Weisheit: In der Kürze liegt die Würze! Erstellen Sie besser nur wenige Folien, auf denen Grafiken wie Übersichtszeichnungen, Zeitachsen oder Screenshots dominieren. Eine Folienpräsentation ist ein optisches Medium; machen Sie daher ausgiebig von Visualisierungen Gebrauch. Ein Bild sagt mehr als tausend Worte und wird länger und besser im Gedächtnis bleiben als lange Aufzählungen (Abb. 3.5)[4] [47].

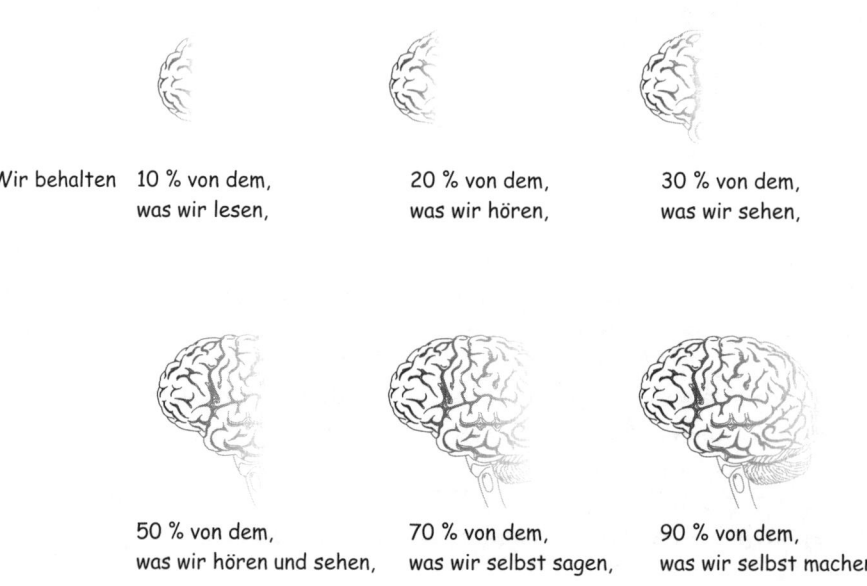

Abbildung 3.5: Inhalte bleiben in Abhängigkeit von der Präsentationsart unterschiedlich gut haften [47].

---

[4]Die Abbildung 3.5 ist selbst ein Beispiel für die Visualisierung eines fachlichen Zusammenhangs.

Der Visualisierung kommt dabei eine besonders wichtige Rolle zu. Wenn wir über eine ansprechende Darstellung das gesprochene Wort gut unterstützen, können bis zu 50 % des transportierten Inhalts dauerhaft ankommen. Manchmal bieten sich ausgefeilte grafische Darstellungen für komplexe Zusammenhänge an. Aufwendige Animationen sind für eine technische Präsentation nicht unbedingt notwendig. Dafür haben wir in der Softwareentwicklung eine andere Möglichkeit: die Demonstration.

Die abschließende Diskussion kann den Merkeffekt noch einmal deutlich steigern. Die Zuhörer können aktiv das Gehörte reproduzieren und dabei weiter verfestigen. Wie Sie in einer Diskussion angemessen auf Einwände reagieren können, wird in Abschnitt 10.2.1 ab Seite 134 gezeigt.

Der letzte Kick in Ihrer Präsentation kommt durch das Ausprobieren hinzu. Zum Ende einer Ergebnispräsentation für eine anstehende Produktauslieferung lassen wir die Zuhörer an die Testsysteme, damit sie dort das Gehörte sowie ihre eigenen Ideen in die Tat umsetzen können. Eine solche Ergebnis- oder auch Zwischenergebnispräsentation wirkt souverän, macht den Teilnehmern hoffentlich Spaß und bleibt dauerhaft im Gedächtnis. Hier können sehr gut auch die Entwickler als Betreuer hinzugezogen werden. So entsteht gleichzeitig eine Möglichkeit, sich gegenseitig besser kennen- und schätzen zu lernen.

Wenn Sie eine Ausprobierphase zum Ende hin einbauen, stoßen Sie oft auf das Problem, wie Sie diese Phase angemessen beenden können, ohne die aktivsten Teilnehmer zu enttäuschen. Einige haben sich bereits ausreichend *ausgetobt*, während andere sich nicht von den Testrechnern lösen können. Um diesen Übergang fließender zu gestalten, kann eine Präsentation mit einem Prosecco-Event abgeschlossen werden. So kann eine geraume Zeit gut gepuffert werden, ohne dass den Präsentationsgästen langweilig wird. Eine solche Ergebnispräsentation wird auf das Projektumfeld eine äußerst positive Wirkung haben. Auch wenn es nur der Effekt ist, dass sich alle besser kennengelernt und die Fachbereichsmitarbeiter sowie Manager festgestellt haben, dass Entwickler auch nette Menschen sind.

3.4.3 Scrum: Das Review am Ende einer Iteration

Im weitverbreiteten agilen Projektmanagement-Framework Scrum fällt dem Reviewmeeting am Ende einer Iteration eine besondere Bedeutung beim Projektmarketing zu. Das Team stellt die in der gerade abgeschlossenen Iteration fertiggestellten Aufgaben vor. Die Zielgruppe dieser regelmäßig nach jeder Iteration stattfindenden Präsentation sind alle Stakeholder des Projekts. Die Auftraggeber bauen Vertrauen in den Realisierungspartner auf und die Anwender oder Vertriebsmitarbeiter lernen das neue Produkt schrittweise kennen. Ein weiteres Ziel eines Reviews in Scrum ist es, Rückmeldungen der Stakeholder zum Produkt und zur aktuellen Umsetzung zu bekommen, um gegebenenfalls schnell darauf in der Entwicklung reagieren zu können.

Welche enorme Bedeutung die Reviews haben, weiß wohl jeder, der einmal bei einer mangelhaft vorbereiteten Veranstaltung anwesend war. Die Präsentation ist holperig, sinnvolle Beispieldaten sind nicht vorbereitet und halbfertige Funktionen werden gezeigt und werfen Fehler auf. Das Vertrauen in den Erfolg des Projekts ist aufseiten der Stakeholder nach so einer Demonstration erschüttert.

Aufgrund dieser besonderen Bedeutung moderiert der Scrum Master[5] diese Veranstaltung straff durch und der Product Owner sowie ausgewählte Mitglieder aus der Entwicklung präsentieren die neue oder geänderte Funktionalität. Der Scrum Master sorgt dafür, dass der Raum passend vorbereitet ist, und die präsentierenden Entwickler bereiten die technische Infrastruktur rechtzeitig vor. Im Review läuft dann alles wie geplant und die Möglichkeit, wertvolle Informationen von den anwesenden Personen zu erhalten, ist gegeben. Abschließend zeigt der Scrum Master anhand der grafischen Trenddarstellungen den aktuelle Verlauf und die anstehende Planung des laufenden Projekts auf. Ein Srum-Review ist reinstes Projektmarketing und liefert Mehrwert für die Stakeholder und das Projekt, weil auf der aktuellen Projektbasis wertvolle Informationen ausgetauscht werden und Transparenz über den Projektverlauf geschaffen wird.

---

[5]*Scrum Master* und *Product Owner* sind Rollen im Scrum-Framework.

Teil II

Mit Fragetechniken zu besseren Informationen

▷ **Grundlegende Fragetechniken** 41
Die grundlegenden Fragetechniken werden anhand einzelner Fragearten für die Softwareanalyse erläutert. Fragen sind ein immens wichtiges Mittel, um Gespräche zu führen und zu lenken.

▷ **Die Sechs-Stufen-Fragetechnik** 51
In der Analyse von Anforderungen kann es leicht zu Missverständnissen kommen. Wir Softwareentwickler sind technische Experten und unsere Gesprächspartner oftmals Fachexperten. Zwischen uns wird eine große Menge fachspezifischen Wissens kommuniziert. Die Sechs-Stufen-Fragetechnik bietet uns einen guten Rahmen, um schnell an die wesentliche Information zu gelangen. Als ein Anwendungsbeispiel betrachten wir die Durchführung von Reviews, die durch den Einsatz von Fragetechniken erfahrungsgemäß wesentlich konstruktiver ablaufen als gewohnt.

▷ **Feedback und aktives Zuhören** 65
Feedback ist eine Methode, um mit Wertschätzung und ohne ihn zu kränken jemandem zu sagen, was einem gefällt und was stört. Eine dafür wichtige, zusätzliche Technik ist das aktive Zuhören. Sie wird u. a. gerne im Feedback eingesetzt, um Kommunikationsverluste zu minimieren.

4 Grundlegende Fragetechniken

»Wer fragt, führt!« lautet eine der Grundregeln in der Gesprächstechnik. Da steckt viel Wahres drin. Durch Fragen können wir Gesprächen z. B. neue Impulse geben, sie in eine bestimmte Richtung lenken oder die inhaltliche Thematik erweitern bzw. begrenzen.

Mit Fragen signalisieren wir Interesse und können unsere Gesprächspartner aktivieren und sogar motivieren. Mit Fragen können wir Klärungen herbeiführen, Dinge verdeutlichen oder Verwirrung stiften.

Das alles geht nicht mit nur einer Art von Fragen, sondern dazu ist ein breites Spektrum an Fragearten notwendig. Wir ITler beschränken uns aber meist auf Fragen, die Probleme analysieren. Wie wir in diesem Kapitel sehen werden, gibt es alternative Möglichkeiten, Lösungen zu *erfragen*.

Situativ passend eingesetzte Fragen können Gespräche lenken, festgefahrene Situationen wieder in Gang bringen oder helfen, inhaltlich auf den Punkt zu kommen. Die Bandbreite unserer Handlungsmöglichkeiten lässt sich dadurch recht einfach erweitern bzw. verbessern.

4.1 Informationsfrage

»Wieso, weshalb, warum, wer nicht fragt, bleibt dumm!« Diesen Ausspruch kennen die meisten sicherlich entweder aus der eigenen Kindheit oder von ihren Kindern. Diese *Informationsfragen* sind die sogenannten *W-Fragen*: wie, was, wer, womit, warum usw.

Mit Informationsfragen kommen wir an Wissen heran. Ziel ist, dass sie von unserem Gesprächspartner möglichst ausführlich beantwortet werden. Dieser Typ von Fragen wird als *offene* Fragen bezeichnet im Gegensatz zu den *geschlossenen* Fragen (siehe den Kasten auf Seite 42). So könnten wir unseren Anforderungsverantwortlichen konkret fragen: »Welche Anforderungen haben Sie an die Kontoverwaltung?« Wir erfahren auf diese Weise, wie Konten angelegt, bearbeitet und gelöscht werden sollen.

Zu jedem genannten Punkt können wir mit weiteren Informationsfragen nachhaken. »Welche Daten brauchen Sie mindestens, um ein Konto anlegen zu können?« usw. Wir werden diese Technik der *Rückfrage* im folgenden Kapitel 5 ab Seite 51 im Zusammenhang mit der Sechs-Stufen-

Fragetechnik kennenlernen. Mit Rückfragen zeigen Sie Interesse an einer bestimmten Thematik. Deshalb wirken diese oft positiv auf die direkte Gesprächsbeziehung, insbesondere wenn sich die Gesprächspartner noch nicht so genau kennen.

> **Entdecke die Möglichkeiten: offene und geschlossene Fragen**
>
> Als *geschlossene Fragen* bezeichnen wir Fragen, die mit *Ja* oder *Nein* beantwortet werden können. Typische Beispiele sind:
>
> - Sind Sie fertig?
> - Haben Sie den Hauptschalter eingeschaltet?
>
> Die *offenen Fragen* lassen mehr Spielraum, sie verlangen eine strukturierte Antwort und lassen sich **nicht** mit *Ja* oder *Nein* beantworten. Wir erkennen diese Fragen an den typischen W-Fragewörtern:
>
> - Was kann ich für Sie tun, damit wir rechtzeitig fertig sind?
> - Was für Optionen bleiben uns jetzt noch?
> - Was genau meinen Sie damit?
>
> Beide Fragetypen haben ihre Vorteile. Wollen wir etwas genau festhalten, eine Übereinstimmung oder eine Ablehnung usw., dann sind geschlossene Fragen bestens geeignet. Wir erhalten eine klare Aussage: ja oder nein. Außerdem können wir so Personen, die dazu tendieren, zu viel zu reden oder sich nicht festzulegen, im Zaum halten.
>
> Wollen wir eine Diskussion in Gang bringen oder offen halten, dann eignen sich offene Fragen dazu. Wir können sie auch einsetzen, um Personen, die eher einsilbig sind, aus der Reserve zu locken.

4.1.1 Festgefahrene Situationen lösen

Mit Informationsfragen können wir mehr als nur Fakten sammeln. Auch festgefahrene Situationen können mit ihnen wieder in Gang gebracht werden. Wir arbeiten z. B. weitere Optionen heraus oder identifizieren Blockadeursachen. Zwei Beispiele illustrieren, wie das aussehen kann.

- Ein Softwarefehler in der aktuell ausgelieferten Version legt einen Teil des Betriebs lahm. Für solche Ausnahmesituationen haben wir meist keine Standardlösung parat. Eine gute Idee ist es daher, alle Informations- und Entscheidungsträger zu fragen, welche Möglichkeiten für eine Lösung sie sehen. Manchmal hat einer die rettende Idee, manchmal ist es eine Kombination verschiedener Vorschläge. Die offene Informationsfrage kann uns zur Lösung führen.

- Sie stellen einem potenziellen Auftraggeber Ihr Lösungskonzept für seine Anforderungen vor. Entgegen Ihren Erwartungen springt er nicht sofort darauf an. Irgendetwas scheint ihn zu stören. Die Frage »Welcher Aspekt an meiner Idee stört Sie?« schafft die Möglichkeit, sich an die relevanten Punkte heranzutasten. Vielleicht ist alles nur ein Missverständnis, das Sie schnell auflösen können. Das geht jedoch nur, wenn Sie das wissen!

4.1.2 5 × Warum

An einem Beispiel wollen wir nun die 5×-Warum-Fragetechnik erläutern. Die Intention, die hinter Softwareanforderungen steht, kann für uns von großem Interesse sein. Unsere fachlichen Ansprechpartner kennen häufig nur die technische Sicht der Altsysteme als Anwendungsmöglichkeit. Das kann den Horizont für die Anforderungsgestaltung unnötig einengen.

Altsysteme bieten eine technische Umsetzung der Anforderungen. Diese Umsetzung kann bei einem neuen System vielleicht anders erfolgen und damit z. B. benutzerfreundlicher ausfallen. Um solche Lösungen entwickeln zu können, müssen wir hinter die Kulissen schauen und erkennen, welche fachliche Motivation hinter einer konkreten Anforderung steckt. Das ist manchmal gar nicht einfach herauszubekommen.

Die *Warum*-Frage ist dabei hilfreich. Leider reicht einmal *Warum* fragen oft nicht aus, um an den Kern zu gelangen. Der kleine Beispieldialog zwischen Entwickler (links) und Anwender (rechts) illustriert dies.

»Warum benötigen Sie die vollständigen Kundendaten auch in dieser Maske?«

»Weil wir sie hier ändern!«

»Warum möchten Sie in diesem Ablauf die Kundendaten ändern können?«

»Weil wir keine andere Änderungsmöglichkeit haben!«

»Eigentlich benötigen Sie also eine einfache Möglichkeit, die Kundendaten zu ändern?«

»Ja, da haben Sie Recht!«

Der Abschluss dieses Dialogs findet über eine *geschlossene Frage* statt (siehe den Kasten auf Seite 42). Damit erreichen wir die Bestätigung zu unserer neuen Erkenntnis. Das Warum-Frageszenario kann bis zu fünf Mal erfolgen, bis wir wirklich an der ursächlichen fachlichen Intention angekommen sind. Mehr als fünf Warum-Fragen in Folge erzeugen erfahrungsgemäß kein sinnvolles Ergebnis mehr. Wenn sich die Intention nicht in maximal fünf Runden klären lässt, dreht man sich im Kreis.

Die Warum-Fragen führen uns gleich zum nächsten Problem: Manche Personen fühlen sich durch diese Fragen angegriffen und fangen an, sich zu rechtfertigen. Das liegt an dem rückwärts gerichteten Aspekt, den eine Warum-Frage oft beinhaltet. Unser Ziel ist es jedoch, an Informationen zu gelangen. Rechtfertigungen für das bisherige Vorgehen lenken davon nur ab.

4.1.3 Risiko Rechtfertigung

Wie eben gezeigt, kann eine der *W-Fragen* problematisch sein: die Frage nach dem *Warum*. Sie kann dazu führen, dass sich unser Gesprächspartner angegriffen fühlt. Er wird dann eine Verteidigungsposition einnehmen und evtl. sich zu rechtfertigen beginnen.

Die einfachste Möglichkeit, den Druck aus einer Warum-Frage zu nehmen, ist sie zu umschreiben. »Wozu benötigen Sie das Feld genau in dieser Maske?« oder »Was genau erreichen Sie über diese Art der Verteilung?« sind Beispiele dafür, das Wort *warum* zu meiden.

Was ist das Problem mit Rechtfertigungshaltungen? Sie bringen uns in der Regel nicht weiter, sie sind meist kontraproduktiv. Sobald wir eine Rechtfertigungshaltung erkennen, sollten wir versuchen, den Druck aus der Kommunikation herauszunehmen. Die Situation lässt sich z. B. grundlegend entspannen, indem Sie sagen:»Ich möchte nur die Hintergründe besser verstehen. Entschuldigen Sie bitte, wenn Sie sich angegriffen fühlen. Das liegt nicht in meinem Interesse.« Dies ist ein einfaches Beispiel, auf die Meta-Ebene zu gehen, um Probleme zu lösen (Seite 72).

4.2 Mit Fragen auf den Punkt kommen

Wollen wir eine Thematik einschränken oder weiter konkretisieren, eignen sich dazu geschlossene oder Alternativfragen. Mit *Alternativfragen* reduzieren wir den Antwortbereich auf wenige oder häufig auf nur noch zwei Möglichkeiten: »Welche der drei vorgestellten Designalternativen erscheint Ihrer Meinung nach angemessener?« So treiben wir die Entscheidungsfindung voran. Durch die Fragestellung wird der Kern des zugrunde liegenden Problems auf den Punkt gebracht. Mit der Beantwortung dieser Frage ist auch eine Entscheidung getroffen.

Mit geschlossenen Fragen wollen wir ein *Commitment* erreichen: »Sind Sie mit dieser Lösung zufrieden?« Dadurch wird eine erneute Diskussion am ehesten vermieden. Diese abschließenden Zustimmungen sind wichtig, um jeden Teilnehmer explizit an der Entscheidung zu beteiligen. Leider wird viel zu häufig das Ausbleiben von Widerspruch als Zustimmung gewertet. Es ist offensichtlich, dass dies in der weiteren Zusammenarbeit zu Konflikten führen kann. Kontrollieren Sie also ruhig öfter die Zustimmung: »Sind Sie damit einverstanden?« Das ist deutlich wertvoller und ergiebiger als das weitverbreitete: »Hat jemand Einwände?«

Bei der Frage nach Einwänden liegt die Gefahr darin, dass wir die Unentschlossenen nicht gut zu fassen bekommen und Hinweise auf mögliche Risiken übersehen. Dies kann später leicht zu Konflikten führen, denn diese Beteiligten hatten eben nicht explizit zugestimmt! Mit der positiven Frage können wir bei jedem Einzelnen das Commitment abholen und erhalten einen Eindruck von der Stimmung aller Gesprächspartner. Das ist umso wichtiger, mit je mehr Menschen wir kommunizieren. Zu leicht können wir Unklarheiten oder Widerstände übersehen.

Durch das Weglassen von Alternativen konzentrieren wir uns auf das Wesentliche. Dies kann z. B. dazu dienen, für einen Entscheider die Komplexität zu reduzieren. Ein Manager ist oftmals darauf angewiesen, dass seine Entscheidungsfindung entsprechend vorbereitet wird. Je mehr Abstand eine Position von der konkreten Arbeit hat, desto abstrakter stellt sie sich dar (Abb. 4.1). Entscheidungen können dann nicht mehr unter Berücksichtigung der gesamten Detailtiefe getroffen werden.

Ein Manager ist also auf die enge, vertrauensvolle und arbeitsteilige Zusammenarbeit mit den Entwicklern angewiesen – ob als Führungskraft in der Softwareentwicklung oder aufseiten des Auftraggebers bzw. im Fachbereich. Die Grundlagen für Managemententscheidungen werden sinnvollerweise über alle Ebenen zusammengetragen. Dazu werden sie entsprechend den Sichtweisen verdichtet und von ihrer Komplexität her reduziert. Dies kann z. B. über Modelle erfolgen.

Eine andere Form der offenen Frage erwartet nur ein kurzes, konkretes Ergebnis: »Wie lautet der Subversion-Parameter dafür?« Antwort: »/d«. Durch solche Fragen fühlen wir uns ausgefragt. Man möchte dem Fragesteller eigentlich nur antworten: »Schau doch selbst nach!« Seien Sie also bitte vorsichtig bei dieser Art der offenen Fragen. So strahlen Sie kaum Kompetenz aus.

Geschlossene Fragen können durch das bereits erwähnte Weglassen von Alternativen auch einen manipulativen Charakter haben, wie Sie es vielleicht schon einmal in einem Gespräch mit einem Versicherungsvertreter erlebt haben:

»Sie lieben Ihre Familie?«	»Ja!«
»Sie möchten Ihre Familie auch in Krisenzeiten abgesichert wissen?«	»Ja!«
»Dann brauchen Sie unbedingt eine Lebensversicherung!?«	»Äh, ja, mmh...«

46   4 Grundlegende Fragetechniken

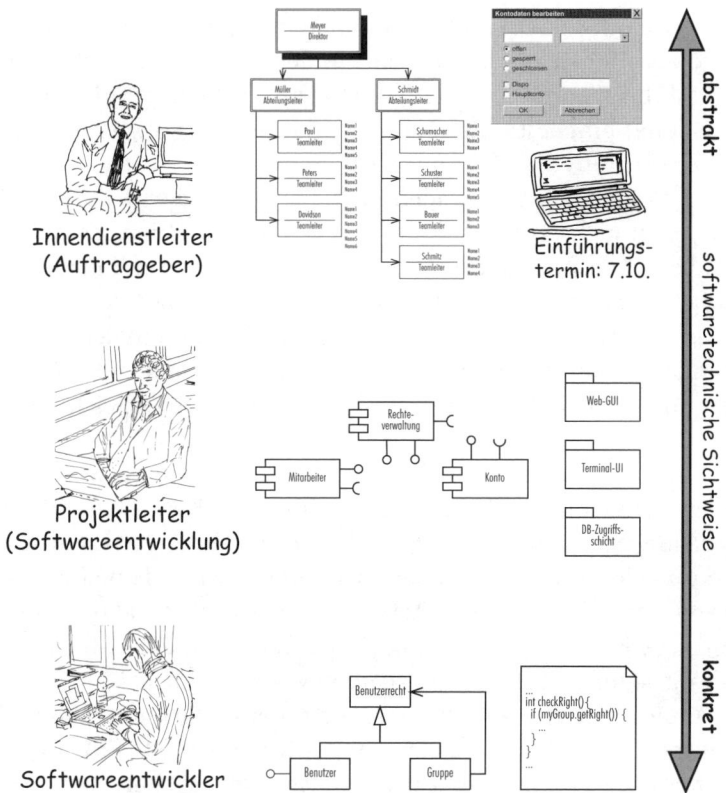

Abbildung 4.1: Je größer der Abstand einer Führungskraft von der konkreten Arbeit ist, desto abstrakter wird die Sicht auf die Softwareentwicklung.

Dieses Risiko ist bei Einschränkungen, Reduktionen oder Konkretisierungen gegeben. Wenn man methodisch-analytisch vorgeht, wird ein solcher Versuch bemerkt werden. Ansehen und Respekt gegenüber dem Fragesteller werden deutlich leiden. Dies ist übrigens auch der Fall, wenn nicht offen gegen einen Manipulationsversuch vorgegangen wurde. Vielleicht hat sich nur keiner getraut oder es erschien nicht wichtig genug. Der Schaden ist auf jeden Fall groß!

4.2.1   Gespräche lenken: Wer fragt, führt!

Gespräche lassen sich durch Rückfragen gut lenken, wir wissen nur vor dem Gespräch nicht wohin. Im Gesprächsverlauf können wir durch Rückfragen die für uns interessanten Zusammenhänge und Details erfahren. Das funktioniert gut, hält ein Gespräch für verschiedene Richtungen offen und manipuliert den Gesprächspartner nicht. Dies gilt besonders für

Krisengespräche! Die Kunst ist es dabei, nicht auf der Problemebene zu verharren, sondern auf die Lösungsebene zu gelangen. Durch die richtigen Rückfragen kann dies gelingen (Tab. 4.1). Es gilt, Lösungen zu finden, anstatt Probleme zu diskutieren [46].

konstruktive Rückfrage	destruktiv
Was brauchen Sie, um das Problem erfolgreich zu lösen?	~~Wie ist das Problem entstanden?~~
Wenn durch einen Jini alle Probleme gelöst würden, was genau wäre dann anders?	~~Wer hat das Problem verursacht?~~
Wie können Sie sich in Zukunft anders verhalten?	~~Warum haben Sie das so gemacht?~~
Was genau soll in Zukunft anders sein?	~~Was ist das Schlimmste dabei?~~
Woran bemerken andere, dass das Problem gelöst ist?	~~Warum?~~

Tabelle 4.1: Konstruktive Rückfragen (links) führen zu Lösungen [46].

Die konstruktiven Rückfragen sind in die Zukunft gerichtet, die destruktiven eher in die Vergangenheit. Es gilt also, auf die Gestaltung der Zukunft mit möglichst vielen Optionen zu fokussieren, anstatt die Vergangenheit zu analysieren.

Destruktive Problemanalysen haben ihre Stärken, wenn es darum geht, Prozesse oder Abläufe zu optimieren, sie sind weniger geeignet bei einer akuten Problemlösung. Die Stärken vieler ITler liegen aber gerade im Analysieren komplexer Situationen. Wir verwenden daher gerne die destruktiven Rückfragemuster, die uns leider kaum konstruktiv zu neuen Lösungen bringen. Umso wichtiger ist daher immer wieder das Besinnen auf die konstruktiven, zukunftsorientierten Rückfragen.

Leider kann auch die Rückfragetechnik manipulativ in Form von Suggestivfragen eingesetzt werden. Obwohl Suggestivfragen ähnlich verwendet werden, sind sie keine echten Rückfragen. Mit Suggestivfragen versuchen wir, Gesprächspartner zu beeinflussen: »Sie sind doch auch der Meinung, dass uns ein testgetriebenes Vorgehen nur behindert? Sie glauben doch nicht etwa, dass wir unfähig sind, Anforderungen umzusetzen?« Der manipulative Charakter wird schnell deutlich mit den bereits beschriebenen negativen Konsequenzen für den Fragesteller.

Rückfragen sind also ein hervorragendes Mittel, Gespräche konstruktiv zu lenken. Gerade wenn es um Problemlösungen geht, können konstruktive, zukunftsorientierte Rückfragen den Weg zu kreativen Lösungen ebnen. Analytische Rückfragen sind dabei auf ein absolutes Minimum zu reduzieren. Als Rückfragen kaschierte Suggestivfragen unterbinden dagegen ein konstruktives Gespräch. Suggestivfragen sind keine *echten* Rückfragen.

4.2.2 Motivation und Provokation

Fragen eignen sich auch dazu, zu motivieren bzw. zu provozieren. Natürlich lassen sich auch unabhängig von Fragen Lob und Anerkennung ausdrücken. Um z. B. Anerkennung wohldosiert und einfach zu geeigneten Zeitpunkten einfließen zu lassen, können Sie die motivierende Aussage mit einer Frage verbinden und erhalten so eine *motivierende Frage*. Dies erhöht die Gesprächsbereitschaft, wobei die Beziehungsebene im Mittelpunkt steht wie z. B.:

- »Wie beurteilen Sie als langjähriger und erfahrener Mitarbeiter das Projekt?«
- »Sie haben einen tiefen Einblick in die technischen Zusammenhänge. Wie beurteilen Sie die Lösungsideen?«

Eine weitere Möglichkeit, auf der Beziehungsebene mit den Gesprächspartnern zu arbeiten, ist die Provokation. Damit können wir in eine träge Gesprächssituation wieder Bewegung bringen. Ein »Ist das schon alles, was Ihnen dazu einfällt?« ruft sicher eine Reaktion hervor.

Leider wird die Reaktion nicht immer positiv nutzbar sein, denn Provokationsfragen sind riskant. Wenn wir die Gesprächspartner nicht gut kennen oder die Beziehung bereits gestört ist, wird sich eine Provokation kaum positiv auswirken, sondern eher die Situation verschlechtern. Hier ist Fingerspitzengefühl gefragt. Wenn Sie sich also nicht ganz sicher sind, sollten Sie die Provokation besser nicht einsetzen.

4.3 Anregende Fragen

Trotz unserer breit aufgestellten Fragetechnik stecken wir manchmal in Gesprächen fest, weil unserem Gesprächspartner keine Antwort einfällt. Dann können kreative Fragen weiterhelfen, indem wir Perspektiven wechseln oder methodische Lösungsideen einfordern.

4.3.1 Die Perspektive verändern!

Wenn z. B. in einer fachlichen Analyse unserem Gesprächspartner keine Antworten mehr einfallen und wir sichergehen möchten, auch wirklich an alles gedacht zu haben, können wir durch einen Perspektivwechsel eine kreative Kontrollfrage stellen. »Was würde denn Ihr Chef auf diese Frage antworten?« regt oft den Antwortfluss wieder an.

Ein solcher Perspektivwechsel kann in viele verschiedene Richtungen gehen. Typische Wege sind entlang der Hierarchie auf- bzw. abwärts (Chef – Kollege – Mitarbeiter) oder entlang der typischen Prozesskette (Außendienstmitarbeiter – Verwaltung – Revisor – Kunde). Aber auch das private Umfeld kann hilfreich für einen Perspektivwechsel sein, wenn wir z. B. Projekterfolgsfaktoren abklären: »Woran merkt Ihr Partner zuhause, dass Ihr Projekt erfolgreich läuft?« Diese Art des Perspektivwechsels wird auch als zirkuläre Frage bezeichnet.

Wir können auch die zeitliche Perspektive ändern. »Wie sind Sie früher mit solchen Problemen umgegangen?« richtet den Blick auf die eigenen Stärken. »Was wird anders sein, wenn Sie das Problem gelöst haben?« lenkt den Blick vom aktuellen Problem auf die zukünftige Lösung.

Ein solcher Wechsel hin zur Sicht auf die Lösung kann auch über die Wunderfrage erfolgen. »Wenn ein guter Geist über Nacht das Problem gelöst hat, woran würden Sie es morgen früh im Büro merken?« kann Wunder wirken bei der Anregung zu neuen Lösungsansätzen. Diese Fragen fallen in die Kategorie der hypothetischen Fragen.

4.3.2 Den Lösungsweg methodisch erarbeiten!

Wenn unser Gesprächspartner sich kaum in der Lage sieht, unsere Fragen inhaltlich zu beantworten, und auch ein Perspektivwechsel nicht ausreichend war, können uns Prozessfragen weiterhelfen. »Was brauchen Sie, um diese Frage beantworten zu können?« ist eine typische Prozessfrage. Wir lassen dabei die Verantwortung für die Lösung beim verantwortlichen Gesprächspartner, ohne ihn in ungeeigneter Weise zu beeinflussen.

Der Vorteil dieser Fragen liegt darin, dass wir jetzt gemeinsam einen Weg finden können, wie wir zu belastbaren und ausreichenden Antworten kommen. Gleichzeitig bleibt unser Gesprächspartner in der Verantwortung, insbesondere, wenn der Weg nicht funktioniert. Der Ball liegt mit diesen Fragen immer wieder im Spielfeld unseres Gesprächspartners.

Wir dürfen es mit keiner Fragetechnik übertreiben und ganz speziell nicht mit den Prozessfragen. Gezielt eingesetzt bewirken sie jedoch Wunder bei der Lösung festgefahrener Probleme.

4.4 Fazit

Bevor wir im nächsten Kapitel ein ganzes Konzept zur Fragetechnik betrachten, fassen wir den bisherigen Stand kurz zusammen. Was hat es mit den Fragen auf sich?

Wir haben offene und geschlossene Fragen kennengelernt. Über eine geschlossene Frage können wir einen Themenbereich abschließen (»Gibt es noch Fragen zu klären?«) oder Zustimmung bzw. Ablehnung zu einer Entscheidung klären (»Sind alle hier damit einverstanden?«). Das ist wichtig, bevor wir uns in einer Diskussion einem neuen Themenkomplex widmen. Eine geschlossene Frage kann mit *Ja* oder *Nein* beantwortet werden.

Über offene Informationsfragen, die W-Fragen, erschließen wir neue Diskussionsinhalte. Wir können dabei in die Detailtiefe gehen (»Wie genau kann ich mir das vorstellen?«) oder den Umfang erschließen (»Was gibt es noch?«). Darüber können wir ein Gespräch steuern, weshalb sie auch als Lenkungsfragen bezeichnet werden. Offene Fragen können nicht sinnvoll mit *Ja* oder *Nein* beantwortet werden.

Die Kreativität lässt sich über Perspektivwechsel anregen. Über zirkuläre Fragen können wir uns in die Sicht anderer Menschen versetzen lassen. Mit hypothetischen Fragen schieben wir ein hemmendes Problem in den Hintergrund und fokussieren uns mehr auf die Lösung. Denkblockaden lassen sich so aufbrechen.

Bleibt eine Denkblockade dennoch bestehen, können wir über Prozessfragen gemeinsam zu ersten notwendigen Schritten kommen. Eine Frage nach dem Muster »Was brauchen Sie, damit ...« führt uns auf die Meta-Ebene. Wir sprechen darüber, was benötigt wird und welche Voraussetzungen wertvoll sind, um weiterzukommen. Gleichzeitig bleibt der Gesprächspartner in der Verantwortung für die Lösung seiner Aufgabe, da er *seine* Voraussetzungen und notwendigen Rahmenbedingungen formuliert.

5 Die Sechs-Stufen-Fragetechnik

5.1 In sechs Schritten zur Softwareanalyse

Wer kennt nicht die Situation aus Abbildung 5.1? Eigentlich waren die Anforderungen abgestimmt. Dabei hat es offensichtlich Missverständnisse gegeben. Das Ergebnis: Wir haben etwas entwickelt, was der Kunde so nicht haben möchte. Er ist jetzt sauer und wir haben vergeblich gearbeitet.

Abbildung 5.1: Missverständnisse bei den Anforderungen

Was ist hier schiefgegangen? Wieso kam es zu Missverständnissen? Es war doch alles abgesprochen!? Anscheinend eben nicht. Konstruktive Fragen dazu könnten wie folgt lauten:

- Warum ist es zu dem Missverständnis gekommen?
- Was kann an der aktuellen Situation gerettet werden?
- Was können wir beim nächsten Gespräch besser machen?

Zur Beantwortung der Fragen brauchen wir engen Kontakt zu den Beteiligten und vertrauensvolle Beziehungen. Dabei können uns Techniken aus dem neurolinguistischen Programmieren (NLP) helfen (siehe den folgenden Kasten).

> **Neurolinguistisches Programmieren (NLP)**
>
> Das neurolinguistische Programmieren wurde Anfang der 70er-Jahre vom Linguistikprofessor John Grinder und vom Informatikstudenten Richard Bandler im Rahmen eines gemeinsamen Forschungsprojekts entwickelt. Es ging dabei um die Frage, warum es manchen Menschen besser gelingt, auch in schwierigen Situationen Vertrauen und Kontakt zu anderen Menschen aufzubauen, sie zu verstehen und selbst verstanden zu werden. Die Grundannahmen des NLP gehen von einem humanistischen, Entwicklungsmöglichkeiten bejahenden Menschenbild aus und lassen sich in den folgenden 16 Kernsätzen zusammenfassen [8]:
>
> 1. Der ganzheitliche Ansatz gilt allen Persönlichkeitsaspekten.
> 2. Körper, Geist und Seele beeinflussen sich wechselseitig.
> 3. Bewusstsein und Unbewusstes spielen zusammen.
> 4. Das Bewusstsein ist in seiner Kapazität begrenzt.
> 5. Das Unbewusste umfasst alles, was generell oder nur aktuell nicht bewusst ist.
> 6. Wir reagieren auf eine subjektive Wirklichkeit.
> 7. Wir lernen am Modell.
> 8. Flexibilität schafft Wahlfreiheit.
> 9. Widerstand erfordert unsere Flexibilität.
> 10. In der Kommunikation zählt nicht unsere Absicht, sondern nur das, was beim Empfänger ausgelöst wird.
> 11. Jede Reaktion kann als Feedback genutzt werden.
> 12. Hinter jedem Verhalten steckt eine positive Absicht.
> 13. Jedes Verhalten ist zumindest der Gegenseite nützlich.
> 14. Wir wählen stets die beste Möglichkeit, die uns im Moment verfügbar ist.
> 15. Eine Veränderung ist nur gut, wenn sie dem komplexen Gleichgewicht des Menschen als ganzheitlichem System gerecht wird.
> 16. So einfach wie möglich, so komplex wie nötig.
>
> (Siehe auch den Kasten auf Seite 63)

5.1.1 Warum kommt es zu Missverständnissen?

Die erste Frage haben wir zumindest teilweise bereits beantwortet: Kommunikation ist ein Filterprozess (Seite 5). Es geht dabei Information verloren. Dieser Informationsverlust erfolgt meist nicht böswillig, sondern unbewusst und eher versehentlich! Zwei Beispiele, die wir im Rahmen von Softwareanalysen oft erlebt haben, möchten wir kurz skizzieren.

- Der »Abenteurer« wird uns ausführlichst alle Probleme der letzten 20 Jahre und der drei Vorgängerversionen nennen. Aber auch nach 90 Minuten wissen wir immer noch nicht, was wir im zentralen Kern realisieren sollen. Unser Gesprächspartner unterschlägt die wichtigen Informationen nicht böswillig. Vielleicht erscheinen sie ihm einfach nur so *normal*, d. h., er hat sie so verinnerlicht, dass er gar nicht mehr bewusst daran denkt. Beschreiben Sie doch mal eben schnell und detailliert, wie Sie sich morgens das Frühstück zubereiten. Vielleicht langweilt das Alltägliche unseren Gegenüber, und er denkt deshalb nicht daran.
- Der »Unsichere« wird uns dagegen sehr gut seine Aufgaben beschreiben können, hat aber vor jedweder Abweichung vom Normalablauf regelrecht Angst. Von sich aus wird er uns keine Ausnahmen nennen.

5.1.2 So kommen Sie an alle Informationen!

Wie können wir den Informationsverlust verringern? Wie erfahren wir das, was nicht gesagt wird? Dazu greifen wir in die Trickkiste der Berater und schauen uns deren Technik an, wie sie es schaffen, aus dem Stegreif systematische Fragen zu stellen, um an die wichtigen Informationen zu gelangen. Die Sechs-Stufen-Fragetechnik basiert auf der natürlichsprachlichen Analyse des NLP (siehe vorhergehenden Kasten) und setzt sich aus den folgenden Schritten zusammen [8, 57]:

Prozesswörter überprüfen: Identifizieren Sie Verben und substantivierte Verben wie z. B. melden, Auslastung, erfassen. Stellen Sie zu jedem dieser Prozesswörter die W-Fragen: Wer? Was? Wann? Wie? Wo? Warum? usw.

Komparative und Superlative überprüfen: Bestimmen Sie die Bezugspunkte: Worauf bezieht sich der Vergleich oder die Steigerung? Bringen Sie die Messmethode in Erfahrung, über die die geforderten Eigenschaften nachgeprüft werden können.

Universalquantoren überprüfen: Identifizieren Sie die Universalquantoren wie alle, keiner, immer, nie, jeder, stets usw. Hinterfragen Sie darüber die Ausnahmen sowie die impliziten Annahmen.

Bedingungen überprüfen: Gibt es noch andere Varianten? Sind alle Möglichkeiten vollständig aufgezählt? Sind alle Entscheidungs- und Verzweigungsbedingungen genannt?

Konstanten und konfigurierbare Werte überprüfen: Identifizieren Sie feste sowie konfigurierbare Größen und Werte und geben Sie ihnen sprechende Namen wie z. B. Rechnungsschwellwert oder Volljährigkeit. Tragen Sie die Namen mit ihren aktuellen Werten in ein Glossar ein.

Abkürzungen und Fachbegriffe im Glossar definieren: Identifizieren Sie alle Abkürzungen, Akronyme[1] und Fachbegriffe und definieren Sie diese in einem Glossar. Prüfen Sie dabei auf Widersprüche oder unterschiedliche Sichten in den beteiligten Fachbereichen. Der Begriff *Kunde* könnte z. B. im Marketing oder Produktmanagement unterschiedliche Aspekte haben.

Die obigen sechs Schritte geben uns einen Gesprächsleitfaden, an dem wir uns orientieren können. So kommen wir sowohl an die Details als auch an die impliziten Grundlagen, die für alle unsere Gesprächspartner so selbstverständlich sind, dass sie nicht genannt werden, für uns Entwickler aber völlig fremd sind. Dieser Gesprächsleitfaden ist ein *Frageleitfaden*. Wir können so mit unseren Fragen das Gespräch lenken und haben es im Griff. Denken Sie dabei wieder an die Gesprächsregel: **Wer fragt, führt!**

5.2 Ein kleiner Beispielfragenkatalog

5.2.1 Prozesse, Teilprozesse und Abläufe identifizieren

Wir versuchen, Prozesse und andere Abläufe in der zu betrachtenden Einheit zu finden und zu konkretisieren. Mit der *betrachteten Einheit* können eine Firma, eine Abteilung, ein Team oder sonstige zusammenhängende Gruppen gemeint sein. Dazu gehen wir von außen nach innen vor, d. h., wir betrachten zuerst die Artefakte, die eingehen und ausgehen. Daraus lassen sich dann die internen Abläufe ableiten und detaillieren.

- Was löst bei Ihnen (Abteilung, Gruppe, Team usw.) eine Handlung, einen Ablauf aus?
- Was bewirkt bzw. erzeugt dieser Ablauf? Mögliche Fragen dazu lauten:
  - Was kommt an Daten und Informationen dabei von außen herein?
  - Was kommt als (Teil-)Ergebnis heraus?
  - Welche Zwischenergebnisse erzeugen Sie dabei?

---

[1]Ein Akronym ist ein Kunstwort aus den Anfangsbuchstaben mehrerer Wörter wie z. B. EDV.

- Wie ist dieser Ablauf z. B. mit Teilschritten untergliedert?
- Warum findet dieser Ablauf statt? Was ist die fachliche Intention?
- Wer ist dabei beteiligt?
- Wann findet dieser Ablauf statt?
- Wo findet der Ablauf räumlich statt?
- Welche ablaufinternen Zwischenzustände können Sie definieren?

Die gefundenen Abläufe dienen als Ausgangspunkte für die weitere Verfeinerung. Zur besseren Identifizierbarkeit sollte jeder Ablauf einen passenden Namen bekommen, der mindestens aus Substantiv und Verb besteht, also z. B. »Reservierung für ein Kfz erstellen«. Damit fokussieren wir gezielter auf die Abläufe. Wenn wir nur ein Substantiv verwenden, z. B. »Kfz-Reservierung«, besteht die Gefahr, sich nur auf ein Ergebnis zu konzentrieren und dabei die Ablaufvarianten und andere Ergebnisse aus dem Auge zu verlieren.

5.2.2 Überprüfbarkeit schaffen

Erfolg setzt Überprüfbarkeit voraus. Dafür brauchen wir messbare Indikatoren. Je mehr Indikatoren wir haben, desto unabhängiger sind wir von Seiteneffekten und desto aussagekräftiger werden die Ergebnisse. Ein Weg dazu ist die Analyse von Komparativen und Superlativen (Vergleichen und Steigerungen), da sie sich implizit auf eine Vergleichsreferenz beziehen.

- »Das neue System muss ergonomischer sein!«
  - Welche Parameter der *Ergonomie* sind für den Ablauf relevant?
  - Wie können wir diese Ergonomieparameter messbar machen?[2]
  - Was sind die Vergleichssysteme?
- »Das neue System muss schneller sein!«
  - Was sind die Vergleichssysteme?
  - Auf welche Faktoren bezieht sich der Geschwindigkeitsvergleich (Transaktionsdauer, Antwortzeiten, Erreichbarkeiten usw.)?
  - Welche Rahmenbedingungen sind dabei relevant (Netzauslastung, Anzahl paralleler User usw.)?
  - Wie können die definierten Performance-Bewertungsfaktoren im Vergleichs- und Neusystem gemessen werden?
  - Welche Messverfahren sollen eingesetzt werden?

---

[2] Sie könnten z. B. für einen Use Case die Tastatur-Maus-Wechsel zählen oder die notwendigen Klicks oder die Anzahl redundanter Eingaben usw.

Über solche und ähnliche Konkretisierungen erhalten wir reproduzierbare Aussagen zur Vergleichbarkeit von Eigenschaften. Anderenfalls haben die Vergleiche schnell einen hohen Willküranteil.

5.2.3 Varianten und Ausnahmen finden

Hinter Universalquantoren verbergen sich in der Regel getilgte Ausnahmen und Varianten! Wir können hier hervorragend mit unseren Fragen einhaken und Varianten und Ausnahmen finden. Zwei Beispiele illustrieren dies:

- »Keiner darf an diesen Einstellungen Veränderungen vornehmen!«
  - Keiner Ihrer Mitarbeiter?
  - Keine der Führungskräfte und auch nicht Ihre Vorgesetzten?
  - Wer stellt die Werte initial ein?
  - Wer ist der fachlich verantwortliche Administrator des Systems?
- »Eine Monatsabrechnung besteht immer aus diesen zwölf Schritten!«
  - Gibt es Varianten in der Reihenfolge der zwölf Schritte?
  - Gibt es optionale Teile bei diesen Schritten?
  - Welche Sonderabrechnungen gibt es bei Ihnen?
  - Führen Sie Quartalsabrechnungen durch? Was ist dabei anders?
  - Wie sieht Ihre Jahresabschlussabrechnung aus? Gibt es dabei andere Schritte?

5.2.4 Regeln konkretisieren

Wenn Sie Regeln gefunden haben, gehen Sie nicht davon aus, dass sie bereits vollständig sind. Auch beim Beschreiben von Regeln werden oft seltene Varianten und Ausnahmen weggelassen. Das Hinterfragen von Regeln läuft ähnlich ab wie bei den Universalquantoren, die auch eine Form von Regeln darstellen. Sehr hilfreich kann es dabei sein, die Regeln weniger textuell, sondern in Form eines Ablaufdiagramms (UML-Aktivitätsdiagramm) wie in Abbildung 7.3 auf Seite 81 gezeigt darzustellen. Wie gut wir die Tilgungen finden können, hängt auch von unserer Erfahrung im fachlichen Kontext ab. Je mehr Hintergrundwissen wir haben, desto schneller können wir konkrete Fragen stellen, z. B.:

- Ihre Rechtsform ist doch die AG. Gehören da nicht in die Quartalsabrechnungen noch...?
- Wir haben im Ablaufdiagramm den Schritt 3 ohne eine Fehler- bzw. Ausnahmebehandlung modelliert. Kann es dabei wirklich zu keinen Fehlern bzw. Ausnahmen kommen?

5.2.5 Parameter identifizieren und definieren

Parameter, konfigurierbare Werte und Konstanten können uns während des ganzen Analyse- und Frageprozesses begegnen. Um sie sinnvoll und angemessen zu behandeln, können sie in einer eigenen Tabelle gesammelt werden (Tab. 5.1). Wenn wir z. B. einen neuen Parameter finden, tragen wir ihn dort ein und füllen die anderen Felder in der Zeile aus. Dazu ist es gegebenenfalls erforderlich, Rückfragen zu stellen.

Name	Wert	Einheit	Stand	Beschreibung	verantwortlich
Rechnungs-schwellwert	25,00	€	02.08.10	Rechnungswert, ab dem eine Rechnung erstellt, gedruckt und versendet wird.	Rechnungs-abteilung Klaus Meyer

Tabelle 5.1: Beispiel eines Eintrags in der Liste konstanter und konfigurierbarer Werte

Wenn uns ein solcher Wert bereits bekannt ist, können wir die neuen Informationen dazu nutzen, die bisherigen Informationen in der Tabelle abzugleichen. Es könnte z. B. dazu kommen, dass Parameter aufgespalten werden, da sie in verschiedenen Umfeldern unterschiedlich belegt werden müssen.

5.2.6 Abkürzungen und Fachbegriffe im Glossar definieren

Wir werden meist sehr schnell mit der Terminologie eines Fachgebiets konfrontiert. Bei uns bisher unbekannten Begriffen werden wir von alleine hellhörig. Doch auch gängige Allgemeinbegriffe wie z. B. Kunde, Bestellung, Reservierung, Abrechnung können unterschiedliche Bedeutungen haben. Häufig finden wir diese Begriffe auch in Abkürzungen verklausuliert.

Für unser Verständnis der Aufgabenstellung ist es unerlässlich, diese Fachbegriffe und Abkürzungen ausreichend tief verstanden zu haben. Einen Ausschnitt eines Glossars aus dem Schifffahrts- und Speditionskontext zeigt Tabelle 5.2. Bei der Erstellung eines Glossars ist es hilfreich, auch offene Begriffe gleich aufzunehmen, um sie später nicht zu vergessen.

Diese Arbeit gehört zu unserer Einarbeitung in den fachlichen Kontext. Sie ist unerlässlich, um mit den Fachexperten effizient und effektiv kommunizieren zu können. Softwareentwickler, die solche fachlichen Kenntnisse bereits haben, sind daher besonders wertvoll für ein Projektteam.

Fachbegriff	Abk.	Erläuterung
Free on Board	FOB	Lieferbedingung definiert gemäß Incoterms
	INCO	(noch offen, Frau Meier fragen)
Konnosement		Quittung für eine Ware, Übergabebescheinigung, begehbares (= handelbares) Wertpapier
Terminal Handling Charge	THC	Gebühr, die das Terminal für das Bewegen des Containers am Terminal berechnet (Abnahme vom LKW bis zur Bereitstellung an dem Pier ohne!!! das Laden auf das Schiff)

Tabelle 5.2: Beispiel für Glossareinträge inkl. Spalte für Abkürzungen

5.3 Fragetechniken in Reviews anwenden

Reviews sind ein gutes Beispiel, wie aus unglücklicher oder unangemessener Kommunikation ein Konflikt entstehen kann und die eigentlichen fachlichen Inhalte schnell in den Hintergrund geraten können (Abb. 5.2). Ein gutes Review durchzuführen, ist keine Kunst. Es bedarf aber einer klaren Methodik und der Anwendung von Fragetechniken, damit die verschiedenen Formen von Reviews für unsere Aufgaben ihren enormen Wert entfalten können. Kosten und Nutzen stehen in einem guten Verhältnis: Es können z. B. bis zu 70 % der konzeptionellen Fehler in einem Dokument gefunden werden [75].

5.3.1 Der Reviewprozess

Reviews gehören, wie z. B. der Einsatz von Tools zur Codeanalyse, in die Gruppe der statischen Tests. Das bedeutet, dass unser Testobjekt irgendeine Form eines Dokuments ist und keine lauffähige Software. Wir versuchen in einem Review, eine Vorstufe oder ein Zwischenergebnis auf dem Weg zu einem lauffähigen Programm zu prüfen. Es gibt verschiedene Ausprägungen von Reviews wie die Inspektion, ein technisches oder informelles Review oder das Walkthrough. Allen gemeinsam sind verschiedene Phasen des Reviewprozesses [75].

Haben Sie den *Universalquantor* im letzten Satz bemerkt? Natürlich gilt er auch hier nicht, denn das Walkthrough benötigt nur minimale organisatorische und keine individuelle Vorbereitung. Das ist ein Beispiel für die Ziele eines Reviews: kritische Punkte finden. Die Fragetechniken können uns dabei gute Dienste leisten. Doch kehren wir wieder zurück zum eigentlichen Thema.

5.3 Fragetechniken in Reviews anwenden

Abbildung 5.2: Beispiel für eine unangemessene Kommunikation, die einen Reviewprozess scheitern lässt.

Entgegen der weitverbreiteten Ansicht, dass Reviews doch nur Zeitverschwendung sind, haben sie enorme Stärken und können von großem Nutzen sein. Der Grund für dieses Vorurteil liegt vermutlich meist in der unzureichenden Umsetzung des Reviewprozesses. Kommen wir zuerst zu den Stärken:

- Ungenauigkeiten und Unschärfen in Anforderungsdokumenten können identifiziert werden.
- Unter den im Review beteiligten Personen erfolgt ein reger Wissensaustausch und eine gegenseitige Abstimmung.
- Dokumente, die Reviews unterzogen werden, und das gilt natürlich auch für Code, werden von vornherein besser strukturiert und mit einer größeren Aufmerksamkeit erstellt.
- Duch Reviews können Fehler frühzeitig gefunden und somit die Korrekturaufwände niedrig gehalten werden.

Damit wir diese Stärken erreichen können, ist es sinnvoll, sich an die fünf Phasen des Reviewprozesses zu halten [29]:

Planung: Was ist der Reviewumfang bzw. -inhalt? Welche Ziele verfolgt das Review? Ist das Dokument überhaupt in einem reviewfähigen Zustand? Wer soll daran beteiligt sein? Welche Aufwände entstehen z. B. für die Gutachter? Wann soll das Review erfolgen?

Organisatorische Vorbereitung: Stellen Sie die Motivation für das Review heraus. Verteilen Sie das Reviewdokument mit notwendigen Informationen und gegebenenfalls weiterem Hintergrundwissen an alle Beteiligten. Meist ist es sinnvoll, ein Review vorher auf bestimmte Aspekte festzulegen bzw. zu beschränken. Dies erfolgt oft im Rahmen einer Vorbesprechung. Hinzu kommt noch die ganze organisatorische Arbeit wie Einladungen versenden, Raum buchen usw.

Individuelle Vorbereitung: Die Gutachter prüfen das Dokument und erstellen ihre Kommentare. Bitte planen Sie dafür ausreichend Zeit ein.

Reviewsitzung: Gemeinsam gehen alle Beteiligten das Dokument durch und kommentieren es. Abschließend wird das Reviewdokument bewertet. Es ist sinnvoll, eine Reviewsitzung vorher auf einen festen Zeitraum zu begrenzen, der im Rahmen von zwei Stunden liegen sollte. Bei zeitlich darüber hinausgehenden Sitzungen sind längere Pausen zwischendurch zu empfehlen.

Nachbereitung: Die Kommentare werden in der Verantwortung des Autors geprüft und eingearbeitet. In seltenen Fällen ist ein Folgereview anzusetzen.

Dieser Prozess beinhaltet auch einige Rollen. Zwei sind offensichtlich: Es gibt den Autor des Reviewdokuments und dessen Gutachter. Zwei weitere Rollen sind genauso wichtig: der Organisator des Reviews und der Moderator der Reviewsitzung (Abb. 5.3). Der Organisator des Reviews kann problemlos der Autor oder einer der Gutachter sein. Die Moderation kann in der Regel keiner der direkt Beteiligten übernehmen. Neben einer mangelhaften individuellen Vorbereitung ist das Fehlen eines Moderators vermutlich der Hauptgrund für ineffiziente Reviews. Während der Reviewsitzung kommt noch eine fünfte Rolle hinzu: der Protokollführer, der die Ergebnisse festhält. Häufig kann diese Aufgabe vom Autor selbst wahrgenommen werden.

Der Organisator ist häufig auch der Manager, der in Streitfällen übergeordnete Entscheidungen treffen kann, wenn die Entscheidungskompetenz des Autors überschritten wird. In der Regel kann jedoch der Autor die meisten Differenzen mit den Gutachtern selbst beilegen. Das Dokument liegt im Verantwortungsbereich des Autors und daher hat er das letzte Wort.

Reviews haben neben den Stärken auch Risiken. Unsystematische oder mangelhaft vorbereitete Reviews sind Zeitverschwendung, da die kritischen Punkte nicht identifiziert werden. Der Moderator hat dann einzugreifen, wenn er dies erkennt, indem er z. B. das Review abbricht. Indizien dafür können sein, dass die Gutachter auf der Sitzung beginnen, Passagen des

Abbildung 5.3: Die Rollen bei einer Reviewsitzung können teilweise von denselben Personen eingenommen werden. Autor, Gutachter und Moderator können jedoch kaum sinnvoll zusammengefasst werden.

Dokuments zu lesen, darin keine Kommentare vermerkt haben oder nur Rechtschreibfehler anmahnen.

Ein großes Risiko von Reviews ist die Gefahr persönlicher Konflikte zwischen den Beteiligten. Das eigentliche Ziel wird dann schnell aus den Augen verloren. Wir können diese Risiken auf zwei Wegen minimieren. Der Sinn und Zweck des Reviews muss allen Beteiligten klar sein, um die notwendige Motivation für die individuelle Vorbereitung zu haben. Während der Sitzung wird sachlich und auf die Inhalte bezogen kommuniziert, wobei die Stärken ebenso wie die kritischen Punkte herausgearbeitet werden.

5.3.2 Positive Verstärkung und offene Fragen

Einer der entscheidenden Erfolgsfaktoren für ein Review ist also die Art und Weise der Kommunikation auf der Reviewsitzung. Zwei Grundregeln sind dabei aus unserer Erfahrung sehr hilfreich, wenn wir beim Review abschnittsweise durch das Dokument gehen:

1. Wir zeigen beide Seiten der Medaille und heben zunächst die aus unserer Sicht positiven Teile hervor.
2. Zu den von uns eingeschätzten kritischen Punkten formulieren wir offene Fragen.

So stellen wir sicher, dass die positiven Aspekte auch erkannt werden und erhalten bleiben. Zusätzlich fällt es uns durch das Gleichgewicht aus positiven Anmerkungen und kritischen Fragen leichter, eine offene, konstruktive Gesprächsatmosphäre zu schaffen und zu halten. Die offenen Fragen lassen dem Autor ausreichend Spielraum, um konstruktiv reagieren zu können. Die Gefahr wird reduziert, dass er das Gefühl hat, auf dem Prüfstand zu stehen. Ein Beispiel dafür ist in Abbildung 5.4 zu sehen. Beim Review geht es allein um die Qualität eines Arbeitsergebnisses in Form eines Dokuments.

Abbildung 5.4: Beispiel für eine angemessene Kommunikation, die ein konstruktives Review ermöglicht

Auf jeden Fall zu vermeiden sind »Du«-Aussagen wie »Du hast vergessen...«. Hier steht die Person des Autors im Mittelpunkt, und es werden Annahmen als Aussagen geäußert. Vielleicht hat der Verfasser etwas gar nicht vergessen, sondern bewusst weggelassen? Auch direkte Bewertungen wie »Das klappt so nicht!« sind zu unterlassen, da sie subjektiv geprägt sind. Formulieren Sie solche Aussagen in Fragen um, wie z. B.: »Den Einsatz der neuen Datenbankversion sehe ich problematisch. Warum glaubst du, dass es wie beschrieben klappen wird?«

Gerade wenn wir unser Reviewverhalten an diese Ideen anpassen möchten, ist ein Moderator in den Sitzungen besonders hilfreich. Eine andere Idee, die ein Kunde von uns umgesetzt hat, besteht darin, mit dem Review des Reviewprozesses zu beginnen und daran das neue Vorgehen gleich zu üben. Weitere hilfreiche Ideen für die Durchführung konstruktiver Reviews sind z. B.:

- Anmerkungen direkt und gut lesbar in den Text schreiben oder noch besser auf Haftnotizblättern notieren und die Stellen damit markieren. So wird der Protokollaufwand reduziert.
- Bewusst Farbe einsetzen. Es ist sinnvoll, für Anmerkungen eine Farbe zu wählen, die sich gut vom Ausdruck unterscheidet, wie Grün oder

Blau. Rot ist dafür nicht zu empfehlen, um keine unangenehmen Erinnerungen an die Schulzeit zu provozieren. Auch wenn mit Haftnotizen gearbeitet wird, können für positive Anmerkungen und Fragen unterschiedliche Farben wie Blau und Gelb gewählt werden.

- Wenn einzelne Gutachter nur für Teile benannt sind bzw. nur zu Teilen etwas zu sagen haben, brauchen diese auch nur bei deren Besprechung anwesend zu sein und langweilen sich nicht bei den anderen Teilen.
- Bei kritischen Reviews ist ein Moderator Voraussetzung für den Erfolg. Wenn wenig Reviewerfahrung bei den Teilnehmern vorliegt, gilt ersteinmal sicherheitshalber jedes Review als kritisch!

Unter Berücksichtigung dieser Aspekte laufen Reviews wesentlich erfolgreicher und konstruktiver ab.

Stärken und Kritikpunkte des NLP

Aus dem grundsätzlichen Ansatz des NLP (siehe den Kasten auf Seite 52) ergibt sich eine Reihe von Techniken. Erfolgreich kommunizierende Menschen beachten z. B. die Eigenheiten ihrer Partner und übernehmen diese. So schaffen sie Gemeinsamkeit, aus der gegenseitige Achtung und Vertrauen entstehen. Die Technik dafür wird *Pacing* genannt. Wir gehen in Abschnitt 8.3.1 und im Kasten auf Seite 109 noch näher darauf ein. Als Frage- bzw. Gesprächsstruktur lässt sich die Sechs-Stufen-Fragetechnik aus der NLP-Betrachtung zur Tiefen- und Oberflächenstruktur bzw. der *natürlichsprachlichen Analyse* ableiten.

NLP-Techniken sind auch zur Manipulation z. B. im Verkaufstraining eingesetzt worden. NLP ist daher stark in Verruf geraten. Wir haben uns deshalb auf einige wenige Techniken beschränkt und vertrauen Ihrem Verantwortungsbewusstsein, dass Sie diese nicht manipulativ missbrauchen. Zusätzlich kann Sie das Wissen um die Techniken und Hintergründe selbst davor bewahren, manipuliert zu werden. Auf das wichtige Thema *Manipulation* kommen wir in Kapitel 12 zurück.

6 Feedback und aktives Zuhören

Eine Technik, von der Sie zumindest schon gehört haben, ist das Feedback. Doch Vorsicht: Wie so oft, stecken die Tücken im Detail...

6.1 Warum überhaupt Feedback geben?

6.1.1 Verhaltensänderungen bewirken

Wenn uns etwas missfällt oder ärgert, haben wir drei Möglichkeiten: Wir können es ignorieren, zur Kenntnis nehmen, ohne zu reagieren, oder darauf reagieren. Sicherlich gibt es eine Reihe von Situationen, in denen wir etwas hinnehmen müssen bzw. es ohne Probleme ignorieren können. Doch wie gehen wir vor, wenn wir reagieren wollen oder gar nicht anders können? Häufig erleben wir in einer solchen Situation zwei Reaktionen:

1. Die betroffene Person fühlt sich negativ bewertet und beurteilt.
2. Die betroffene Person ändert ihr Verhalten nicht oder nicht in unserem Sinne.

Was ist passiert? Wir haben mit unserem unkorrekten Feedback die andere Person angegriffen und verletzt. Damit drehen sich deren Gedanken um diese Kränkung und gegebenenfalls das entsprechende abwertende Urteil. Die Person beschäftigt sich nicht mit den Inhalten des Feedbacks, sondern mit ihren Gefühlen darauf.

Das ist natürlich denkbar hinderlich, insbesondere wenn es um Verhaltensänderungen geht, denn diese werden so kaum erfolgen. Über ein richtiges Feedback kann ich dagegen einer anderen Person in nicht verletzender Weise konstruktiv mitteilen, wie ihr Verhalten auf mich wirkt. Dies hat auch positiven Einfluss auf die Gruppendynamik. Über Feedback können also auch Verhaltensänderungen bewirkt werden.

Feedback kann auch als Mittel im Konfliktmanagement eingesetzt werden. Dies kann sowohl präventiv, also im Vorwege, als auch in akuten Konflikten erfolgen. Wichtig ist dabei, dass das Feedback dann moderiert erfolgt. So kann sichergestellt werden, dass die Feedback-Regeln eingehalten werden. Sonst geht die Wirkung gerade in akuten Konflikten schnell nach hinten los! Nur wenn Feedback in einem Team oder einer Organisation eine regelmäßig eingesetzte Technik ist, wird ein Moderator nicht erforderlich sein. Leider wird jedoch unserer Erfahrung nach im IT-Umfeld viel zu selten bzw. gar nicht Feedback gegeben oder damit gearbeitet. Unserer Meinung nach ist Feedback ein hervorragendes Kommunikationswerkzeug. Verzichten Sie nicht darauf.

6.1.2 So sag ich es meinem Kollegen

Es hängt von zwei zentralen Faktoren ab, ob ein Feedback Aussicht auf Erfolg hat:

- Gegenseitige Wertschätzung der beteiligten Personen
- Einhalten der Feedback-Regeln

Warum ist die gegenseitige Wertschätzung so wichtig? Bei einem Feedback verbinden wir positive und negative Aspekte. Wir haben diese Kombination bereits bei der Reviewtechnik in Abschnitt 5.3 kennengelernt. Das Feedback erfolgt in Form der *Sandwich-Technik*, bei der etwas Negatives zwischen zwei positiven Dingen verpackt wird. Wichtig ist dabei, dass ein Bezug zwischen den positiven und negativen Aspekten besteht. Dieser Bezug wird durch die *Wertschätzung* geschaffen.

Mit einem gelungenen Feedback drücken wir aus, dass wir eine Arbeit bzw. eine Person zwar schätzen, doch mit einer bestimmten Ausführung oder Verhaltensweise nicht einverstanden sind. Das klappt dann, wenn die Wertschätzung ehrlich ist.

Der Bezug zwischen der Wertschätzung und den *Verbesserungsideen* sollte für den Feedback-Empfänger ersichtlich sein. Je besser das dem Feedback-Geber gelingt, desto größer ist die Wahrscheinlichkeit, dass das Feedback angenommen wird und zu Änderungen führt (Abschnitt 6.2 ab Seite 68).

Das Feedback sollte also nicht unreflektiert gegeben werden. Nur *mit etwas Zucker die bittere Medizin schmackhafter* zu machen, kann dazu führen, dass die positiven Aussagen nicht als echte Wertschätzung empfunden werden, was dann zum Scheitern des Feedbacks führen kann. Die innere Einstellung desjenigen, der Feedback gibt, ist also von entscheidender Bedeutung! Darin liegt das Risiko der Sandwich-Technik!

Die Basis für ein Erfolg versprechendes Feedback und für ein langfristig konstruktives Zusammenarbeiten ist die gegenseitige Wertschätzung. Kein Mensch ist nur gut oder nur schwach. Jeder hat Stärken und Schwächen. Diese gilt es herauszufinden, um dann gemeinsam die Stärken auszubauen und an den Schwächen zu arbeiten. Ein Feedback ist dann wie ein Geschenk, das wir uns gegenseitig von Zeit zu Zeit geben.

Zu den Feedback-Regeln kommen wir ab Seite 68 im Detail. Der Kern der Feedback-Regeln besteht darin, *Ich-Botschaften* zu senden und diese an konkrete Beobachtungen zu knüpfen. So vermeiden wir die anklagenden und nur Rechtfertigungen provozierenden Du-Botschaften. Also nicht: »Du bist in den Besprechungen immer[1] so planlos!«, sondern besser: »In der Besprechung gestern bist du von der Agenda abgewichen und in den Themen hin und her gesprungen. Das hat mich derart irritiert, dass ich nicht mehr folgen konnte! Das hat mich sehr verärgert.«

6.1.3 Wofür kann Feedback eingesetzt werden?

Wenn wir Feedback erhalten, können wir zwei Erkenntnisse daraus ziehen:

1. Wir erfahren, wie wir auf andere Menschen wirken.
2. Wir erkennen Verhaltensweisen an uns, von denen wir bisher nichts wussten.

Da wir ein Feedback nie losgelöst von der konkreten Situation betrachten können, wird sich nicht immer eine für uns ideale Lösung finden lassen. Dennoch sind Verbesserungen oder tragfähige Kompromisse meist möglich.

Besonders sinnvoll ist das Mittel des Feedbacks beim ersten *Grummeln* im Magen, bevor daraus ein explosives Gemisch wird. Diese Grenze liegt bei jedem woanders. Wir können regelmäßig in uns hineinhorchen, ob sich irgendwo etwas anstaut. Wenn ja, dann könnte es Zeit für ein Feedback sein. Wir möchten abschließend noch einmal betonen, dass unsere Wertschätzung die Grundlage für ein erfolgreiches Feedback ist!

Wofür darf Feedback **nicht** eingesetzt werden? Mit Feedback dürfen wir nur auf Verhalten zielen, das für den Feedback-Empfänger auch veränderbar ist! Wenn wir z. B. ein Feedback erhalten, dass sich ein Mitarbeiter durch unsere monatlichen Statusberichte an den Kunden angegriffen fühlt, können wir die Statusberichte nicht einfach weglassen, wenn sie vertraglich fixiert sind. Dennoch kann das Feedback als Ausgangspunkt für eine Diskussion darüber genutzt werden. Mögliche Einstiegsfragen könnten lauten: »Was in den Statusberichten löst das Gefühl aus?« »Was könnte an den Statusberichten verbessert werden?« »Warum fühlst du dich angegriffen?«

Ein anderes, untaugliches Beispiel wäre das Feedback eines Softwaretesters: »Durch deine zahlreichen Fehler in der Software fühle ich mich nicht ernst genommen und abgewertet!« In Software wird es systembedingt durch die hohe Komplexität immer zu Fehlern kommen [81]. Das können wir nicht einfach abstellen. Häufig stecken hinter solchen Aussagen bestimmte Mängel wie sehr einfache oder grundlegende Fehler. Hier könnte

---

[1]Universalquantoren in solche Anklagen verstärken den Effekt noch. Also seien Sie damit bitte besonders vorsichtig!

die Diskussion in Richtung einer Prozessverbesserung laufen: »Wie können wir in Zukunft im Entwicklungsprozess solche Fehler früher finden?«

Wenn wir also ein Feedback erhalten oder geben möchten, das auf Verhalten zielt, was direkt nicht verändert werden kann, hilft uns das Mittel des Feedbacks allein hier nicht mehr weiter. Es kann jedoch als Ausgangspunkt für konkrete, konstruktive Verbesserungsdiskussionen dienen.

6.2 So funktioniert es: Feedback-Regeln

Technisch läuft ein Feedback nach festen Regeln ab. Dabei gibt es Regeln für den Feedback-Geber und den Feedback-Empfänger. Diese sollten jedem Teilnehmer eines Feedback-Gesprächs gut bekannt sein. Neben den beiden Rollen des Feedback-Gebers und -Empfängers gibt es noch die des Moderators, der auf die Einhaltung der Regeln achtet. Es hat sich als sinnvoll erwiesen, diese Regeln auf ein Flipchart zu schreiben, sodass sie bei einem Feedback-Gespräch für alle gut sichtbar sind.

6.2.1 Gekonnt ansprechen: Regeln für den Feedback-Geber

Für den Feedback-Geber gelten die folgenden sieben Regeln:

1. Blickkontakt aufnehmen.
2. Feedback absichern: Fragen, ob ein Feedback erwünscht ist. Es muss immer erwünscht sein, ansonsten ist das Feedback-Gespräch abzubrechen bzw. zu verschieben.
3. Konkrete Beobachtung artikulieren:
   - Konkrete »Ich-Botschaften« zu konkreten Situationen: »Ich habe gestern abend gesehen, wie du am Kopierer...«
   - Nur Aussagen zum **Verhalten** einer Person machen, nicht zur Person selbst.
4. Das Positive würdigen und Verbesserungsideen unter Einsatz der Sandwich-Technik nennen:
   - Positive Würdigung
   - Verbesserungsideen
   - Positive Würdigung
5. Eigene Empfindungen als »Ich-Botschaften« benennen:
   - Wie wirkt das beobachtete Verhalten auf mich?
   - Welche Gefühle löst es in mir aus? Hiermit wird betont, dass im Feedback die eigene, subjektive Sicht dargestellt wird.

6. Gegebenenfalls Wünsche anfügen:
   - Alternativen durch konstruktive Ansätze wertfrei aufzeigen.
   - Erläutern, wie diese Alternativen stattdessen auf mich wirken.
   - Welches Verhalten wünsche ich mir, damit es mir besser geht?
7. Nur auf veränderbare Verhaltensweisen eingehen. Die notwendige Veränderung muss durch den Feedback-Empfänger auch zu leisten sein.

Wie könnte das etwas konkreter aussehen?

- »Möchtest du ein Feedback von mir haben?«
- »Ich nehme wahr, dass du...«
  »Als du gestern im Meeting [...] gesagt hast,...«
  »Wenn du wie vorhin [...] tust,...«
- »...dann wirkt das auf mich sehr souverän.« *(positiver Aspekt)*
  »...dann fühle ich mich übergangen.« *(negativer Aspekt)*
  »...dann löst das in mir Wut aus.« *(subjektive Wirkung)*
  »Gut fand ich dann wieder, wie du...« *(positiver Aspekt)*
- »Ich wünsche mir von dir, dass...«
  »Wenn du stattdessen [...] tun würdest, dann würde es mir...«

So haben wir als Feedback-Geber eine deutlich höhere Chance, dass unsere Wünsche angenommen werden und zu Verhaltensänderungen führen. Häufig ist es so, dass wir etwas ansprechen, das dem Feedback-Empfänger noch gar nicht aufgefallen oder von ihm nicht beabsichtigt ist. Dann entwickelt ein Feedback sehr schnell eine positive Dynamik. Unser anfängliches Unbehagen, das wir zwangsläufig zu Beginn eines Feedbacks haben, löst sich dann schnell auf. Leider wird es nicht immer so sein, und manches Feedback wird sich als schwierig herausstellen, doch geschieht Letzteres nach unserer Erfahrung gar nicht so oft wie befürchtet.

6.2.2 Gekonnt zuhören: Regeln für den Feedback-Empfänger

Für den Empfänger eines Feedbacks gelten sechs Feedback-Regeln:

1. Bereitschaft prüfen: Feedback nehme ich nur an, wenn ich mich dazu in der Lage fühle. Stehe ich gerade unter hohem Zeitdruck oder fühle ich mich im Moment einem Feedback nicht gewachsen, ist es der falsche Zeitpunkt.
2. Still zuhören. Es ist nur erlaubt, Verständnisfragen zu stellen.
3. Keine Kommentare einwerfen und den Feedback-Geber vollständig ausreden lassen. Es ist explizit verboten, sich zu rechtfertigen oder sein Verhalten zu erklären.

4. Über das Feedback nachdenken (Reflexion). Es kann eine sehr positive Wirkung haben, dem Feedback-Geber später mitzuteilen, was Sie aus seinem Feedback für sich herausgezogen haben.
5. Für das Feedback danken.
6. Selbst entscheiden, was Sie mit dem Feedback machen möchten, also ob und wie Sie es berücksichtigen wollen.

Auch hierzu ein kurzes Beispiel bzw. einige gut geeignete Redewendungen:

1. »Ja, ich bin bereit, dein Feedback anzuhören« *oder*
»Bitte lass mich dein Feedback ein anderes Mal anhören.«
2. »Verstehe ich richtig, dass du ... «
»Meinst du die Situation, als ich [...] oder als ich ... ?«
3. »Danke, dass du mir das gesagt hast. Dein Feedback hat mir gezeigt, dass du dich [...] fühlst, wenn ich ... «
»Ich habe verstanden, dass du dich [...] fühltest, als ich ... «
»Ich merke, dass du dir von mir wünschst, dass ich ... «
4. »Ich habe gelernt, dass ... «
»Ich werde in Zukunft mehr darauf achten, dass ... «

6.2.3 Regeln für ein Kurz-Feedback

Wenn wir in einer Gruppe einer einzelnen Person z. B. nach einer Präsentation Feedback geben möchten, kann eine verkürzte Form hilfreich sein und Zeit einsparen. Auch hier ist es wichtig, dass alle Aussagen als *Ich-Botschaften* erfolgen. Nur über meine Wahrnehmungen und deren Wirkung auf mich kann ich belastbare Aussagen machen und den Rechtfertigungsdruck minimieren!

Jeder Teilnehmer am Feedback beantwortet beim Kurz-Feedback die folgenden Fragen. Es ist dabei egal, ob jeder Teilnehmer alle Fragen auf einmal beantwortet oder ob die einzelnen Fragen nacheinander von allen Teilnehmern durchgegangen werden.

- Was hat mir besonders geholfen? Was hat mich unterstützt?
- Welche Stärken habe ich wahrgenommen?
- Was hat mich irritiert?
- Was wünsche ich mir mehr oder anders?

Wie kann so ein Kurz-Feedback konkret aussehen? Stellen wir uns als Beispiel eine interne Präsentation eines Kollegen von zwei Beiträgen vor, die er auf einer Konferenz gehört hat. Ein mögliches Kurz-Feedback könnte folgendermaßen aussehen:

- »Die klare Struktur hat mir geholfen, allen Details sofort folgen zu können. Deine Visualisierung der Gemeinsamkeiten und Gegensätze in den beiden Vorträgen hat mich unterstützt, die neuen Aspekte sofort zu verstehen.«
- »Deine klare, kurze und prägnante Sprache und sofort nachvollziehbare Strukturierung nehme ich als Stärken wahr. So kann ich den Fokus halten und schweife nicht in Gedanken ab.«
- »Mich hat irritiert, dass Du die herausgearbeiteten Gegensätze einfach so unkommentiert stehen gelassen hast.«
- »Ich wünsche mir, dass Du die Klarheit und Deutlichkeit, die Du in den sachlichen Aussagen hast, auch für die Darstellung Deiner eigenen Meinung zu den diskussionswürdigen Themen nutzt.«

Das Kurz-Feedback ist ein Weg, die Feedback-Kultur in einer Gruppe zu verbessern. Feedback wird so zu einem häufig eingesetzten Mittel und die Teilnehmer lernen immer besser, Ich-Botschaften zu senden.

6.3 Aktiv zuhören: Verluste minimieren

Durch die Technik des *aktiven Zuhörens* wird eine Art Rückkopplungsschleife in den Kommunikationsprozess eingebaut. Das aktive Zuhören besteht im Prinzip aus zwei Schritten (Abb. 6.1):

- In kurzen Schleifen, also alle paar Sätze, stoppt der Zuhörer den Sprecher und wiederholt das Gehörte mit eigenen Worten.
- Der Sprecher kann jetzt schnell korrigierend eingreifen und so Missverständnisse ausräumen.

Bei schwierigen Themen kann es bei einzelnen Punkten mehrfach zwischen Sprecher und Zuhörer hin- und hergehen, bis ein Konsens erreicht wird. Man kann dann direkt spüren, wie ein potenzielles Missverständnis im Vorwege ausgeräumt wurde.

Es gibt zwei Bereiche, in denen das aktive Zuhören besonders lohnenswert sein kann: beim Feedback und in der Softwareanalyse zusammen mit einem Fachbereichsmitarbeiter. In den typischen Analysesituationen im Rahmen der Softwareentwicklung sind die Informationsflüsse meist einseitig und damit die Rollen von Sprecher und Zuhörer klar verteilt.

Beim Feedback kann der Feedback-Empfänger durch aktives Zuhören dem Feedback-Geber eine Rückkopplung anbieten, um Missverständnisse oder unklare Formulierungen sofort erkennen zu können. Als Basis für den Erfolg kommt es gerade in diesen kniffligen Situationen auf höchste Genauigkeit und Klarheit im Informationsfluss an.

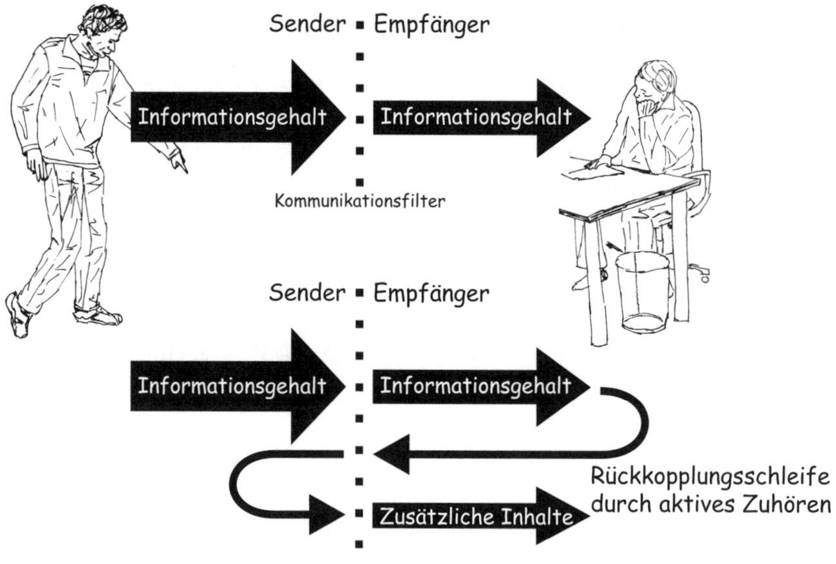

Abbildung 6.1: Beim aktiven Zuhören fügen wir eine Rückkopplungsschleife in den Kommunikationsprozess ein, um Informationsverluste zu minimieren.

Das aktive Zuhören ist nicht nur auf solche Situationen beschränkt. In jeder Diskussion auch mit wechselseitigen Informationsflüssen kann das aktive Zuhören große Dienste leisten. Die Rollen von Sprecher und Zuhörer wechseln dann öfter und teilweise sehr schnell.

Im Anhang auf Seite 333 finden Sie dazu die Übung B.1 *Verbale Kommunikation: Sagen und Verstehen*. Sie lässt uns den Informationsverlust, den wir ohne aktives Zuhören haben, direkt nachvollziehen.

6.4 In kritischen Situationen auf die Meta-Ebene

Was machen wir, wenn wir trotzdem in eine Situation, wie Abbildung 5.1 auf Seite 51 zeigt, kommen? Unsere allgemeine Standardlösung in kritischen Situationen lautet: Wir gehen auf die Meta-Ebene! *Auf die Meta-Ebene gehen* bedeutet, bei Problemen den konkreten Bezug, über den wir reden, zu verlassen und über die Art unserer Kommunikation zu sprechen (Abb. 6.2 und Kasten auf Seite 73).

Unter dem Begriff *Standardlösung* verstehen wir, dass dieses Mittel z. B. beim Feedback häufig gut eingesetzt werden kann und geeignet ist, komplexe Situationen wieder handhabbar zu machen. Leider gilt auch hier, dass keine Regel ohne Ausnahme ist: Jede Technik und damit auch jeder mögliche Lösungsweg ist situationsabhängig. Es gibt keine Univer-

6.4 In kritischen Situationen auf die Meta-Ebene

> **Standardlösung: Auf die Meta-Ebene gehen**
>
> Ein Lösungsweg, der uns häufig offen steht, ist die Reflexion über unser Verhalten, unsere Gefühle und darüber, was gerade schiefläuft. Wir gehen auf eine Meta-Ebene und reden darüber, wie wir miteinander umgehen, und nicht mehr über die konkreten Inhalte.
>
> Dazu benötigen wir klare Regeln für unser Miteinander, also wie wir miteinander umgehen wollen. Zum Teil können wir uns hier auf kulturelles Allgemeingut beziehen, manchmal auch auf eine Geschäftsordnung oder Spezialregeln wie die Feedback-Regeln. Bei den kulturellen Regeln ist zu beachten, dass sich diese zwischen den verschiedenen Kulturen stark unterscheiden können.

sallösung.[2] Mit dem Begriff *Standardlösung* verdeutlichen wir, dass das Vorgehen für viele Techniken und in vielen Situationen hilfreich und nützlich ist.

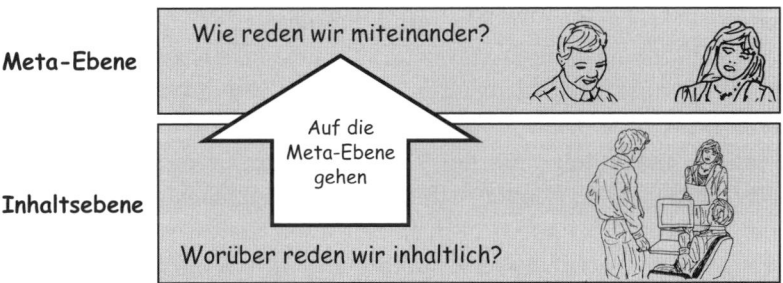

Abbildung 6.2: Auf die Meta-Ebene gehen

Ein Beispiel soll dies illustrieren: Sie sind in einer Feedback-Situation der Empfänger eines Feedbacks durch einen Mitarbeiter. Dabei fällt der folgende Ausspruch:

»Das nervt mich total, dass du so zögerlich bist und keine Entscheidungen triffst!«

Wie können wir angemessen reagieren? Meist werden wir durch solch einen Angriff dazu verleitet, uns zu rechtfertigen. Gemäß den Feedback-Regeln auf Seite 69 dürfen wir genau das nicht tun. Warum fühlen wir uns durch

---
[2]Sonst hätte statt dieses Buchs auch ein kurzer Artikel ausgereicht.

einen solchen Ausspruch so angegriffen? Dieses Gefühl passt in dem Ausmaß nicht zu einem konstruktiven Feedback. Der Grund liegt darin, dass der Feedback-Geber bereits seine Regeln verletzt hat. Auf Seite 68 können wir nachlesen, dass ein Feedback in *Ich-Botschaften* zu geben ist. Eine Bewertung des Empfängers hat zu unterbleiben.

Wer jetzt flappsig mit »Und du kannst nicht mal ordentlich Feedback geben!« reagiert, macht es auch nicht besser. Unserer Ansicht nach ist es angemessener, jetzt auf die Meta-Ebene zu gehen: »Augenblick mal, du verletzt gerade die Feedback-Regeln: Nur Ich-Botschaften sind erlaubt!« Eine kurze Entschuldigung des Feedback-Gebers ist dann die beste Möglichkeit, die Meta-Ebene wieder zu verlassen und zum Feedback zurückzukehren.

Leider ist es schwierig, ein gutes Feedback zu geben. Der Feedback-Geber könnte jetzt z. B. folgendermaßen weitermachen:

»Entschuldige, ich meine, durch die ganzen ausstehenden Entscheidungen und offenen Punkte fühle ich mich ganz verunsichert!«

Diese Ich-Botschaft hilft uns etwas weiter: Unser Gegenüber ist verunsichert. Leider ist seine Aussage zu wenig konkret. Ein Feedback sollte sich auf konkrete Situationen beziehen und diese nennen (vgl. Seite 68). Wir bemerken als Feedback-Empfänger bei unkonkreten Aussagen schnell unsere eigene Verwirrung und stellen uns insgeheim Fragen wie »Was meint er eigentlich?«.

Wenn wir erkennen, dass die Ich-Botschaften unkonkret sind, können wir sofort angemessen reagieren, indem wir Rückfragen stellen wie z. B. »In welchen konkreten Situationen hast du dieses Gefühl?«. Meist reicht dies aus. Wenn es uns wichtig erscheint, können wir den kurzen Sprung auf die Meta-Ebene auch ausformulieren: »Ich-Botschaften sollten sich auf konkrete Situationen beziehen.« Gerade wenn man in der Technik des Feedbacks ungeübt ist, kann es sinnvoll sein, die Regeln für Feedback-Empfänger und Feedback-Geber jeweils auf ein Flipchart zu schreiben und für alle sichtbar zu platzieren.

Kehren wir abschließend zum Eingangsbeispiel aus Abbildung 5.1 auf Seite 51 zurück. Dort traf ein Vertreter des auftraggebenden Fachbereichs mit einem verantwortlichen Entwickler zusammen und beide gerieten schnell in ein Streitgespräch.

Wie können wir uns angemessener verhalten als die beiden? Wie könnte eine Lösung auf der Meta-Ebene aussehen? Eine Möglichkeit zeigt folgender Dialog auf der nächsten Seite zwischen dem Entwickler und dem Fachbereichsmitarbeiter (Abb. 6.3). Das Abstimmungsproblem wird sofort als solches identifiziert, und es wird ein Lösungsweg erarbeitet, den Kommunikationsprozess zu verbessern. So werden weitere Probleme dieser Art zukünftig vermieden.

6.4 In kritischen Situationen auf die Meta-Ebene

Aus diesem guten Gefühl heraus, ein Problem gelöst zu haben, wird es auch gelingen, einen Weg zur Lösung der inhaltlichen Differenzen zu finden. Der Einstieg erfolgt über eine Entschuldigung und einen Vorschlag, der jetzt sachlich zwischen beiden diskutiert werden kann.

Wir kommen auf ähnliche Situationen im Zusammenhang mit der Transaktionsanalyse in Kapitel 11 zurück und lernen dort weitere deeskalierende Verhaltensmuster kennen. Einige der in diesem Teil behandelten Fragetechniken werden uns dabei wiederbegegnen. Die richtigen Fragen stellen zu können, bringt uns also nicht nur in der Analyse weiter.

Hier ist das neue Feature, das wir für Sie in die neue Version eingebaut haben!

Das habe ich mir anders vorgestellt, so kann ich das nicht gebrauchen! Die Sonderbehandlungen fehlen auch!

Augenblick mal, da haben wir wohl ein Abstimmungsproblem! Das sollte schnellstens behoben werden. An welcher Stelle könnte etwas schiefgelaufen sein?

Ich hatte extra letzten Dienstag an Herrn Müller eine Mail geschickt mit der Liste der fachlichen Ausnahmen und unseren Änderungen am Hauptablauf.

Da haben wir es schon: Müller ist seit letzter Woche krankgeschrieben, und ich wusste nichts von dieser Mail. Damit das nicht wieder vorkommt, schlage ich Folgendes vor: Ich werde die Mailkonten von allen Entwicklern so einrichten, dass ich im Krankheitsfall eine Abwesenheitsnotiz einstellen kann. Gleichzeitig bitte ich Sie und Ihre Kollegen, mich bei nachträglichen Änderungen immer in Kopie zu setzen. Was halten Sie davon?

Bestens! Genau so werden wir es in Zukunft machen!

Was das akute Problem anbelangt, entschuldige ich mich bei Ihnen und schlage vor, dass wir am Montag einen neuen Abnahmetermin ansetzen und ich bis dahin den aktuellen Anforderungsstand implementiere. Ist das so O.K. für Sie?

Ja, bis Montag!

Abbildung 6.3: Standardlösung *Auf die Meta-Ebene gehen* am Beispiel des Abstimmungsproblems aus Abbildung 5.1 auf Seite 51

Teil III
Erfolgreich kommunizieren

▷ **Effiziente Kommunikationsformen** 79
In unserer Entwicklerpraxis setzen wir die unterschiedlichsten Kommunikationsformen ein. Es ist von Vorteil, wenn wir uns dabei über deren unterschiedliche Effizienz sowie spezielle Vor- und Nachteile im Klaren sind. So kommen unsere Botschaften an!

▷ **Von Eisbergen und Schiffen** 99
Kommunikation ist also mehr als nur der reine Inhalt. Von den Erfolgsfaktoren bei einer gelungenen Kommunikation macht der inhaltliche Anteil nur einen kleinen Bruchteil aus. Wir ITler konzentrieren uns jedoch oft auf diesen Teil und vernachlässigen dabei die anderen, viel entscheidenderen Faktoren.

▷ **Aspekte der Kommunikation** 115
Im Eisbergmodell haben wir bereits nicht inhaltliche Ebenen der Kommunikation kennengelernt. Das TALK-Modell lässt uns in der Praxis relativ einfach auf allen Ebenen arbeiten.

▷ **Ein einfaches Persönlichkeitsmodell** 131
Auf Basis des Vier-Quadranten-Modells sind wir in der Lage, bewusst empfängerorientiert zu kommunizieren. So können wir unsere Kollegen besser erreichen und Probleme angemessener lösen.

▷ **Ich bin O.K., du bist O.K., ihr seid O.K.** 145
Die Transaktionsanalyse ermöglicht uns, Kommunikationssituationen noch tiefer zu sezieren. Durch den bewussten Einsatz offener und geschlossener Fragen lässt sich der Gesprächsverlauf gezielt steuern.

▷ **Verantwortung: Motivation oder Manipulation?** 163
Wie gehen wir verantwortungsvoll mit unserem neuen Wissen um? Wo liegt die Grenze zwischen Motivation und Manipulation? Erst die ethische Beantwortung dieser Fragen gibt uns den Schlüssel zum Erfolg in die Hand.

7 Effiziente Kommunikationsformen

Haben Sie die in Abbildung 7.1 gezeigte Situation auch schon mal erlebt? Anstatt seinen Kollegen persönlich anzusprechen, wird eine Mail geschrieben, obwohl beide sich direkt gegenübersitzen.

Abbildung 7.1: Indirekte Kommunikation zwischen Entwicklern per Mail

Mit welchen Kommunikationsformen sind wir besonders effizient, erhalten also den maximalen Informationstransfer bei minimalem Aufwand? Lösen wir so bereits unsere Probleme?

7.1 Modellieren und Visualisieren

In der Softwareentwicklung haben wir es mit sehr komplexen Zusammenhängen zu tun. Diese Komplexität können wir nicht angemessen mit Worten oder Texten beschreiben. Ein mehr oder weniger linearer Text wird

80 7 Effiziente Kommunikationsformen

den mehrdimensionalen Abhängigkeitsstrukturen in der Softwareentwicklung kaum gerecht. Wir haben es mit zu vielen Regeln und mit noch mehr Ausnahmen zu tun. In der Sechs-Stufen-Fragetechnik haben wir uns diesen Regeln mit ihren Ausnahmen bereits hinsichtlich der Fragetechnik genähert (Kap. 5 ab Seite 51). Doch wie dokumentieren wir die erarbeiteten Informationen angemessen?

Wir schaffen mit Modellen eine abstrakte Sicht auf die Realität, wobei wir im Modell nur noch die für die Problemlösung relevanten Aspekte abbilden (Abb. 7.2). Dabei gehen wir in drei Schritten vor:

1. Welche Teile müssen wir so exakt wie möglich nach der Realität modellieren?
2. Welche Teile brauchen wir nur vereinfacht oder simuliert?
3. Welche Teile der Realität lassen wir im Modell weg?

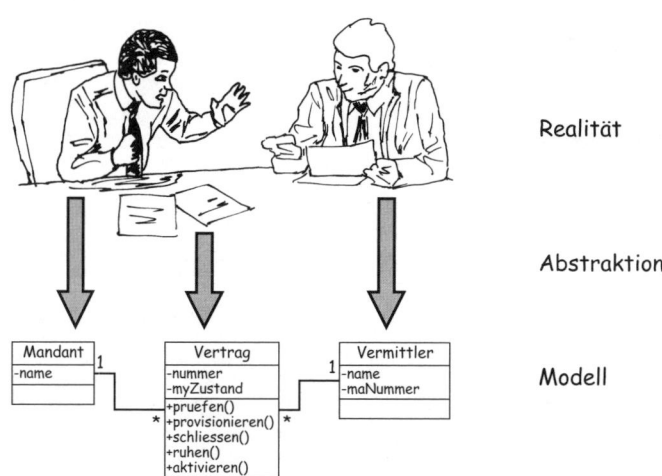

Abbildung 7.2: Mit Modellen bilden wir unsere Realität abstrakt nach.

Gleichzeitig führen wir mit den Modellen auch eine grafische Beschreibung ein, die Visualisierung. Damit werden die modellierten abstrakten Inhalte anschaulich und erfassbar gemacht. In der Softwareentwicklung haben wir dafür den UML-Standard als grafische Modellierungssprache (Abb. 7.3).

In modernen Analyse- und Dokumentationsmethoden tritt der rein textuelle Aspekt immer mehr in den Hintergrund. Textlastige Konzepte mit wenigen illustrierenden Abbildungen werden von weitgehend durchgängigen, grafischen Modellen mit textuellen Erläuterungen ersetzt [50, 51]. Die Modelle bestehen aus verschiedenen Diagrammen, die jeweils spezielle

7.1 Modellieren und Visualisieren

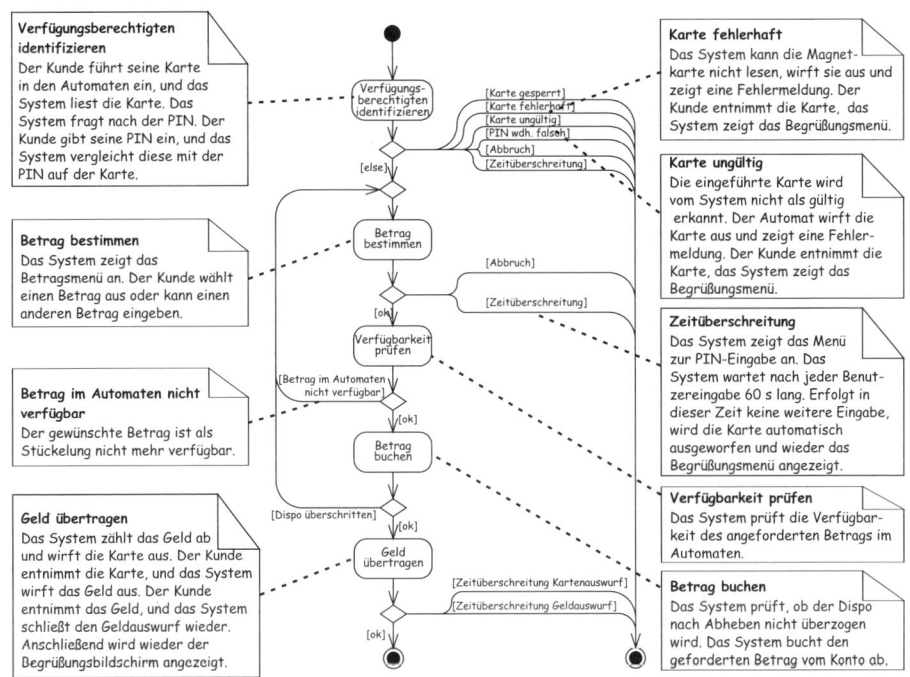

Abbildung 7.3: Schematisches Beispiel eines Ablaufmodells mit einem kommentierten Aktivitätsdiagramm am Beispiel: Geld am Automaten abheben.

Sichten auf das Modell liefern. Die Vorteile der visuellen Modellierung sind vielfältig, z. B.:

- Komplexe Zusammenhänge werden erfassbar.
- Regeln mit Varianten und Ausnahmen sind im Zusammenhang darstellbar.
- Einzelne Diagramme lassen sich im Modell hierarchisch oder sequenziell strukturieren.
- Durch die Diagramme sind spezielle Sichten (Views) auf besonders wichtige Aspekte möglich, um sich explizit mit diesen zu befassen.
- Das Erfassen der komplexen Vorgänge ist deutlich besser und schneller als bei textuellen Beschreibungen.
- Vollständigkeitsprüfungen sind schneller durchzuführen.
- Die Kommunikation mit Nicht-Entwicklern wird einfacher.

Das Thema Modellierung und Komplexität greifen wir in [84] wieder auf, um es dort weiter zu vertiefen. Für unseren Kontext reichen diese Grundlagen zum Verständnis aus.

7.2 Rangliste effizienter Kommunikationsformen

Wie kommen wir zu angemessenen Modellen? Wir müssen zunächst verstehen, was der Auftraggeber und die Fachbereiche wollen. Mit den Fragetechniken aus Teil II des Buchs haben wir schon eine Menge Rüstzeug dafür kennengelernt. Doch in welcher Form können wir mit unseren fachlichen Ansprechpartnern kommunizieren? Dem Umfeld der agilen Softwareentwicklung können wir eine Rangliste effizienter Kommunikationsformen entnehmen [43]:

1. Von Angesicht zu Angesicht am Whiteboard
2. Von Angesicht zu Angesicht im Gespräch
3. Per Videounterhaltung
4. Per Telefonunterhaltung
5. Über E-Mail
6. In Form von elektronischen Dokumenten (Textverarbeitung, UML-Werkzeuge usw.)
7. Auf Papierdokumenten

Dabei werden direkte Formen für den Informationstransfer höher eingestuft als indirekte. Für jede Kommunikationsform gibt es jedoch sinnvolle Einsatzbereiche (Abb. 7.4) [43].

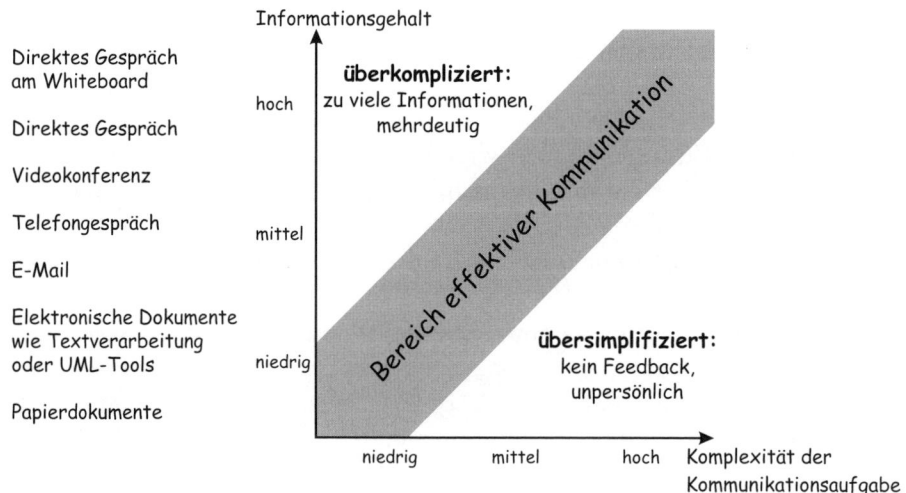

Abbildung 7.4: Effektive Kommunikation entsteht, wenn das Kommunikationsmedium (links) in angemessenem Verhältnis zur Komplexität der Kommunikation oder Inhalte steht (nach [43]).

Beim gezielten Einsatz dieser Kommunikationsmedien kommt es für eine effiziente Kommunikation auf das Verhältnis zwischen Komplexität der Kommunikation oder Inhalte und möglichem Informationsgehalt an. Aus dem Kontext ergibt sich die angemessene Technik (Abb. 7.4).

Suchen wir also das direkte Gespräch, um zu verstehen, was andere Personen wollen oder meinen (Abb. 7.5). Ein Whiteboard, mit Abstrichen auch ein Flipchart, hilft uns, unsere Gedanken zu visualisieren und Entscheidungen festzuhalten. Als Protokoll des Gesprächs dienen Fotos der Aufzeichnungen.

Abbildung 7.5: Direktes Gespräch am Whiteboard

Bei der obigen Reihenfolge geht es um die Optimierung des Informationstransfers, also des Durchsatzes. Dieser kann bei der direkten Kommunikation über die Techniken des aktiven Zuhörens und der natürlichsprachlichen Analyse besser optimiert werden als bei der indirekten Form über Dokumente. Für eine langfristige Dokumentation gibt es die im Kasten auf der nächsten Seite gezeigten Regeln, wobei aus unserer Erfahrung sich die beiden letztgenannten Möglichkeiten besonders gut eignen.

7.3 Störungskultur

Kommen wir zurück zu dem konkreten Beispiel aus Abbildung 7.1 auf Seite 79. Diese Situation lässt verschiedene Interpretationen zu. Wenn möglich, bevorzugen wir die direkte Kommunikation und vermeiden die meist deutlich aufwendigeren und verlustbehafteteren indirekten Kommunikationstechniken.

Es kann aber auch sein, dass wir Markus, dem Entwickler aus Abbildung 7.1, Unrecht tun. Vielleicht würde er viel lieber das Problem direkt

Regeln für eine langfristige Dokumentation

Textuelle Dokumentation ist eher starr und bei komplexen Zusammenhängen nur schwer zu überblicken. Die Änderungsaufwände sind damit hoch, und deshalb gelingt es uns kaum, konsistente Dokumente zu pflegen. Einige Regeln helfen dabei, die Nachteile zu minimieren:

- Trennung zwischen stabilen statischen und instabilen dynamischen Teilen: In eine langfristige Dokumentation gehören die stabilen Teile. Dort kann auf andere Dokumente verwiesen werden, in denen die Abläufe und Regeln beschrieben werden, die häufigen Änderungen unterliegen. So wird der Aktualisierungsaufwand auf wenige definierte Teile begrenzt. Außerdem fällt es dem Leser leichter abzuschätzen, ob ein Dokumentationsteil vielleicht nicht mehr auf dem neuesten Stand ist.

- Dokumentation der Zusammenhänge und des Zusammenspiels: Alles, was dem Code oder anderen Artefakten direkt zu entnehmen ist, brauchen wir nicht mehr redundant an anderer Stelle zu dokumentieren. Dem Code können wir nicht alle Zusammenhänge leicht entnehmen, sondern nur die eher lokalen Dinge. Das globale Zusammenspiel der einzelnen Elemente und ihrer Dynamik sollte daher zentral an einer definierten Stelle beschrieben werden.

- Grafische Dokumentation mit textuellen Ergänzungen: Wir dokumentieren meist textuell und binden ein paar Grafiken zur Erläuterung ein. Wäre es nicht besser, grafische Modelle der UML zu nutzen und diese bei Bedarf durch textuelle Kommentare zu ergänzen? Wie dies prinzipiell aussehen kann, ist in Abbildung 7.3 dargestellt.

- Trennung von statischer Struktur und dynamischem Ablauf: Die UML stellt dafür unterschiedliche Diagrammtypen bereit. Die Struktur kann z. B. in Form von Komponenten- oder Klassendiagrammen dargestellt werden. Für die Dynamik bietet sich das Ablaufdiagramm oder Sequenzdiagramm an. Besonders die Aktivitätsdiagramme der UML 2.0 sind hervorragend geeignet, komplexe Zusammenhänge übersichtlich und weitgehend vollständig darzustellen (Abb. 7.3). Zur weiteren Verfeinerung können für einzelne Aktionen eigene Unterablaufdiagramme erstellt werden [50].

In unserer Dokumentation finden wir also einerseits das *Was* (Analyse) und andererseits das *Wie* (Design) beschrieben. Wir dokumentieren unsere Erkenntnisse und Entscheidungen. So erhalten wir wertvolle, immer wieder genutzte Dokumente in Form von Modellen.

aus der Welt schaffen. Er weiß aber, dass Tim gerade mit einer sehr wichtigen und komplizierten Aufgabe beschäftigt ist. Er möchte ihn dabei nicht unterbrechen und stellt sein Anliegen hinten an.

Wenn wir in einem komplexen System mit mehreren Personen ungesteuert direkt kommunizieren, kann es sein, dass wir uns gegenseitig mehr stören als helfen! Softwareentwicklung mit all ihren Facetten ist ein hochkomplexer und komplizierter Vorgang, der unsere ganze Aufmerksamkeit und Konzentration erfordert.

Wenn wir vertieft an einer Aufgabe arbeiten und dann durch einen Kollegen herausgerissen werden, dauert es unverhältnismäßig lange, bis wir den Faden wieder aufgenommen haben und weiterarbeiten können. Bei einem hochkonzentrierten Arbeiten dauert diese Rüstzeit des Gehirns circa 10–20 Minuten [18]. Das ist verlorene Arbeitszeit. Gerade die Phasen des tiefen, konzentrierten Arbeitens sind besonders wichtig für den Projektfortschritt. Wir sind dann im sogenannten Flow[1] und alleine oder in einer kleinen Gruppe nur auf ein Ziel ausgerichtet. Wir haben dann einen natürlichen Arbeitsfluss gefunden, und es wird Enormes geleistet.

Wenn wir aus verständlichen Gründen in der Softwareentwicklung in enger räumlicher Nähe arbeiten wollen, bedeutet das auch eine hohe Anforderung an die eigene Disziplin und das Leben einer *Nicht*-Störungskultur, die konzentriertes Arbeiten am Stück zulässt. So gibt es z. B. in der Literatur zu agilen Vorgehensweisen konkrete Ideen, wie die Arbeitsräume eingeteilt und aufgebaut sein sollten [11]. Auch kann ein fester Rhythmus von Kommunikationsritualen helfen, unseren Arbeitstag so zu strukturieren, dass ausreichend Phasen konzentrierten Arbeitens möglich sind.

Was ist mit einer konstruktiven *Nicht*-Störungskultur gemeint? In Abhängigkeit von der Priorität einer Frage bzw. eines Problems gibt es ein definiertes Verhalten, um andere Kollegen mit einzubeziehen. Wie das konkret aussehen kann, sollte eine Entwicklungseinheit selbst festlegen. Es könnte z. B. drei Prioritäten geben:

1. Sehr dringlich und sehr wichtig: Es darf sofort gestört werden.
2. Dringlich oder wichtig: In definierten Zeitfenstern pro Tag darf gestört werden, z. B. nach der Mittagspause oder zwischen 13 und 14 Uhr.
3. Kaum dringlich oder weniger wichtig: Das Thema wird z. B. in den wöchentlichen Meetings behandelt.

Die beiden letztgenannten Prioritäten können wir über asynchrone Kommunikation sinnvoll und angemessen adressieren. Im ersten Fall ist dies nicht angemessen und es wird direkt kommuniziert.

---

[1]Damit ist ein idealer Arbeitsfluss gemeint [16].

7.4 Konflikte 1. Teil: Wertschätzung

Alle Beteiligten treffen sich zum direkten Gespräch am Whiteboard. Wir gehen davon aus, dass es jetzt mit dem Informationsfluss und den notwendigen Abstimmungen und Festlegungen klappt. Doch siehe da: Es wird noch schlimmer als vorher (Abb. 7.6). Was läuft nur jetzt wieder schief?

Abbildung 7.6: Entstehung von Konflikten durch gegenseitige abwertende Meinungen

Verschiedene Menschen versuchen, direkt miteinander zu kommunizieren. Wir bringen dazu individuelles Vorwissen mit, verfolgen unterschiedliche Ziele und kommunizieren aus unterschiedlichen Positionen heraus. Wir stehen auf verschiedenen Hierarchiestufen und werden unter Druck gesetzt. Wir handeln aus unterschiedlichen Stimmungen und Gefühlen heraus und mit bestimmten inneren Einstellungen den anderen Personen gegenüber. Diese komplexe innere Welt lässt sich beim besten Willen nicht verbergen (Abb. 7.6). Unser Gegenüber wird sie unbewusst und vielleicht auch bewusst wahrnehmen.

Das liegt daran, dass wir Inhalte auf verschiedensten, auch nonverbalen Ebenen transportieren. Zur reinen Aussage kommen noch Tonfall, Wortwahl, Mimik, Gestik usw. hinzu. Auf diese Ebenen gehen wir später noch genauer ein. Hier geht es uns vorerst nur darum, dass wir unsere inneren Einstellungen nicht verbergen können. Eine innere Ablehnung kommt über diese verschiedenen Kanälen bei unserem Gesprächspartner an – wird

z. B. als arrogantes Verhalten wahrgenommen – und kann dort die unterschiedlichsten Reaktionen hervorrufen. In dem Beispiel aus Abbildung 7.6 bewirkt sie ein abwertendes Verhalten, das je nach Persönlichkeitstyp eine aggressive Gegenreaktion, ein Sichzurückziehen, eine Blockade oder andere Wirkungen zur Folge haben kann. Auf jeden Fall stehen die Inhalte des Gesprächs nicht mehr im Mittelpunkt!

Was passiert beim Gegenüber? Er bemerkt, dass wir ihn nicht ernst nehmen, von oben herab behandeln oder übergehen. Bei vielen Menschen löst dies Aggressionen aus: So lasse ich mich nicht behandeln! Habe ich eine Machtposition, weise ich den anderen zurecht. Bin ich der Schwächere, muss ich mich anders wehren. Ich könnte bewusst oder unbewusst Informationen weglassen oder den Gegenüber hintenherum bei meinem Vorgesetzten anschwärzen. Vielleicht kenne ich den Bereichsleiter privat, weil unsere Kinder in die gleiche Klasse gehen, und ich könnte dort mal ein paar passende Worte fallen lassen... Die Möglichkeiten sind vielfältig.

Als Resultat befinden wir uns mitten in einem politischen Konflikt bzw. Machtkampf. Und alles nur, weil wir diesen »Hans Wurst« nicht ernst genommen haben und der »Depp« das auch noch bemerkt hat. Wie können wir in Zukunft anders damit umgehen?

7.4.1 Grenzverletzungen

Eine abwertende innere Einstellung führt schnell zu Grenzverletzungen zwischen den verschiedenen Verantwortlichkeitsbereichen. Einer realen Situation (Abb. 7.6) könnte eine Konfliktsituation (Abb. 7.7) vorausgegangen sein. Wenn wir unserem Gegenüber nichts zutrauen, machen wir es eben selbst. Damit überschreiten wir unseren Verantwortlichkeitsbereich und drücken gleichzeitig aus, dass wir kein Vertrauen in die Leistungsfähigkeit des anderen haben. So etwas zeigt so gut wie immer seine Wirkung, die wir nicht gebrauchen können und die die Grundlage für Konflikte bildet.

Die möglichst exakte Klärung der Verantwortlichkeiten und Aufgabenbereiche ist eine elementare Voraussetzung, um Konflikte zu vermeiden. Das Wesentliche dabei sind gegenseitiges Vertrauen und die damit verbundene Wertschätzung der beteiligten Personen! Damit sind Vertrauen und Wertschätzung keine irrelevanten Spielereien, sondern harte Faktoren für unseren Erfolg. Reinhard Sprenger[2] (*1953) bezeichnet dies als *Führen durch Vertrauen* [76].

Hinter dieser Form des Vertrauens als Führungsmittel steckt die Absicht, beim anderen Verhaltensänderungen zu bewirken. Das ist kein Wi-

---

[2]Der ehemalige Leiter Personalentwicklung und Training bei 3M und promovierte Philosoph ist wohl Deutschlands meistgelesener Management-Autor.

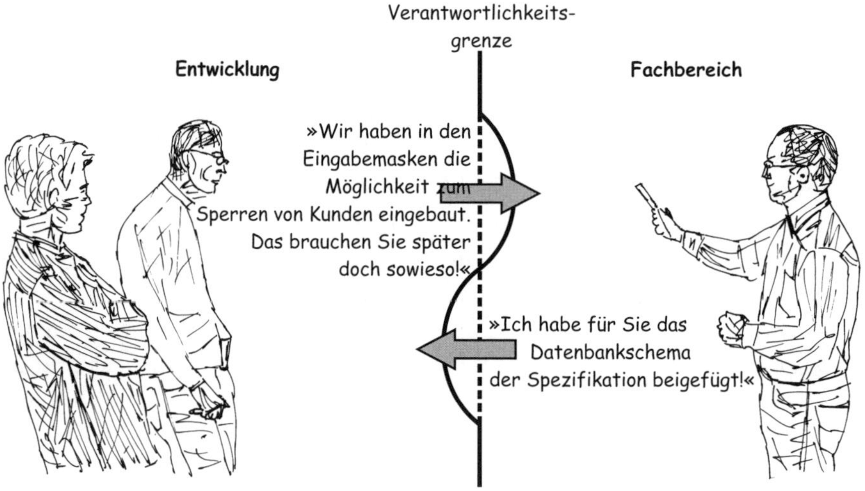

Abbildung 7.7: Konkrete Ursachen für Konflikte sind häufig die Grenzverletzungen an den gegenseitigen Verantwortlichkeitsbereichen. Entwickler mischen sich in die Anforderungsanalyse ein und Fachbereiche machen technische Vorgaben.

derspruch, denn ein Vertrauensverhältnis schließt nicht aus, den anderen zu Verhaltensänderungen zu bewegen.

Wir können direkt nur uns selber verändern, nicht andere Menschen. Unsere Verhaltensänderung kann dann Änderungen im Verhalten des Umfelds nach sich ziehen. In diesem Kontext bedeutet dies, dass das Vertrauen zunächst von mir geschenkt werden muss, in der Hoffung, dass es eingelöst wird. Das erfordert Mut und Selbstvertrauen. Die Grundlage dafür bildet unsere innere Einstellung uns selbst und den anderen gegenüber. Das lässt sich zusammenfassen in dem Satz: **Ich bin O.K., du bist O.K.** Es geht also um Wertschätzung und Akzeptanz.

7.4.2 Innere Einstellung

Es bleibt uns also nur die Chance, unsere eigene innere Einstellung zu ändern! Wie machen wir das? Fast alle Menschen haben ihre positiven Seiten. Es geht jetzt darum, diese herauszufinden. Vielleicht ist er ein besonders netter Mensch oder sehr bemüht? Viele unserer Gesprächspartner haben hochqualifizierte Berufe. Vielleicht haben sich bei ihnen durch eine nicht technische Ausbildung andere Denkstrukturen ausgeprägt. So wie wir im technischen Bereich kennen sie sich in ihrem Metier bestens aus. Wir sind beide Experten auf unseren jeweiligen Gebieten!

Doch nicht nur gedanklich können wir uns auf ein Gespräch vorbereiten. Es gibt einen direkten Bezug zwischen der Körpersprache mit Gesten sowie Mimik und unserer inneren Stimmung. Wenn wir fröhlich sind, lächeln wir. Umgekehrt können wir durch bewusstes Lächeln unsere Stimmung heben! Sie werden es kaum glauben, doch es funktioniert [42].

Anstatt uns beispielsweise hinter verschlossenen Armen zu verbarrikadieren, können wir offene Hilfsbereitschaft signalisieren (Abb. 7.8) und uns mit positiven Gedanken auf einen erfolgreichen Ausgang³ der anstehenden Besprechung mit unserem Gesprächspartner einstimmen. Bereiten wir uns vor einem Gespräch auf diese Weise vor, können wir in einen viel engeren Kontakt mit dem Gegenüber treten, und die Kommunikation wird deutlich besser und weniger konfliktanfällig ablaufen.

Abbildung 7.8: Bewusste Einstimmung vor Gesprächen: Mit wem würden Sie lieber kommunizieren, der linken oder rechten Person?

7.4.3 Gestik

Bleiben wir noch bei der Gestik und unserer Körpersprache. Auch auf die Gefahr hin, dass sich schlechte Muster einprägen, möchten wir kurz zwei häufige Fehler skizzieren (Abb. 7.9). Dies ist kein Buch über Körpersprache, doch beeinflusst diese jede direkte Kommunikation.

Im linken Bild stehen alle anderen um die sitzende Person herum. Diese muss zu ihnen aufschauen, die anderen schauen herab. Die rechte Person zeigt mit ihrem Zeigefinger von oben auf den Bereich vor der sitzenden Person. Wie fühlten Sie sich, wenn Sie dort sitzen müssten? Sie werden von den anderen bedrängt. Dies kann unbewusst zu verschiedenen Reaktionen

---

³Viele Leistungssportler nutzen eine solche Einstimmungstechnik direkt vor Wettkämpfen, um sich zu fokussieren und ihr Lampenfieber zu bekämpfen.

Abbildung 7.9: Versetzen Sie sich kurz in die sitzende Person in der Mitte der beiden Bilder. Wie fühlen Sie sich? Uns kommt dazu *bedrängt* und *von oben herab behandelt* in den Sinn.

führen, die ihre Ursache im Unbehagen haben, das in der sitzenden Person erzeugt wird. Es könnte sein, dass derjenige nun aus einer solchen Situation zu fliehen versucht oder aggressiv wird. Eine *Flucht* würde bedeuten, dass er diese Zusammenkunft so kurz wie möglich hält. Also sagt er zu allem erst einmal Ja. Später, wenn er wieder besser *aufgestellt* ist, kann er es sich ja noch anders überlegen. Im rechten Bild haben wir eine ähnliche Situation. Hier wird das Eindringen in den Raum der sitzenden Person noch deutlicher.

Wie können wir uns angemessener verhalten? Versuchen Sie z. B. auf gleiche Augenhöhe zu kommen. In den beiden Beispielen bedeutet das entweder, sich ebenfalls hinzusetzen, oder dass alle stehen. Respektieren Sie den Raum, den die anderen Personen für sich brauchen, und dringen Sie nicht unbedacht ein. Wenn Sie gemeinsam am Tisch sitzen, legen Sie die Dokumente, oder worum es sonst geht, in die Mitte. Besser noch, Sie besprechen sich mit den Kollegen vor dem Whiteboard (Abb. 7.5). Hier sind Sie automatisch auf gleicher Augenhöhe. Wenn die zu bearbeitenden Dokumente elektronisch vorliegen, können sie über einen Beamer an die Wand projiziert werden. Stellen Sie ein Flipchart daneben, um Wichtiges gleich festzuhalten.

Vielleicht wollen Sie bei einem grafischen Modell noch dynamischer arbeiten? Dann versuchen Sie, das Bild auf ein Whiteboard zu werfen. Jetzt können Sie indirekt darin malen. Ein Protokollant kann die Ergebnisse gleich in das Modell übernehmen. Um der Dynamik Rechnung zu tragen, dokumentiert der Protokollant um einige Minuten zeitversetzt. So schreibt er nur die verabschiedeten Punkte auf.

In der gemeinsamen Diskussion am Whiteboard lassen Sie den anderen bitte ihre Freiräume, gedanklich und räumlich. Stifte werden übergeben und nicht aus der Hand genommen. Das Wegdrängeln schafft zwar Platz,

7.4 Konflikte 1. Teil: Wertschätzung

aber auch eine aggressive Atmosphäre, in der das konstruktive Ziel schnell aus den Augen gerät. Setzen Sie das Whiteboard so ein, dass alle es gut sehen und gegebenenfalls daran arbeiten können. Ansonsten ergeht es Ihnen wie in Abbildung 7.10 links gezeigt.

Abbildung 7.10: Versetzen Sie sich erneut in die sitzende Person am Schreibtisch. Wie fühlen Sie sich?

Wenn Sie am Schreibtisch oder im Konferenzraum sitzen, vermeiden Sie es, eine Einzelperson in die Zange zu nehmen. Wir sind nicht bei einem Verhör (Abb. 7.10, rechts). Setzen Sie sich gegenüber oder noch besser über Eck. Vielleicht ist der Tisch auch störend? Dann lassen Sie ihn ganz weg, damit er nicht dazu dient, Mauern aufzubauen.

Einige Vorgesetzte haben die oben als kommunikationshemmend beschriebenen Situationen als Mittel zur Kontrolle erkannt. Hierarchien werden so zementiert und Gespräche deutlich verkürzt. Warum sollten sie darauf verzichten und eine gleichberechtigte Position mit ihren Gesprächspartnern suchen? Warum ist die so ausgedrückte Akzeptanz oder Nicht-Akzeptanz des Gegenübers so wichtig? Mit dem Gegenüber auf einer Augenhöhe zu sein, vermeidet das Konfliktpotenzial, das sich aus einer Geringschätzung der anderen ergibt.

In der IT wird uns die Kompetenz für eine Position über unsere Führungs- oder technischen Qualitäten zugesprochen. Wir haben es sowohl bei den Entwicklern wie auch bei unseren fachlichen Ansprechpartnern oft mit hochqualifizierten Personen zu tun. Diese können wir nur durch Leistung überzeugen. Machtdemonstrationen werden früher oder später destruktive Gegenreaktionen zur Folge haben.

Damit im Zusammenhang steht ein weiterer positiver Effekt: Wir können uns besser auf die Inhalte konzentrieren. Die Ablenkung durch negative Gefühle entfällt, und wir können gemeinsam konstruktiv am Ergebnis arbeiten. Gegenseitige Akzeptanz heißt also, Konflikte zu vermeiden und Inhalte voranzubringen!

7.4.4 Unsere Werte

Die Basis für eine stimmige Kommunikation bilden unsere Wertevorstellungen. Sie können uns behindern, zur Einstellung *Ich bin O.K., du bist O.K.* zu kommen.

Unsere Werte übernehmen wir zu einem großen Anteil von unserer Umwelt, insbesondere von unseren Eltern und anderen Bezugspersonen unserer Kindheit. Es handelt sich also gar nicht nur um unsere eigenen, sondern zum Großteil um übernommene Werte (Abb. 7.11) [77].

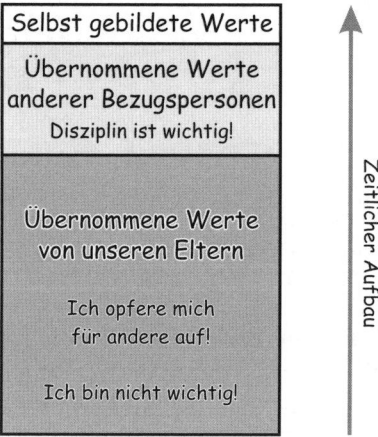

Abbildung 7.11: Unsere Wertvorstellungen sind weitgehend von Eltern und anderen Bezugspersonen wie Lehrern, Trainern oder anderen Vorbildern übernommen. Dies ist bereits in der Kindheit und Jugend erfolgt und prägt uns bis in die Gegenwart.

Die übernommenen Werte, Regeln und Einstellungen können immer noch situativ angemessen sein, müssen es aber nicht! Der zeitliche Abstand des Übernehmens eines Wertes zur aktuellen Situation kann erheblich sein. Damit sind die Situationen nur noch schwer vergleichbar. Was ist heute in dieser Situation angemessen? Diese Frage können wir häufig nur schwer aus den Werten unserer Eltern heraus beantworten. Werte und Regeln, die für ein Kind sinnvoll und wichtig waren, können vor einem aktuellen Kontext im Erwachsenendasein hinderlich sein. Es gilt also, unsere Werte zu hinterfragen und gegebenenfalls neu zu bilden. Das erfordert ein starkes und ausgeprägtes eigenes *Ich*.

Das Beispiel aus Abbildung 7.11 illustriert dies. Ein Kind, das mit Sätzen wie »Es ist erstrebenswert, sich für andere aufzuopfern« oder »Du bist nicht wichtig« geprägt wurde und aufgrund seiner Fähigkeiten später in eine qualifizierte Führungsposition kommt, kann so Schwierigkeiten haben, die *Ich bin O.K.*-Einstellung zu erreichen, um qualifiziert führen, Vertrauen schenken und delegieren zu können.

Dieses Thema ist zu komplex, um es an dieser Stelle ausreichend bearbeiten zu können. In den Kapiteln 9 und 12 sowie insbesondere in Kapitel 11 werden unsere Wertemodelle noch ausführlicher behandelt und weiter verfeinert. Vorerst reicht es zu erkennen, dass unsere Werte und inneren Einstellungen einen wesentlichen Teil der Grundlagen für unsere Kommunikation bilden.

7.5 Kommunikation auf Augenhöhe

7.5.1 Moderation: Die Linie finden und beibehalten

Wenn es darum geht, in einer Gruppe Inhalte zu erarbeiten, kann es sehr hilfreich sein, einen Moderator mit hinzuzunehmen. Der Moderator ist meist kein Experte für die Themeninhalte. Im Gegenteil kann es sogar störend sein, wenn der Moderator sich in der Thematik zu gut auskennt, da dann die Gefahr besteht, das Gespräch inhaltlich zu dominieren. Die Aufgaben eines Moderators sind aber andere.

Das Ziel einer Moderation liegt darin, eine gleichberechtigte, konstruktive Kommunikation zwischen allen Beteiligten her- und sicherzustellen. Dazu gibt es bestimmte Techniken z. B. zur Visualisierung oder zur effizienten Ideenfindung in Gruppen. Im Rahmen dieses Buchs gehen wir nicht weiter darauf ein, sondern verweisen auf die entsprechende Literatur [60, 67].

In einer konkreten Moderationssituation bewegen wir uns zwischen den äußeren Kräften des Systemkontextes, also in einer konkreten Kommunikationssituation. Dabei ist zu beachten, dass der Moderator selbst Teil der Situation ist (Abschnitt 9.4 ab Seite 129). Was kann es dabei für typische, situationsbedingte Probleme geben? Allgemein können wir dabei zwei Bereiche unterscheiden [62]:

- ■ Wie stimmig ist eine Situation?
    - • Wie passt die Zusammensetzung der Teilnehmer zum Thema?
    - • Wie stimmig ist deren Kommunikation?
- ■ Wie transparent ist eine Situation?
    - • Weiß jeder Teilnehmer, worum es geht und warum er dabei ist?
    - • Kennt jeder Teilnehmer das Thema in ausreichender Tiefe?
    - • Wie nachvollziehbar ist die Kommunikation für die Beteiligten?

Transparenz und Stimmigkeit werden als soziale Dimensionen einer Situation bezeichnet. Damit können wir ein Koordinatensystem aufziehen.

In Abbildung 7.12 befindet sich unsere ideale Kommunikationssituation im rechten oberen Quadranten.

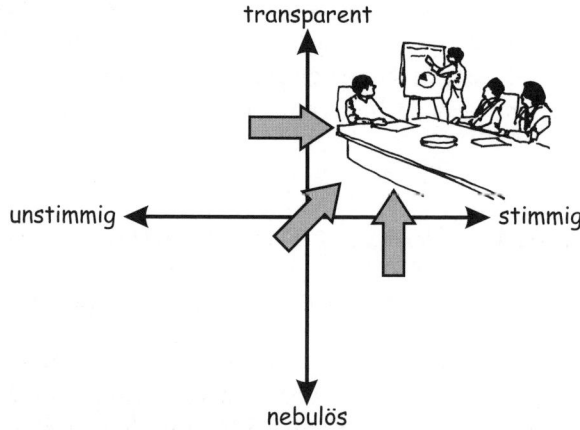

Abbildung 7.12: Die sozialen Dimensionen einer Kommunikationssituation können über zwei Achsen dargestellt werden: Wie stimmig ist die Kommunikation und wie transparent? Die drei Pfeile geben die Interventionsrichtungen eines Moderators vor [62].

Die Aufgabe eines Moderators ist es, bei eher unstimmigen oder wenig transparenten Situationen diese Dimensionen genauer herauszuarbeiten und dann stimmiger bzw. für alle transparenter zu machen (Abb. 7.12). Dies kann er nicht alleine vollziehen. Das dazu notwendige Wissen hat ein Moderator oftmals gar nicht, sondern es liegt in der Gruppe, die er moderiert. Aufgabe des Moderators ist es dann, erst für eine ausreichende Transparenz und Stimmigkeit zu sorgen, bevor inhaltlich gearbeitet werden kann.

Konkret bedeutet das, Struktur vorzugeben bzw. die Gruppe zu einem strukturierten Arbeiten zu bringen. Das kann auf unterschiedliche Weise erfolgen:

- Gemeinsam eine Agenda festlegen, d. h.:
    - Themen identifizieren
    - Themen priorisieren
    - Bearbeitungszeiten festlegen
    - gegebenenfalls Teilgruppen zur Bearbeitung auswählen
- Die Agenda verfolgen, also auf deren Einhaltung achten. Je nach aktueller Ergebnislage kann das z. B. auch zu einer Repriorisierung der bisherigen Agenda oder auch zur Verkürzung einer moderierten Sitzung führen, weil z. B. noch Voraussetzungen zu erarbeiten sind.

- Themen auf Flipchart, Whiteboard, Metaplan-Wand usw. visualisieren.
- Ergebnisse und Zwischenergebnisse festhalten und visualisieren.
- Effiziente Arbeitstechniken wie z. B. das Arbeiten mit Metaplan-Karten einfordern und durchsetzen.
- Diskussionen leiten, also dafür sorgen, dass nicht zielführende Gespräche beendet werden, oder auch die zurückhaltenderen Personen sich angemessen beteiligen. Dabei besteht die Kunst des Moderators darin, z. T. an formalen Kriterien zu erkennen, wann eine Diskussion abschweift. Solche Kriterien können sein, dass nur noch zwei Personen diskutieren oder sich die Diskussion nur noch um das Austauschen gegenseitiger Annahmen dreht, jedoch inhaltlich nichts weiter konkretisiert wird.

Moderation ist also eine Führungsaufgabe in einer Gruppe, um diese zielorientiert und maximal arbeitsfähig zu halten. Eine Moderation ist dann sinnvoll, wenn ein Team gemeinsam auf ein Ziel hinarbeiten soll. Ein Moderator hilft, die Voraussetzungen zu klären, das Ziel zu schärfen und die Kommunikation gleichberechtigt zu halten (Abb. 7.12). Dazu wirkt er häufig auch ausgleichend, was sich in der lateinischen Wurzel des Wortes Moderation widerspiegelt.[4]

7.5.2 Vorteile gleichberechtigter Kommunikation

Warum und wozu hilft es uns, wenn wir an unserer inneren Einstellung arbeiten und uns über unsere Werte im Klaren werden? Warum versuchen wir, durch körpersprachliche Mittel unseren Gesprächspartnern genügend Freiräume zu geben und unsere Wertschätzung auszudrücken? Warum ist es sinnvoll, dass wir einen teuren Moderator einsetzen? Das alles dient unserem Ziel, bei den Gesprächen im Umfeld der IT, eine demokratische, gleichberechtigte Kommunikation zu erreichen.

Vom Erreichen dieses Ziels versprechen wir uns einiges. Durch den engeren Kontakt mit unseren Gesprächspartnern können wir so auch in schwierigen Situationen die richtigen Informationen erhalten. Gerade bei Problemstellungen, die kreative Lösungen erfordern, ist es wichtig, alle möglichen Ressourcen zu aktivieren. Dies betrifft einerseits alle unsere inneren Ressourcen, die bestenfalls nicht durch negative Gefühle abgelenkt sind, wie auch die Fähigkeit, möglichst die richtigen Menschen zu erreichen.

---
[4] *moderator* (lat.): Lenker, Leiter, der Einhalt gebietet; *moderatus* (lat.): gemäßigt, maßvoll, besonnen, ruhig.

Was bedeutet das konkret? Softwareentwicklung ist Teamarbeit. Verschiedene Menschen mit unterschiedlichem Spezialwissen arbeiten gemeinsam an einer Aufgabe. Softwareentwickler sind Experten im Lösen von Problemen. Die Leistungsfähigkeit, die in einer heterogenen Entwicklergruppe steckt, ist enorm. Die langjährigen Entwickler steuern ausreichend Wissen zu den fachlichen Themen bei, andere Entwickler sind mit den neuesten technischen Trends vertraut. Wieder andere, die vielleicht erst kurz in der Gruppe sind und viel Erfahrung aus anderen Firmen mitbringen, kennen andere methodische Vorgehensweisen. Die Kunst ist es, bei einem solchen Team *die PS auf die Straße* zu bringen. Dazu ist es wichtig, dass die Gruppe nicht von einigen wenigen dominiert wird und stillere Menschen in den Entscheidungsprozessen übergangen werden, nur weil sie sich nicht gegen die anderen durchsetzen können.

Eine gleichberechtigte Kommunikation gibt jedem ausreichend Möglichkeit, sich angemessen einzubringen. Die Gruppenergebnisse gerade in entscheidenden oder kritischen Phasen sind dadurch deutlich besser. Die gegenseitige Akzeptanz und Wertschätzung sind eine der zentralen Voraussetzungen, um eine gleichberechtigte Kommunikation zu erreichen. Dies wird auch stets durch die unbewusste Körpersprache ausgedrückt und kann durch den bewussten Einsatz körpersprachlicher Elemente verstärkt werden. In schwierigen Situationen, z. B. bei einer großen Gruppe oder bei bestehenden Konflikten oder Aversionen, kann eine aktive Moderation, also der Einsatz eines expliziten Moderators, äußerst hilfreich sein.

7.5.3 Veränderungen sind ein permanenter Prozess

Das klingt alles ganz wunderbar. Haben wir damit unsere wesentlichen Kommunikationsprobleme bereits gelöst? Leider nicht, denn häufig fangen die Probleme damit erst richtig an! Es kann sogar passieren, dass Sie jetzt auf mehr Probleme stoßen, als Sie vorher hatten, na ja, zu haben meinten. Warum? Jetzt prallen wir in der Gesprächsführung ungeschulten, technisch geprägten und von uns selbst überzeugten Entwickler auf die Welt da draußen! Wir treffen auf Menschen, die ganz anders gestrickt sind als wir. Auch innerhalb unseres Entwicklungsteams kann nicht mehr jeder sein eigenes Süppchen kochen, und wir müssen uns miteinander auseinandersetzen.

Die bisher verdeckten Konfliktbereiche treten offen zu Tage, und wir haben die Aufgabe, diese Streitigkeiten sofort und erfolgreich zu lösen. War es nicht vorher besser? Bei Veränderungsprozessen, und über nichts anderes reden wir hier, durchlaufen wir auf unserem Weg fast immer vier Phasen. Dabei kommt es in der zweiten Phase oft zu Leistungseinbrüchen. Wir müssen dieses *Tal der Tränen* durchqueren, um auf ein höheres Niveau zu gelangen. Wir werden dabei mit unseren Defiziten konfrontiert, was keinen Spaß macht, aber hinterher haben wir uns qualitativ verbessert (Abb. 7.13).

7.5 Kommunikation auf Augenhöhe

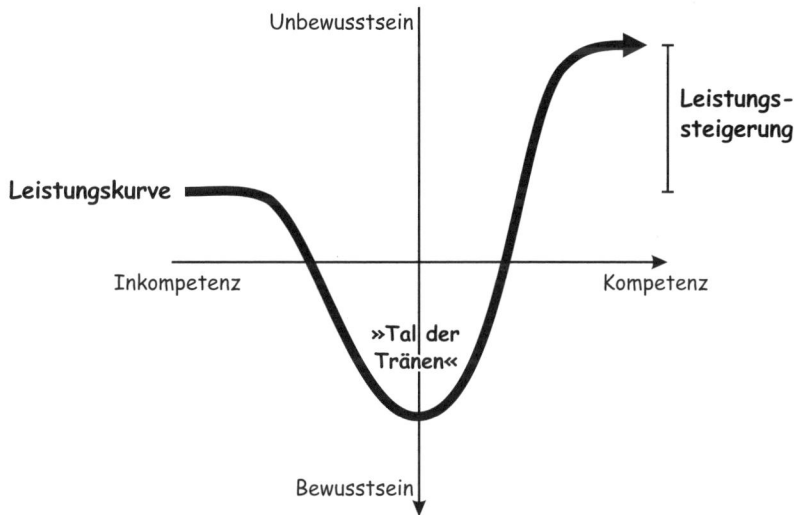

Abbildung 7.13: In einem Veränderungsprozess werden vier Phasen durchlaufen, die als Quadranten dargestellt sind. Dabei fällt die Leistungskurve zuerst ab in ein »Tal der Tränen«, um dann ein höheres Leistungsniveau zu erreichen.

Diese schmerzhafte Phase ist die »bewusste Inkompetenz«: Wir werden auf unsere Defizite aufmerksam und damit unserer Unzulänglichkeit bewusst, die wir vorher in der »unbewussten Inkompetenz« nicht bemerkt haben. Der Weg dort hindurch ist das Erlernen neuer Techniken. Wir vergrößern unsere Handlungsoptionen und erreichen so die Phase der »bewussten Kompetenz«. Wenn wir dann diese neuen Handlungsweisen verinnerlicht haben, sie also ganz natürlich einsetzen, haben wir das nächste Leistungslevel erreicht: die »unbewusste Kompetenz«. Auf diesem Level bleiben wir dann so lange, bis wir wieder an neue Grenzen stoßen. In unserem Bewusstsein ist ja dann auch wieder Platz für neue Inkompetenzen, und der Zyklus geht wieder von vorne los.

Wenn Sie sich tiefer mit der Weiterentwicklung von Teams befassen möchten, empfehlen wir [84]. Dort setzen wir uns mit diesen Aspekten der Selbstorganisation und Führung von Teams ausführlich auseinander. Auf Veränderungsprozesse im Allgemeinen und Einführungen im Speziellen gehen wir in [83] tiefer ein. Dort werden wir auch Veränderungskurven noch differenzierter betrachten.

8 Von Eisbergen und Schiffen

Menschliche Kommunikation ist ein sehr komplexer Vorgang. Wir technisch geprägten Menschen reduzieren Kommunikation häufig auf den reinen Informationsgehalt. Daneben gibt es weitere Ebenen der Kommunikation.

In der Psychologie gibt es verschiedene Modelle zur Beschreibung menschlicher Kommunikation (siehe Kasten unten). Eines der ältesten Modelle geht auf Sigmund Freud (1856 – 1939), den Begründer der Psychoanalyse, zurück und besteht aus vier Ebenen. Neben der inhaltlich-sachlichen Ebene gibt es noch drei weitere Ebenen der Kommunikation: die Geschäftsordnung, die sozialen Beziehungen und das Unbewusste (Abb. 8.1) [2, 21].

Dieses Kommunikationsmodell wird grafisch in Form eines Eisbergs dargestellt und auch so genannt. Genauso wie Schiffe durch den nicht sichtbaren Teil des Eisbergs unter Wasser gefährdet sind, kommen wir in unserer Kommunikation durch einen nicht direkt sichtbaren Anteil immer wieder in Problemsituationen.

> **Psychologische Modelle**
>
> Die Psychologie ist eine empirische Wissenschaft. Sie lässt sich derzeit kaum auf biologische Ursachen in unserem Gehirn zurückführen, sondern setzt auf dem komplexen, subjektiven Erleben von Menschen auf [74].
>
> Mit Modellen wird versucht, die komplexe Realität zu strukturieren. Psychologische Modelle sind damit nicht mit der Realität gleichzusetzen. Es sind Konzepte, Theorien und Thesen, für die es kaum eine empirische Untermauerung gibt, die einer statistischen Analyse standhalten könnte. Dennoch haben sie sich als sehr hilfreich und nützlich in der täglichen Arbeit erwiesen.
>
> Modelle sind Sichten (Views) auf einen Teil der Realität. Sie können daher nicht die gesamte Realität abbilden, sondern haben bestenfalls einen begrenzten Gültigkeits- bzw. Einsatzbereich. Daher stellen wir in diesem Buch verschiedene, sich ergänzende bzw. zusammenspielende Modelle vor.

8.1 Das Eisbergmodell

Schauen wir uns die Ebenen des Eisbergmodells genauer an. Was ist mit den vier Ebenen gemeint und welche Teile liegen unter Wasser (Abb. 8.1)?

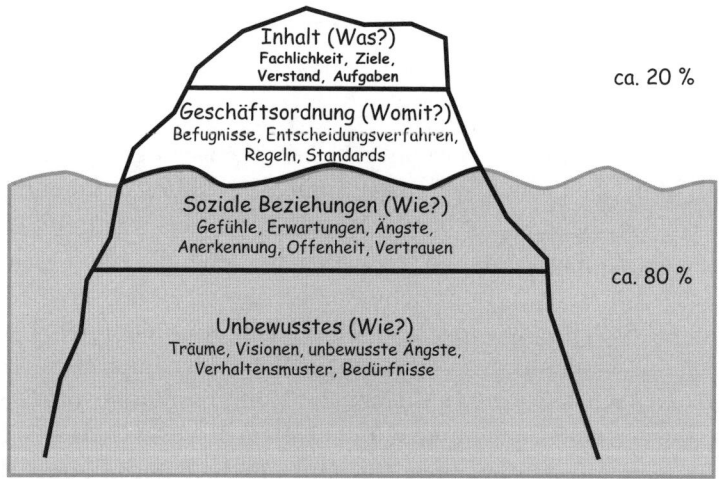

Abbildung 8.1: Kommunikation spielt sich gleichzeitig auf vier Ebenen ab. In der Literatur findet sich oft ein an das Pareto-Prinzip angelehntes oder sogar noch kleineres Verhältnis von sichtbarem zu unsichtbarem Teil [21].

Inhaltlich-sachliche Ebene: Fachlicher Inhalt, Ziele, Verstand, Aufgaben: Wir transportieren hier die Antworten nach dem *Was*.
Geschäftsordnung: Befugnisse, Standards, Regeln, Entscheidungsverfahren usw. Mit der Geschäftsordnung beantworten wir die Frage nach dem *Womit*.
Soziale Beziehungen: Gefühle, Erwartungen, Ängste, Anerkennung, Offenheit, Vertrauen usw.
Unbewusstes: Träume, Visionen, unbewusste Ängste oder Verhaltensmuster usw.

Die oberen beiden Ebenen sind offen sichtbar bzw. können schnell in Erfahrung gebracht werden.

Das Besondere am Eisbergmodell ist weniger die Tatsache der Existenz der vier Ebenen, sondern deren Anteil an der Wichtigkeit für den Transport von Information. Die Sachebene spielt mit ca. 10 % nur eine untergeordnete Rolle, der Anteil *unterhalb der Wasserlinie* macht dagegen weit über die Hälfte aus (siehe die Kästen auf Seite 101 und 103). In diesem Zusammenhang gibt es zwei Regeln, die uns von Nutzen sein können:

1. Offensichtliche Kommunikationsprobleme auf einer Ebene haben ihre versteckte Ursache häufig in einer der darunter liegenden Ebenen.
2. Kommunikationsprobleme werden sinnvoll auf der Ebene gelöst, auf der sie verursacht werden.

> **Bewusstsein oder nicht bewusst sein?**
>
> Was ist eigentlich *Bewusstsein*? Jeder benutzt das Wort, aber definieren können wir es kaum. Das ist selbst für Experten schwierig, weil unser Bewusstsein so viele unterschiedliche Zustände einnehmen kann. Diesen Zuständen ist gemeinsam, dass sie von jemandem erlebt werden und darüber berichtet werden kann. Es gibt also nicht *ein* Bewusstsein, sondern verschiedene Bewusstseinsebenen [55].
>
> Die allgemeinste Form des Bewusstseins ist die Wachheit. Es gibt daneben Zustände geringeren Bewusstseins wie Dösen, Benommenheit, Antriebslosigkeit bis hin zu Tiefschlaf, den verschiedenen Stufen der Bewusstlosigkeit und dem Koma. Bewusstseinsforscher unterscheiden zwei Formen des Bewusstseins:
>
> **Hintergrundbewusstsein:** Es beinhaltet länger andauernde Gefühlserfahrungen wie Körper, Identität, Kontrolle über körperliche und geistige Handlungen oder die Lokalisation seiner selbst in Raum und Zeit. Des Weiteren gehört dazu der Realitätscharakter von Erlebtem, also die Unterscheidung zwischen Realität und Vision.
>
> **Aktualbewusstsein:** Es baut auf dem Hintergrundbewusstsein auf mit konkreten, teils schnell wechselnden Zuständen des Aktualbewusstseins. Dazu gehören bewusste Sinneswahrnehmungen von Vorgängen in der Umwelt und im eigenen Körper, geistige Fähigkeiten wie Denken, Vorstellen und Erinnern, unsere Emotionen, Affekte (heftige Erregung, Leidenschaft) und Bedürfnisse sowie unsere Wünsche und Absichten.
>
> (Siehe auch den Kasten auf Seite 103)

Wichtig ist es uns bei der Behandlung des Eisbergmodells, dass wir ein erstes Gefühl dafür bekommen, warum es so schnell zu Kommunikationsproblemen kommen kann, obwohl inhaltlich doch eigentlich alles gesagt wurde.

Die vier Ebenen bauen aufeinander auf, d. h., wenn auf einer Ebene ein Konflikt sichtbar wird, liegt die Ursache dafür meist auf den darunter liegenden Ebenen. Stellen wir also fest, dass wir unseren Gesprächspartner inhaltlich nicht erreichen, obwohl wir ausgefeilt und logisch argumentieren, so haben wir vermutlich ein Problem auf der Ebene der Geschäftsordnung oder der sozialen Beziehungen. Betrachten wir dazu ein kleines Beispiel.

Sie haben gestern Abend beim Surfen im Internet die neuesten Updates für unser internes Wiki-Web gefunden und gleich noch zwei Stunden Ihrer kostbaren Zeit damit zugebracht, diese auf dem Server zu installieren. Voller Stolz kommen Sie am nächsten Morgen zu Ihrem Kollegen, der eigentlich für das Intranet und damit auch für das Wiki zuständig ist, und informieren ihn freudestrahlend im Vorbeigehen, was Sie gestern spät abends noch Nützliches gemacht haben. Leider ist die Reaktion nicht so euphorisch, wie Sie es erhofft haben (Abb. 8.2).

Abbildung 8.2: Beispiel für einen Verstoß gegen die Geschäftsordnung

Da können Sie als eifriger Entwickler noch so tolle Argumente bringen, der Intranet-Verantwortliche ist sauer. Dabei wollten Sie doch nur helfen und haben auch noch Ihre freie Zeit dafür investiert. Dennoch bleibt die erhoffte Anerkennung aus.

Woran können wir die wahre Ursache des Problems erkennen? Manche lassen es uns direkt und sofort wissen: »Augenblick mal... Das ist meine Aufgabe, und da hat mir keiner dazwischenzufunken!« Manchmal verhält es sich auch so wie in Abb 8.2 gezeigt: Die verärgerte Person schweigt. Doch durch die Körpersprache wird deutlich, was in ihr vorgeht. Wir können also aus der Gestik, Mimik und anderen körpersprachlichen Signalen auch unsere Rückschlüsse ziehen (siehe die Abschnitte 7.4.2 und 7.4.3).

Eine weitere Variante betrifft die Form der Gegenreaktion. Wenn die Person sich nicht auf unsere Argumente bezieht, sondern Formalien vorschiebt oder Dinge stark problematisiert, kann auch das ein Indiz für eine vorhergehende Verletzung der Geschäftsordnung sein. Der Auslöser ist dann häufig eine Grenzverletzung eines Verantwortlichkeitsbereichs, wie in Abschnitt 7.4.1 ab Seite 87 beschrieben.

> **Bewusstsein: Aufmerksamkeit, Gefühl und Gedächtnis**
>
> Ein ganz besonderer Bewusstseinszustand ist die *Aufmerksamkeit*, wobei wir nicht oder kaum noch wahrnehmen, worauf wir unsere Aufmerksamkeit nicht gelenkt haben. Steigern wir die Aufmerksamkeit zur *Konzentration*, werden unsere räumlichen, zeitlichen und inhaltlichen Sinnesleistungen eingeschränkt. Geschehnisse werden dabei regelrecht aus unserem Bewusstsein ausgeblendet.
>
> Das Meiste von dem, was in uns, um uns und mit uns geschieht, wird nicht von unserem Bewusstsein begleitet. Alles, was unser Hirn aufnimmt, gelangt zuerst in den unbewussten Teil. Wird etwas unbewusst als unwichtig eingestuft, erreicht es unser Bewusstsein nicht oder nur undeutlich. Das Bewusstsein wirkt also wie ein Filter! Sind Dinge wichtig, aber bekannt, führt dies zur Aktivierung von routinemäßigen Verarbeitungsinstanzen, die auch von keinem oder geringem Bewusstsein begleitet werden. Nur wenn unsere unbewusste Bewertungsinstanz etwas als wichtig und neu einstuft, wird unser Bewusstseins- und Aufmerksamkeitssystem voll eingeschaltet.
>
> *Gefühle* sind ein wichtiger Teil unseres Bewusstseins, wobei ein Großteil unserer Gefühle den evolutionsgeschichtlich alten, zentralen Hirnteilen entspringt. Diese Teile erkennen vor allem Furcht einflößende und schädliche Umweltreize, sind für Lust, Befriedigung und Wohlbefinden verantwortlich und auch bei Neugierde und Tatendrang beteiligt. Dort werden Kausalketten zwischen Verhalten und Belohnung oder Bestrafung abgelegt.
>
> Ein weiterer Teil unseres Bewusstseins neben der Aufmerksamkeit und den Gefühlen sind unsere Gedächtnisinhalte. Das bewusstseinsfähige *Gedächtnis* wird unterteilt in das Wissensgedächtnis für die Tatsachen und das autobiografische Gedächtnis, das die Grundlage für das Ich- und Selbstbewusstsein bildet [55].

8.2 Konflikte 2. Teil: Geschäftsordnung

Durch das Verletzen der Geschäftsordnung, von Konventionen und Regeln auf der zweiten Ebene des Eisbergmodells, verbauen wir uns die Möglichkeit, auf andere Menschen überzeugend zu wirken. Den ranghöchsten Anwesenden zu ignorieren oder jemanden nicht ausreden zu lassen, hat bei den Betroffenen schnell eine negative Stimmung zur Folge.

Auch das Verletzen von Kleiderordnungen fällt in diese Kategorie. Das Eisbergmodell liefert uns eine Erklärung dafür. Von einem externen Berater erwartet man einfach, dass er im Anzug erscheint, und dieser ist meist grau. Im roten Armani-Dress sollte er genauso wenig auftreten wie in Jeans und T-Shirt. Über seine Qualifikation sagt das eigentlich noch nichts aus, trotzdem bildet man sich beim ersten Treffen sofort eine Meinung. Diesem Effekt können wir uns nicht entziehen, selbst wenn wir die zugrunde liegenden Mechanismen kennen.

8.2.1 Die erste Begegnung

Das erste Urteil, das sich innerhalb der ersten Sekunden des Kennenlernens bildet, ist extrem wichtig: *You never have a second chance to make a first impression!*

Achten Sie deshalb in solchen Situationen bewusst darauf, wie Sie sich verhalten. Es ist weniger wichtig, was Sie sagen, sondern wie und wann. So schaffen Sie eine konstruktive Stimmung und verhindern einen Nährboden für Blockaden oder andere Probleme.

Da dieses erste Kennenlernen so wichtig ist, ist es für uns von Vorteil, wenn wir uns darauf vorbereiten. Die anderen Personen bemerken das sehr wohl und fühlen sich wertgeschätzt. Auf dieser Basis kommen wir weiter. Wie können wir uns vorbereiten? Internetrecherchen, das Befragen von Kollegen und Einstimmungsübungen, wie in Abschnitt 7.4.2 ab Seite 88 erläutert, helfen uns hier mit wenig Aufwand weiter. Unsere Gesprächspartner haben es verdient.

Zu den Regeln gehören auch Verhaltensregeln des höflichen Umgangs, der »Knigge«. Wir sollten uns bei einem Arbeitsessen angemessen benehmen, gepflegten Smalltalk halten können usw. Der Begrüßungshändedruck, wie nah Personen beieinander stehen und die Art der eigenen Vorstellung prägen den ersten Eindruck nachhaltig. Das ist nicht schwer zu erlernen, und die entsprechende Literatur ist auch noch günstig [32].

Mit Manipulation hat das nichts zu tun, sondern mit gegenseitiger Wertschätzung und der zweiten Ebene im Eisbergmodell. Verletzen wir die Geschäftsordnung, lenkt das den Fokus unserer Gesprächspartner von den Inhalten ab und kann zu Konflikten führen.

8.2.2 Kulturelle Unterschiede

Zu den Verhaltensregeln gehören auch die kulturellen Unterschiede. So ist z. B. die räumliche Distanz, die wir angemessenerweise zueinander einnehmen, in verschiedenen Kulturen durchaus unterschiedlich. So steht man in Südamerika dichter beieinander als in Mitteleuropa [23].

Wir finden kulturelle Differenzen auch bei uns vor der Haustür. Hamburger und Bayern kommunizieren oftmals anders: in Norddeutschland eher knapp und bündig und dabei durchaus bewusst diplomatisch, in Süddeutschland etwas ausführlicher und dabei direkter. In Norddeutschland ist man leicht beleidigt, und in Süddeutschland kommt man mit dem *Schweiger* nicht zurecht.

Das Verhalten bei Meetings differiert zwischen Ost- und Westdeutschland. Erfahren wir im Westen keinen Widerspruch, gilt ein Vorschlag als angenommen. Im Osten ist es umgekehrt. Wer nichts sagt, hat nicht zugestimmt, d. h., er hat abgelehnt. Es ist also eine explizite Zustimmung aller Beteiligten für einen Konsens erforderlich. Die Missverständnisse sind hier vorprogrammiert, und unsere störenden Vorurteile von »Wessis« und »Ossis« werden weiter zementiert.

Wenn wir erfolgreich kommunizieren wollen, ist es Voraussetzung, dass wir uns auf den Empfänger einstellen. Es reicht nicht zu wissen, was wir ausdrücken möchten, sondern wichtig ist, was beim anderen ankommt! Ein bewusster Umgang mit den Regeln und unterschiedlichen Kulturen vereinfacht eine erfolgreiche Kommunikation. Versuchen wir also, unseren Horizont und Handlungsspielraum zu erweitern und uns auf die Unterschiede einzulassen. Probieren Sie es aus, meist sind die Unterschiede gar nicht so groß und lassen sich überwinden. Andere sind nicht *komisch*, sondern nur anders! Wer mehr über interkulturelle Unterschiede erfahren möchte, kann z. B. in [23] einen guten Überblick bekommen.

8.2.3 Outsourcing und Offshoring in der IT

Outsourcing und noch extremer Offshoring bringen weitere verschärfende Randbedingungen in den Kommunikationsprozess ein. Oft haben wir es hier mit internationalen Projekten zu tun. Auf jeden Fall ist die Kommunikation durch die räumliche Trennung der Beteiligten erschwert. Was ist eigentlich Outsourcing oder Offshoring?

Outsourcing bedeutet *Auslagerung* und ist ein Kunstwort aus den englischen Wörtern *outside*, *resource* und *using* [88]. Darunter wird ein Konzept verstanden, um außerhalb eines Unternehmens liegende Bezugsquellen zur Versorgung heranzuziehen. Outsourcing bezeichnet dabei die spezielle Form des Fremdbezugs von bisher intern erbrachter Leistung. Die Dauer und die Inhalte der Leistung sind vertraglich fixiert, wodurch sich das Outsourcing von anderen Partnerschaften unterscheidet.

Offshoring bezeichnet eine Form der Verlagerung von unternehmerischen Funktionen und Prozessen ins Ausland [88]. Der Grund für Offshoring sind in der Regel die im Ausland günstigeren Rahmenbedingungen und dabei meist die Arbeitskosten. Wenn die Verlagerung von Aufgaben und Funktionen in benachbarte Länder erfolgt, wird dies als **Nearshoring** bezeichnet.

Gerade der Begriff Offshoring hat aufgrund der Problematik der Arbeitsplatzverlagerung in osteuropäische und asiatische Länder eine negative Bedeutung erhalten.

Was sind die Gründe für Outsourcing-Aktivitäten? Vier Themen stehen dabei im Mittelpunkt:

- Rationalisierung von Geschäftsprozessen
- Reduktion der Prozesskomplexität
- Fokussierung auf das Kerngeschäft
- Flexibilisierung des Unternehmens

Interessanterweise steht beim Outsourcing die Kosteneinsparung nicht direkt im Vordergrund. Das liegt daran, dass dies auch nur selten in nennenswertem Rahmen erreicht werden kann [9]. Der Grund dafür liegt in der Komplexität der notwendigen Schnittstellen zum Outsourcing-Partner.

Mit der Komplexität von Softwareprojekten haben wir uns bereits in Kapitel 1 befasst. Outsourcing- und Offshoring-Projekte fügen weitere Schnittstellen in diese Strukturen ein (Abb. 8.3). Da Softwareprojekte aufgrund ihrer Komplexität und der Dynamik des Umfelds selbst einer starken Dynamik unterliegen, ist die direkte Kommunikation zwischen allen Projektbeteiligten ein zentraler Erfolgsfaktor. Diese Schnittstellen zu Outsourcing- und noch stärker zu Offshoring-Partnern sind daher besonders wichtig und besonders teuer. Denn um Reibungslosigkeit sicherzustellen, sind die Schnittstellen mit hochqualifizierten Menschen zu besetzen, die zusätzlich durch einen hohen Reiseaufwand belastet werden.

Neben den *normalen* Problemen, die mit einem Softwareprojekt einhergehen, kommen bei der Umsetzung über Outsourcing weitere neue Themenkreise hinzu. Sie verdienen unsere zusätzliche Aufmerksamkeit. Zusammengefasst betrifft das die folgenden Aspekte:

- die Schnittstellendefinition und -ausprägung zwischen Auftraggeber und Dienstleister,
- das Zusammenführen unterschiedlicher Firmen- und Projektkulturen bei Auftraggeber und Dienstleister,
- die meist große räumliche Distanz mit einer reduzierten direkten Kommunikationsmöglichkeit und starken Reisebelastungen sowie
- mögliche Zielkonflikte zwischen Auftraggeber und Dienstleister, z. B. in Bezug auf den Einsatz bestimmter Mitarbeiter.

8.2 Konflikte 2. Teil: Geschäftsordnung

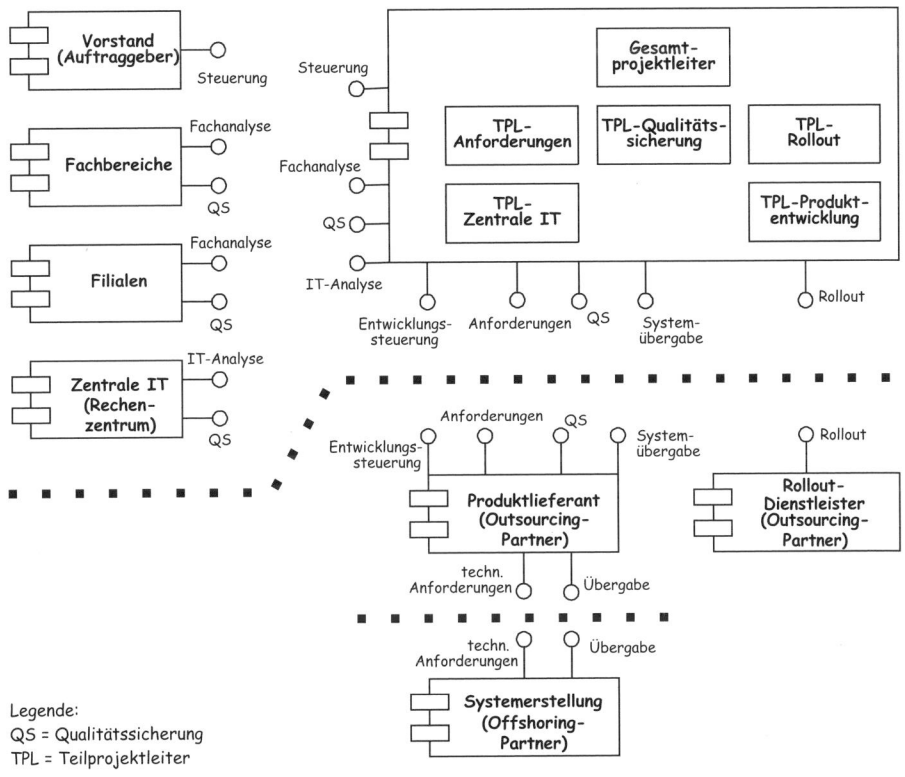

Abbildung 8.3: In der Architektur von Outsourcing- und Offshoring-Projekten werden Firmen mit unterschiedlichen Kulturen über Organisationsgrenzen (gepunktete Linien) hinweg vernetzt.

Das Management von Outsourcing-Projekten lässt sich daher auf zwei wesentliche Erfolgsfaktoren reduzieren:

1. Die Auswahl des Outsourcing-Partners
2. Die Ausprägung der konkreten Outsourcing-Schnittstelle mit Verantwortlichkeiten, Ansprechpartnern und ausreichendem Reisebudget

Der »kulturbewussten« Auswahl des Outsourcing-Partners kommt also eine besondere Bedeutung zu [9]. Ein Projektkulturvergleich zwischen den Partnern ist daher unabdingbar! Dazu identifizieren wir wichtige Aspekte unserer Projektarbeit wie z. B. Projektmanagementmethoden, Mitarbeiterorientierung, Kostenorientierung oder Qualitätsorientierung.

Unterschiede in den Kulturprofilen wirken sich nicht zwangsläufig negativ auf die Partnerschaft aus, sie sind nur potenzielle Konfliktpunkte. Es kann oft sinnvoll sein, einen Partner auszuwählen, bei dem es in bestimmten Aspekten projektkulturelle Unterschiede gibt, um eigene Defizite später in der Zusammenarbeit auszugleichen oder eigene Veränderungsprozesse zu unterstützen.

Nach unseren Erfahrungen sollten in großen Teilen des Kommunikationsverhaltens, z. B. Offenheit und Nachvollziehbarkeit, Gemeinsamkeiten vorliegen. Ein Indiz dafür kann z. B. sein, in welcher Form und Konsequenz Aufgaben delegiert und Verantwortlichkeiten verteilt werden. Von Vorteil sind ähnliche oder sich adäquat ergänzende Projektmanagementmethoden. Gerade hier besteht oft die Möglichkeit für gegenseitiges Lernen. Wenn jedoch ein Dienstleister agil nach Scrum vorgehen möchte und der Auftraggeber eine konsequente Wasserfallstrategie fährt, sind essenzielle Probleme vorprogrammiert.

Unabhängig davon, wie wir zum Outsourcing stehen, werden wir immer öfter damit konfrontiert. Zielgerichtet eingesetzt und mit einer bewussten Fokussierung auf die Menschen, die die Schnittstellen bilden, können solche Projekte gut gelingen und richtig Spaß machen, da sich Stärken ergänzen und wir gut voneinander lernen können. Ohne diese Fokussierung drohen Outsourcing-Projekte deutlich hinter den Erwartungen zurückzubleiben und die beteiligten Mitarbeiter aufzureiben.

8.3 Konflikte 3. Teil: Unter Wasser

Der weitaus größte Teil des »Eisbergs« liegt also unter Wasser. Dort wird die Basis unserer Kommunikation gelegt. Wir haben uns bisher nur auf die inhaltlich-sachliche und die Ebene der Geschäftsordnung konzentriert. Tauchen wir nun tiefer hinab und erforschen, was es mit den unteren beiden Ebenen auf sich hat.

8.3.1 Soziale Beziehungen: Pacing

Zu unseren Gefühlen, Erwartungen, Ängsten und Bedürfnissen können wir durchaus Zugang haben. Wir erkennen das an den sozialen Beziehungen, die wir aufbauen oder eben nicht. Wenn wir in uns hineinhorchen, können wir erkennen, wo wir auf dieser Ebene stehen.

Wie kann eine enge soziale Beziehung aufgebaut werden? Drehen wir dazu den Spieß kurz um und betrachten uns selbst. Wann öffnen wir uns anderen gegenüber? Wenn unsere Gefühle respektiert und unsere Erwartungen erfüllt werden, wenn unsere Ängste gemildert werden oder uns Anerkennung gegeben wird, können wir eine Beziehung aufbauen. Wenn uns offen und vertrauensvoll begegnet wird, lassen wir uns auf eine Person ein. Auf Basis einer sozialen Beziehung schaffen wir es, dass sich die Gesprächspartner uns gegenüber öffnen und den Transport von Inhalten zulassen.

Nun ist nicht jeder mit jedem kompatibel, aber unsere Bandbreite kann ganz schön groß werden, wenn wir uns aktiv darum bemühen. Wie können wir uns im Gespräch auf eine gemeinsame Gefühlsebene bringen? Auf was können wir achten?

Die Technik, wie wir in einen *Gleichklang* mit dem Gesprächspartner kommen, stammt aus dem NLP (siehe Kasten auf Seite 52) und heißt *Pacing*. Die Technik des Pacings ist im Kasten unten erläutert. Beim Pacing geht es um das Einschwingen und exakte Einstellen auf den Gesprächspartner durch das Spiegeln seiner Körpersprache und Wortwahl.

Pacing: Brücken bauen

Beim Pacing versuchen wir, uns auf die *Gangart* unseres Gesprächspartners einzustellen, um so mit ihm in Kontakt zu kommen. Der deutsche Begriff dafür ist *spiegeln*. Pacing erfolgt sowohl verbal als auch nonverbal [8].

Ein verbales Angleichen erfolgt über die Wortwahl, die Art der Beispiele und Vergleiche. Wir beachten dazu die Stimmlage und Lautstärke, den Tonfall, das Sprechtempo und Timbre. So stimmen wir uns auf den Partner ein. Welche Bildsprache benutzt unser Gesprächspartner? Sieht er Bilder (»Das sehe ich anders!«), hört er Klänge (»Das hört sich gut an!«), fühlt er seine Welt (»Es brennt mir unter den Nägeln!«) oder riecht er sie gar (»Code smells!«[a])?

Im nonverbalen Pacing stimmen wir unsere Körperhaltungen und Bewegungen aufeinander ab. Lehnt sich der Partner zurück, lehnen wir uns ebenfalls zurück, richtet er sich auf und kommt näher, tun wir dies auch, greift er zur Tasse Kaffee, nehmen wir auch einen Schluck. Das geht im Sitzen wie im Stehen. An sich ganz einfach und doch so effektiv.

Der Witz an der ganzen Sache ist dabei, dass wir uns der Sichtweise unseres Gesprächspartners annähern und ihn so besser verstehen können. Dies hat zur Folge, dass sich unser Gegenüber besser verstanden fühlt und sich eher öffnet. Damit haben wir die Basis für eine inhaltlich tief gehende Kommunikation gelegt.

---

[a]Martin Fowler: Refactoring [25]

8.3.2 Unter Gleichen oder mit Unterstellten: Vertrauen

Meist werden wir versuchen, ein Gespräch unter Gleichen auf gemeinsamer Augenhöhe zu erreichen. Falls unsere Hierarchieebene höher ist als die unseres Gesprächspartners, können wir versuchen, dies durch die Sitzordnung und Körperhaltung auszugleichen und die Distanzen so zu verringern. Eine

Platzierung an einem gemeinsamen Tisch über Eck ist z. B. dafür gut geeignet. Eine offene, freundliche Körper- und Handhaltung hilft ebenfalls. Im Gespräch selbst kann das Pacing sehr gut helfen, in Kontakt zueinander zu kommen und zu bleiben.

Wenn wir jetzt wahrnehmen, welche Bedürfnisse unser Gesprächspartner hat, können wir versuchen, einen Teil davon zu befriedigen. Es muss beileibe nicht alles sein, ein Teil reicht meist aus und bewirkt schon Wunder. Im weiteren Verlauf des Gesprächs werden wir so zu den Entscheidungen kommen, die wir brauchen.

Gelingt es uns nicht, Nähe, Offenheit und Vertrauen aufzubauen, kommen wir schnell in Konfliktsituationen, in denen unser Gegenüber blockiert. Die Blockade ist deshalb so gefährlich, weil sie verhindert, dass Informationsinhalte fließen können. Wir können noch so gut an der inhaltlichen Aussage feilen, eine Blockade wird sie nicht überwinden. In solch einer Situation müssen wir also zunächst die Blockade beseitigen, erst dann können wir wieder inhaltlich weitermachen. Das ist die Kernaussage des Eisbergmodells. Ideen zum Öffnen geschlossener Haltungen oder von Blockaden finden Sie im folgenden Kasten.

> **Geschlossene Haltungen öffnen**
>
> Wie kommen wir in ein Pacing, wenn der Partner sich mit verschränkten Armen zurücklehnt und auf Distanz geht? Ein einfacher Trick bricht diese geschlossene Haltung auf: Reichen Sie ihm etwas, eine Tasse Kaffee, eine Broschüre, den letzten Bericht, also was gerade passt. Wenn Sie gemeinsam am Whiteboard stehen, geben Sie den Stift weiter. Unser Gegenüber muss nun seine Stellung verlassen und wir können jetzt langsam und beharrlich Gemeinsamkeit aufbauen.
>
> Was machen wir am Telefon, wenn wir unseren Partner nicht sehen können? Auch hier ist ein Pacing möglich. Es beschränkt sich auf den verbalen Teil, auf den wir dann besonders achten. Jetzt wird auch ersichtlich, dass das Pacing einer der Gründe ist, warum die direkte Kommunikation die effektivste Form darstellt.

8.3.3 Mit übergeordneten Personen: Ziele und Lösungen

Was tun wir, wenn wir uns in der untergeordneten Rolle befinden? Können wir da selbst etwas bewegen? Auch hier funktioniert das Pacing zu einem gewissen Teil, wenn es die Hierarchie erlaubt. Generöse Gesten oder Schulterklopfen haken wir als individuelle Note unseres Gegenübers ab und machen sie besser nicht nach.

Wir verhalten uns gemäß den Geschäftsregeln und stellen unsere gemeinsamen Ziele heraus. Wir sind dahingehend vorbereitet, Lösungen und Lösungsalternativen bis hin zu Entscheidungsvorlagen kurz und knapp darzustellen. So wirken wir kompetent und man wird unseren Vorschlägen leichter Vertrauen schenken.

Nach unserer Erfahrung ist es häufig wichtig, dem übergeordneten Management *Sicherheit* zu geben. Dies wird verständlich, wenn wir uns in die Lage eines höheren Managers wie eines Bereichsleiters versetzen. Sein persönlicher Erfolg hängt stark vom internen oder externen IT-Dienstleister ab, wobei er nicht in der Lage ist, die technischen Details beurteilen zu können. Ein solcher Manager ist quasi von einer Blackbox abhängig. Alles, was Sicherheit verspricht, wird er dankbar annehmen.[1]

Wie können wir einem solchen Manager Sicherheit geben? Das Mittel der Wahl ist eine empfängerorientierte Kommunikation! Dieses Thema wird in Abschnitt 10.1.1 noch ausführlich behandelt. In diesem Fall heißt das, die Sprache des Managements zu sprechen. Als Mittel lassen sich dafür gut schematische Darstellungen, Statistiken, Rechenmodelle oder Kosten-Nutzen-Analysen einsetzen. Anhand dieser und ähnlicher Elemente zeigen wir Lösungen und Handlungsoptionen auf.

Wenn wirklich tiefere Informationen gewünscht sind, wird das deutlich kommuniziert werden. Wir reichen diese dann gerne nach. Was wir eher vermeiden sollten, sind lange, detaillierte Problemerörterungen. Ein hochrangiger Manager ist meist vom Tagesgeschäft viel zu weit weg, als dass er konkrete Lösungsideen aufzeigen kann. Viel zielführender kann es dagegen sein, Lösungen in Form von alternativen Entscheidungsvorlagen zu liefern und die gemeinsamen Ziele herauszuarbeiten. Wenn wir dies empfängergerecht verpacken, geben wir Sicherheit und strahlen Kompetenz aus. Der Manager wird in so einem Rahmen entscheidungswillig und -fähig.

8.3.4 Ängste

Ängste können unser Leben bestimmen. In unserer Arbeitswelt werden wir oft mit Ängsten konfrontiert, sei es die Angst um den Arbeitsplatz oder vor neuen Abläufen bzw. Technologien. Unter *Angst* versteht man komplexe emotionale Zustände, die von Gefühlen der Furcht und des Schreckens begleitet werden. Freud sieht darin ein Warnsignal für drohende Konflikte [91]. Für uns ist es also wichtig, Ängste früh zu erkennen, um angemessen darauf reagieren zu können. Dabei kann uns eine einfache Strukturierung des schwer fassbaren Begriffs *Angst* helfen. Es handelt sich dabei um einen modellhaften Ausschnitt aus der Persönlichkeitstheorie von Fritz Riemann (1902–1979). Er geht von vier Grundformen der Angst aus [54]:

---
[1]Die Akquise einiger großer IT-Beratungshäuser zielt z. B. darauf ab.

- Angst vor der Selbsthingabe: Sie wird als Ich-Verlust oder Abhängigkeit erlebt.
- Angst vor der Selbstwerdung: Sie wird als Isolation und Ungeborgenheit erlebt.
- Angst vor der Wandlung: Sie wird als Vergänglichkeit und Unsicherheit erlebt.
- Angst vor der Notwendigkeit: Sie wird als Unfreiheit und Endgültigkeit erlebt.

Viele Ängste lassen sich auf diese vier Grundformen abbilden. Sie stehen in direktem Bezug zu vier, jeweils paarweisen Grundimpulsen (Abb. 8.4):

- Selbstbewahrung, Absonderung und Distanz vs. Selbsthingabe, Zugehörigkeit und Nähe
- Beständigkeit und Sicherheit vs. Wandlung, Wechsel und Risiko

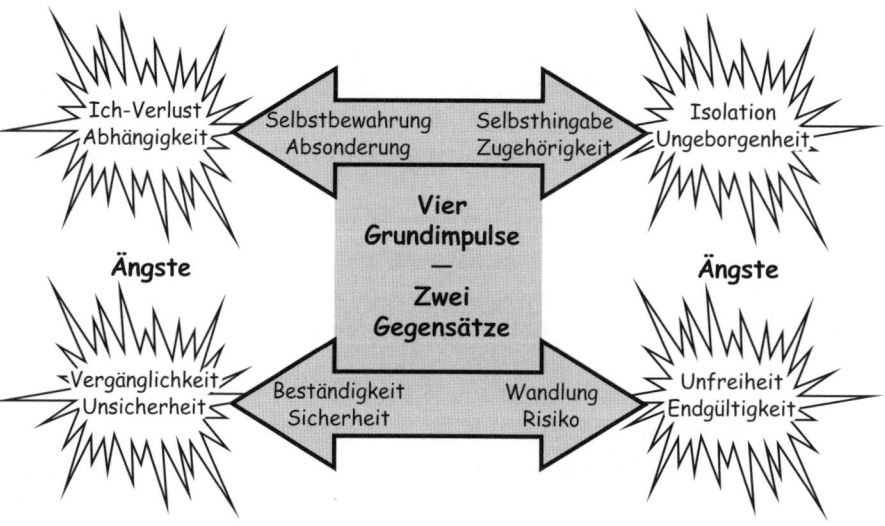

Abbildung 8.4: Die vier Grundformen der Angst (außen) in Bezug zu den vier Grundimpulsen des Menschen (innen) nach Riemann [54]

Wie in den meisten Persönlichkeitstheorien tragen wir alle oder zumindest viele der Aspekte in uns. Die Stärke der Ausprägung und unsere Präferenzen der einzelnen Aspekte unterscheiden uns voneinander. Folgen wir im Riemann'schen Modell einem der vier Grundimpulse, so kann dies von den jeweils zugeordneten Ängsten begleitet werden. Wie stark diese Ängste ausgeprägt sind, ist vollkommen individuell und kann sich von nicht wahrnehmbarem bis zu neurotischem Verhalten erstrecken. Über das obige Muster können wir im Vorhinein mögliche Ängste identifizieren und gegebenenfalls Maßnahmen einleiten. Das ist das Maximum, was wir leisten können. Zwei Beispiele illustrieren dies.

Wenn wir aufgabenbedingt die Arbeitsweise im Team von Einzelaufgaben zu einer stark ausgeprägten Gruppenarbeit hin verändern wollen, so können dabei zwei Arten von Ängsten entstehen. Zunächst einmal ist jeder Wandel mit Ängsten verbunden. Wir können dabei unsere scheinbare Sicherheit verlieren. Doch durch die Änderung der Arbeitsweise werden in diesem Fall auch die Zugehörigkeit und das Gemeinsamkeitsgefühl gestärkt. Dies kann wiederum zu Abhängigkeitsängsten und Ich-Verlust führen. Gibt es Menschen im Team, die stark auf solche Ängste reagieren, können wir frühzeitig und gemeinsam Lösungen suchen. Bei einer frühzeitigen Lösung werden wir meist noch nicht mit starken Ängsten konfrontiert und einfache Maßnahmen greifen. Eine mögliche Maßnahme wäre eine schrittweise Einführung in die neue Arbeitsweise mit klar definierten, individuellen Verantwortlichkeitsbereichen.

Ein zweites Beispiel ist die Einführung einer neuen Technologie, die z. B. mit einem Paradigmenwechsel von der prozeduralen Hostentwicklung zur objektorientieren Applikationsentwicklung verbunden ist. Neben der Angst vor Veränderung an sich kommt hier auch der Aspekt des Ich-Verlusts zum Tragen. Die Hostentwickler verlieren ihren Status und ihre Unabhängigkeit. Häufig sind dann erfahrene, meist ältere Entwickler von jungen Kollegen oder externen Beratern abhängig. Dieser Angst kann entgegengewirkt werden, indem die vorhandene Erfahrung beim Wechsel zur Objektorientierung als Ankerpunkte genutzt wird. Objektorientierung hat neben eigenen Aspekten wie Vererbung und Polymorphie diverse *Best Practices* anderer Methoden adaptiert. So haben z. B. Fachklassen- und Entity-Relationship-Modelle einen engen Bezug oder es werden die Prinzipien der funktionalen Zerlegung innerhalb einer Klasse zur Methodenfindung genutzt. Über diese Ankerpunkte kann der Selbstwert erhalten bleiben.

8.3.5 Unbewusstes

Jetzt steigen wir noch tiefer hinab zu unseren Träumen und Visionen, unseren unbewussten Ängsten und seit Jahrzehnten eingeschliffenen Verhaltensmustern. Wenn die Ursache für Probleme auf dieser Ebene liegt, haben wir quasi keinen Handlungsspielraum mehr. Häufig bleibt in einer Konfliktsituation nur die Möglichkeit, eine der beteiligten Personen gegen eine andere auszutauschen, die hoffentlich die Probleme nicht hat.

Jeder Mensch hat seine persönlichen kleinen »Neurosen«. Daher reagieren Menschen in den gleichen Situationen unterschiedlich. Was für den einen unproblematisch ist, kann für den anderen *ein rotes Tuch* sein. Was kann uns hier passieren? Wenn unser Gegenüber z. B. Frauen im technischen Umfeld nicht als gleichwertig ansieht, wird es für eine Softwareentwicklerin ein sehr langfristiger Prozess sein, akzeptiert zu werden, egal wie ihre fachlichen Qualifikationen sind. Fühlt sich ein Gesprächspartner durch die massige Statur seines zwei Meter großen und 130 kg schweren Gegenübers sowie von seiner lauten Stimme eingeschüchtert, wird derjenige kaum bis zum nächsten Termin auf 1,70 m und 65 kg schrumpfen. Dieselbe Person kann dagegen einem anderen Gesprächspartner ein Gefühl der Sicherheit und Geborgenheit geben. Erinnert ihn der Gegenüber an seinen Vater, hängt das weitere Verhalten davon ab, wie seine Beziehung zu ihm ist. Verstehen die beiden sich gut, stehen erst einmal alle Türen offen. Sind sie schon seit zwanzig Jahren zerstritten, bekommt man nur schwer einen *Fuß auf den Boden*.

Diese Rollenzuweisungen erfolgen unbewusst. Eine Möglichkeit, auf negative Rollenzuweisungen zu reagieren, ist es, auf die Meta-Ebene zu gehen (Abschnitt 6.4). Wie bei einem Feedback artikulieren wir die in uns ausgelösten Gefühle (Kap. 6). Damit treten wir aus der Rolle heraus, die uns unser Gegenüber unbewusst zugeschrieben hat. Ob uns diese Option wirklich sinnvoll zur Verfügung steht, hängt allerdings stark von der konkreten Situation ab!

Bei alledem spielt unsere eigene fachliche Kompetenz **keine** Rolle! Es sind die Gefühle, Ängste und Bedürfnisse, die unsere sozialen Beziehungen und das Arbeitsumfeld maßgeblich beeinflussen und steuern. Um fachliche Inhalte transportieren zu können, ist es also sinnvoll, die tiefer liegenden Ebenen des Eisbergmodells zu beachten.

9 Aspekte der Kommunikation

Auf Friedemann Schulz von Thun (*1944) geht ein Kommunikationsmodell zurück, das uns in konkreten Situationen weiterhelfen kann. Mit den beiden Modellen der vier Ohren und des inneren Teams können wir in schwierigen Kommunikationssituationen leichter angemessen reagieren und uns Aspekte erschließen, die wir ansonsten oft übersehen.

9.1 Vier Ohren und vier Schnäbel

Wir haben gelernt, dass Kommunikation bedeutet, Botschaften von einem Sender zum Empfänger zu senden und Reaktionen, also neue Botschaften, wieder zurückzusenden. Voraussetzung dafür ist, dass diese Botschaften vom jeweiligen Empfänger aufgenommen, verstanden und akzeptiert werden. Dabei gibt es sechs Schritte, in denen der Kommunikationsfluss ins Stocken geraten kann:

1. Gedacht bedeutet nicht gesagt.
2. Gesagt bedeutet nicht gehört.
3. Gehört bedeutet nicht verstanden.
4. Verstanden bedeutet nicht einverstanden.
5. Einverstanden bedeutet nicht angewendet.
6. Angewendet bedeutet nicht dauerhaft beibehalten.

Um effektiv zu kommunizieren, nutzen wir verschiedene Stilmittel wie Sprechtempo, Ausdrucksweise (Diktion), Klang, Rhythmus, Lautstärke sowie Gestik und Mimik. Eine Botschaft besteht dabei aus vier Aspekten [63]:

- **T**atsachenaspekt oder Sachinformation: Worüber wird informiert?
- **A**usdrucksaspekt oder Selbstkundgabe bzw. Selbstoffenbarung: Was gibt der Sender von sich kund?
- **L**enkungsaspekt oder Appell: Wozu soll der Empfänger veranlasst werden?
- **K**ontakt- oder Beziehungsaspekt: Was hält der Sender von der Person des Empfängers?

Aus diesen vier Aspekten, die auch als *vier Ohren* bezeichnet werden, setzt sich das TALK-Modell zusammen[1]. Sie sind untrennbar miteinander verwoben, und zwar bei jeder Art von Kommunikation! Immer![2] Wie wir am Eisbergmodell gesehen haben, bewegen wir uns dabei oft auf unbewussten Ebenen. Unsere Kommunikationspartner erkennen alle vier TALK-Aspekte und versuchen, diese aufeinander abzustimmen, selbst wenn wir gar nicht sprechen und nur Mimik und Gestik einsetzen. Beispiel gefällig? Ein neuer Kollege stellt sich etwas ungeschickt an und verschüttet Kaffee in der Küche. Natürlich halte ich mich mit Worten zurück, doch ein abwertender oder mitleidiger Blick, verbunden mit einer sich distanzierenden Körperhaltung, sagt alles, und es sind gar keine Worte notwendig:

T: Du hast Kaffee verschüttet.
A: Ich bin unsicher, wie ich mich jetzt dir gegenüber verhalten soll.
L: Wisch das einfach unauffällig weg.
K: Was bist du ungeschickt. Ob das was wird mit dir hier?

Um den Wert und die Macht dieser vier Aspekte besser kennenzulernen, können wir uns selbst zwei Fragen beantworten:

- Ist es uns bewusst, welche Botschaften wir nonverbal aussenden?
- Was stört mich an der nonverbalen Kommunikation meines Gesprächspartners?

Unser Menschenbild vom Gesprächspartner prägt also unsere Kommunikation. Wie können wir erfolgreicher kommunizieren? Wir können direkt nur uns selbst verändern, nicht aber unsere Gesprächspartner. Daher haben wir nur die Chance, bei uns selbst aktiv zu werden. Zum einen können wir anders auf die Kommunikation der anderen reagieren. Zwei Beispiele dazu finden Sie in den folgenden beiden Abschnitten. Zum anderen ist die Selbstreflexion eine große Hilfe dabei, eine stärkere Empfängerorientierung in der eigenen Kommunikation zu entwickeln. Diese können wir auf der Grundlage von Persönlichkeitsmodellen verbessern, von denen wir ein leicht praktikables Modell in Kapitel 10 kennenlernen werden.

Wir Entwickler haben oft eine hohe Identifikation mit den Ergebnissen unserer Arbeit. Kritisiert jemand mein Programm, kritisiert er mich! Konstruktive Verbesserungsgespräche finden unter dieser Sichtweise selten statt.

Wie können wir angemessener reagieren und dennoch die positive Identifikation mit unserer Arbeit beibehalten? Versuchen Sie nach dem TALK-

---

[1]Das akronym TALK geht auf Prof. Dr. Oswald Neuberger zurück, der sich bereits Anfang der 80er-Jahre mit diesen Modellen in der Arbeitswelt befasst hat [48].

[2]Hier gilt ausnahmsweise der Universalquantor.

Modell die Botschaft in der Kritik zu erfassen [37]. Abgesehen vom Tatsachenaspekt sind die anderen drei Aspekte nicht direkt, sondern implizit vorhanden. Wir machen sie sichtbar, indem wir sie deuten.

Klassische Beispiele finden wir, wenn Ehepartner gemeinsam Auto fahren. »Vorne ist rot!« oder »Grüner wird's nicht!« gehören da noch zu den angenehmeren Aussagen (Abb. 9.1). Was steckt hinter einer solchen Aussage? Was ist wirklich gemeint und wie sehen alle vier Aspekte aus?

Abbildung 9.1: Wie reagieren Sie als Fahrer auf solche Sätze wie: »War deine Farbe nicht dabei?« oder »Grüner wird's nicht!«?

»Achtung, der da vorne bremst!« Der Sachaspekt ist klar: Das vorausfahrende Fahrzeug bremst, seine Bremslichter leuchten. Auch die Aufforderung ist noch einfach: der Appell, sofort langsamer zu fahren und auch zu bremsen. Vielleicht wird auch generell appelliert, aufmerksamer zu fahren. Beim Beziehungsaspekt stoßen wir auf mehrere Möglichkeiten. Die Palette reicht von »Ich helfe dir« bis zu »Ich kann besser Auto fahren«. Die Selbstaussage des Senders ist ebenfalls vielfältig: Sie reicht von »Ich habe Angst!« über »Ich bin nervös!« oder »Ich bin genervt!« bis zu »Ich bin in Eile!«.

Was passiert, wenn der Beifahrer nur warnen wollte, der Fahrer dies aber als Einmischung auffasst und sich angegriffen fühlt? Der Streit kommt mit Riesenschritten auf die beiden zu, und das nur wegen eines Missverständnisses. Wie reagieren wir in einem solchen Fall angemessener? Es ist unsere Aufgabe herauszufinden, was der andere meint, und nicht, etwas hineinzuinterpretieren. Wir bremsen zuerst unser Auto angemessen ab und fragen dann: »Was meinst du?«

Allzu leicht treffen wir Annahmen über das, was wir glauben, was der Sender meint. Das ist hochgradig gefährlich, wie schon Paul Watzlawick (1921–2007) in seinem Bestseller *Anleitung zum Unglücklichsein* ausgeführt hat [87]. Auf den Annahmen der ersten Ebene fußen weitere abgeleitete Annahmen, und spätestens ab der dritten Ebene hat unser Gedankengerüst nichts mehr mit der Realität zu tun.

Wir sind sehr individuell, was unsere Interpretation von Aussagen angeht. Dabei steht jeweils einer der vier TALK-Aspekte im Mittelpunkt. Wie ist das bei Ihnen? Bewerten Sie bitte den folgenden Dialog (Abb. 9.2 und

9 Aspekte der Kommunikation

9.3). Der Teamleiter sagt zum Entwickler: »Der Fehler bei der Kontenerstellung ist ja immer noch da!« Welche der folgenden Aussagen ist für Sie der zentrale Aspekt?

T atsache: Es gibt einen Fehler bei der Kontenerstellung.
A usdruck: Ich bin sauer, dass der Fehler immer noch da ist. Hätten Sie den nicht beheben können?
L enkung: Beheben Sie den Fehler!
K ontakt: Sie sind wohl unfähig, den Fehler zu korrigieren.

Abbildung 9.2: Nach dem TALK-Modell besteht Kommunikation aus vier Aspekten. Diese Aspekte hören wir individuell unterschiedlich aus einer Nachricht heraus. Wir hören die Nachricht also mit vier Ohren.

Je nachdem, welcher Aspekt besonders ausgeprägt wahrgenommen wird, also mit welchem Ohr wir hören, fällt die Reaktion dementsprechend aus. Als Weiterentwicklung der Vier-Ohren-Metapher sprechen wir bei unseren Reaktionen von den *vier Schnäbeln*. Die Reaktion des Entwicklers aus dem Beispiel könnte wie folgt sein (Abb. 9.3).

T: Wir sind bereits dabei, den Fehler zu analysieren. Bis morgen Abend ist er voraussichtlich behoben.
A: Ich habe so viel zu tun. Sobald ich Zeit habe, korrigiere ich den Fehler.
L: Ich mach mich sofort dran, den Fehler zu beheben.
K: Sie haben doch sowieso keine Ahnung von sinnvoller Fehlerbehebung.

Wie hätten Sie sich verhalten? Ein solches Beispiel ist alleine nicht aussagekräftig. Erinnern Sie sich an andere, ähnliche Situationen im Arbeits- oder Privatleben. Wir nehmen meist einen Aspekt stark war, und das behindert uns in unserer ganzheitlichen Sicht auf den Gesprächspartner.

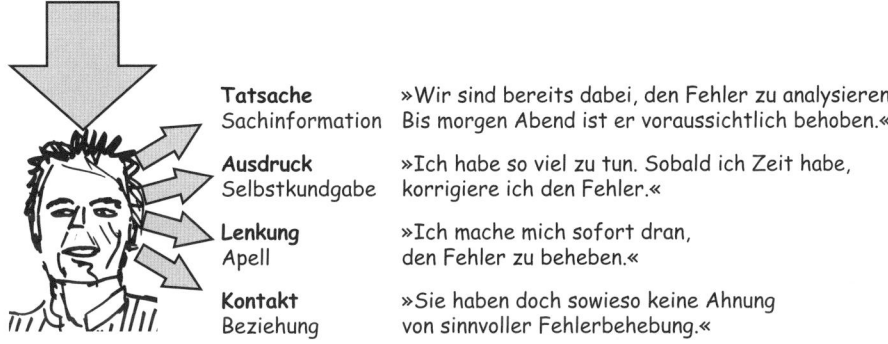

»Der Fehler bei der Kontenerstellung ist ja immer noch da!«

Tatsache / Sachinformation — »Wir sind bereits dabei, den Fehler zu analysieren. Bis morgen Abend ist er voraussichtlich behoben.«

Ausdruck / Selbstkundgabe — »Ich habe so viel zu tun. Sobald ich Zeit habe, korrigiere ich den Fehler.«

Lenkung / Apell — »Ich mache mich sofort dran, den Fehler zu beheben.«

Kontakt / Beziehung — »Sie haben doch sowieso keine Ahnung von sinnvoller Fehlerbehebung.«

Abbildung 9.3: Die Kommunikationsreaktion auf eine Nachricht ist abhängig vom jeweils stark wahrgenommenen Aspekt dieser Nachricht. Analog zu den *vier Ohren* sprechen wir hier von *vier Schnäbeln*.

Wir bevorzugen also meist eines der vier Ohren. Wenn wir es schaffen, die einzelnen Aspekte besser zu differenzieren und gemeinsam wahrzunehmen, sind wir auf einem guten Weg, angemessen zu reagieren, also mit einem angemessenen Schnabel zu antworten. Schauen wir uns dazu die verschiedenen Arten zu hören, unsere *vier Ohren*, etwas genauer an.

9.1.1 Informationshören

Das Informationshören ist wichtig für die kritische Diskussion. Jemand, der ein ausgeprägtes Informationshören hat, kann auch gut andere als seine eigenen Meinungen akzeptieren. Wenn eine sachliche Begründung vorliegt, hat er keine Probleme damit, wenn seine Vorschläge nicht angenommen werden.

Er versucht in Diskussionen, Gefühle und Stimmungen herauszuhalten. Hinter einer sachlichen Begründung kann oft eine emotionale Grundhaltung stehen. Es besteht also die Gefahr, dass er persönliche Ziele seiner Mitmenschen übersieht. Die Beantwortung der wichtigen Fragen aus den anderen Aspekten des TALK-Modells kann aufschlussreiche Informationen geben:

Selbstkundgabehören: Was will der andere mir über sich selbst mitteilen?

Appellhören: Was will der andere mit seiner Aussage erreichen?
Beziehungshören: Was will der andere mir über mich mitteilen, wenn er mich so kritisch anspricht?

So vermeiden wir z. B., dass wir nicht oder zu spät merken, was andere wollen (Appell), finden heraus, was andere von uns halten (Beziehung) oder wie unser Partner sich selbst sieht bzw. fühlt (Selbstkundgabe).

9.1.2 Selbstkundgabehören

Menschen mit ausgeprägtem Selbstkundgabehören sind meist gute Menschenkenner. Wir empfinden solche Personen oft als einfühlsam und verständnisvoll, und sie wissen, was in ihnen und in anderen vor sich geht. So jemand kann meist mit Kritik gut umgehen und erkennt oft die Ursachen der Kritik.

Dabei besteht stets die Gefahr, dass er eine Kritik nicht ausreichend auf sich selbst bezieht. Ein Selbstkundgabehörer versucht eher, die Erwartungen anderer besser zu verstehen.

Auch dabei gilt es wieder, die wenig ausgeprägten Aspekte besonders zu beachten. Wir können den Informationsteil überhören, bekommen aber mit, wenn der andere uns etwas über seine Beziehung zu uns mitteilt oder eine unausgesprochene Bitte an uns richtet.

9.1.3 Appellhören

Haben wir einen ausgeprägten Sinn für das Appellhören, wissen wir sehr genau, was andere Menschen von uns wollen. Wir sind hilfsbereit, entgegenkommend und engagiert. Ein solcher Mensch schlägt nur selten eine Bitte aus. Die Gefahr, die darin liegt, ist offensichtlich: Ein *Appellhörer* wird leicht ausgenutzt.

Ein guter Appellhörer begegnet dieser Gefahr, indem er stärker seine eigenen Wünsche und Gefühle beachtet. Die Fragen dazu lauten: »Will ich wirklich, was andere Menschen von mir wollen?« und »Was nützt mir das?«.

Kritik wird manchmal vorschnell angenommen. Das kann so weit gehen, dass vorauseilend Alternativen überlegt werden, die vor allem den anderen entgegenkommen. Kritik entspringt jedoch aus unterschiedlichen Situationen und sollte daher von einem Appellhörer nicht sofort auf seine Person bezogen werden. Ein bewusstes Abgrenzen kann hier hilfreich sein.

9.1.4 Beziehungshören

Wenn bei jemandem das Beziehungshören dominant ausgeprägt ist, besteht die Gefahr, dass er sich von Kritik überrollen lässt. Für diese Person ist das *Wie* in der Kommunikation sehr wichtig. Daher weiß sie auch gut, was andere von ihr halten, auch wenn diese es nicht direkt sagen. Aufgrund des hohen persönlichen Engagements kann Kritik in diesem Fall besonders hart treffen. Die Reaktion ist dann häufig Enttäuschung oder Ärger.

Weil die Selbsteinschätzung oft von der Einschätzung anderer abhängt, nimmt derjenige leicht die Meinung anderer an, da ihm besonders wichtig ist, akzeptiert zu werden. Um Kritik nicht direkt auf sich selbst zu beziehen oder sich gar an allem Schuld zu fühlen, ist es wichtig, den Sachaspekt einer Kritik genau herauszuarbeiten. Die Person kann dann versuchen, so konstruktiv wie möglich zu reagieren.

9.2 Konstruktiv mit Kritik umgehen

Die vier Aspekte der Kommunikation können wir nutzen, um besser mit Kritik umzugehen und sie konstruktiv umzusetzen. Sicherlich ist es manchmal schwer, den konstruktiven Anteil herauszuarbeiten. Aus unserer Erfahrung hat sich jedoch gezeigt, das gerade in Umfeldern, in denen konstruktiv mit Fehlern umgegangen wird, dies zu innovativen Verbesserungen führt. Es lohnt sich also!

9.2.1 Reframing: Kritik ist Feedback

Durch die Analyse der vier Aspekte der Kommunikation werden wir hoffentlich souveräner mit Kritik umgehen können, uns nicht mehr so schnell verletzt oder unter Druck gesetzt fühlen. Wir können das Hören mit allen vier Ohren in einfachen Situationen üben, in denen wir nicht unter Druck stehen. Ein Ziel ist es dabei, in Konfliktsituationen die Gründe für Missverständnisse schneller herauszufinden.

Ein Trick dabei ist die Uminterpretation der Kritik als Feedback. Dieser Prozess ist auch als *Reframing* bekannt (siehe Kasten auf Seite 122). Er beruht darauf, dass positive und negative Dinge stets miteinander verbunden sind: Nicht alles ist nur gut, nicht alles ist nur schlecht! Den jeweils anderen, nicht so offensichtlichen Aspekt herauszuarbeiten, führt uns zu einer ganzheitlichen Sichtweise. So kommen wir von unserer Euphorie herunter oder aus unserer Depression heraus. Wir können also die Technik des Reframing nutzen, um gelassener Kritik annehmen zu können. Es lassen sich zwei Wege des Reframing finden:

Kontext-Reframing: Wir entdecken eine Eigenschaft an uns, die uns stört. Sie äußert sich in Aussagen wie »Ich bin zu langsam« oder »Ich bin zu spontan«. Im Reframing erfolgt eine Reflexion darüber, unter welchen Rahmenbedingungen (Kontext) diese Eigenschaft sehr wohl angemessen und passend ist. Unsere Eigenschaft ist also eine Fähigkeit, die in

> **Reframing: Umdeuten von Erlebnissen und Verhaltensweisen**
>
> Das Reframing ist eine Technik aus dem NLP. Dabei werden Erlebnisse oder Verhaltensweisen in einem anderen Zusammenhang oder aus einem anderen Blickwinkel betrachtet. Wir erweitern so unsere Wahrnehmung, können uns fremde Verhaltensweisen als angemessen anerkennen oder kommen zu anderen Schlussfolgerungen, über die wir unsere Flexibilität erhöhen können.
>
> Wenn wir unsere Wahrnehmungen, Bewertungen und möglichen Reaktionen zu einer Erfahrung zusammenfassen, schaffen wir dabei einen Rahmen, es handelt sich hier um das sogenannte *Framing*. Damit schließen wir Variationsmöglichkeiten und andere Sichtweisen aus. Beim *Reframing* brechen wir diesen Rahmen auf und erkennen so neue Rahmenbedingungen oder Zusammenhänge. Dabei sind auch andere Bedeutungen möglich. Es wird daher zwischen dem Kontext- und Bedeutungs-Reframing unterschieden.

bestimmten Situationen sehr gut funktioniert. Die entsprechenden Situationen sind dabei über den jeweiligen Kontext gleich mitbestimmt worden. Wir brauchen uns also nichts abzutrainieren, sondern behalten unsere Eigenschaft bei, wenden sie aber nur noch in bestimmten Situationen an.

Generell ist eine Aussage »Ich bin zu...« zu unspeziell und sollte daher genauer hinterfragt werden. Es gibt meist einen Kontext, für den unsere Fähigkeit angemessen ist. Wichtig ist, dass wir diesen Kontext finden. Die Fragetechniken aus Teil II helfen uns dabei.

Bedeutungs-Reframing: Wir fühlen uns von bestimmten Ereignissen gestört oder beeinträchtigt. Beim Bedeutungs-Reframing geht es darum, die Sichtweise zu verändern. »Meine drei Kunden nerven mich mit ihren ständigen Anrufen!« Nun ja, ohne die drei Kunden würde ich kein Geld verdienen. Sie sichern meine Existenz. Eine Problemsituation kann so schnell konstruktiv transformiert werden. Oft hilft dies bereits, um unsere negative Sichtweise aufzulösen.

Feedback ist eine Rückmeldung, die uns helfen kann, Dinge zu erkennen, die wir selbst nicht sehen, also unsere »blinden Flecken« zu minimieren. Es ist ein Geschenk an uns, und wir können entscheiden, was wir damit machen. Mit einer positiven Einstellung zum Feedback gelingt es uns unter Umständen, Kritik als weniger belastend zu empfinden und daraus zu lernen.

9.2.2 Blinde Flecken verringern

Durch Feedback können wir also unsere blinden Flecken verringern. Was sind blinde Flecken? Damit werden die Teile unseres Verhaltens bezeichnet, die uns selbst unbekannt sind, die jedoch anderen Personen auffallen können (Abb. 9.4). In diesem Zusammenhang spricht man von vier Bereichen unseres Verhaltens: öffentliche Person, blinder Fleck, Privatperson und Unbekanntes.

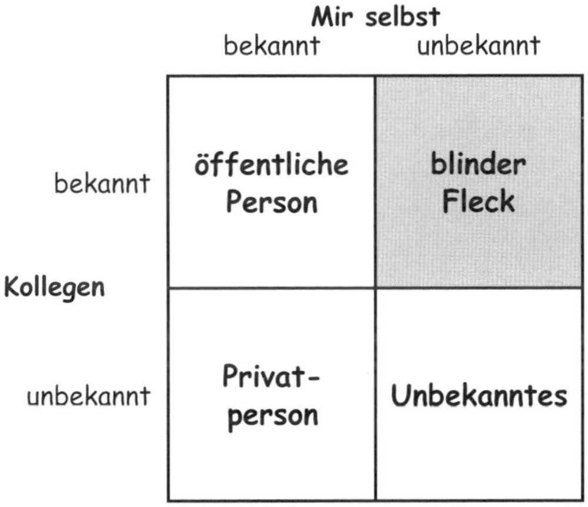

	Mir selbst bekannt	Mir selbst unbekannt
Kollegen bekannt	öffentliche Person	blinder Fleck
Kollegen unbekannt	Privatperson	Unbekanntes

Abbildung 9.4: Welche unserer Verhaltensweisen sind uns selbst bzw. anderen Personen bekannt? Aus den beiden Sichten ergibt sich ein blinder Fleck unserer Selbstwahrnehmung im rechten oberen Quadranten für Verhaltensweisen, die wir selbst nicht wahrnehmen, sondern nur unsere Umwelt.

Nach Joe Luft und Harry Ingham wird diese Darstellung auch JOHARI-Fenster genannt [49]. Durch Feedback oder konstruktive Kritik können wir Verhaltensweisen von uns erkennen, die uns bislang unbekannt waren. Unsere Selbstwahrnehmung erweitert sich.

Aus jeder Form einer Rückmeldung können wir versuchen, unsere Selbstwahrnehmung zu schulen und damit den Bereich *öffentliche Person* zu erweitern (Abb. 9.5). Am besten geht das natürlich über ein Feedback, wenn wir etwas von unserer Wirkung auf andere Personen erfahren. Deutlich schwieriger ist der indirekte Schluss darauf aus dem Verhalten der anderen Personen. Das Verhalten anderer wird zwar durch unsere Handlungen und Verhaltensweisen beeinflusst, aber es gibt vielfältige Einflussfaktoren auf konkrete Verhaltensweisen, die mit unserer Person nichts zu tun haben müssen.

Durch Offenheit können wir den Bereich der *öffentlichen Person* auch in Richtung *Privatperson* ausdehnen. Dies ist jedoch nicht immer gewünscht.

Denn durch mehr Offenheit können wir scheinbar unsere Distanz oder Unnahbarkeit verlieren. Dieser Aspekt ist z. B. für Führungskräfte von Bedeutung. Durch Feedback und Offenheit können wir also unsere *blinden Flecke* in der Selbstwahrnehmung verringern und mehr Aspekte unserer Persönlichkeit aus den Bereichen *Privatperson* und *blinder Fleck* in den der *öffentlichen Person* überführen (Abb. 9.5).

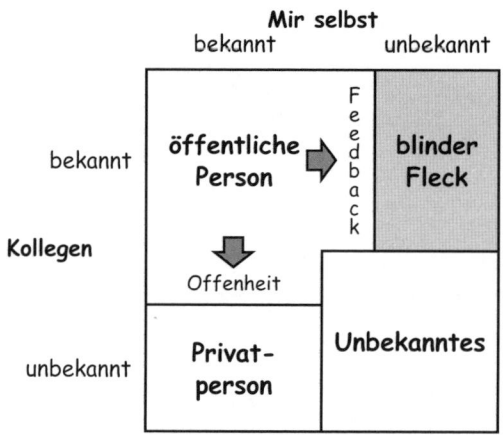

Abbildung 9.5: Durch Feedback können wir die Wahrnehmung über uns selbst steigern. Weitere Aspekte unserer Persönlichkeit können wir durch größere Offenheit im privaten Bereich preisgeben (vgl. Abb. 9.4).

9.2.3 Konstruktiv mit Fehlern umgehen

Aufgrund der hohen Komplexität von Software werden wir immer wieder Fehler machen und mit den Konsequenzen dieser Fehler konfrontiert werden [81]. Dies erzeugt wiederum Druck, mit dem wir besser angemessen umgehen. So können wir konstruktiv weiterarbeiten und brechen nicht gleich zusammen.

Ganz allgemein gilt zur Fehlervermeidung der Tipp, sich besser auf die anstehenden Aufgaben aktiv vorzubereiten. Na, das ist ja ein toller Tipp, werden Sie denken. Stopp, bevor Sie gelangweilt weiterblättern: Wir reden hier nicht von der inhaltlichen Qualität einer Vorbereitung! Es ist klar, dass unsere Lösungen umso hochwertiger sein werden, je besser die inhaltliche Vorbereitung ist. Hier geht es um die Facette unserer inneren Gefühlswelt vor und insbesondere während der Bewältigung von Aufgaben, die für uns neu oder ungewohnt sind. Gute Vorbereitung mindert den Druck, der uns nervös machen kann. Diese Nervosität ist oft die Ursache für Fehler.

Durch eine aktive Vorbereitung gewinnen wir Sicherheit und können Versagensängste minimieren. Wir können dadurch auch das lähmende Gefühl vermeiden, einer Situation hilflos ausgeliefert zu sein. Wir handeln aktiv, und das gibt Sicherheit. Welche Möglichkeiten haben wir aber, wenn wir uns inhaltlich gar nicht in der notwendigen Tiefe vorbereiten können? Wir können Notfallpläne aufstellen, Alternativszenarien erarbeiten, professionelle externe Hilfe holen usw., d. h. den ganzen Katalog von Risikomanagementmaßnahmen abarbeiten.

Dabei sind wir teilweise von unserem Umfeld abhängig. Finden wir eine konstruktive Fehlerkultur vor, fällt uns ein konstruktiver Umgang mit Fehlern leichter. Wenn in einer destruktiven Art mit Fehlern umgegangen wird, fällt es uns schwer, über unseren eigenen Verantwortlichkeitsbereich hinaus Fehler positiv zu nutzen. Wie erkennen wir, in welcher Fehlerkultur wir leben? Die Fragen, die im Ernstfall gestellt werden, geben darüber Auskunft [81]. In Tabelle 9.1 sind diese gegenübergestellt.

Konstruktive Fehlerkultur	Destruktive Fehlerkultur
Wie können wir Schäden minimieren?	Wer hat Schuld?
Was sind die Ursachen?	Wie können wir den Fehler vertuschen?
Was können wir verbessern?	Wem können wir den Fehler anhängen?
Was können wir aus dem Fehler lernen?	Wir machen keine Fehler!

Tabelle 9.1: Wir erkennen konstruktive bzw. destruktive Fehlerkulturen an typischen Fragen und Aussagen.

Vielleicht können wir tiefer und individueller in die Thematik des Fehlerumgangs einsteigen. Überprüfen wir dazu unsere subjektive Einstellung zu Fehlern. Wichtig ist dabei die Bedeutung, die wir Fehlern geben und die eine entsprechende Fehlersituation für uns hat. Die Schuldfrage, ob es unser eigener oder ein Fehler anderer Personen ist, spielt dabei keine Rolle. Generell ist die Schuldfrage wenig konstruktiv, sondern kann nur im Nachhinein zur Prozessverbesserung dienen. Oft ist die Schuldfrage gar nicht eindeutig zu beantworten oder der Nutzen rechtfertigt den Aufwand nicht. Analysieren wir also unsere eigene Fehlertoleranz. Dazu klären Sie bitte für sich die folgenden Zusammenhänge [37]:

1. Sind Fehler vor allem dann unangenehm, wenn Sie keine Handlungsalternativen hatten?
2. Sind Fehler besonders unangenehm, wenn deren Wirkung groß war?
3. Sind Fehler für Sie generell unangenehm?
4. Sind Ihnen Fehler nicht oder kaum unangenehm?

Aus der Klärung Ihrer Einstellung gegenüber Fehlern lassen sich Hinweise ableiten, wie Sie mit Fehlern besser umgehen können.

1. **Ihnen haben die Alternativen gefehlt:** Versuchen Sie sich vorab mehrere Optionen zu verschaffen. Legen Sie sich also nicht auf einen einzigen Lösungsweg fest, sondern entwickeln Sie einen Plan B. Auch jetzt sind Sie noch nicht auf der sicheren Seite. Beide Pläne können versagen, sodass Sie noch einen dritten Lösungsweg entwickeln müssen.

   Um zu bemerken, dass ein Plan scheitert, benötigen Sie möglichst früh aussagekräftige Messpunkte, an denen Sie Zwischenergebnisse überprüfen. Definieren Sie daher möglichst viele solcher Prüfpunkte und verteilen Sie diese gleichmäßig über den Planungszeitraum.

2. **Fehler mit großer Wirkung:** Wo liegt die Ursache dieser Fehlerwirkung? Kann es sein, dass Sie ein zu großes Risiko eingegangen sind? Wenn das der Fall ist, gilt es, Risiken besser abzuwägen und ein explizites Risikomanagement einzuführen. Dabei sollten für jedes Risiko zwei Arten von Maßnahmen definiert werden:

   - Maßnahmen zur Risikominimierung: Wie kann die Eintrittswahrscheinlichkeit des Risikos gesenkt werden?
   - Notfallmaßnahmen bei Eintritt des Risikos: Was ist zu tun, wenn ein Risiko eingetreten ist? Damit eng verbunden ist die Festlegung von Indikatoren, an denen abzulesen ist, ob ein Risiko eingetreten ist.

   Ausgesprochen hilfreich für ein Risikomanagement ist es, dies offen zu praktizieren, also mit Vorgesetzten und Kollegen darüber zu sprechen. Weitere Anregungen zum Thema Risikomanagement sind z. B. bei Tom DeMarco und Timothy Lister nachzulesen [19].

3. **Fehler sind Ihnen generell unangenehm:** Jeder von uns macht Fehler. Ohne Fehler könnten wir nichts Neues dazulernen. Relativieren Sie also Ihren Anspruch an sich selbst, keine Fehler zu machen. So lobenswert die Einstellung ist: Es werden sich nicht alle Fehler vermeiden lassen. Wenn dann schon Fehler passieren, so wollen wir das Beste daraus machen und möglichst viel dabei lernen. Fehler können Initialzündungen für Verbesserungen sein, also konstruktive Veränderungen nach sich ziehen. Fehler bieten daher auch Chancen, sich selbst und unsere Prozesse weiterzuentwickeln.

4. **Fehler sind Ihnen kaum unangenehm:** Hier gibt es zwei Varianten, die infrage kommen. Was passt zu Ihnen?

   - Fehler sind Ihnen gleichgültig. Vermutlich haben Sie keinen oder nur einen geringen emotionalen Bezug zu den Inhalten Ihrer Arbeit. Vielleicht könnten Sie motiviert werden, wenn klar herausgearbeitet wird, wo Ihre Leistung am Gesamtergebnis liegt und was die Anwender der Software dadurch für Verbesserungen haben. Viele Softwareentwickler kennen das Anwendungsumfeld ihrer Software gar nicht. Der Motivationsschub einer Hospitation beim Kunden kann immens sein!

- Fehler sind für Sie Chancen zum Lernen. Es kann sein, dass Sie vielleicht etwas zu locker an die Aufgaben herangehen. Machen Sie sich dann vorher die möglichen Konsequenzen klar. Fehler können später unnötige Drucksituationen auslösen. Prüfen Sie bitte dennoch, ob im Einzelfall nicht auch eine andere Einstellung zu Fehlern (siehe Punkte 1–3 auf Seite 126) auf Sie zutrifft.

9.3 Das innere Team: Zwei Herzen in einer Brust

Bisher haben wir uns mit der äußeren Sicht auf die Kommunikation und die vier Kommunikationsaspekte, die vier Ohren, befasst. Betrachten wir nun die inneren Prozesse genauer. Was spielt sich während des Kommunikationsprozesses in uns ab und wie entstehen unsere Reaktionen und Antworten in einer konkreten Gesprächssituation? Wenn wir eine Nachricht erhalten, läuft in uns ein kleiner Prozess aus drei Schritten ab [63]:

1. Wahrnehmen der Nachricht
2. Interpretieren der Nachricht
3. Erkennen der gefühlsmäßigen Reaktion auf die Nachricht

In Abbildung 9.6 ist dieser Prozess mit einem kleinen Beispiel dargestellt. Je nach unserer Gefühlsreaktion betonen wir eines unserer vier Ohren, reagieren auf nonverbale Signale und kommen dann zu einer Reaktion.

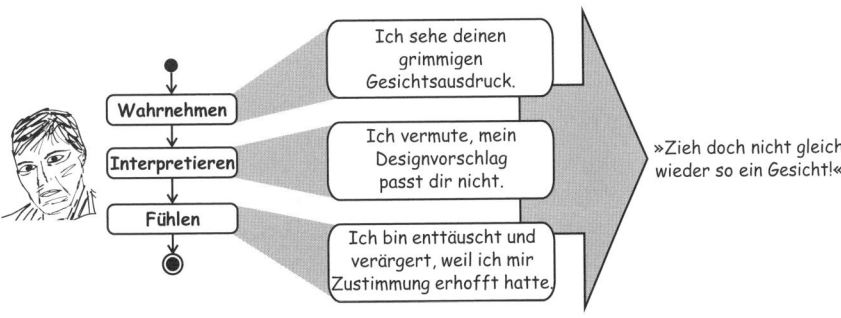

Abbildung 9.6: Das Empfangen einer Nachricht besteht aus drei Schritten (links): Wahrnehmen – Interpretieren – Fühlen [63].

Häufig ist unsere innere Reaktion auf eine Nachricht zwiespältig. In uns spielt sich dabei ein Prozess ab, der sehr große Ähnlichkeit mit einer Gruppendiskussion zu einem kontroversen Thema hat. Es ist, als ob wir in uns verschiedene Stimmen hören, die sich beinahe wie eigenständige Personen verhalten und einen Sachverhalt kontrovers diskutieren (Abb. 9.7). Schulz von Thun bezeichnet dieses Modell als das *innere Team* [62]. Dabei kann es wie in dem Beispiel zu einem inneren Konflikt kommen. Wie gehen wir damit sinnvoll um? Häufig reicht es aus, die wichtigsten verschiedenen Aspekte geeignet zu kombinieren. Wir sagen also nicht einfach nur Ja oder Nein, sondern differenzieren die Antwort oder knüpfen sie an konkrete Bedingungen. Für unser Beispiel aus Abbildung 9.7 finden wir eine Lösung in Abbildung 9.8. Dem inneren Einwand wird durch eine konkrete Bedingung Rechnung getragen. So bauen sich keine negativen Empfindungen auf, z. B. dass wir uns ausgenutzt oder übergangen fühlen.

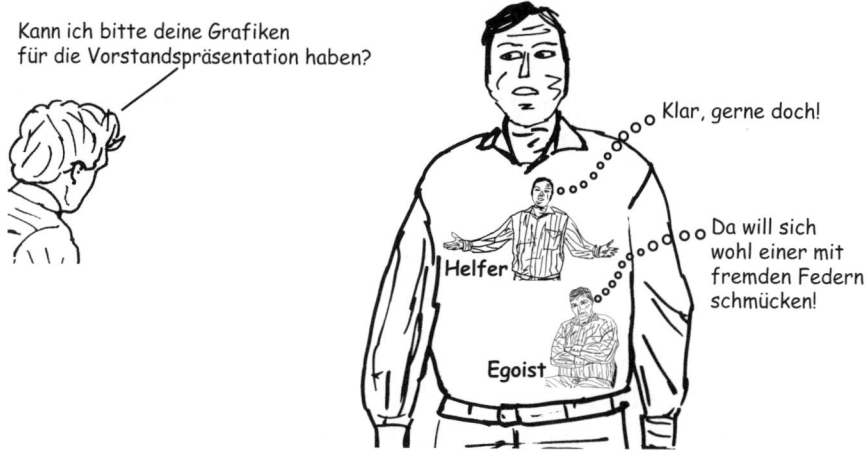

Abbildung 9.7: Ein Beispiel für das Prinzip eines inneren Teams: Einerseits möchten wir gerne helfen, andererseits fühlen wir uns ausgenutzt.

Wenn wir unser inneres Team nicht sofort zu einer gemeinsamen Antwort bringen können, benötigen wir mehr Zeit, um den inneren Konflikt aufzulösen. Wenn wir uns diese Zeit nicht nehmen, kann es passieren, dass wir uns hinterher über unsere Reaktion ärgern, weil wir einen für uns wichtigen Aspekt nicht beachtet oder etwas gegen unseren eigentlichen Willen zugesagt bzw. abgelehnt haben. Um das zu vermeiden, brauchen wir Zeit. Wenn es irgendwie geht, nehmen Sie sich diese Zeit. Vielleicht brauchen Sie nur ein paar Sekunden zum Nachdenken, vielleicht dauert es auch länger und Sie möchten sich sogar noch mit einem Mitmenschen abstimmen, um die Einwände des inneren Teams angemessen aufzulösen. Wie wir

Abbildung 9.8: Wenn wir das innere Team als Einheit nutzen, können wir integrierte Stellungnahmen als direkte Antwort geben.

Einwände bearbeiten, werden wir in Abschnitt 10.2.1 zeigen. Mit den gleichen Mitteln können wir dann auch mit unserem inneren Team arbeiten. In den meisten Situationen ist es möglich, sich hierfür eine kurze Bedenkzeit zu erbitten.

9.4 Situationsabhängigkeit

Bisher haben wir Kommunikationssituationen nur mit dem Fokus auf die direkt beteiligten Personen analysiert. Das reicht leider nicht immer aus. Manche eigentlich idealen Lösungswege sind uns in bestimmten Situationen verbaut! Der komplette Kontext einer konkreten Situation ist meist zu umfangreich, um ihn vollständig zu erfassen. Ein vereinfachendes Modell kann uns dabei weiterhelfen (Abb. 9.9).

Die konkrete Umgebungssituation wird als *Systemkontext* bezeichnet [62]. Dieser ist deshalb so wichtig, weil er der Grund dafür ist, dass es keine Universallösungen für Kommunikationsprobleme gibt. Selbst die Standardlösung *Auf die Meta-Ebene gehen* (siehe Kasten auf Seite 73) passt nicht für jede Situation! So werden wir z. B. nur selten eine Chance haben, uns auf der Meta-Ebene mit dem Vorstandsvorsitzenden über dessen Kommunikationsverhalten zu unterhalten. Der Systemkontext grenzt unsere Verhaltensmöglichkeiten ein. Werfen wir noch einmal einen Blick auf das Situationsmodell aus Abbildung 9.9. Eine bestimmte Situation besteht aus vier Teilen:

9 Aspekte der Kommunikation

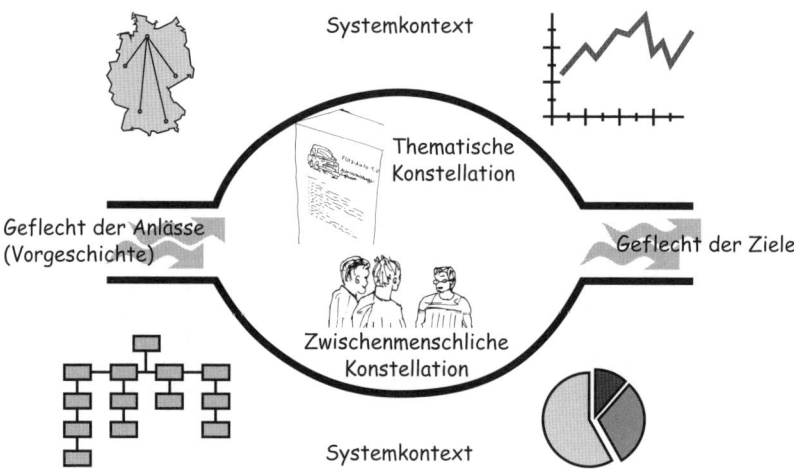

Abbildung 9.9: Eine bestimmte Situation besteht aus vier Teilen, dem Geflecht der Anlässe, der thematischen Konstellation, der zwischenmenschlichen Konstellation sowie dem Geflecht der Ziele, und ist in eine aktuelle Umgebungssituation (Systemkontext) eingebettet [62].

1. Geflecht der Vorgeschichte der Situation: Welche Anlässe liegen vor?
2. Thematische Konstellation: Worüber sprechen wir?
3. Zwischenmenschliche Konstellation: Wie stehen die Personen zueinander in Beziehung?
4. Geflecht der Ziele: Welche Ziele werden in der Situation verfolgt?

Jede Situation ist in eine konkrete Umgebung zu einem bestimmten Zeitpunkt eingebettet, den *Systemkontext*. Daraus entstehen äußere Zwänge, u. a. durch wirtschaftliche Anforderungen. Auch wird ein konkretes Umfeld geschaffen, z. B. dadurch, dass wir uns in unseren Räumlichkeiten oder beim Auftraggeber befinden. Welche Kultur finden wir dort vor (vgl. Abschnitt 8.2.2)? So werden wir uns im asiatischen Raum anders verhalten als in den USA, um erfolgreich zu kommunizieren. Mit welcher Hierarchieebene haben wir es zu tun? Welche nehmen wir selbst ein? Dies alles sind nur Beispiele für Faktoren, die einen Systemkontext bestimmen können.
Die möglichen Lösungen für ein Kommunikationsproblem werden durch den Systemkontext meist eingeschränkt. Daher halten wir es für sehr wichtig, möglichst viele unterschiedliche Verhaltensmuster zu kennen und damit umgehen zu können. Ähnlich dem Griff in einen Werkzeugkasten können wir dann passend zur Situation ein angemessenes Verhalten an den Tag legen. Insbesondere für einen Moderator ist dieses Know-how unerlässlich (vgl. Abschnitt 7.5.1).

10 Ein einfaches Persönlichkeitsmodell

10.1 Vier Präferenzen

10.1.1 Empfängerorientierte Kommunikation

Wir haben bisher Techniken kennengelernt, wie wir besser zuhören, fragen und wahrnehmen können. Als Hintergrund dienen uns dabei Modelle für Kommunikationsprozesse. Eine wesentliche Erkenntnis daraus lautet, dass wir uns als Sender auf den Empfänger unserer Botschaften einstellen müssen, um erfolgreich kommunizieren zu können (Abb. 10.1).

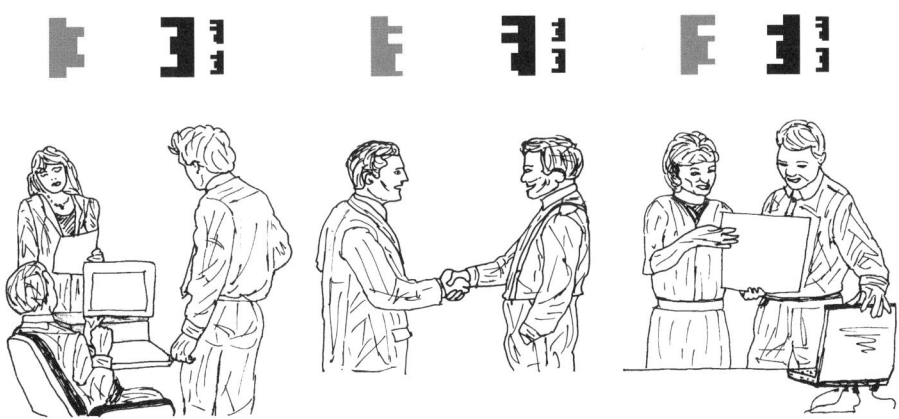

Abbildung 10.1: Drei verschiedene Situationen: Empfängerorientierte Kommunikation adressiert die grundsätzliche Problematik, dass Menschen und Situationen verschieden sind. Die verschiedenen Kommunikationstechniken sind durch die schwarzen Puzzleteile symbolisiert.

Daraus lässt sich eine Tatsache ableiten, die sofort durch unsere Lebenserfahrung bestätigt wird: Menschen sind verschieden! Es gibt daher nicht nur einen Weg, erfolgreich zu kommunizieren, sondern viele verschiedene, die jeweils an bestimmte Typen von Menschen und Situationen gebunden sind. Wir brauchen also einen breit gefächerten Werkzeugkasten an Techniken der Kommunikation und zusätzlich ein Regelwerk, wann welche sinnvoll einzusetzen sind (Abb. 10.1).

Je mehr Werkzeuge uns in Form passender *Kommunikationsadapter* zur Verfügung stehen, desto angemessener können wir kommunizieren. Um diese Vielfalt besser in den Griff zu bekommen, verlassen wir die Kommunikationsmodelle und widmen uns nun den Persönlichkeitsmodellen. Wir werden uns dazu ein einfaches grundlegendes Modell ansehen.

10.1.2 Das Vier-Quadranten-Modell

Im Vier-Quadranten-Modell wird die Typologie des Tiefenpsychologen Carl Gustav Jung (1875 – 1961) auf zwei Aspekte reduziert, die jeweils eine Koordinatenachse bilden und so vier Quadranten aufspannen (Abb. A.7 auf Seite 321 in Anhang A.3). Es zeichnet sich u. a. dadurch aus, dass es ein hervorragender Leitfaden für eine empfängerorientierte Kommunikation ist. Die zugrunde liegende Theorie finden Sie in Anhang A.3 ab Seite 319.

Jeder Quadrant kann mit einem einprägsamen Namen belegt werden. Wir haben dafür die zentrale Grundfrage des Typus gewählt (Abb. 10.2): *Warum?*, *Was?*, *Wie?* und *Wohin noch?*

Abbildung 10.2: Das Vier-Quadranten-Modell liefert vier grundlegende Persönlichkeitspräferenzen, die unser Handeln in verschiedenen Situationen mehr oder weniger stark prägen.

Wir Menschen haben alle vier Quadranten unterschiedlich ausgeprägt in uns, wobei meist ein Quadrant dominiert bzw. stärker ausgeprägt ist. Die Quadranten stellen also Präferenzen dar. Steigen wir jetzt tiefer in die vier Quadranten ein. Was zeichnet die einzelnen Typen aus?

Der Warum-Typus ist auf der Suche nach dem persönlichen Sinn. Er lebt zeitlich in der Vergangenheit. Eine typische Metapher dafür ist der *Philosoph*. Vertreter dieses Typus haben so lange kein Handy (oder was gerade der Hype ist), bis sie genau wissen, warum sie es brauchen.

Der Was-Typus sucht Informationen. Seine charakterlichen Vertreter können erst Entscheidungen treffen, wenn alle Daten vorliegen. Das ist leider selten der Fall, weshalb dieser Typus in seinem Verhalten eher zeitlos ist bzw. Zeit für ihn nur eine geringe Rolle spielt. Softwareentwickler, die eine Präferenz für diesen Typus haben, antworten beispielsweise auf die Frage nach dem Aufwand für etwas: »Es dauert so lange, wie es dauert!« Eine schöne Metapher für den *Was*-Typus ist der *Wissenschaftler*.

Der Wie-Typus benötigt konkrete Handlungsanweisungen, um zügig Ergebnisse erreichen zu können. Er lebt im Hier und Jetzt, in der Gegenwart. Seine Metapher ist das *Improvisationstalent*. Um mit einer Tätigkeit beginnen zu können, reicht ihm eine einfache Skizze, ein Kochrezept oder eine Checkliste.

Der Wohin-noch-Typus ist auf der Suche nach Möglichkeiten und hält sich gerne Optionen offen. Zeitlich lebt er in der Zukunft, ihn beschreibt die Metapher *Visionär*. Hier finden wir natürliche Führungspersönlichkeiten, die wir besser nicht mit aktuellen Problemen belästigen.

An diesen einfachen Beschreibungen erkennen wir bereits häufig den gerade präferierten Persönlichkeitstyp des Gegenübers. Was für Fragen stellt er, wie ist seine zeitliche Ausrichtung und wonach sucht er? In Tabelle 10.1 sind typische Erkennungsmerkmale der vier Grundtypen aufgelistet, in Tabelle 10.2 typische Sätze bzw. Fragen.

Warum	Was	Wie	Wohin noch
skeptische Haltung	häufiges Rückfragen	kompromissbereit	visuelle, schnelle Sprache
philosophische Fragen	prüfende Fragen	schnelle Entscheidung	in die Zukunft gerichtete Fragen
Provokation, Unterstellung	keine emotionale Übertreibung	situativ aufmerksam	unverbindlich, unabhängig von anderen
Rückzug oder Aggression	auditive Neigung	schnell, kurz	ignorant

Tabelle 10.1: Erkennungsmerkmale der vier Grundtypen

Im IT-Umfeld finden wir besonders häufig Menschen mit dominantem *Was*-Quadranten. Sie haben weniger eine intuitive, gefühlsmäßige als vielmehr eine (physische) Wahrnehmung konkreter Fakten und beurteilen diese gerne analytisch, also messbar [79].

Warum	Was	Wie	Wohin noch
Wozu das alles?	Das ist ein Problem!	Das ist doch ganz einfach!	Dann könnte man ja auch...
Das ergibt für mich keinen Sinn!	Das ist eine gute Frage!	Wozu lange reden?	Ich sehe da für uns noch...
Das ist doch alter Wein in neuen Schläuchen!	Können Sie mal sagen... Erklären Sie mir bitte genauer...	Ich mache das mal eben!	Damit stehen uns alle Optionen offen!

Tabelle 10.2: Typische Aussagen oder Fragen der vier Grundtypen

10.2 Anwendung in der Kommunikationssituation

So weit, so gut; doch was nützt uns das im Alltag? Wie können wir ein solches Modell für unsere Kommunikation nutzen? Ein einfacher Weg, empfängerorientiert zu kommunizieren, besteht in der Beantwortung der typischen Fragen, die sich durch den in einer bestimmten Situation dominierenden Charaktertyps des Empfängers stellen. Dazu müssen wir *nur* die wesentlichen Quadranten für eine Person erkennen. Wenn uns dies gelingt, können wir unsere Kommunikation sehr gut empfängerorientiert einstellen. Wissen wir nichts über unsere Zielgruppe oder ist sie inhomogen, so sollten wir versuchen, alle Quadranten nacheinander anzusprechen.

10.2.1 Auf Einwände angemessen reagieren

Eine besondere Kunst ist es, z. B. in Diskussionen auf Einwände angemessen zu reagieren. Wenn wir vom Einwand auf den ursächlichen Quadranten zurückschließen können, wird uns das Vier-Quadranten-Modell weiterhelfen. Jedem Quadranten ist eine grundsätzliche Haltung zugeordnet, die für die Reaktion auf Einwände förderlich ist:

Warum Anerkennung, Wertschätzung und Verständnis
Was hohe Sachlichkeit, Detailtiefe schaffen und Ruhe bewahren
Wie Kochrezeptlösung anbieten, sich kurz und bündig ausdrücken
Wohin noch Optionen und Möglichkeiten aufzeigen

Daraus lassen sich direkt Handlungsanweisungen ableiten (Tab. 10.3).

10.2 Anwendung in der Kommunikationssituation

Quadrant	hilfreich	vermeiden
Warum	Bestätigung	~~Lächerlich machen~~
	Kopfnicken	~~nicht würdigen~~
	Paraphrasieren	~~Bewerten~~
	»Ich verstehe und ...«	~~»Ja, aber ...«~~
Was	sachlich bleiben	~~kurze Ausführung~~
	nüchterne Sprache	~~Showeffekte~~
	detaillierte Ausführung	~~Oberflächlichkeit, Behauptungen~~
	Fakten, Zahlen, Beweise	~~Unstrukturiertheit, Übertreibung~~
Wie	kurze Handlungssprache	~~Ausschweifungen~~
	prägnant	~~Problem erörtern~~
	entscheidungsfreudig	
Wohin noch	Begeisterung teilen	~~Problematisieren~~
	ein Stück weit mitfliegen	~~»Ja, aber ...«~~
	»Wenn..., dann können...«	~~»Das geht nicht, weil...«~~

Tabelle 10.3: Übersicht hilfreicher und zu vermeidender Reaktionen in der Kommunikation mit den vier Grundtypen

Bei Einwänden aus dem *Warum*-Quadranten gilt es, die Person den jeweils eigenen Vorteil oder Sinn erkennen zu lassen. Dabei nehmen wir den oft auch sehr persönlichen Einwand ernst und haben Verständnis dafür.

Einwände aus dem *Was*-Quadranten verlangen nach mehr Informationen und Details. Hierbei helfen u. a. Sachlichkeit, Ruhe und Geduld. Zu viel Marketingshow wird häufig als Blendwerk abgetan und die Kommunikation nicht mehr ernst genommen.

Einwände aus dem *Wie*-Quadranten verlangen nach kurzen konkreten Antworten, Mustern oder Beispielen. Am besten lassen wir z. B. einen so veranlagten Softwareentwickler eine Demoversion gleich ausprobieren.

Bei den Einwänden aus dem *Wohin-noch*-Quadranten tun wir uns oft schwer, mit der Euphorie mitzugehen, da wir auf dem Weg noch reichlich Probleme sehen. Dies kann eine gute Gelegenheit sein, alternative Lösungsansätze schmackhaft zu machen, die neben ihren anderen Vorzügen auch noch eine Reihe von Problemen mit erledigen. Bei solchen Einwänden hilft es, in Lösungen zu denken und weniger in den Problemen verhaftet zu sein: »Wenn wir ... erreichen wollen, dann sollten wir jetzt ... machen!«

Zusammenfassend können wir die folgenden Handlungsanweisungen für eine empfängerorientierte Einwandbehandlung geben:

Warum

- Einwand wertschätzen
- Persönlichen Nutzen, Sinn bzw. Zweck herausstellen
- Das dem Einwand zugrunde liegende Problem herausarbeiten und dessen Lösung als zentralen Erfolgsfaktor für eine angestrebte Veränderung erkennen und würdigen

Was

- Informationen und Details geben
- Weiterführende Quellen und Literaturhinweise nennen
- Konkrete Fakten und Detailtiefe bieten
- Etwas demonstrieren

Wie

- Konkrete Handlungsanweisungen
- Muster und Beispiele
- Ergebnistypen und Checklisten
- selbst ausprobieren lassen

Wohin noch

- Möglichkeiten, Optionen und Zusammenhänge herausstellen
- Lösungen anbieten
- Stufenpläne oder schrittweise Lösungskonzepte erarbeiten, um die Freiheitsgrade für zukünftige Entscheidungen lange offen halten zu können

10.2.2 Vortrag, Präsentation oder Artikel

Aus den vier Quadranten lässt sich gut eine Gliederung für Vorträge, Präsentationen oder Artikel ableiten. Es gibt einen optimalen Weg durch die vier Quadranten. Er ist bereits in Abbildung 10.2 auf Seite 132 durch den Pfeil in der Mitte angedeutet und wird in Abbildung 10.3 noch genauer dargestellt.

Wir starten also in der Motivationsecke und adressieren die *Warum*-Fragen zuerst. Der Grund dafür ist simpel: Wenn wir mögliche Einwände aus dem *Warum*-Quadranten nicht zu Beginn ausräumen, bleiben entsprechende Personen außen vor und können den weiteren Ausführungen kaum folgen. Ohne eine entsprechende Motivation läuft da nichts.

Danach kommen die Informationen und Details. So schaffen wir die Grundlage für die Handlungsanweisungen, die danach folgen. Jetzt haben wir auch die Personen mit einer *Was*- oder *Wie*-Präferenz im Boot.

10.2 Anwendung in der Kommunikationssituation

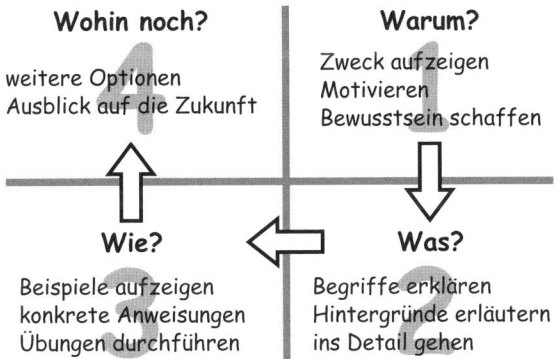

Abbildung 10.3: Leitfaden für eine typgerechte Struktur von Präsentationen oder Dokumenten

Zum Abschluss geben wir einen Ausblick, was wir mit dem bisher Gesagten in Zukunft noch alles machen können. Wir zeigen auf, welche zukünftigen Optionen wir haben, wenn wir uns des zu behandelnden Themas angenommen haben. Jetzt ist auch der *Wohin-noch*-Typus, der visionäre Teil in uns, angesprochen und zufrieden. Jeder hat etwas für sich Passendes gefunden und fühlt sich so individuell angesprochen. In dieser Atmosphäre können wir Inhalte transportieren, jetzt werden sie angenommen.

10.2.3 Argumentationsfäden und Motivation

Greifen wir zum Abschluss den Faden aus Abschnitt 10.2.1 noch einmal kurz auf. Wie können wir unterschiedliche Menschen ohne einen stark ausgeprägten *Wie*-Quadranten, also Menschen mit dominantem *Warum*-, *Was*- oder *Wohin-noch*-Quadranten, dazu bewegen, aktiv zu werden, d. h. in das *Wie* zu gelangen? Wir brauchen hier also drei unterschiedliche Ansätze der Argumentation, die wir als *Emotionslogik* (Warum-Quadrant), *Sachlogik* (Was-Quadrant) und *Kausallogik* (Wohin-noch-Quadrant) bezeichnen, die als Pfeile in Abbildung 10.4 dargestellt sind.

Um einen ausgeprägten *Warum*-Typus zum Handeln zu bewegen, müssen wir ihm Anerkennung geben und Verständnis zeigen sowie den für ihn individuell sichtbaren Sinn der Handlung vermitteln. Erst wenn die Fragen nach dem *Warum* eindeutig und positiv beantwortet sind, wird er bereit sein, in die Aktion zu gehen (siehe den Pfeil Emotionslogik in Abb. 10.4).

Bei einem ausgeprägten *Was*-Typus steht nicht primär der Sinn, sondern die Sicherheit im Fokus der Bedürfnisse. Die Sicherheit entsteht für ihn über Informationen mit großer Detailtiefe. Oft wird Zeit benötigt, um sich die Informationen zu beschaffen und zu verstehen. Ein zu großer Zeit-

10 Ein einfaches Persönlichkeitsmodell

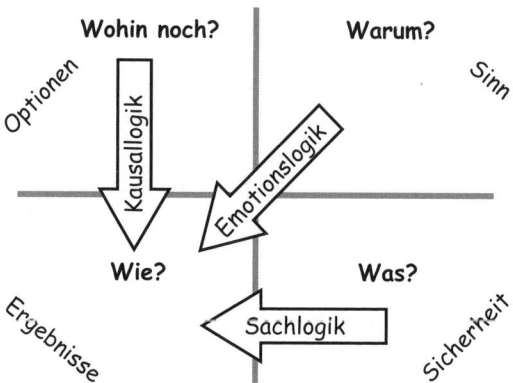

Abbildung 10.4: Typgerechte Argumentation heißt, die Menschen aus ihren aktuell dominierenden Quadranten abzuholen.

druck kann sich hierbei schädlich auswirken. Erst wenn wir es geduldig geschafft haben, seine Fragen zu beantworten, oder der *Was*-Typus Quellen ausreichend studiert und verstanden hat, kann er aus der dann gewonnenen Sicherheit heraus aktiv handeln. Sehr gut eignen sich hier auch Demonstrationen. Dieser Weg ist in Abbildung 10.4 als Sachlogik bezeichnet, da der *Was*-Typus ausreichend Sachinformationen benötigt, um Handlungen durchzuführen.

Einem ausgeprägten *Wohin-noch*-Typus zeigen wir die sich bietenden Möglichkeiten auf. Dazu lassen sich *Wenn-dann-Ketten* gut einsetzen: »Wenn wir uns jetzt so entscheiden, dann können wir damit sowohl ...« In Abbildung 10.4 heißt dieser Weg daher Kausallogik. Unterstützend kann dabei die Fokussierung auf möglichst kurze Handlungswege sein, um relativ früh zumindest Teile der neuen Optionen bereitstellen zu können. Für den Softwareentwicklungsprozess heißt das, dass ein inkrementelliteratives Vorgehen mit Teilinbetriebnahmen und konkreten Zwischenschritten für einen *Wohin-noch*-Typus sehr attraktiv sein kann.

In unserem Kontext kann diese Argumentationskette z. B. hilfreich sein, um einen Entwickler zum testgetriebenen Vorgehen zu bewegen. Über die Art seiner Einwände identifizieren wir den Quadranten. Unterschiedliche Einwände dazu könnten folgendermaßen lauten:

1. »Das kostet doch nur Zeit!«
2. »Wie soll das denn mit unseren komplexen Objektketten klappen?«
3. »Gibt es Statistiken über die Mehraufwände?«
4. »Können wir damit unsere Refactoring-Zyklen verkürzen?«
5. »Das bedeutet für mich reichlich Mehrarbeit!«
6. »Was kann uns das konkret bringen?«

7. »Können Sie das bitte mal zeigen?«
8. »Das muss ich sofort ausprobieren!«

Können Sie dazu jeweils den Quadranten identifizieren? Probieren Sie es, bevor Sie in der Fußnote nachschauen. Wer auf diese Einwände angemessen reagiert, kann den Entwickler sicher davon überzeugen, testgetrieben vorzugehen.[1]

Prinzipiell gilt es stets, zuerst die Einwände würdigen, um dann die individuellen Vorteile herauszuarbeiten. Es lohnt sich, z. B. bei *Warum*-Argumentationen passende Beispiele und Erfahrungswerte parat zu haben. Da Einwände oft Hinweise auf grundlegende Problembereiche geben, die genauer betrachtet werden sollten, reicht es teilweise schon, sie anzuerkennen. »In der Tat sind es solche Probleme, die zum schnellen Einschlafen testgetriebenen Vorgehens in Projekten führen. Wir müssen hier methodisch sehr sauber vorgehen, um genau diese negativen Auswirkungen zu vermeiden!«

Bei Einwänden aus dem *Was*-Quadranten sollten Sie einfach nur genau wissen, wovon Sie reden, oder jemanden dabei haben, der die Details darlegen kann. Eine strukturierte Darstellung der Methoden, Techniken und Zusammenhänge wird diese Einwände angemessen beantworten. Des Weiteren kann auf einschlägige Literatur, Konferenzen oder Seminare verwiesen werden.

10.3 Die Unterschiedlichkeit nutzen

10.3.1 Eine positive Einstellung gewinnen

»Können nicht die anderen so sein wie ich? Dann wäre alles viel einfacher!« Wer hat solche Gedanken nicht schon einmal gehabt. Konsequent zu Ende gedacht, wäre unser Leben dann nur auf den ersten Blick einfacher, denn in der Vielfalt steckt die enorme Stärke von Teams, die weit über die Summe der Einzelleistungen hinausgehen kann.

Die Ausrichtungen und Einstellungen jedes Quadranten haben ihren Sinn. Unser ethisches Verständnis liegt im *Warum*-Quadranten. Die Informationsgrundlage bilden wir über die Fragen aus dem *Was*-Quadranten. Sie geben uns die Sicherheit zum Handeln. Unsere dazu notwendige Ergebnisorientierung steckt im *Wie*-Quadranten. Und wo wären wir heute ohne die Visionen aus dem *Wohin-noch*-Quadranten? Sie geben uns die Kraft, Widerstände zu ignorieren und unsere Ziele zu verfolgen. Eine kurze Anekdote

---

[1]Eine mögliche Interpretation ist: 1-warum, 2-was, 3-was, 4-wohin noch, 5-warum, 6-wohin noch, 7-was, 8-wie.

aus dem Leben des Erfinders Thomas A. Edison soll das illustrieren. Ob sie stimmt, wissen wir nicht, aber sie passt.

> Edison versuchte mit seinem Team die elektrische Glühlampe technisch zur Marktreife zu entwickeln. Über 1000 Versuche waren bereits gescheitert, und die Lampenprototypen gingen schnell kaputt. Daraufhin meinten Edisons Mitarbeiter, er solle die Experimente aufgeben, da es offensichtlich nicht klappen würde. Edison erwiderte, dass sie jetzt über 1000 Wege kennen würden, die nicht funktionierten, und daher die Lösung nicht mehr weit sein könne. Etwa 30 Experimente später hatte Edison eine technisch ausgereifte Glühbirne in der Hand.

In unserer Unterschiedlichkeit, der Heterogenität, liegt also einer der Schlüssel zum Erfolg. Damit knüpfen wir wieder bei dem Thema *Wertschätzung* aus Abschnitt 7.4 an.

Gerade der *Wohin-noch*-Quadrant bildet den Rahmen für Konflikte, in die wir in der IT öfter geraten: Der sachliche, problemorientierte *Was*-Entwickler trifft auf den visionären, auf die Zukunft hin ausgerichteten *Wohin-noch*-Manager. Hier stoßen die jeweiligen Stärken komplementär aufeinander: Die Stärke des einen trifft die Schwäche des anderen! Das schmerzt, denn dadurch werden wir mit unseren eigenen Defiziten konfrontiert. Dazu kommt, dass Entwickler und Manager meist nicht dieselbe Sprache sprechen.

Konflikte sind vorprogrammiert, wenn wir es nicht schaffen, eine positive Einstellung dem anderen gegenüber zu erlangen. Es besteht dann die Gefahr, den anderen nicht als gleichwertig ernst zu nehmen. Wir können das Vier-Quadranten-Modell dazu nutzen, solche Situationen zu erkennen und zu entschärfen, indem wir unser Kommunikationsverhalten angemessen anpassen:

1. Wir erkennen die Stärken des anderen und akzeptieren sie als sinnvolle Leistungen für die Gruppe.
2. Wir haben die Möglichkeit, unsere Ideen und Aussagen in der Sprache des anderen zu formulieren bzw. angemessen und empfängerorientiert mit ihm zu kommunizieren.

10.3.2 Typologien und Schubladendenken

Eigentlich kann das doch gar nicht funktionieren! Wie können wir annehmen, die Fülle menschlicher Charaktere in wenigen Kategorien beschreiben zu können? Menschen sind hochgradig individuell und lassen sich nicht

10.3 Die Unterschiedlichkeit nutzen

in ein Schema pressen. Können Typologien unter diesen Voraussetzungen überhaupt sinnvoll sein?

Das sind mehr als berechtigte Fragen, die aufkommen, wenn man sich mit einer Typologie befasst. Erst recht, wenn sie so simpel ist wie das Vier-Quadranten-Modell. Auch die Tatsache, dass es Typologien wie Sand am Meer gibt, lässt uns vermuten, dass ein solcher Versuch wenig nützlich ist. Warum arbeiten wir also in diesem Buch mit bestimmten Modellen und Typologien?

Die Antwort darauf ist einfach und pragmatisch: Weil sie sich in unserer Praxis bewährt haben! Wir versuchen nicht, Menschen in ein Schema zu pressen, und sei das Schema noch so komplex. Wir versuchen, Unterschiede zu erkennen, um darauf angemessen reagieren zu können. Wir setzen Typologien ein, um unsere individuelle Unterschiedlichkeit strukturieren zu können. So hoffen wir, besser damit umgehen zu können, dass wir alle verschiedene Individuen sind. Gewisse Muster, die in den verwendeten Typologien herausgearbeitet worden sind, helfen uns dabei.

Wir können auch sagen, dass wir Typologien verwenden, um den Begriff *Persönlichkeit* zu strukturieren. Das Modell des inneren Teams aus Abschnitt 9.3 ist ein schönes Beispiel dafür, dass wir alle Persönlichkeitsmerkmale einer Typologie in uns haben. Die Ausprägung und Intensität unserer persönlichen Präferenzen machen dabei die Individualität aus. Schon der Tiefenpsychologe C. G. Jung, einer der Pioniere der Typologie, auf der auch das Vier-Quadranten-Modell basiert, äußerte seine Bedenken in dieser Richtung:

> »Glauben Sie nicht, ich stecke Menschen in Schubladen und sage: ›Er ist ein Intuitiver‹ oder ›Er ist ein Denktyp‹...
> Es ist ein Unsinn, die Menschen in Kategorien einzuteilen und mit Etiketten zu versehen.«
> aus: C. G. Jung, Gesammelte Werke Bd. 18/1, Walter Verlag

Wir vereinen alle typologischen Kategorien und noch viel mehr in uns. Die individuellen Ausprägungen und Präferenzen machen uns zu dem einzigartigen Individuum, das wir sind. Diese Kombination von Merkmalen und Charaktereigenschaften ist dabei nicht konstant und festgeschrieben, sondern kann ein Leben lang weiterentwickelt werden und sich verändern.

In typischen Stresssituationen wie unter Zeitdruck oder nach anklagenden Worten anderer reagieren wir in der für uns typischen Weise. Wir fallen in unsere typologische Präferenz zurück, weil wir sie gut kennen und daher viel Erfahrung damit haben. Nicht immer sind diese Präferenzen lösungsdienlich. Wer dieses Muster für sich erkannt hat, kann gezielt neue Sicht- und Verhaltensweisen erarbeiten. Typologien können wir auch dazu nutzen, unsere Selbsterkenntnis und Selbstwahrnehmung zu strukturieren.

Auf dieser Basis können wir gezielt unseren »Verhaltens-Werkzeugkasten« überdenken und vergrößern.

In [84] gehen wir weiter auf das Arbeiten mit Menschen und Typologien ein. Gerade wenn wir besonders leistungsfähige Teams aufbauen wollen, kann uns dieses Hintergrundwissen sehr nützlich sein.

10.3.3 Probleme lösen mit dem Z-Modell

Eine Möglichkeit, mit Typologien in der Praxis zu arbeiten, ist, sich das jeweilige Verhalten bei Problemlösungen anzusehen. Es gibt Menschen, die schaffen Lösungen, die von vielen akzeptiert werden und lange Bestand haben. Andere dagegen geraten mit ihren Vorschlägen sofort ins Kreuzfeuer. Oft ist Letzteres kein intellektuelles Problem, denn diese Vorschläge würden das Problem durchaus lösen. Es handelt sich dann meist um ein Akzeptanzproblem, da hier häufig die Sichten unzureichend berücksichtigt wurden, die andere Menschen auf das Problem und dessen Lösung haben könnten.

Aus einer Weiterentwicklung der Typologie nach C. G. Jung, dem Myers-Briggs Type Indicator® (MBTI®)[2], stammt ein Einsatzmodell zur Lösung von Problemen unter Berücksichtigung der verschiedenen typologischen Kategorien. Dieses Problemlösungsmodell möchten wir kurz vorstellen, ohne in die Tiefen dieser Typologie einzutauchen.

Generell können wir sagen, dass die unterschiedlichen Eigenschaften und Fähigkeiten in den Kategorien uns helfen können, schwierige Probleme optimal zu lösen (Abb. 10.5). Wir gehen dabei in vier Schritten vor:

1. Fakten sammeln: Nutze deine Sensorik (Wahrnehmung), um alle Details und Aspekte zu finden.
2. Brainstorming zu den Möglichkeiten: Nutze deine Intuition, um möglichst viele verschiedene Ursachenmöglichkeiten und potenzielle Problemlösungen zu entwickeln.
3. Analysiere objektiv: Nutze dein analytisches Denken, um alle Ursachen und Wirkungen jeder potenziellen Lösung zu betrachten.
4. Gewichte die Auswirkungen: Nutze dein Gefühl, um zu betrachten, wie die jeweiligen Lösungsideen die Menschen betreffen, die in das Problem involviert sind.

Dieses Muster heißt Z-Problemlösungsmodell, weil es in Form eines Z durch die einzelnen Präferenzkombinationen der Typologie läuft (Abb. 10.5). Unsere Stärken liegen dabei eher auf einer der beiden Seiten. Es ist dabei

---

[2] Myers-Briggs Type Indicator® und MBTI® sind eingetragene Handelsmarken der Consulting Psychologists Press Inc. und der Oxford Psychologists Press.

10.3 Die Unterschiedlichkeit nutzen 143

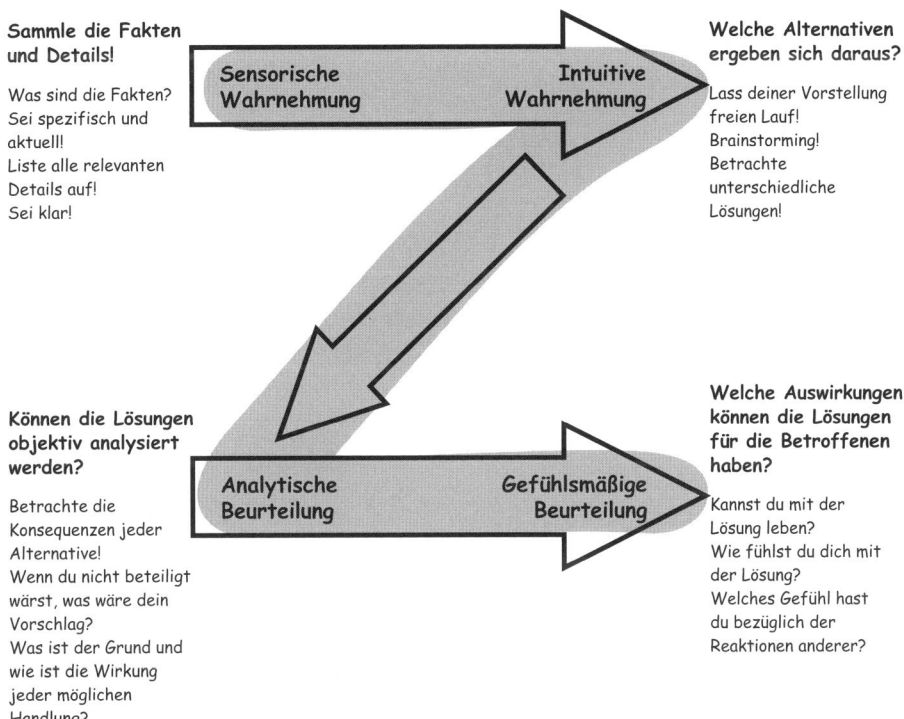

Abbildung 10.5: Das Z-Problemlösungsmodell nutzt die unterschiedlichen Persönlichkeitsmerkmale, um zu einer optimalen Lösung zu kommen [41].

egal, welches Ihre individuellen Präferenzen sind. Jeder kann dieses Problemlösungsmuster einsetzen, weil wir alle die notwendigen Persönlichkeitszüge in uns haben.

Im Z-Problemlösungsmodell werden meist zwei unserer gut ausgeprägten Präferenzen berührt, die anderen beiden erfordern daher unsere besondere Aufmerksamkeit, um sie bewusst einzusetzen. Und genau da liegt leider das Problem mit dem Z-Problemlöser: Unter Stress fallen wir in unsere präferierten Persönlichkeitsmerkmale zurück [41]! Die einen werden stärker auf ihre Wahrnehmung der Fakten vertrauen, während die anderen sich eher von ihrer Intuition leiten lassen.

Wie können wir diese drohende Einseitigkeit aufbrechen? Das geht ganz einfach – wir lösen das Problem gemeinsam mit Menschen, die andere Präferenzen haben. Wir können uns so in unseren Stärken ergänzen.

Ein einfacher Tipp dazu: Wenn wir ein kniffliges Problem haben, holen wir einen oder zwei Kollegen hinzu, die etwas anders denken als wir selbst. Dann gehen wir gemeinsam die vier Schritte durch. So kommen wir zu Lösungen, die nah an Win-win-Situationen liegen, wo wir den Erfolg maximieren, die Risiken minimieren und allen Beteiligten und Betroffenen erlauben, sich mit ihrem Potenzial maximal einzubringen.

Dieses Verfahren bietet sich daher besonders in heiklen Situationen an, in denen entweder viele verschiedene Menschen betroffen sind oder projektpolitische Auswirkungen zu beachten sind. Durch das Ansprechen der verschiedenen Beurteilungs- und Wahrnehmungsaspekte können wir so zu besonders kreativen Lösungen gelangen.

11 Ich bin O.K., du bist O.K., ihr seid O.K.

Kehren wir zurück zu den Kommunikationsmodellen oder, besser gesagt, schaffen wir den direkten Zusammenhang zwischen einem Kommunikations- und einem Persönlichkeitsmodell. Das bietet die Transaktionsanalyse. Sie kann uns in unterschiedlichen Kommunikationssituationen große Dienste leisten, sowohl im rein analytischen Verständnis der Situation wie auch als Ratgeber für ein angemessenes eigenes Verhalten.

11.1 Transaktionsanalyse

Die Transaktionsanalyse wurde in den 60er-Jahren von Eric Berne entwickelt. Das ist insofern wichtig, als die Terminologie aus den 50er- und 60er-Jahren stammt und uns heute vielleicht etwas irritiert. Das Großartige an der Transaktionsanalyse ist, dass es sich um ein einfaches Modell mit einfacher Terminologie handelt, die von jedem Menschen verstanden werden kann [33].

Was ist nun eine Transaktion? Mit Datenbanken wird das ja in diesem Zusammenhang nichts zu tun haben. Eine Transaktion ist eine Art seelischer Geschäftsabschluss zwischen zwei Menschen. Der eine bietet Verhalten an, der andere reagiert mit seinem Verhalten darauf. Als Transaktionen bezeichnen wir dabei die sogenannten atomaren Transaktionseinheiten, also eine einzelne Aktion bzw. Reaktion eines Gegenübers. Auf eine einzelne Transaktion folgt dann in der Regel eine Transaktion des jeweils anderen.

Die Transaktionsanalyse bietet ein einfaches Beschreibungsmodell zur Auswertung dieser Transaktionen. Diesen Transaktionen können wir uns nicht entziehen oder frei nach Paul Watzlawick [86]: Man kann nicht nicht kommunizieren! Auch das Ignorieren ist eine Transaktion.

Blättern Sie dazu bitte kurz auf Seite viii zu Abbildung 4 zurück. Wie fühlen Sie sich, wenn so mit Ihnen umgegangen wird? Wie reagieren wir auf so eine Provokation angemessen? Durch die Transaktionsanalyse lernen wir etwas über uns selbst und andere Menschen und können so mit den in uns erzeugten Gefühlen besser und angemessener umgehen. Doch genug *Warum*, kommen wir jetzt zum *Was*.

11.1.1 Die drei Ich-Zustände und unsere Grundeinstellungen

Jeder Mensch hat, grob betrachtet, drei Ich-Zustände:

Eltern-Ich: Hier liegen die Regeln, Normen und Beurteilungen.
Erwachsenen-Ich: Der Zustand des Verstands und der Kausalität. Aus diesem Ich-Zustand heraus reden wir über Inhalte.
Kindheits-Ich: Hier befinden sich die Gefühle, mit denen unsere Normen verfestigt wurden.

Berne stellt die drei Ich-Zustände als Kreise dar (Abb. 11.1, links). Alle drei Ich-Zustände sind parallel in uns vorhanden und wir wechseln zwischen ihnen hin und her, sodass stets einer aktiv ist (Abb. 11.1, rechts).

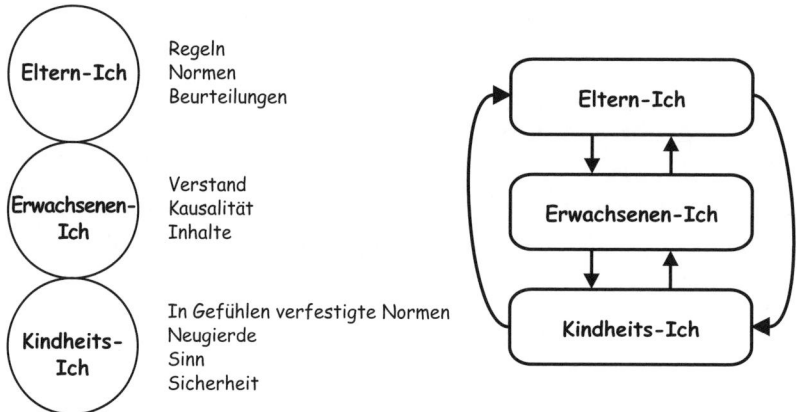

Abbildung 11.1: Die drei Ich-Zustände der Transaktionsanalyse, links klassisch nach Eric Berne, rechts als UML-Zustandsmodell. Am Zustandsmodell erkennen wir die sechs Wechselmöglichkeiten zwischen den Ich-Zuständen.

Unsere eigene Grundeinstellung wird in unserer Kindheit geprägt durch die Normen und Werte, die wir von unseren Bezugspersonen übernehmen und im Eltern-Ich abspeichern. Die äußere Beurteilung spiegelt sich dabei in unseren Gefühlen wider. Diese Gefühle speichern wir im Kindheits-Ich ab. Damit verfestigen sich die übernommenen Werte, Regeln und Normen aus dem Eltern-Ich.

Aufgrund der natürlichen Unzulänglichkeiten eines Kinds, das z. B. noch ungeschickt ist und die Bezugspersonen als perfekt annimmt, ergibt sich eine Eigensicht, die wir als *Ich bin nicht O.K.* beschreiben können. Da die Bezugspersonen als allmächtig und perfekt wahrgenommen werden, kann das Bild, das wir von ihnen haben, als *Du bist O.K.* bezeichnet werden.

Durch die Entwicklung des dritten Zustands, des Erwachsenen-Ichs, können wir im Laufe unserer Entwicklung und mit Unterstützung durch unsere Bezugspersonen diese Eigensicht ändern in *Ich bin O.K.* Dieser Prozess ist nicht einfach und erreicht idealerweise seinen Abschluss mit Ende der Pubertät, wenn sich die eigene Identität herausgebildet hat. Auf diesem komplizierten Weg kann es zu diversen Störungen kommen, die zu anderen Sichten führen können als die Idealform *Ich bin O.K., du bist O.K.* Doch dazu später mehr.

Kommen wir zurück zu den drei Ich-Zuständen aus Abbildung 11.1. Alle drei Ich-Zustände liegen immer parallel in uns vor, und wir springen zwischen ihnen hin und her, wie im folgenden Beispiel zu sehen: Ein Kollege kommt zu spät zum Teammeeting und bekommt das »Warum kommst du schon wieder zu spät?« aus dem Eltern-Ich des Teamleiters zu hören. Danach springt der Teamleiter wieder zurück ins Erwachsenen-Ich und die Besprechung wird sachlich fortgeführt.

11.1.2 Fachgespräche aus dem Erwachsenen-Ich

Wenn zwei Menschen aufeinandertreffen, begegnen sich zwei Ich-Zustandsmodelle, die miteinander Transaktionen austauschen. Ziel unserer Kommunikation in der Berufswelt sind Fachgespräche aus dem Erwachsenen-Ich heraus. Alle Beteiligten kommunizieren auf dieser Ebene. Wir konzentrieren uns auf die Inhalte, sind verstandesgesteuert und sachlich. Dieses Ziel lässt sich durch Abbildung 11.2 darstellen.

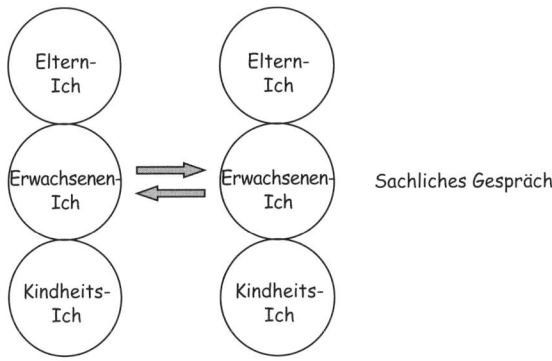

Abbildung 11.2: Fachgespräche erfolgen aus dem Erwachsenen-Ich heraus.

Leider kann es in der Praxis zu den unterschiedlichsten Störungen kommen. Diese gilt es, zu erkennen, um dann angemessen darauf reagieren zu können. Wir versuchen dann wieder zum sachlichen Gespräch auf der Ebene des Erwachsenen-Ichs zu gelangen.

11.2 Die Transaktionsarten

Aus den verschiedenen Ich-Zuständen heraus können Transaktionen erfolgen, die ihrerseits auf einen Ich-Zustand beim Gesprächspartner zielen. Die verschiedenen Möglichkeiten, mit diesem Modell Kommunikation darzustellen, nennt man Transaktionsarten, wobei drei verschiedene Arten unterschieden werden:

- Parallele Transaktionen
- Komplementäre Transaktionen
- Gekreuzte Transaktionen

11.2.1 Parallele Transaktionen – Einklang

Es gibt rechnerisch drei Möglichkeiten für parallele Transaktionen zwischen zwei Personen (Abb. 11.3).

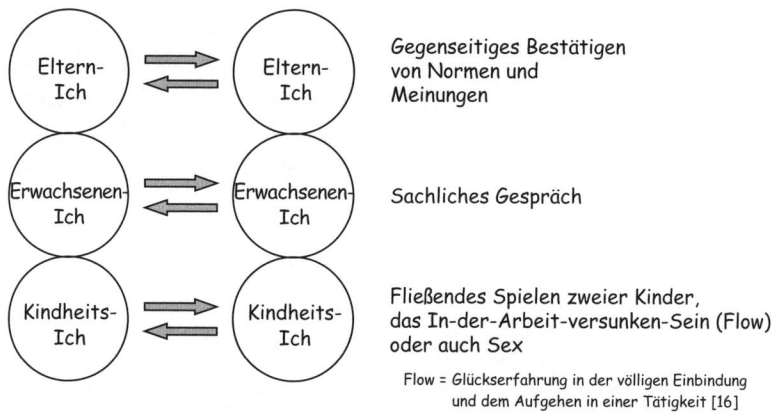

Abbildung 11.3: Die drei möglichen parallelen Transaktionen

Kommunizieren wir aus dem Eltern-Ich miteinander, bestätigen wir unsere Normen und Regeln (Abb. 11.3, oben). Schauen wir uns im Folgenden ein typisches Beispiel mit zwei aufgebrachten Anwendern einer Software an, die sich für einen gewissen Zeitraum, meist so fünf bis fünfzehn Minuten, so richtig schön gegenseitig hochschaukeln können.

In unserem Beispiel sind aufgrund eines Hardwareschadens physikalische Fehler in einer Datenbank entstanden. Leider werden solche Fehler bislang in Ihrer Software noch nicht abgefangen, sodass es zu Abstürzen kommt, sobald einer der fehlerhaften Datensätze in den Speicher geholt wird.

Da solche Abstürze Folgefehler nach sich ziehen können, haben Sie schnell einen Patch entwickelt, der die Abstürze vermeidet und eine definierte Fehlermeldung bringt. Sie haben mal wieder die Situation gerettet und spielen schnellstmöglich diesen Patch ein, wozu das System allerdings eine Stunde heruntergefahren werden muss. Jetzt lauschen wir kurz bei den Anwendern:

»Der XY-Server steht schon wieder! Glauben die denn, wir haben gar nichts zu tun?«

»Angeblich muss dringend so ein Patch eingespielt werden. Können die das nicht nachts machen?«

»Hätten die das wenigstens vorher gesagt, dann wäre ich heute später gekommen.«

»Ach, die sind doch so planlos. Das würde ja Voraussicht erfordern.«

»Seit Meyer dort weg ist, ist es noch schlimmer geworden. Und wenn man da erst anruft...«

»Genau! Letztens meint so einer doch glatt zu mir...«

Es wird beurteilt und Aussagen werden weitgehend unreflektiert gemacht. Gegenseitig werden die Positionen bestätigt. Ist der erste Ärger verraucht, gibt sich das meist wieder, glücklicherweise. Auf diesem Niveau können wir kaum zu einem konstruktiven, sachlichen Gespräch kommen. Dazu brauchen wir einen anderen Ich-Zustand, das Erwachsenen-Ich. Im Berufsalltag ist die Form des sachlichen Gesprächs aus dem Erwachsenen-Ich heraus unser Ziel, auf das wir bereits kurz eingegangen sind (Abb. 11.3, Mitte).

Die dritte Möglichkeit ist die parallele Kommunikation aus dem Kindheits-Ich heraus (Abb. 11.3, unten). Wie zwei Kinder sind wir dabei völlig in der Situation versunken und bemerken die Umwelt nicht. In der Arbeitswelt finden wir solche Situationen, wenn zwei Mitarbeiter gemeinsam eine Aufgabe bearbeiten und in einem von den äußeren Bedingungen abgekoppelten Ablauf in ihre Arbeit versunken sind. Solche Situationen entwickeln eine enorme Kraft. Hier kommt der Flow, das völlige Aufgehen in eine Tätigkeit, zum Tragen. Wir sind dann zutiefst in unsere Aufgabe versunken und darin eingebunden, was oft mit einer Glückserfahrung verbunden ist [16].

Dieser Zustand könnte z. B. bei der Entwicklung der Patch-Lösung für das obige Datenbankproblem eingetreten sein. Als Sie gestern Abend von den Systemadministratoren von dem Problem gehört haben, haben Sie gemeinsam mit Ihrem fähigsten Kollegen noch bis in den späten Abend hinein das Problem analysiert. Um übermüdet nicht bei der Erstellung des Patches Fehler zu begehen, haben Sie beschlossen, die Arbeit zu unterbrechen und morgen früh um 7 Uhr weiterzumachen.

Am nächsten Morgen haben Sie zu zweit, mit reichlich Kaffee ausgestattet, innerhalb von nur zwei Stunden den Patch entwickelt, getestet und den Administratoren übergeben, damit er sofort eingespielt werden kann. In diesen zwei Stunden ist es Ihnen gelungen, den Flow zu erreichen, und Sie fühlen sich entsprechend gut.

11.2.2 Komplementäre Transaktionen – Rollenspiele

Komplementäre Transaktionen sind parallele Transaktionen zwischen unterschiedlichen Ich-Zuständen. Uns interessiert die zwischen Eltern-Ich und Kindheits-Ich (Abb. 11.4).

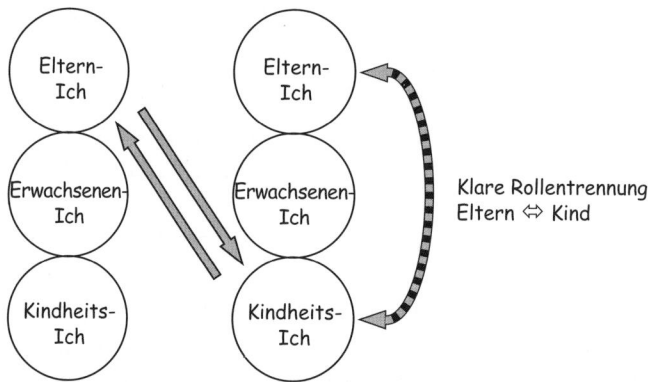

Abbildung 11.4: Die zentrale komplementäre Transaktion: Eltern-Ich und Kindheits-Ich

Wir finden hier eine klare Rollentrennung zwischen Eltern und Kind vor. Diese Kommunikation funktioniert hervorragend, solange die Beteiligten in ihren Rollen bleiben. Greifen wir das Datenbankproblem von vorhin wieder auf, um diese Transaktionsart zu illustrieren. Einer der beiden Anwender hat die Hotline am Telefon zu fassen bekommen. Der Anwender ist immer noch im Eltern-Ich-Zustand. Aus diesem Zustand heraus adressiert er den Hotline-Mitarbeiter in seinem Kindheits-Ich-Zustand.

Ein erfahrener Hotline-Mitarbeiter wird diesen Kindheits-Ich-Zustand gleich zu Beginn eines Telefonats mit einem aufgebrachten Anwender einnehmen. Damit schafft er es, mit dem Anrufer in Kontakt zu kommen und die Situation nicht noch weiter eskalieren zu lassen. Danach versucht er, den Anrufer in seinen Erwachsenen-Ich-Zustand zu überführen, um seinerseits in diesen Zustand zu gehen und ein konstruktives Lösungsgespräch durchzuführen.

»Der XY-Server steht schon wieder! Glauben Sie denn, wir haben gar nichts zu tun?«

»Oh, das tut uns leid. Ich weiß, wie belastet Sie so kurz vor dem Monatsende sind.«

»Hätten Sie das wenigstens gestern schon gesagt, dann wäre ich heute später gekommen.«

»Entschuldigen Sie, wir haben das Problem erst gestern Abend bemerkt. Wie kann ich Ihnen am besten helfen?«

»Wann können wir denn wieder arbeiten?«

»In einer halben Stunde soll alles wieder voll funktionsfähig sein.«

Wir können jetzt besser verstehen, warum es in der Hotline so eine hohe Mitarbeiterfluktuation gibt. Es gilt, viel auszuhalten und das Gehalt ist wohl eher ein Schmerzensgeld.

Solche *Rollenspiele* kann es auch dauerhaft zwischen erwachsenen Personen geben, wenn einer eine sehr dominante Rolle innehat und der andere sich entsprechend unterordnet. Die untergeordnete Rolle kann demjenigen sehr viel Sicherheit geben und solch eine Situation kann über Jahre stabil sein. Alle Beteiligten sind zufrieden. Sobald sich die untergeordnete Person zu emanzipieren beginnt, wird es spannend. Wenn das *Kind pubertiert*, bricht es aus dem Schema aus, und wir haben Kommunikationskonflikte, die wie oben gezeigt gelöst werden können.

11.2.3 Gekreuzte Transaktionen – Konflikte

Bislang haben wir relativ stabile Transaktionsarten kennengelernt. Wie sehen nun Konflikte aus? Hier kreuzen sich die Transaktionen. Ein Beispiel für eine solche Transaktionsart ist der aufgebrachte Anwender, der auf einen sachlichen Hotline-Mitarbeiter trifft (Abb. 11.5, links).

Variieren wir zur Illustration das Beispiel von oben. Der Hotline-Mitarbeiter reagiert von Anfang an ganz sachlich und nüchtern aus dem Erwachsenen-Ich heraus. Der Anwender fühlt sich dabei nicht angemessen behandelt und wird immer aufgebrachter. Diese Situation kann schnell eskalieren und zu wüsten Beschimpfungen führen.

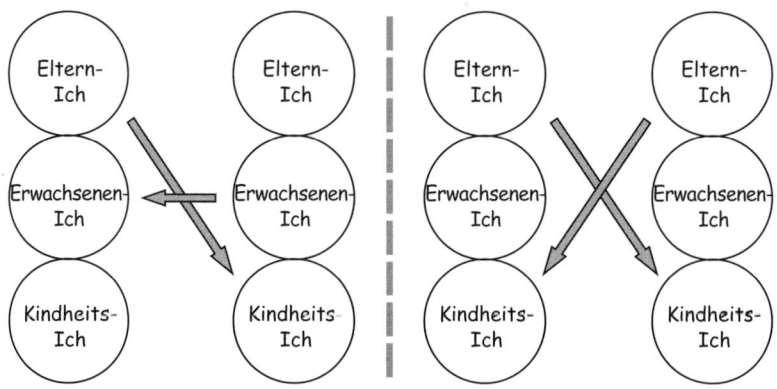

Abbildung 11.5: Bei gekreuzten Transaktionen kann keine konstruktive Kommunikation entstehen.

»Der XY-Server steht schon wieder! Glauben Sie denn, wir haben so gar nichts zu tun?«

»In einer halben Stunde soll alles wieder laufen.«

»Ihretwegen dürfen wir heute Überstunden machen. Vor den Monatsabrechnungen ist hier die Hölle los und wir sind sowieso schon überlastet.«

»Melden Sie sich in einer halben Stunde nur neu an, dann sollte alles wieder gehen.«

»Das glauben Sie doch selbst nicht, dass ihr das in einer halben Stunde hinbekommt! Ich sehe schon den ganzen Tag den Bach runtergehen!«

»Doch, ich denke in 30 Minuten wird es wieder gehen.«

»Sie denken!? Das ist ja ganz was Neues.«

»Äh, Augenblick mal ...«

Im zweiten Beispiel kommunizieren beide jeweils aus dem Eltern-Ich heraus mit einem Gegenüber auf Ebene des Kindheits-Ichs (Abb. 11.5, rechts). Auch hier kommt keine angemessene Transaktion zustande, und die Gefahr ist groß, dass sich das Gespräch emotional aufschaukelt. Der Anfang könnte sich dann so anhören:

»Der XY-Server steht schon wieder! Glauben Sie denn, wir haben so gar nichts zu tun?«

»Ich bin doch kein Anfänger. Sie sollten doch wissen, dass ich am Monatsende nur das XY-System brauche!«

»Denken Sie, Sie haben einen Anfänger vor sich?«

»Beruhigen Sie sich erstmal. Haben Sie schon geprüft, ob Sie mit dem ABC-System arbeiten können?«

»Mit dem ABC-System können Sie aber die Vorarbeiten machen, bis in einer halben Stunde das XY-System wieder läuft!«

Die beiden Gesprächspartner werden heute wohl nicht mehr zusammenkommen. Gekreuzte Transaktionen sind problematisch und führen schnell zu Konfliktsituationen. Leider sind gekreuzte Transaktionen nicht immer so leicht zu erkennen wie in den Beispielen oben.

11.2.4 Verdeckte Transaktionen

Im ersten Schritt zur Auflösung von gekreuzten Transaktionen gilt es zu erkennen, aus welchem Ich-Zustand heraus mein Gegenüber kommuniziert. Das ist manchmal gar nicht so einfach, weil der Ich-Zustand verdeckt sein kann (Abb. 11.6).

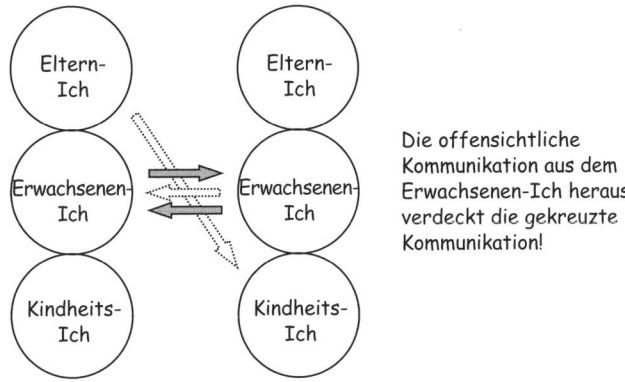

Die offensichtliche Kommunikation aus dem Erwachsenen-Ich heraus verdeckt die gekreuzte Kommunikation!

Abbildung 11.6: Spannend wird es, wenn die eigentlichen Ich-Zustände, aus denen kommuniziert wird, z. B. durch die Wortwahl verdeckt sind.

154   11 Ich bin O.K., du bist O.K., ihr seid O.K.

Achten wir nur auf den Inhalt einer Aussage, können wir in die Irre geführt werden. Stimmlage und Gestik usw. gehören mit dazu. Passen diese nicht zur Aussage, nehmen wir meist nur eine Inkonsistenz zwischen Inhalt und Form wahr.

Gehen wir als Beispiel zurück zu den beiden Patch-Entwicklern. Gegen Mittag, wenn sich die Lage wieder normalisiert hat, zeigt einer dem neuen Kollegen, was sie geändert haben. Dazu geht er an dessen Arbeitsplatz und beginnt das folgende Gespräch. Nur von den Aussagen her hören wir ein sachliches Gespräch über Inhalte:

»Ich zeige dir mal, wie Paul und ich das Problem heute Morgen gelöst haben. Gehe mal in die Xyz-Klasse.«

»Lass mich kurz die Entwicklungsumgebung öffnen...«

»Und hier kommt der geniale Teil: Ich rufe direkt...«

Hört sich doch recht unverfänglich an. Ein bisschen Eigenlob aus dem Hochgefühl heraus ist doch ganz verständlich. Wenn wir die beiden sehen könnten, wären wir schon etwas irritiert. Mittlerweile hat sich der Patch-Entwickler die Tastatur des Kollegen genommen und blättert schnell in seiner so genialen Lösung hin und her. Der neue Kollege sitzt an den Rand gedrängt fast schon neben seinem Arbeitsplatz. In Abbildung 11.7 ist der neue Kollege auf der rechten Seite zu sehen.

Abbildung 11.7: Tonspur vs. Körpersprache

Der Patch-Entwickler kommuniziert aus seinem Eltern-Ich-Zustand heraus mit dem Kindheits-Ich-Zustand des neuen Kollegen. Der neue Kollege bleibt auch schön im Kindheits-Ich verhaftet. Seine kleine Andeutung des Widerstands mit dem Zeigefinger seiner rechten Hand ist kaum wahrnehmbar. Die linke Schulter des Patch-Entwicklers ist nach vorn geschoben und verdeutlicht: »Kleiner, störe mich nicht!«

Dieser Fakt wird von der *Tonspur* verdeckt. Wenn der neue Kollege seinen Kindheits-Ich-Zustand verlässt, kann es auch hier zu einem Konflikt kommen, da der Patch-Entwickler eine *Eltern-Kind-Beziehung* anstrebt. Wie kommen wir in dieser Situation weiter? Zuerst müssen wir sie erkennen! Dazu sollten wir mit allen Sinnen wahrzunehmen versuchen, aus welchen Ich-Zuständen heraus kommuniziert wird, um angemessen reagieren zu können und gegebenenfalls zu versuchen, unseren Gesprächspartner in einen anderen Ich-Zustand zu bringen. Unser Ziel ist es, ein sachliches Gespräch aus dem Erwachsenen-Ich heraus zu führen, um Inhalte transportieren zu können.

Wie könnte das konkret aussehen? Der Weg führt uns zu einem bereits bekannten Thema zurück, den Fragetechniken.

11.2.5 Ich-Zustandswechsel durch offene Fragen

Bleiben wir beim Beispiel oben und versetzen uns in die Rolle des neuen Kollegen. Um diese Problematik zu lösen, fangen wir den Patch-Entwickler zuerst in seinem Ich-Zustand auf. Wir gehen in die uns zugedachte Rolle und bauen dabei Verständnis für die Situation des anderen auf. Fühlt sich unser Gesprächspartner verstanden und hat sich seine Emotionslage etwas beruhigt, können wir mit offenen Fragen das Gespräch lenken und es jedem von uns ermöglichen, ins Erwachsenen-Ich zu wechseln. Das Geheimnis, wie wir ins Erwachsenen-Ich wechseln können, sind offene Fragen (siehe den Kasten auf Seite 42). Das ist ein weiteres Beispiel für die lenkenden Eigenschaften gezielter offener Fragen, die wir in Abschnitt 4.1 bereits kennengelernt haben.

Schauen wir uns das in einer Fortsetzung des Dialogs zwischen den beiden Entwicklern aus Abbildung 11.7 an. Wie könnte der an den Rand gedrängte neue Kollege reagieren? Ein barsches »Lass mich mal!« oder »Das ist mein Arbeitsplatz!« wird die Wirkung verfehlen. Angemessener sind Fragen, denn sie lassen unserem Gegenüber einen Spielraum, in für ihn angenehmer Weise reagieren zu können. Der neue Kollege könnte eine geschlossene Frage stellen: »Glaubst du nicht, dass ich das besser verstehen kann, wenn ich es selbst nachvollziehe?«

Offene Fragen lassen mehr Spielraum für kreative Lösungen, die im Sinne aller Beteiligten sind: »Warte bitte mal. Wie können wir den Know-how-Transfer so gestalten, dass ich das alles auch wirklich verstehen kann, was du gemacht hast?« So eine Aussage regt eher zum Nachdenken an. Der Nachsatz: »Wenn du mir nur kurz alles zeigst, habe ich kaum eine Chance dazu« kann zur Begründung dienen. Durch die offene Frage wird eine kurze Diskussion angeregt, die in viele Richtungen gehen kann. Vielleicht nimmt man sich jetzt mehr Zeit, wechselt die Plätze oder vertagt alles auf den Nachmittag, wo mehr Ruhe ist. *Entdecken Sie die Möglichkeiten.*

11.3 Aufspaltung der Ich-Grundzustände

11.3.1 Vater, Mutter und drei Kinder

Bisher kennen wir nur drei grundsätzliche Ich-Zustände, aus denen heraus wir kommunizieren können. Das Eltern- und das Kindheits-Ich können aber noch weiter in zwei bzw. drei Unterzustände differenziert werden (Abb. 11.8).

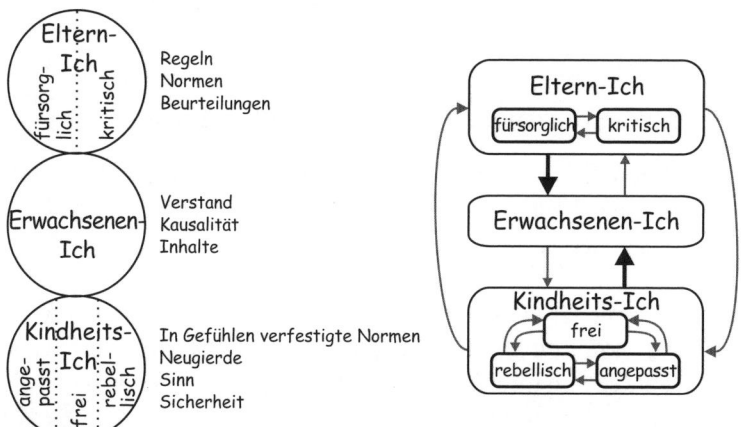

Abbildung 11.8: Die drei Ich-Zustände der Transaktionsanalyse (links klassisch, rechts als UML-Zustandsdiagramm)

Das Eltern-Ich wird dabei unterteilt in:

- das fürsorgliches Eltern-Ich (Mutter-Rolle)
- das kritisches Eltern-Ich (Vater-Rolle)

Das Kindheits-Ich spaltet sich in drei Unterzustände auf:

- das angepasste Kindheits-Ich
- das rebellische Kindheits-Ich
- das freie Kindheits-Ich

11.3 Aufspaltung der Ich-Grundzustände

Wir können dieses Zustandsmodell unserer möglichen Ich-Zustände wie jedes andere Zustandsmodell mit der UML beschreiben. Technisch haben wir also den Zustandsautomaten aus Abbildung 11.8, rechte Seite, in uns laufen.

Interessant sind dabei die Zustandsübergänge. Wie können wir bewusst einen Übergang auslösen? Das Mittel dazu haben wir bereits kennengelernt. Es sind die offenen Fragen, die uns dabei helfen, Wege zum Verlassen eines Ich-Zustands hin zum Erwachsenen-Ich zu finden und zu beschreiben.

11.3.2 Transaktionsanalyse im Entwickleralltag

Den Nutzen dieser Differenzierung der Ich-Zustände möchten wir an einem Beispiel aus dem Entwickleralltag illustrieren. Ähnliche Szenen wie in Abbildung 11.9 haben Sie sicher auch schon erlebt. Inhaltlich war doch alles klar und es wird auch nicht bestritten. Auch die Konsequenzen werden eindeutig benannt. Dennoch ist das Resultat für die Führungskraft unbefriedigend und der Mitarbeiter ist sich keiner Schuld bewusst. Was ist passiert?

Abbildung 11.9: Ein Beispiel für eine gescheiterte Kommunikation. Was ist hier schiefgelaufen?

Betrachten wir die Ich-Zustände, aus denen heraus kommuniziert wird. Wir haben den Teamleiter links stehend und den Entwickler rechts sitzend. Der

Teamleiter kommuniziert aus dem Eltern-Ich heraus, der Entwickler ist im freien Kindheits-Ich.

Die Bestimmung des Eltern-Ich-Unterzustands ist knifflig. Die inhaltliche Aussage lässt uns zum kritischen Eltern-Ich tendieren. Doch Tonfall und das Auftreten scheinen nicht zu passen. Es gibt keine Konsequenzen, sondern der Entwickler wird fürsorglich behütet. Der Teamleiter jammert aus dem fürsorglichen Eltern-Ich-Zustand heraus.

So wird es auch nicht zu einer Verhaltensänderung des Entwicklers kommen. Er hat seinen Spaß und schlimm scheinen die Konsequenzen auch nicht zu sein. Warum sollte er etwas ändern? Die Kommunikation ist stabil komplementär. Der Entwickler ist sich kaum einer Schuld bewusst; und wenn der Teamleiter später aus dem Eltern-Ich heraus explodiert, kommt es zu starken Irritationen beim Entwickler, da er so etwas nicht erwartet hat.

Vielleicht ist der Entwickler sogar sauer auf den Teamleiter, der die Programmierleistung offensichtlich nicht würdigt. Er hat eine tolle Vereinfachung für die Anwender gebaut, von denen er vielleicht dafür direkt Lob erhalten wird. Die Auswirkungen der Designänderung eines Zustandsautomaten dagegen wird kein Anwender mitbekommen. Der Entwickler kann also in dem Beispiel von verschiedenen Bedürfnissen getrieben sein, z. B. Freiheit oder Anerkennung. Es gibt nun zwei Optionen für den Teamleiter, mit der Situation umzugehen:

- Er kann ins kritische Eltern-Ich wechseln und versuchen, den Entwickler in den angepassten Kindheits-Ich-Zustand zu bewegen, um so seine Anforderungen durchsetzen zu können.
- Er kann versuchen, beide beteiligten Ich-Zustände in den Erwachsenen-Ich-Zustand zu bringen, um so ein sachliches Gespräch führen zu können.

11.4 Spiele: Das Drama-Dreieck

Was können wir auf Basis der bisher vermittelten Modelle und Techniken machen, um ein Gespräch, das in einer Sackgasse steckt, so zu aktivieren, dass es konstruktiv weitergeführt werden kann? Welche Chancen bietet uns dazu die Transaktionsanalyse, die wir gerade kennengelernt haben? Die Transaktionsanalyse ist in den 70er-Jahren im Kontext von Analyse und Lösung kommunikativer Sackgassen bekannt geworden! Eric Berne nennt diese musterartig wiederkehrenden vertrackten Situationen *Spiele* (siehe den Kasten unten).

Ein Grundmuster, das für viele Gesprächssackgassen verantwortlich zeichnet, ist das *Drama-Dreieck*. Es handelt sich dabei um ein abstraktes

> **Spiele der Erwachsenen**
>
> Die Transaktionsanalyse ist der breiten Bevölkerung durch ein Buch von Eric Berne bekannt geworden: Spiele der Erwachsenen [5]. Berne versteht unter einem *Spiel* eine fortlaufende Folge verdeckter komplementärer Transaktionen, die zu einem ganz bestimmten, voraussagbaren Ergebnis führen. Ein solches *Spiel* wird von verborgenen Motiven geleitet und birgt eine Falle bzw. einen Trick, aus dem der Verlierer eines Spiels nicht mehr herauskommt. Dadurch haben solche Spiele für den Gewinner einen Nutzen. Da sie verdeckt und *durchtrieben* ablaufen, liegt in ihnen oft eine hohe Dramatik.
>
> Der Begriff *Spiel* kann etwas verwirren. Solche Spiele sind nicht notwendigerweise an Vergnügen oder Freude gebunden. Oft liegt der Nutzen eines solchen Spiels darin, dass es dem Verlierer hinterher noch schlechter geht als einem selbst oder dass sich eine ansonsten unterlegene Person rächen kann.
>
> Ein Beispiel ist das Spiel *Wenn er nicht wäre*, das unter manchen Eheleuten bzw. Paaren gespielt wird und gelegentlich auch in Vorgesetzten-Untergebenen-Situationen. Der Unterlegene beklagt sich über die vielen entgangenen Möglichkeiten, die der tyrannische Chef nicht zulässt.
>
> Dahinter kann durchaus eine gewinnbringende, vielleicht unbewusste Motivation stecken. Der Untergebene möchte sich gar nicht wirklich den neuen Herausforderungen stellen, vielleicht hat er sogar Angst davor. Der tyrannische Chef bewahrt ihn ja davor. Durch seine häufigen Beschwerden fühlt sich der Chef oftmals dazu gezwungen, auf die Beschwerden mit kleinen Geschenken, also Vergünstigungen, zu reagieren. Damit kann es in Situationen, in denen es ansonsten wenig Gemeinsamkeiten zwischen den Beteiligten gibt, immer wieder zu Nähe und bedeutenden Ereignissen kommen. Diese Art von Spielen kann also ganz schön kompliziert sein.

Modell, das auch in vielen klassischen Dramen der Literatur wiedergefunden werden kann [6]. Es basiert auf drei Rollen, die oft von nur zwei Personen übernommen werden. Das klingt erst einmal seltsam. Schauen wir uns das also etwas genauer an. Was steckt dahinter?

11.4.1 Struktur des Drama-Dreiecks

Wie sieht das Drama-Dreieck aus? Die Art der Kommunikation im Drama-Dreieck beruht auf drei Rollen: Verfolger, Retter und Opfer (Abb. 11.10). Was steckt hinter den drei Rollen?

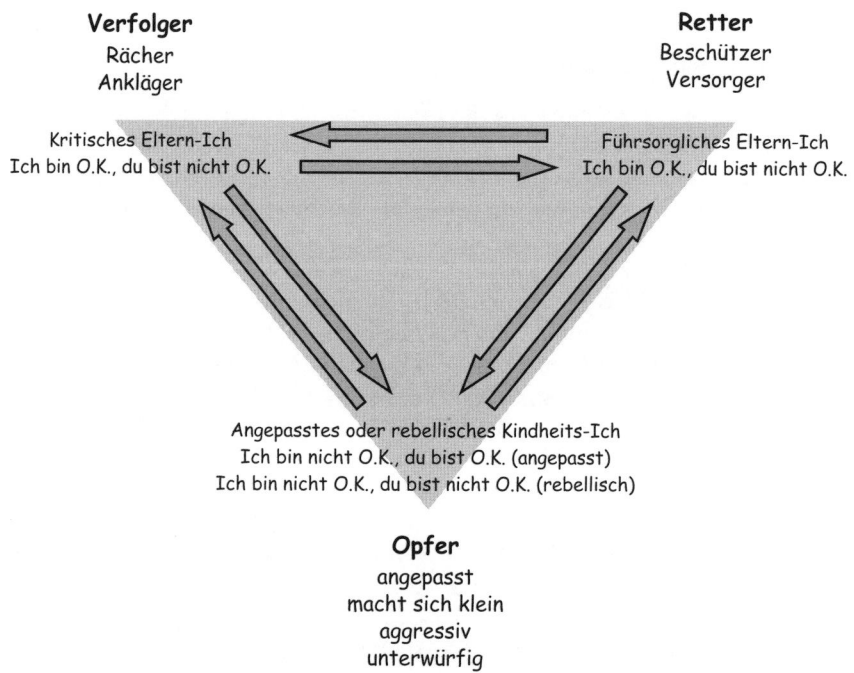

Abbildung 11.10: Im Drama-Dreieck werden drei Rollen mit ihren Ich-Zuständen und Motiven beschrieben.

Verfolger: Er fühlt sich überlegen und möchte Recht bekommen. Wer das nicht akzeptiert, wird verfolgt. Sein Selbstverständnis lautet *Ich bin O.K., du bist nicht O.K.*, und es dominiert das kritische Eltern-Ich. So setzt ein Verfolger andere unter Druck, macht oft Vorwürfe oder weiß alles besser.

Retter: Er fühlt sich für alles verantwortlich, also geradezu *überverantwortlich*. Er möchte das Opfer oder die Situation retten. Sein Selbstverständnis lautet ebenfalls *Ich bin O.K., du bist nicht O.K.*, doch es dominiert das fürsorgliche Eltern-Ich. Ein Retter denkt, handelt und spricht ohne Auftrag und mischt sich oft ein.

Opfer: Es fühlt sich schwach und unterlegen. Es opfert sich und macht sich entweder selbst klein oder wird von außen klein gemacht. Hier dominiert entweder das angepasste oder das rebellische Kindheits-Ich. Die dazu gehörenden Grundeinstellungen differieren daher. Beiden gemein ist die Haltung *Ich bin nicht O.K.*. Beim angepassten Kindheits-Ich kommt *Du bist O.K.* hinzu, beim rebellischen *Du bist nicht O.K.* In der Opfer-Rolle reagieren wir daher hilflos oder eventuell auch rebellisch.

Es gibt drei Rollen, doch oft nur zwei beteiligte Personen, die dann die Rollen wechseln. Aus der Verfolger-Rolle klagen wir an, kritisieren destruktiv oder weisen andere zurecht. Häufig werden Vorwürfe gemacht, sodass die andere Person automatisch in die Opfer-Rolle gedrängt wird. »Du hast schon wieder in meiner Klasse Änderungen durchgeführt! Du sollst sowas doch vorher mit mir absprechen!« ist also eine typische Aussage eines Verfolgers.

Begeben wir uns in die Retter-Rolle, kommen wir dem Opfer zu Hilfe, ohne darum vorher gebeten worden zu sein. Wir geben Ratschläge und Tipps und übernehmen sofort Verantwortung. Auch dadurch wird unser Gegenüber in die Opfer-Rolle gedrängt, weil wir ihm zu verstehen geben, dass wir nicht glauben, dass er es alleine schafft. Was macht ein Retter, wenn er den obigen Gesprächsfetzen mitbekommt? Er schreitet sofort ein! Zuerst als neuer Verfolger: »Nun fahre ihn nicht so an!« an den alten Verfolger gerichtet, der damit zum Opfer wird, und dann als Retter für beide Opfer: »Wenn ihr im gleichen Umfeld arbeitet, ist es hyperwichtig, sich abzustimmen. Trefft euch doch morgens jeden Tag und besprecht kurz, was ihr machen möchtet!« Der Retter zieht von dannen, fühlt sich gut, weil er meint, geholfen zu haben, und hinterlässt zwei frustrierte Opfer, was er doch nun wirklich nicht gewollt hat.

Unser erstes Opfer hat gar nichts gesagt. Es versetzt sich damit z. T. selbst in die Opfer-Rolle. Wenn wir die Opfer-Rolle annehmen, begeben wir uns automatisch in die Verteidigungsposition und in Abhängigkeit zu anderen Personen, die Verfolger- oder Retter-Rollen wahrnehmen. In der Opfer-Rolle erkennen oder akzeptieren wir unsere eigenen Fähigkeiten nicht. Wir tun uns leid und senden Hilfsappelle, ohne um eine konkrete Unterstützung zu bitten. Unser Opfer aus dem obigen Beispiel könnte z. B., nachdem Verfolger und Retter gegangen sind, sich folgendermaßen gegenüber einem anderen Kollegen äußern: »Ich habe so viele Regeln und Wünsche zu beachten, ich weiß gar nicht, wie ich das schaffen soll!«

11.4.2 Wege aus der Sackgasse

Dieses Spiel führt in eine Sackgasse, in der dann zwischen den zwei oder drei Beteiligten die Rollen gewechselt werden können. Ist ein solches Spiel mit seinen verdeckten Rollen erkannt, können wir als Spielverderber diese in einer Sackgasse steckende Situation aufbrechen. Wie kann das funktionieren?

Einsicht ist bekanntermaßen der erste Schritt zur Besserung. Wer spielt eigentlich gerade welche Rolle im Drama-Dreieck? Je nach unserer Persönlichkeit haben wir z. B. unsere Lieblingsrollen. In Anhang B.4 auf Seite 336 können Sie diese herausfinden. Damit sind wir auf dem Weg zu unserer Standardlösung *Auf die Meta-Ebene gehen* (siehe Kasten auf Seite 73). Das

Drama-Dreieck wird als solches identifiziert und die aktuellen Rollen werden benannt. Dadurch lösen wir uns aus der konkreten, vertrackten Situation und können aktiv die Auswege suchen.

Für jede Rolle gibt es einen Weg heraus. Die Voraussetzung dazu liegt in unserer inneren Einstellung. Das Ziel der Transaktionsanalyse ist die innere Einstellung *Ich bin O.K., du bist O.K.* Auf dieser Basis können wir aus Drama-Dreiecken aussteigen oder, noch besser, solche Situationen vermeiden.

12 Verantwortung oder Manipulation?

Jetzt ist es an der Zeit, eine kurze Theoriepause einzulegen. Es geht in diesem Kapitel nicht um weitere Techniken, sondern darum, wie wir sie anwenden. Kommunikationstechniken und -modelle können sinnvoll eingesetzt oder zur Manipulation anderer Menschen missbraucht werden. Diese grundsätzliche Problematik gehört dazu, wenn es um empfängerorientierte Kommunikation geht.

12.1 Wir tragen Verantwortung!

»Nein, also wirklich, ich würde doch nie manipulieren!«, denkt sich sicher der ein oder andere Leser. Doch die Gefahr ist groß. Bewusst oder unbewusst passiert es immer wieder, dass wir manipulieren. Wenn wir versuchen, etwas gegen den Willen anderer durchzusetzen, ist die Versuchung zu manipulieren, besonders stark. Im praktischen Berufsleben sind uns zwei Manipulationsstrategien besonders häufig begegnet:

- emotionalen Druck ausüben bzw.
- Reduktion oder Weglassen.

Emotionaler Druck wird oft von Personen eingesetzt, die sich besser kennen. Emotionaler Druck kann z. B. durch Euphorie oder Angst erzeugt werden. Nicht umsonst ist bei Geschäftsabschlüssen an der Tür ein 14-tägiges Rücktrittsrecht gesetzlich vorgeschrieben. Aktien werden z. B. gerne mit Euphorie verkauft, für Versicherungen werden Angst machende Szenarien aufgebaut. Emotionale Manipulationen können wir eher erkennen, da mit unseren Gefühlen gespielt wird und wir diese direkt wahrnehmen können. Anders verhält es sich bei der Strategie der Reduktion oder des Weglassens.

Bei der Reduktion werden mögliche Alternativen weggelassen oder vorschnell wegdiskutiert, sodass sie nicht offen zur Entscheidung vorliegen. In dem so reduzierten Entscheidungsrahmen erscheint dann nur noch eine Alternative sinnvoll. So kann durch das gezielte Weglassen brauchbarer Alternativen eine Entscheidung zugunsten der letzten verbliebenen sinnvoll erscheinenden Alternative herbeigeführt werden. Eine solche Manipulation können wir nur erkennen, wenn wir die weggelassenen Alternativen kennen oder uns methodisch erschließen können.

Manchmal erfolgen diese Manipulationen nicht bewusst, sondern unbewusst. Wir sind innerlich so überzeugt, den richtigen Weg zu kennen, dass wir andere Möglichkeiten ausblenden. Hier hilft uns nur ein methodisch sauberes Arbeiten bei der Entwicklung von Entscheidungsgrundlagen. Der Kern einer solchen Vorgehensweise ist, die Sammlung von Möglichkeiten von ihrer Bewertung zu trennen. Die Sammlung sollte so vollständig wie möglich sein, erst dann erfolgt eine abschließende Bewertung. So können wir eine (unbewusste) Manipulation durch Reduktion vermeiden.

Diese beiden Manipulationstechniken kommen häufig vor. Daneben gibt es eine ganze Reihe weiterer, z. T. sehr subtiler und nur schwer erkennbarer Manipulationen. In diesem Buch geht es jedoch nicht um Manipulationstechniken und deren Gegenstrategien, sondern um Kommunikation. Daher werden wir uns diesem Thema nur allgemein widmen. Für uns steht der verantwortungsvolle Umgang mit den Mitmenschen im Vordergrund.

12.2 Was ist Manipulation?

In jeder Kommunikationssituation kann es zu Manipulationen kommen, wie z. B. zu Überredungstaktiken oder Pseudoargumenten. Der Begriff *Manipulation* ist dabei schwer zu definieren. Wir verstehen darunter den bewussten oder unbewussten **Einsatz unfairer Verhaltensweisen** [22].

Ob etwas *unfair* ist, können wir meist ausreichend gut intuitiv abschätzen. Ein faires Verhalten bedeutet, dass jeder Beteiligte seine eigenen Interessen wahren kann und andere Standpunkte nur freiwillig übernimmt, wenn sie ihm einsichtig geworden sind. Ein unfaires Verhalten beschneidet das Recht, seine Interessen zu vertreten, oder drückt Standpunkte auf, die nicht freiwillig akzeptiert werden.

Diese Definition und unser Ziel des fairen Kommunikationsverhaltens können uns in Gewissenskonflikte stürzen. Wie verhalten wir uns, wenn wir genau zu wissen meinen, was für alle Beteiligten das Beste wäre, die anderen sich aber nicht freiwillig darauf einlassen? Wir stehen in einem Spannungsfeld, das sich durch zwei Wertequadrate visualisieren lässt (Abb. 12.1 und 12.2) [64]. Einerseits wollen wir ehrlich und offen sein, andererseits vertrauen wir auf unsere Wirkung. Kommunikationstechniken können wir daher manipulativ einsetzen, um unsere Wirkung zu verbessern. Auf der einen Seite möchten wir harmonisch und liebevoll kommunizieren, auf der anderen Seite entstehen gute Ergebnisse oft erst aus einer tief gehenden Diskussion heraus.

Im ersten Wertequadrat wird das Wertepaar *Wahrhaftigkeit – Wirkungsbewusstsein* gegenübergestellt. Unseren Weg werden wir dazwischen

12.2 Was ist Manipulation?   165

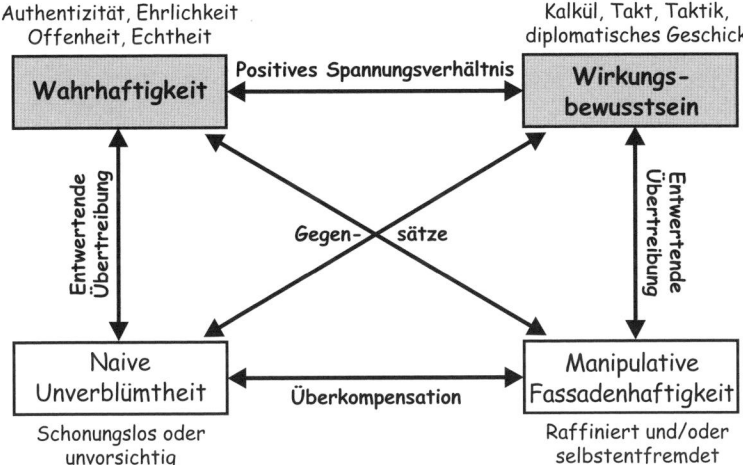

Abbildung 12.1: Grundlegende Werte der zwischenmenschlichen Kommunikation: Wahrhaftigkeit und Wirkungsbewusstsein als Gegenspieler helfen uns, nicht in die Manipulation abzurutschen (vgl. Abb. 12.2) [64].

finden müssen. Wenn wir selbst manipulieren oder auf andere Weise die positiven Aspekte der Werte vernachlässigen, kommen wir mit den in Abbildung 12.1 dargestellten, überzeichneten negativen Formen in Berührung.

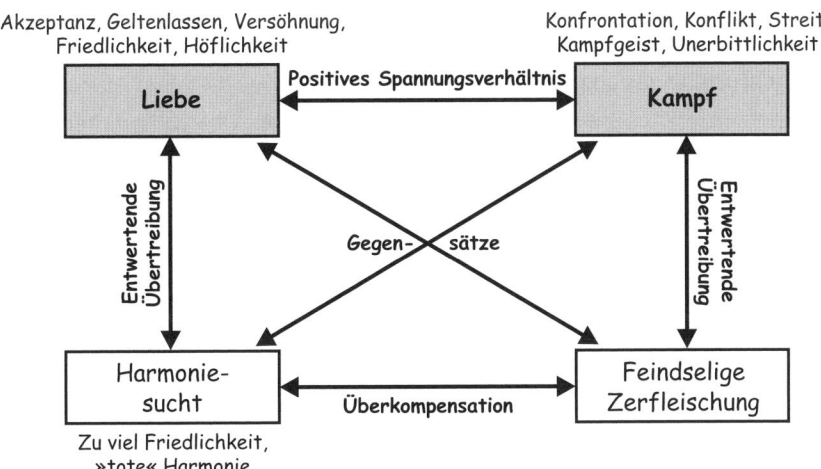

Abbildung 12.2: Grundlegende Werte der zwischenmenschlichen Kommunikation: Der *liebende Kampf* führt zum gelungenen Dialog, der Neues schafft (vgl. Abb. 12.1) [64].

Der Reiz der Manipulation ist hoch und viele wenden sie guten Gewissens an. Wir sehen dabei eine ganze Reihe von Problemen, die Sie bitte in Ihr Kalkül einbeziehen. Für uns heißt das, auf manipulierende Techniken bewusst zu verzichten. Zum einen halten wir es für ethisch nicht vertretbar, diese einzusetzen. Wissen sollte bewusst und mit Bedacht zum Wohle aller Beteiligten genutzt werden. Zum anderen gibt es auch zwei fachliche Gründe, unsere Gesprächspartner nicht zu manipulieren.

Die meisten Manipulationsstrategien spielen mit unseren Gefühlen. Sie versuchen uns unter Druck zu setzen oder arbeiten mit Scheinargumenten. Auch wenn diese Strategien in der konkreten Situation selbst vielleicht nicht als Manipulation erkannt werden, so kommen die manipulierten Personen mit etwas Abstand im Nachhinein doch darauf und werden sich künftig davor schützen. Das bedeutet für uns in der IT, dass wir mit den Manipulierten wieder zusammenkommen und diese uns wahrscheinlich zur Rede stellen werden. Nun arbeiten wir mit unseren Kunden eher langfristig zusammen. Dies kann entweder als Inhouse-IT mit den eigenen Fachbereichen der Fall sein oder als Projektteam für die Dauer eines Projekts. Wir sehen uns öfter und stehen unter dem Druck, konstruktiv zusammenzuarbeiten. Wenn unsere Gesprächspartner uns jedoch als Manipulatoren sehen, werden sie kaum vertrauensvoll mit uns zusammenarbeiten. Da können wir noch so tief in die Trickkiste greifen. Nach nur wenigen Manipulationsversuchen ist der Kommunikationskanal dicht und wir werden unsere Aufgaben kaum erfolgreich lösen können.

Es gibt noch ein zweites Argument gegen Manipulationsversuche. Gute Lösungen entstehen meist aus einer intensiven, anstrengenden und durchaus auch kontroversen Diskussion (Abb. 12.2), die bei Manipulationsversuchen nicht mehr gegeben ist.

Wir sind Dienstleister und unterstützen den Auftraggeber methodisch. Die inhaltliche Verantwortlichkeit liegt beim Auftraggeber. Dort liegt auch der Erfolgsfaktor *Akzeptanz*. Wir können also dabei helfen, die Anforderungen zu erfassen, und wir sollten sagen können, was es ungefähr kosten wird. Doch die Verantwortung für die Anforderungen und deren fachliche Priorität verbleiben beim Auftraggeber. Wenn wir Grenzverletzungen an den Verantwortlichkeitsbereichen vermeiden wollen, dürfen wir nicht manipulieren!

12.2.1 Darstellungsformen

Kann die Form der Darstellung bereits manipulativ sein? Ja, das ist möglich, wenn wir bei Sachverhalten entweder nur die positive oder negative Seite darstellen. Der Informationsgehalt ist der gleiche, die Wirkung nicht. Ein einfaches Beispiel aus der Medizin soll das belegen. Ihr Arzt spricht mit Ihnen über die Risiken einer gefährlichen Operation. Er kann dies auf zwei Arten machen:

1. »Sie werden diese Operation mit 90 % Wahrscheinlichkeit überleben.«
2. »Mit 10 % Wahrscheinlichkeit werden Sie bei der Operation sterben.«

Der Inhalt beider Aussagen ist identisch: Die Überlebensquote liegt bei 9 : 1. Vermutlich werden beide Aussagen unterschiedlich auf Sie wirken. Die Anzahl der Patienten, die sich auf eine Operation einlassen, ist, wie zu vermuten, bei der ersten Formulierung höher [4].

12.2.2 Statistiken und Rechenmodelle

»Glaube keiner Statistik, die du nicht selbst gefälscht hast!«, lautet frei nach Winston Churchill eine häufige Aussage zum Wert von Statistiken. Statistiken und Rechenmodelle sind *hervorragende* Mittel zur Manipulation. Gerade das Management ist dafür besonders anfällig. Wenn wir nicht manipulieren wollen, heißt das natürlich nicht, auf Statistiken oder Rechenmodelle zu verzichten, sondern sie verantwortungsvoll und offen einzusetzen.

Je einfacher unsere Statistiken oder Modelle sind, desto besser können sie nachvollzogen werden. Manipulationen würden dann schnell offensichtlich werden. Halten wir es also einfach und transparent. Der Reiz, den Rechenmodelle auf manche Menschen ausüben, verstellt manchmal den Blick. Wir haben bereits in verschiedenen Projekten Rechenmodelle eingesetzt. Immer ist über die konkreten Parameter diskutiert worden, nie über die Verknüpfung der Parameter. Derjenige, der ein Modell aufstellt, kann darüber relativ einfach manipulieren.

Widerstehen Sie bitte dieser starken Versuchung und seien Sie selbst Ihr strengster Kritiker. Erläutern Sie die Verknüpfungen offen und spielen Sie vielleicht mehrere Varianten durch, damit außer Ihnen auch die anderen Beteiligten ein echtes Gefühl für die Aussagekraft Ihrer Modelle haben. Dieses Vorgehen hat einen entscheidenden Vorteil gegenüber Manipulationsversuchen: Die Ergebnisse werden näher an der Realität liegen, weil Sie echten, qualifizierten Input von allen Beteiligten erhalten.

12.3 Mit Manipulationen umgehen

Wenn wir den Versuch der Manipulation durch andere bemerken, sollten wir entschlossen dagegen angehen. Dazu bleiben wir bestimmt, aber ruhig und sachlich, um nicht in die *emotionale Falle* zu laufen, die oft durch einen Manipulationsversuch aufgestellt wird. Wie das funktioniert, zeigt ein allgemeines Verfahren in sechs Schritten [22]:

1. Bleiben Sie sachlich und fair! Achten Sie auf eine saubere Argumentation. Erliegen Sie nicht dem Reiz, eine Gegenmanipulation zu starten. Die wirksame Gegenstrategie ist das bewusste, sachliche Argumentieren mit methodisch sauberen Begründungen. So haben Sie neben den inhaltlichen auch die methodischen Argumente auf Ihrer Seite.
2. Bleiben Sie ruhig und gelassen! Der Umgang mit Manipulationen kann sehr anstrengend sein. Das ist leichter gesagt als getan. Viele Manipulationsversuche arbeiten auf der emotionalen Ebene und versuchen Sie so unter Druck zu setzen. Lassen Sie sich möglichst wenig unter Druck setzen, versuchen Sie Abstand und Zeit zu gewinnen. Dann können Sie selbst in Ruhe entscheiden.
3. Agieren Sie und reagieren Sie nicht kausal! Versuchen Sie, die Kontrolle über das Gespräch zu behalten. Auch das ist leicht gesagt. Wir fühlen uns unfair behandelt, wenn wir einen Manipulationsversuch bemerken. Wenn wir jetzt emotional reagieren, kann das genau das Verhalten sein, das der Manipulator erreichen wollte. Versuchen Sie besser, den Manipulationsmechanismus aus Reiz und provozierter Reaktion zu durchbrechen, um das Gespräch wieder zu kontrollieren.
4. Verfolgen Sie beharrlich Ihr Ziel! Übernehmen Sie dafür die Verantwortung und Initiative. Dies lässt sich umso einfacher realisieren, je klarer uns unsere eigenen Ziele sind. Am besten haben wir unsere Ziele bereits vor dem Gespräch klar herausgearbeitet. So fällt es uns leichter, diese zu verfolgen.
5. Konzentrieren Sie sich auf konkrete Verhaltensweisen! Schränken Sie Ihre Wahrnehmung nicht durch Pauschalisierungen ein. Jedes Urteil bzw. Vorurteil steuert unsere Wahrnehmung. Wenn es Ihnen gelingt, so nah wie möglich an der konkreten Handlungsweise zu bleiben und nur diese zu beachten bzw. zu bewerten, können Gegenmaßnahmen eingeleitet werden. Jemand ist nicht per se *schwierig*, sondern er ist Ihnen konkret mehrfach ins Wort gefallen. Dann können Sie konkrete Verhaltensänderungen einfordern: »Sie sind mir jetzt zweimal ins Wort gefallen. Lassen Sie mich bitte aussprechen!«
6. Bauen Sie eine goldene Brücke! Ermöglichen Sie so den Wiedereinstieg in die Zusammenarbeit. In der Berufswelt werden wir immer wieder mit denselben Personen zusammenarbeiten müssen. Meist ist es daher sinnvoll, nicht alle Brücken hinter sich abzubrechen, sondern Wege für die weitere Zusammenarbeit zu finden. Gut geeignet zum Wiedereinstieg sind offene Fragen: »Wie können wir jetzt konkret weitermachen?«

Teil IV

IT-Kommunikationstypen

▷ **Kommunikationstypen in der IT** 171
Erläuterung und Einführung in das, was wir unter einem Kommunikationstypus verstehen.

▷ **Entwickler-Kommunikationstypen** 175
Welche Kommunikationstypen finden wir unter uns Entwicklern? Was steckt dahinter und wie können wir angemessen auf sie reagieren?

▷ **Kommunikationstypen in den Fachbereichen** 197
Welche Kommunikationstypen finden wir in den Fachbereichen vor? Für viele von uns tut sich hier eine neue, nur schwer verständliche Welt auf.

▷ **Projektleiter-Kommunikationstypen** 215
Ein besonderes Spannungsfeld ergibt sich zwischen Entwicklern und ihren Projektleitern. Letztere waren entweder früher selbst Entwickler oder kommen als Manager aus einem ganz anderen Umfeld.

13 Kommunikationstypen in der IT

13.1 Einführung

In diesem Teil geht es um die Anwendung der theoretischen Grundlagen, die in den vorherigen Kapiteln gelegt wurden. Wir möchten Ihnen einige »altbekannte« Typen vorstellen und die Motivation für ihr Handeln näherbringen. Das Ziel ist, diese Menschen verstehen zu lernen, um einen besseren Zugang zu ihnen zu bekommen.

Vielleicht finden Sie sich sogar selbst wieder. Unser Tipp: Nutzen Sie die Chance und lesen Sie diesen Abschnitt besonders gründlich! Überlegen Sie, ob wir völlig danebenliegen oder ob vielleicht doch an der einen oder anderen Stelle ein Fünkchen Wahrheit mitschwingt!

Unsere Auflistung von Kommunikationstypen ist bei Weitem nicht vollständig. Darum geht es hier auch gar nicht. Wir möchten zeigen, dass sich bestimmte Typen herauskristallisieren lassen. Die beschriebenen Typen bzw. deren Ansichten und Verhaltensmuster haben wir in der einen oder anderen Form in so gut wie jeder Firma vorgefunden.

Auch wenn immer von »dem Typus« gesprochen wird, heißt das nicht, dass es sich hier nur um männliche Kollegen handelt. Alles Gesagte lässt sich genauso auf die Kolleginnen übertragen.

13.1.1 Typus vs. Realität

Natürlich sind die vorgestellten Kommunikationstypen überzeichnet. Sie verdeutlichen innere Haltungen, mit denen wir oft konfrontiert worden sind. Menschen verhalten sich nicht wie musterhafte Typen, sondern sind ein komplexes Gebilde, das situativ angepasst reagiert. In der Realität werden wir also mehr oder weniger ausgeprägt und an konkrete Situationen angepasst mit den Ausprägungen der unterschiedlichen Typen in Kontakt kommen.

Die hier beschriebenen Kommunikationstypen bieten uns Orientierungspunkte, an denen wir unser eigenes Verhalten erkennen, infrage stellen und modifizieren können. Ähnlich wie bereits bei der einfachen Typologie des *Vier-Quadranten-Modells* (Abschnitt 10.1.2 ab Seite 132) haben wir es hier mit *Stereotypen* zu tun. Wenn wir sie erkennen, können wir auf sie angemessen reagieren und uns entsprechend verhalten.

Die charakteristischen Strukturen der einzelnen Typen können unterschiedlich stark ausgeprägt sein oder in speziellen Situationen besonders hervortreten, in anderen dagegen weniger dominant sein. Ihr Nutzen liegt unserer Meinung nach in den Vorstellungen, wie auf ein Verhalten, das einem gewissen Typus entspricht, angemessen reagiert werden kann. Die Stereotypen werden in die bisher erläuterten Modelle eingeordnet, sodass Sie auch selbst Ideen entwickeln können, wie ein bestimmtes kontraproduktives Verhalten aufgebrochen werden kann.

13.1.2 Struktur eines Kommunikationstypus

Unsere Beschreibungen erfolgen in einer festen Form. Die Struktur finden Sie als Überschrift für jeden Typus wieder.

Titel, also eine möglichst einprägsame Metapher
Beschreibung der äußerlich sichtbaren Symptome
Lieblingssprüche, die wir oft zu hören bekommen
Grundeinstellung, also die inneren Ursachen für das Handeln
Stärken, also die positiven Aspekte und Wirkungen
Schwächen: Hier liegt das Verbesserungspotenzial.
Ausweg für die Zusammenarbeit: Wie können wir mit einem solchen Menschen zusammenarbeiten?
Ausweg für die Führung: Wie können wir einen solchen Menschen führen?
Zusammenfassung

Im Abschnitt *Grundeinstellung* wird ein Typus analysiert und die zugrunde liegende Motivation aus drei Perspektiven erläutert:

- Vier-Quadranten-Modell: Warum, Was, Wie oder Wohin noch?
- Transaktionsanalyse: Welche Botschaften sind im *Eltern-Ich* und evtl. im *Kindheits-Ich* verankert und wirken als Antreiber bzw. Bremser?
- Welche Rollen werden im Drama-Dreieck eingenommen?

Daraus werden sowohl die Stärken und Schwächen als auch die Auswege in der Zusammenarbeit und Führung von Menschen abgeleitet, die eine Präferenz für einen Typus haben.

13.2 Überblick aller zwölf Kommunikationstypen

Mit den zwölf Kommunikationstypen beschreiben wir musterartige Verhaltensweisen und Einstellungen, die uns in der Praxis mehrfach begegnet sind. Wir haben sie nach Mustern für Entwickler, Fachbereichsmitarbeiter und Projektleiter gruppiert.

Entwickler-Kommunikationstypen

Der **No-Future-Entwickler** kann den Sinn seiner Arbeit nicht erkennen.

AAAA – der allwissende, allgegenwärtige, arrogante Architekt ist ein Spitzentechniker, dessen schwach ausgeprägte zwischenmenschliche Fähigkeiten ihn von seinen Kollegen isolieren.

XXPler – der eXtreme eXtreme Programmer ist ein starker Macher, der leider zu früh aufhört, um sich neuen Aufgaben widmen zu können, und so für seine Kollegen diverse Baustellen hinterlässt.

Der **Hacker** ist ein nur schwer führbarer Technikspezialist mit Drang zum Retter, der sich dadurch isoliert, dass er schnell zwischen den drei Rollen des Drama-Dreiecks hin und her springt.

Mr. 120% ist ein Perfektionist, der sich oft selbst im Weg steht.

Kommunikationstypen in den Fachbereichen

Der bessere Verkäufer überfährt seine Gesprächspartner mit seinem Redeschwall und erreicht daher oft seine Ziele nicht.

Der zurückgezogene Spezialist ist ein Perfektionist, der Gefahr läuft, in der selbst geschaffenen Komplexität unterzugehen.

Der Konzepteklopfer ist ein selbstbewusster Fachspezialist und die Verkörperung des *Not-invented-here*-Syndroms.

Der Visionär lebt hauptsächlich in der Zukunft, weshalb er aktuellen Problemen nicht ausreichend Beachtung schenkt.

Projektleiter-Kommunikationstypen

Der freundliche Kollege war früher ein Topentwickler und ist daher zum Leiter seines Teams befördert worden, wofür ihm leider das notwendige Handwerkszeug fehlt.

Der Choleriker ist ein Macher, der oft voreilig entscheidet, um Konflikte zu vermeiden, anstatt sie konstruktiv zu nutzen.

Der formale Prozessler sucht vollständige Sicherheit in formalen Prozessen, was in der Softwareentwicklung jedoch nicht realisierbar ist und sein Team oft unnötig hemmt.

Diese Sammlung kann nicht vollständig sein, sondern beschreibt besonders häufig anzutreffende Grundmuster. Vielleicht vermissen Sie den ein oder anderen Kommunikationstypen, der Ihnen in Ihrem Umfeld immer wieder begegnet. Dann prüfen Sie zuerst, ob sich ein ähnlicher Typus in unserer Liste findet. Oft setzen sich weitere Typen auch aus Kombinationen zweier dieser Kommunikationstypen zusammen wie z. B. die Kombination aus dem *freundlichen Kollegen* und dem *zurückgezogenen Spezialisten*. Das macht es uns nicht unbedingt einfacher, doch erweitern solche kombinierten Typen die Nutzbarkeit unseres kleinen Katalogs deutlich.

14 Entwickler-Kommunikationstypen

Softwareentwickler haben gelernt, strukturiert vorzugehen. Sie können eine große Aufgabe in mehrere kleinere unterteilen und so eine hohe Komplexität bewältigen. Da diese Komplexität über die Jahre und Jahrzehnte hinweg ständig steigt, haben sich Anforderungen in das *Lastenheft* eines Softwareentwicklers eingeschmuggelt, die noch vor einigen Jahren so nicht von ihnen abverlangt wurden.

Es handelt sich u. a. um die Fähigkeit, im Team zu agieren, um zusammen eine höhere Komplexität erfassen zu können, als die Beteiligten einzeln dazu in der Lage wären. Auf einmal steht Teamfähigkeit bzw. soziale Kompetenz mit auf der Wunschliste. Nur zögerlich werden diese Aspekte mit in die Ausbildung der Softwareentwickler aufgenommen. So haben sich heute in der Teamarbeit *interessante* Kommunikationstypen herauskristallisiert, von denen wir hier einige vorstellen wollen.

14.1 Der No-Future-Entwickler

Beschreibung

Dieser Kommunikationstypus kommt jeden Tag an seinen Arbeitsplatz und hat keine Lust auf irgendetwas. Na ja, außer vielleicht: Zeitung lesen, noch ein belegtes Brötchen aus der Kantine kaufen, privat telefonieren, im Internet surfen usw. Nur zu arbeiten ist öde, denn arbeiten heißt: Jeden Tag wissen, was man am Abend gemacht haben wird. Arbeiten heißt aber auch: Ob ich oder ein anderer es macht oder auch nicht macht, ist egal. Ja, da sind dann noch die störenden Vorgaben des Chefs oder gar des Kunden bzw. Fachbereichs und die noch viel störenderen Kollegen, die tatsächlich gute Laune haben und etwas schaffen wollen. Wenn die alle nicht wären... tolles Leben.

So lebt dieser Typus in einem ständigen Widerspruch zwischen seiner Realität und seinem Wunsch, einen Job zu tun, der ihm die nötige Anerkennung verschafft. Natürlich bleibt dieser Widerspruch nicht ohne Folgen: Von ironisch bis zynisch ist dieser Typus ein Meister der Unterhaltung, er ist manchmal sogar gerade wegen seines vorlauten Verhaltens beliebt. Oft übernimmt er den Part des *Schlechte-Nachricht-Überbringers*, erhält vom Management negative Anerkennung und bestätigt somit seine Meinung über genau dieses Management.

Sein Vorgesetzter hat wahrscheinlich längst resigniert und sagt sich: »Der ist halt so, da kann ich froh sein, wenn er zum Gesamtergebnis etwas beiträgt.« Er erwartet also nicht viel von diesem Typus und lässt ihn eher unbeobachtet, was seinem ungestillten Anerkennungshunger noch mehr schadet.

Lieblingssprüche

- »Komisch, das sieht ja hier alles aus wie gestern!«
- »Was man nicht alles tut für Geld!«
- »Wer solche Kollegen hat, braucht keine Feinde!«
- »Den Job *der Putzfrau / des Gärtners usw.* hätte ich gerne.«
- »Das ist doch sowieso alles egal.«

Grundeinstellung

Meist ist eine ausgeprägte Einstellung *Ich bin O.K., du bist nicht O.K.* vorhanden. Im Vier-Quadranten-Modell findet sich dieser Typus im *Warum*-Quadranten wieder. Er sucht letztendlich bei allen seinen Tätigkeiten einen Sinn. Er liebt es, sich philosophische Gedanken über sein Dasein zu machen. Er braucht Freiheit und hasst es, Bewertungen, insbesondere negative, zu bekommen.

Im Drama-Dreieck agiert er dann vornehmlich als Verfolger, der auch bei seinen Kollegen versucht, den Sinn allen Tuns zu hinterfragen, um für sich Antworten zu gewinnen. Dabei kann er auch als Retter auftreten. Dann meint er, anderen einen Gefallen zu tun, wenn er ihre Tätigkeiten infrage stellt. Als Verfolger und als Retter kann dieser Typus eine gefährliche Aggressionshaltung zu erkennen geben.

Aus dem *Eltern-Ich* heraus entspringen Antreiber-Botschaften wie »Du bist etwas Besonderes!« und »Sei stark!«, gepaart mit Bremser-Botschaften wie »Nun bleib mal schön auf dem Teppich!« und »Das schaffst du nicht!«. Das *Kindheits-Ich* sucht deshalb stets nach Herausforderungen, nach Antreibern, und zieht sich schnell wieder zurück, wenn diese scheinbar nicht mehr unter Kontrolle sind. Letzteres wird als Bremser bezeichnet.

Die Konsequenz ist, dass dieser Typus zwar durch seine *Warum*-Fragen nach Veränderung zu streben scheint, bei der Umsetzung allerdings durch seine gegensätzlichen *Eltern-Ich*-Botschaften davon abgehalten wird. So kann er nicht den Sinn seines Tuns erkunden, und die weitere Entwicklung wird unterbunden.

Stärken

Einmal motiviert liebt dieser Typus die Konstanz. Wiederkehrende und gleichartige Aufgaben erledigt er mit dem ihm eigenen Selbstverständnis, ohne nach mehr Abwechslung zu verlangen. Mit Gleichgesinnten können tiefe Freundschaften entstehen, die ihre Ängste vor Veränderung hauptsächlich durch bestätigende Kommunikation von *Eltern-Ich* zu *Eltern-Ich* in Schach halten. Grundaussage dabei ist meistens: »Ist es nicht alles schrecklich?!?!«

Wird dieser Typus motiviert, d. h., werden seine Zweifel geringer oder gar ausgeräumt, dann löst das seine Bremsen. Er läuft zur Höchstform auf, wird Althergebrachtes mithilfe seiner *Warum*-Fragen hinterfragen und somit wichtige Veränderungen anstoßen. Er ist dann immer mehr in der Lage, durch alle vier Präferenzen des Vier-Quadranten-Modells zu marschieren und fundierte Ergebnisse zu liefern.

Schwächen

Aus der Grundeinstellung dieses Typus wird schnell deutlich, dass er die Verantwortung stets bei den anderen sucht. Das betrifft sowohl sein Dasein als auch sein Handeln. Deshalb wird sich dieser Typus schwer in ein Team integrieren lassen, da er nicht bereit ist, seinen Beitrag eigenverantwortlich zu leisten.

Führungskräfte können ihre Schwierigkeiten damit haben, diesen Typus zum motivierten und engagierten Arbeiten zu bewegen. Weiterhin bilden sich oft unkonstruktive Unruheherde um diesen Typ Mensch herum, weil es viel praktischer und einfacher ist, die anderen für schuldig zu erklären, als an sich selbst zu arbeiten.

Wie wir in Abschnitt 10.2 gesehen haben, erfolgt eine vollständige Kommunikation oder Entwicklung nur, wenn wir der Reihe nach alle Teile des Vier-Quadranten-Modells durchlaufen. Der *No-Future-Entwickler* bleibt jedoch oft im ersten Quadranten stecken, was leider sein Potenzial nicht zur Entfaltung kommen lässt.

Ausweg für die Zusammenarbeit

Haben Sie die Aufgabe, mit einem Menschen dieses Typus zusammenzuarbeiten, so drängen Sie ihn nicht zu stark und gehen Sie möglichst wenig auf seine Ablenkungsversuche ein, wie z. B.: »Kommst du mit zum Automaten, einen Schokoriegel ziehen?« Versuchen Sie möglichst eng mit ihm zu arbeiten, z. B. in Form von Pair Programming, einer Technik aus dem eXtreme Programming (XP) [3]. Erwähnen Sie, warum Ihnen die Arbeit Spaß macht und wie Ihr Beitrag zum großen Ganzen aussieht. Übertreibt er seine Ablenkungsversuche, d. h., an produktives Arbeiten ist nicht mehr zu denken, dann schildern Sie ihm Ihre Ziele wie z. B.: »Ich würde echt gerne XA heute noch fertig bekommen, damit wir morgen mit YA weitermachen können.« Versuchen Sie dann, das Gespräch mit ihm unter Einsatz offener Fragen zu führen (Abb. 14.1).

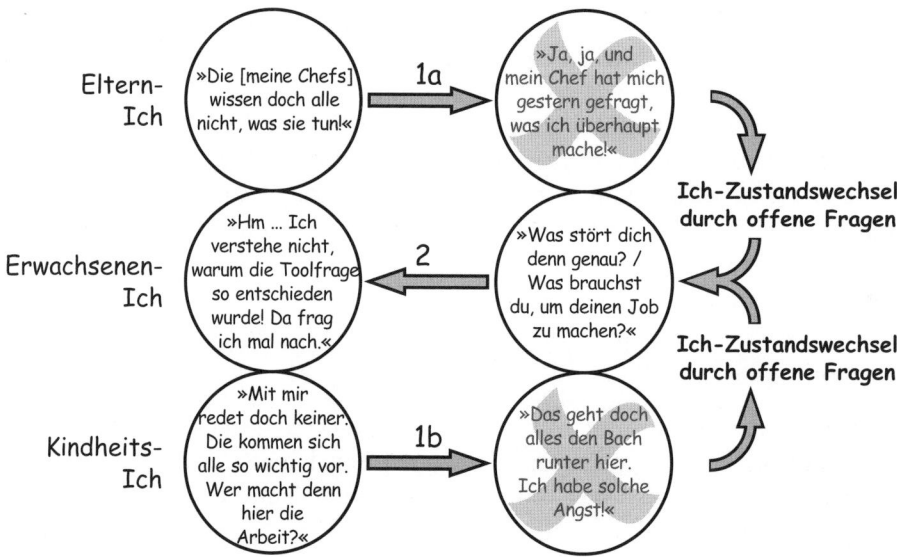

Abbildung 14.1: Wenn der *No-Future-Entwickler* aus dem Eltern-Ich heraus Probleme wälzt (1a) oder aus dem Kindheits-Ich heraus rebelliert (1b), lautet der Ausweg, konrete offene Fragen zu stellen, um ihn in einen Erwachsenen-Ich-Zustand zu bringen (2).

Machen Sie ihn auch darauf aufmerksam, was um ihn herum in der Gruppe sonst noch so passiert und welchen positiven und/oder negativen Anteil er daran hat oder haben könnte. Wertschätzen Sie seine Fähigkeit, alles zu hinterfragen, und nutzen Sie sie, um zu fundierteren Ergebnissen zu kommen.

Ausweg für die Führung

Als Chef sollten Sie diesen Typus immer wieder daran erinnern, wie sein Anteil am Ganzen aussieht und was er schon erfolgreich dazu beigetragen hat. Nur dadurch erfährt seine Arbeit einen Sinn, und er kann sich selbst motivieren fortzufahren.
Selbstkritik ist meist eine seiner Stärken, sodass Sie Ihr Lob ohne Wenn und Aber formulieren können. Ungünstig wären dagegen Aussagen wie:

»Toll, dass du XA fertig bekommen hast, auch wenn noch einige Bugs drin sind.«

Probieren Sie, ihm aufzuzeigen, wo seine Verantwortung liegt, und analysieren Sie mit ihm, ob dieser Bereich nicht erweitert werden kann. Bei einer Erweiterung ist zu empfehlen, unbedingt auf einen kooperativen Führungsstil zu setzen, den Mitarbeiter an die Hand zu nehmen und seine Entscheidungen mit ihm gemeinsam zu überdenken.

Unter dem Strich geht es darum, Verhaltensmuster, die bei diesem Typus zur Demotivation führen, zu identifizieren und aufzulösen. Sie versperren ihm die Sicht auf den Sinn seiner Arbeit. Ausgeräumt werden können diese Verhaltensweisen durch Bearbeiten und Auflösen der Ursache oder durch das Erklären des *Warum* in Bezug auf diese Ursache.

Zusammenfassung

Der *No-Future-Entwickler* hat Schwierigkeiten, das Ganze und seinen Anteil daran wahrzunehmen. Er verfällt in eine depressive Grundhaltung, weil er den Sinn seines Tuns nicht erkennen kann. Der Ausweg aus dieser Haltung ist die Übernahme von Verantwortung für das Ganze und damit auch für das ihm übertragene Teilgebiet.

14.2 AAAA – der allwissende, allgegenwärtige, arrogante Architekt

Beschreibung

Dieser Kommunikationstypus, ein Architekt von komplexen Softwaresystemen, hat es nicht einfach. Auf der einen Seite sind die beschränkten Entwickler, die es einfach nicht hinkriegen, mal ein bisschen weiter in die Zukunft und über ihren Tellerrand hinaus zu schauen. Dann gibt es noch jene, die Anforderungen stellen, wie z. B. der Kunde oder Fachbereich, die den Nachteil haben, dass sie von der hohen technischen Komplexität, die dieser Typus zu managen versucht, absolut keine Ahnung haben. Noch schlimmer ist, dass sie davon gar keine Ahnung haben wollen.

Zu guter Letzt gibt es dann noch den Chef oder Projektleiter, der immer nur nach *belastbarem Zahlenmaterial* oder »Wann ist das Problem XY gelöst?« fragt. Er interessiert sich auch nicht so recht für die tollen technischen Errungenschaften des *AAAA*. Ihm ist immer nur das Ergebnis wichtig. Ein *AAAA*-Typus ist also mit Arbeiten beschäftigt, die viele nicht interessieren oder verstehen und die nur zu stören scheinen. Er muss sie aber machen, denn es ist schließlich sein Auftrag.

Lichtblicke gibt es natürlich auch im Leben dieses Typus. So wird er in kritischen Situationen gerne zu vorrangig technischen Besprechungen eingeladen und darf sein Können zeigen. Manchmal darf dieser Typus auch entscheiden. Das beschränkt sich aber meistens auf Kleinigkeiten, bei denen es letztendlich egal ist, wie rum nun entschieden wird.

Seine Kollegen nehmen diesen Typus als arrogant wahr. Keine Diskussion auf dem Flur oder in der Kaffeeküche ist vor ihm sicher. Mit einer hohen Wahrscheinlichkeit taucht gerade er auf und mischt sich, ohne zu fragen, in die laufende Diskussion ein. Dabei überzieht er auch gerne mal ein wenig, Hauptsache, ihm ist die Aufmerksamkeit der Gruppe garantiert.

In Besprechungen kommen selten neue Ideen von ihm, vielmehr packt er die Äußerungen von anderen in ein neues Wortgeflecht und verkauft sie als seine Lösung. Sein Wissen pflegt und hütet der *AAAA* extrem gut, es ist schließlich sein Kapital. Unterm Strich ist dieser Typus eigentlich zufrieden mit seinem Job, nur alle anderen stören ihn.

Lieblingssprüche

- »Die haben doch alle keine Ahnung!«
- »Was will mein Chef bloß von mir?«
- »Mein Gehalt ist eher Schmerzensgeld!«
- »Da könnte/müsste man so viel machen!«
- »Unter diesen Umständen kann ich nicht arbeiten!«

Grundeinstellung

Es ist schon an den Lieblingssprüchen abzulesen: Dieser Typus agiert aus der Einstellung heraus: *Ich bin O.K., du bist nicht O.K.* Um die Stelle des Architekten überhaupt anzutreten, muss sich dieser Typus im *Wohin-noch*-Quadranten zu Hause fühlen. Hieraus kommt die Motivation, weiter zu denken als die meisten seiner Kollegen. Läuft etwas gegen seinen Willen, findet sich dieser Typus schnell im *Warum*-Quadranten wieder und baut nach und nach Hürden von ungeheurer technischer Komplexität auf, um die Konsequenzen aufzuzeigen und letztendlich sein Wissen als Lösung einzusetzen.

Auch das Drama-Dreieck beschreibt die Gefühlswelt dieses Typus gut. Wenn er das Verlangen hat, seine Lösungen durchbringen zu müssen, ist er in der Verfolger-Position. Lässt sich sein Gegenüber einschüchtern, kann er als generöser Retter auftreten. Bleibt dann aber der Dank für seine Arbeit aus, nimmt er wieder die Verfolger-Haltung ein. Auch die Opfer-Haltung ist ihm nicht fremd: Er setzt sie z. B. ein, um vor seinem Chef die Sturheit und Uneinsichtigkeit seiner Kollegen darzustellen, und rechtfertigt sich damit,

14.2 AAAA – der allwissende, allgegenwärtige, arrogante Architekt

dass er ja alles versucht hätte. Das bewirkt auch beim Chef Hilflosigkeit, sodass der *AAAA* schließlich wieder in die Verfolger-Haltung wechseln kann (Abb. 14.2).

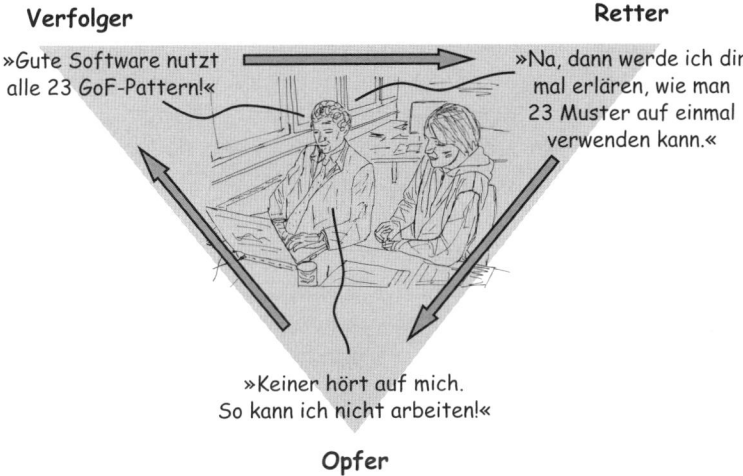

Abbildung 14.2: Beispiel für Aussagen im Drama-Dreieck mit dem *AAAA* als Verfolger und Retter (oben) und als *armes* Opfer gegenüber seinem Chef (unten)

Es finden sich gegensätzliche Botschaften im *Eltern-Ich*: »Arbeite hart«, »Sei perfekt!« und »Kümmere dich um dich!« als Antreiber sowie »Gefühle sind überflüssig!«, »Du schaffst es nicht!« und »Das ist zu komplex für dich!« als Bremser. Hieraus folgt der für die Kollegen so aufdringlich wirkende Antrieb dieses Typus, sich in Angelegenheiten einzumischen, die offenen Punkte *rauszuschälen* und mit anspruchsvollen technischen Lösungen *zuzupflastern*.

Stärken

Es gibt wohl keinen anderen Typus, der so motiviert ist, das ganze technische Gebilde zu überblicken und in sich konsistent zu halten. Begriffe wie Abhängigkeitsmanagement, Komplexitäten, Schnittstellen und Komponenten sind bei ihm keine bloßen Worte, sondern Paradigmen, die er stets berücksichtigt und mit einbringt.

Dieser Typus kann ein sehr breites Wissen technisch erfassen und in alle seine Überlegungen und Entscheidungen mit einbringen. Er eignet sich hervorragend als technischer Berater, weil er auf hohem technischem Niveau zu überzeugen weiß. Er ist auch immer über neueste Entwicklungen informiert und kann sie in einen Gesamtkontext einbetten.

Schwächen

Meistens äußern sich die *Eltern-Ich*-Botschaften »Du schaffst es nicht!« und »Gefühle sind überflüssig!« in einer mangelnden sozialen Kompetenz. Es fällt dem Typus also schwer, aus seiner Grundeinstellung heraus Menschen zu verstehen, mit ihnen zu fühlen, sie zu begeistern und zu überzeugen. Das führt schnell in einen Teufelskreis, an dessen Ende er immer in der Verfolger-Position landet. Die Kollegen fühlen sich übergangen und sind noch weniger bereit, seinen Anweisungen oder Empfehlungen zu folgen. Aufgrund von mangelndem Verständnis sieht sich dieser Typus darum veranlasst, die Intensität seiner Aktivitäten zu steigern bzw. neue Baustellen aufzureißen, bevor alte geschlossen sind. Der Kreis schließt sich, und der *AAAA* leidet unter chronischer Überlastung.

Er ist im Grunde sehr unsicher, und es fällt ihm unheimlich schwer, das zuzugeben. Auch ist er immer wieder auf der Suche nach Anerkennung. Sein zentraler Job als Architekt gibt ihm die Legitimation, im Mittelpunkt zu stehen. Dabei ist es ihm unverständlich, wieso seine Kollegen ihn nicht wegen seiner Tätigkeiten und Aufopferung lieben und verehren.

Die Ergebnisse dieses Typus passen häufig nicht in eine gesamtwirtschaftliche Bewertung des Projekts. Der ganzheitliche Aspekt bleibt durch seine Konzentration auf die technische Ausgereiftheit oft auf der Strecke.

Ausweg für die Zusammenarbeit

Befinden Sie sich derzeit in einem Team oder Projekt, in dem Sie mit so einem Typus zusammenarbeiten, dann streben Sie Offenheit an. Was heißt *Offenheit* in diesem Zusammenhang? Das ist am einfachsten über das Gegenteil zu erklären: Wenn Sie das Bedürfnis verspüren, mit Ihren Kollegen über den *AAAA* zu lästern, weil er mal wieder für Sie realitätsfremde Ansichten vertreten hat, dann liegt der Ausweg darin, Ihre Zusammenarbeit mit ihm zu verbessern. Versuchen Sie im täglichen Umgang den Argumenten dieses Typus zu folgen und loten Sie die Themen aus, die Sie für realistisch halten. Bei allem, was darüber hinausgeht, sollten Sie Ihre Bedenken offen ansprechen.

Lassen Sie sich nicht durch hohe technische Komplexität einschüchtern, sondern bitten Sie ihn, den Sachverhalt so zu erklären, dass Sie ihn verstehen können. Streben Sie Entscheidungen an und halten Sie Beschlüsse fest. Das erleichtert Ihnen das spätere Umsetzen und hilft bei einer erneuten Diskussion zum selben oder ähnlichen Thema.

Achten Sie auf Abstimmungserfordernisse mit dem Management, also z. B. Ihrem Projektleiter. Ansonsten kann es passieren, dass Sie am Ende zwar eine tolle Lösung parat haben, diese aber durch wenige Fragen Ihres Chefs zur gesamtwirtschaftlichen Betrachtung zunichte gemacht wird.

Ausweg für die Führung

Sind Sie der Chef oder Projektleiter, dann haben Sie zwei Hauptaufgaben. Erstens sollten Sie das Ansehen dieses Typus vor seinen Kollegen stärken, indem Sie aufzeigen, dass er gebraucht wird und wo. Zweitens sollten Sie sich Zeit für ihn nehmen, um seine Ideen zu verstehen, zu würdigen und die Einordnung und Machbarkeit im Projekt zu ermöglichen. Das ist nicht einfach, haben Sie als Vorgesetzter doch eigentlich andere Aufgaben, als sich mit technischen Einzelheiten zu beschäftigen.

Versuchen Sie stets, sich die positiven Eigenschaften dieses Typus vor Augen zu halten. Haben Sie sonst noch jemand im Projekt, der auch mal etwas weiter schaut und der Spaß daran hat, komplexe Systeme in der Gesamtheit technisch zu überblicken?

Versuchen Sie ein Umfeld zu schaffen, in dem dieser Typus seine Schwächen bearbeiten kann **und** genug Anerkennung zum Ausführen seines Jobs erhält. Es ist Voraussetzung, dass Sie als sein Vorgesetzter dabei stets Einflussmöglichkeiten auf den Lösungsfindungsprozess haben, da es Ihre Aufgabe ist, sich um die gesamtwirtschaftlich beste Lösung zu kümmern.

Als Weiterbildungsmaßnahmen empfehlen sich – in Abstimmung mit dem Betroffenen – gruppendynamische und kommunikationsintensive Seminare, die weniger im Bereich der theoretischen Wissensvermittlung als vielmehr in der praktischen Erlebbarkeit liegen. Für diesen Typus ist es besonders wichtig, von seinem kopf- und verstandsgesteuerten Denken auch mal ein wenig Abstand zu gewinnen und in die Welt der Emotionen und zwischenmenschlichen Beziehungen einzutauchen.

Versuchen Sie, die Probleme der Kollegen mit dem *AAAA* nicht durch Anweisungen wie »Was der Architekt sagt, wird gemacht!« oder Einrichten von neuen Führungsebenen zu lösen! Damit machen Sie alles nur noch schlimmer, denn nun wird kein Entwickler mehr mit dem *AAAA* streiten oder diskutieren, da er ja sowieso Recht bekommt. Gerade die Rolle des Architekten basiert auf Akzeptanz unter den Kollegen und nicht auf Zwang und Vorschrift.

Zusammenfassung

Der *AAAA-Typus* versteht es wie kein anderer, sich für technische und übergreifende Themen zu interessieren. Managementfragen z. B. nach dem Umsetzungsaufwand bleiben meistens unbeantwortet. Die zwischenmenschlichen Fähigkeiten sind bei diesem Typus oft unterbetont, und das schneidet ihn von der Basis, seinen Kollegen, ab. Den ausreichenden Kontakt zu seinen Kollegen benötigt er aber für die Umsetzung seiner Ideen und zur Bestätigung seines Könnens.

14.3 XXPler – eXtreme eXtreme Programmer

Selbstbeschreibung: Innenansicht eines XXPlers

»Ist irgendwo ein User in Sicht? Erzähl mir 'ne Story, und ich programmiere los. Okay, eigentlich erst den Test. Na ja, der läuft nicht weg. Was ich an Funktionalität im Kasten habe, das habe ich. Also ran ans Keyboard und los. Nächster User und/oder nächste Story? Kein Problem, das bastele ich noch eben hinzu. Das geht schnell, mein Chef ist begeistert. Meine Kollegen betrachten hochachtungsvoll meine Tipp- und Klickgeschwindigkeit. Ich bin der Beste.

Probleme gibt's auch dann und wann. Manchmal weiß der *doofe* Kunde nicht, was er will, oder er hat es mir falsch gesagt. Die Kollegen finden mein Endprodukt beim Review auf einmal nicht mehr so toll. Mein Chef beklagt sich über die nicht eingeplanten Refactoring-Runden, die immer mehr Zeit verschlingen und ihn in der Beziehung zum Auftraggeber immer mehr in Erklärungsnöte bringen. Außerdem klappt diese blöde Integration nie so richtig auf Anhieb. Und gegen Projektende sollen die Interfaces fest sein? Wie soll ich denn da arbeiten?

Egal, im Moment flutscht es nur so. Ich besorge mir die nächste User Story und mache weiter, das beruhigt meinen Chef wieder ein wenig. Und wenn es dann eng wird im Projekt, kommt mein lieber Chef sowieso wieder zu mir und will, dass ich alles rette. Manchmal komme ich mir wie ein Feuerwehrmann vor. Dann habe ich echt viel zu tun, aber, na ja, muss halt sein. Sonst kann und macht das ja keiner.

Meine Kollegen nerven dann und wann schon mal kräftig. Die reden hinter vorgehaltener Hand von *nie was fertig machen* und *hinterher räumen*. Weiß nicht, was die wieder haben. Was soll's, nächste User Story und ran an die Tastatur.«

Lieblingssprüche

- »Wenn man nicht alles selbst macht!«
- »Das wird schon!«
- »Ich mach das mal eben!«
- »Was soll ich jetzt tun?«

Grundeinstellung

Dieser Typus agiert aus dem *Wie*-Quadranten heraus und ist somit absolut ergebnisorientiert und -fixiert. Am Ergebnis interessiert zu sein, ist nichts Schlechtes, nur treibt es dieser Typus zu weit. Er nimmt vieles seiner Umgebung nicht mehr wahr. Er hat kein Verständnis für die Sorgen seiner Kollegen, von denen er direkt oder indirekt vorgeworfen bekommt, die Aufgaben immer nur zu 80 % abzuschließen. Die restlichen 20 % müssen stets andere Kollegen erledigen, was diesen nicht gefällt.

Er schottet sich auch von den Kollegen ab, indem er eine ungeheure Geschwindigkeit an den Tag legt. Das zeigt sich beim Arbeiten, beim Sprechen und auch beim Denken. Die Abschottung wird durch eine Einstellung *Ich bin O.K., du bist nicht O.K.* hervorgerufen, die ihm ermöglicht, sein Tun als *richtig* einzuordnen und den anderen zu zeigen, wie seiner Meinung nach heutzutage Software entwickelt wird.

Um andere von seinem Weltbild zu überzeugen, bedient er sich der Retter- und der Verfolger-Haltung. In der Retter-Haltung versucht er Kollegen, die seiner Meinung nach zu wenig oder falsche Ergebnisse bringen, zu bekehren und ihnen seine Arbeitsweise aufzudrängen. Er wird zum Verfolger, wenn die anderen nicht so funktionieren oder denken wie er und sich auch nicht von ihm retten lassen wollen. Dann wird dieser Typus auch mal laut und emotional. Das erlaubt er sich vorwiegend in Teambesprechungen, wo er ein großes Publikum erreichen kann. Oft hat er dann Erfolg, denn die Fokussierung auf Ergebnisse ist meistens sehr verlockend für den Projektleiter, vor allem wenn dieser unter Druck steht oder noch unerfahren ist.

Typische Antreiber-Botschaften aus dem *Eltern-Ich* sind: »Entscheide dich!«, »Arbeite hart!«, »Zeit ist Geld!«, »80 % reichen!« und »Du bist klug und wichtig!«. Auf der Bremser-Seite der Eltern-Ich-Botschaften findet sich »Du wirst nicht fertig!« oder »Grübele nicht so viel!«.

Stärken

Seine Stärke lässt sich am besten mit der Metapher *Feuerwehr* umschreiben. Wenn es brennt, d.h., wenn ein schwerwiegendes, den Projektfortschritt gefährdendes Problem aufgetreten ist, dann freuen sich die Kollegen und Vorgesetzten, dass dieser Typus sich bereitwillig anbietet, das Problem zu lösen. Natürlich hat er schon eine Lösung parat, und da die Zeit drängt, fragt keiner nach, sondern lässt ihn machen.

Nun ist dieser Typus in seinem Element, alle schauen auf ihn und seine Fähigkeiten und er rettet die Situation. Dass er dabei durch seine Arbeitsweise meistens sogar der Auslöser des Problems war, interessiert nun keinen mehr, zu hoch ist der Projektdruck in diesem Moment.

Schwächen

Etwas wirklich fertig zu bekommen, fällt diesem Typus extrem schwer, nach spätestens 80 % verliert er die Motivation für die letzten 20 %. Er verstrickt sich dann lieber in Spielchen oder zieht sich neue Aufgaben an Land. So ist er nur schwer für Tests und andere qualitätssichernde Maßnahmen zu begeistern. Mehr noch: Werden die letzten 20 % dann von den Kollegen angegangen, stellt sich oft heraus, dass umfangreiche Refactoring-Maßnahmen nötig sind, die so nicht eingeplant waren. Er ändert Interfaces so, wie es ihm gerade passt, und setzt sich notfalls auch über anders lautende Abmachungen hinweg.

In Besprechungen wird er schnell ungeduldig, unterbricht andere und reißt das Geschehen an sich. Als Führungskraft fällt ihm das Delegieren schwer, meint alles selbst machen zu müssen.

Mit *weichen* Themen wie z. B. Kommunikation oder Konfliktmanagement hat dieser Typus nichts am Hut. Das zeigt sich im Arbeitsalltag auch an seiner Resistenz gegenüber den Äußerungen und Einstellungen seiner Kollegen zu seiner Arbeitsweise.

Ausweg für die Zusammenarbeit

Die Zusammenarbeit unter Gleichgesinnten mit hohem *Wie*-Anteil gerät leicht zum Wettkampf. Da sich dabei nicht nur die Stärken, sondern auch die Schwächen addieren, sollte eine solche Situation unbedingt vermieden werden. Es wird sonst zunehmend schwerer, hinter diesen *Wie*-Menschen *aufzuräumen*.

Auch sonst gestaltet sich die Zusammenarbeit mit dem *XXPler* schwierig und sollte nicht unterschätzt werden. Während dieser Typus sich schon mit der nächsten Aufgabe oder dem nächsten Arbeitspaket beschäftigt, sind durchaus noch Aktivitäten beim laufenden Projekt im Rahmen der restlichen 20 % nötig. Meist bleibt diese Aufgabe an den anderen hängen, die natürlich mit der Zeit davon oder von ihm genervt sind. Abhilfe ist hier schwer.

Am besten Sie übernehmen die von ihm liegen gelassene Arbeit nicht, sondern sprechen ihn darauf an und äußern Ihren Unmut darüber. Machen Sie ihn darauf aufmerksam, dass sein Auftrag die Erledigung der ganzen Aufgabe umfasst. Es ist für diesen Typus jedoch nicht leicht zu erkennen, wann seine Aufgabe vollständig abgearbeitet ist (Abb. 14.3).

Sollte das alles nicht helfen, ist die letzte Möglichkeit, das Thema über Ihren Projektleiter eskalieren zu lassen. Erklären Sie Ihrem Chef dabei die Sachlage sehr genau mit konkreten Beispielen. Viele Chefs sind nämlich sehr angetan von den *Feuerwehrdiensten* dieses Typus, weil sie das Projekt in den entscheidenden Phasen immer wieder retten. Das kann zur Folge ha-

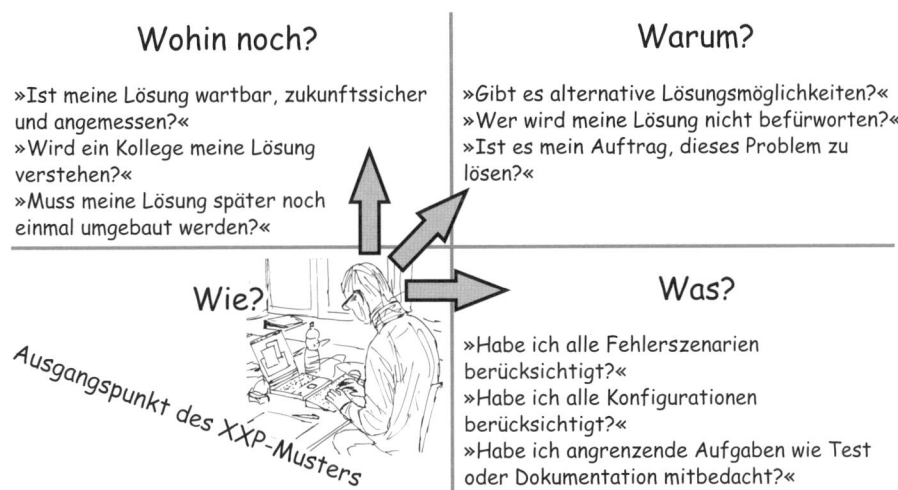

Abbildung 14.3: Mögliche Fragen an einen *XXPler*, um sich aus dem *Wie*-Quadranten entweder den *Was*-, *Warum*- oder *Wohin-noch*-Quadranten zu erschließen.

ben, dass der *XXPler* von Vorgesetzten nur verhalten auf seine Fehler aufmerksam gemacht wird, was oft nicht zur gewünschten Veränderung führt.

Ausweg für die Führung

Um es gleich vorwegzunehmen: So verlockend es ist, wie dieser Typus die Feuerwehr spielt und immer wieder Ihre Haut und die der Kollegen rettet, auf Dauer kann es nicht gut gehen. Erstes Anzeichen dafür ist der wachsende Unmut der Kollegen, immer hinter ihm herräumen zu müssen. Nehmen Sie das bitte ernst! Wenn Sie jetzt nicht reagieren, dann verfallen die Kollegen zusehends in Resignation und fangen an, Spielchen mit diesem Kollegen zu treiben. Das Lästern über ihn ist dabei noch der harmloseste Teil...

Als Vorgesetzter kommen Sie nicht umhin, diesen Typus auf seine Stärken **und** Schwächen anzusprechen, um ihm klarzumachen, was er anrichtet. Machen Sie ihm deutlich, dass Ihnen nicht an Schuldzuweisung gelegen ist, sondern dass Sie lediglich an einem produktiveren und für alle Seiten angenehmeren Arbeitsumfeld interessiert sind.

Eine Lösung könnte Pair Programming sein. Sie beschließen in Absprache mit dem *XXPler*, dass er gemeinsam mit einem anderen Kollegen eine anspruchsvolle Aufgabe zu lösen hat. Dabei bauen Sie in regelmäßigen Abständen Feedback-Gespräche zur Verbesserung des Prozesses ein.

So kann er nachvollziehen, welche Verhaltensweisen eine Veränderung bewirken.

Eine andere Lösung ist, die Ablieferung von 100 % der Aufgabe von diesem Typus zu verlangen. Achten Sie dann aber unbedingt darauf, Ihren Führungsstil anzupassen, denn spätestens bei den letzten 20 % wird von Ihnen mehr Coaching, also ein engerer Führungsstil, abverlangt werden. Welche Lösung Sie auch immer wählen, geben Sie diesem Typus unbedingt und regelmäßig Feedback, denn er bewegt sich auf neuem Terrain und wird beim kleinsten Hindernis immer wieder in seine gewohnte Arbeitsweise zurückfallen.

Zusammenfassung

Der *XXPler* ist (zu) stark im *Machen*. Er erzeugt sehr schnell verwertbaren Output, hört aber bei 80 % auf und wendet sich neuen Aufgaben zu. Kollegen müssen hinterherräumen, und das nervt diese zusehends. Oft sind auch noch umfangreiche Refactorings nötig. Wichtig ist, diesem Typus Mensch die Auswirkungen seiner Arbeitsweise bewusst zu machen, um nachhaltige Veränderungen zu erreichen.

14.4 Der Hacker

Beschreibung

Das Bild des *Hackers* hat jeder im Kopf: ein aufsässiger und gleichzeitig zurückgezogener Technikfreak, der mit Robin-Hood-Motivation handelt und Hierarchien nicht mag, sie sogar mehr oder weniger aktiv bekämpft. Im heutigen Softwareentwickleralltag schlägt diese Grundstimmung auf die Arbeitsleistung dieses Typus durch. Er ist resistent gegen Anweisungen von Vorgesetzten oder gut gemeinte Ratschläge von Kollegen, die nicht seiner Auffassung entsprechen. Dadurch stellt dieser Typus sich oft selbst ins Abseits, da er den meisten Kollegen und Vorgesetzten keine Basis für eine Kommunikation bietet.

Technisch ist dieser Typus außerordentlich interessiert, nicht immer auf breiter Basis, aber er steigt gerne in Tiefen ab und eignet sich das Wissen durch Ausprobieren quasi im Durchmarsch an. Vorschriften, wie z. B. Entwicklungsprozesse, Konfigurationsmanagement oder Codierrichtlinien, missachtet er des Öfteren mit dem ihm eigenen Selbstverständnis. Er passt gut auf sein Wissen auf, pflegt es und teilt es nur mit Menschen, zu denen er absolutes Vertrauen aufbauen kann. Findet dieser Typus eine seinem Ideal entsprechende Tätigkeit, vergisst er Zeit und Raum und vernachlässigt sich und seine Mitmenschen.

Lieblingssprüche

- »Da geht noch was!«
- »Das schau ich mir mal genauer an!«
- »Bitte nicht stören!«
- »Pizza und Cola bitte!«

Grundeinstellung

Dieser Typus fühlt sich im *Warum*-Quadranten sehr wohl. Kann er sich für eine Sache begeistern, muss er erst für sich die Sicherheit erlangen, dass sein Tun sinnvoll ist. Wenn das geschehen ist, strebt er Vollständigkeit an und blendet alle ihn umgebenen Realitäten, wie z. B. Zeit, Mitmenschen oder eigene Bedürfnisse, aus.

Als *Eltern-Ich*-Botschaften lassen sich Aussagen wie »Sorge für Gerechtigkeit!«, »Denk nach!« und »Kämpfe gegen die Obrigkeit!« auf der Antreiber-Seite ausmachen. Auf der Bremser-Seite stehen dem Botschaften wie z. B. »Traue keinem!« und »Nimm dich nicht wichtig!« gegenüber. Antreiber und Bremser können im Wechselspiel eine enorme Dynamik entfalten.

Im *Drama-Dreieck* durchläuft dieser Typus alle Positionen. Als Verfolger verachtet er jegliche Obrigkeit, als Retter meint er, alle aus seiner Sicht Unterdrückten retten zu müssen. Er agiert dann aus der Haltung *Ich bin O.K., du bist nicht O.K.* heraus. Wenn sich der Gerettete dann widersetzt oder sich beschwert, dass er nie gerettet werden wollte, findet sich dieser Typus in der Opfer-Rolle wieder.

Ein Wechsel in die Opfer-Haltung erfolgt auch, wenn er zur Ausführung von Anweisungen gezwungen wird, hinter denen er nicht steht. Jegliche Motivation ist dann hin und er neigt zu Depressionen: *Ich bin nicht O.K., du bist nicht O.K.*

Generell hat dieser Typus einen großen Hunger nach Anerkennung, um in seiner Haltung verbleiben zu können. Positive Anerkennung holt er sich von den Geretteten, falls diese auch gerettet werden wollten, negative von den *ausgebeuteten* Kollegen.

Stärken

Die Stärke dieses Typus ist sein Gerechtigkeitssinn. Findet er einen Grund, jemanden zu retten, zeigt er, was eigentlich in ihm steckt. Er meistert technische Hürden im Vorbeigehen und arbeitet zielstrebig auf eine Lösung hin.

Er entwickelt eine ungeheure Ausdauer und Zähigkeit. Das kann in Krisensituationen äußerst hilfreich sein.

Schwächen

Die Hauptschwäche dieses Typus ist seine eingeschränkte, heutzutage aber so wichtige Teamfähigkeit. Da es nicht immer nach seiner Nase gehen kann und er andere Meinungen nur schwer zulässt, werden seine Kollegen ihn schnell ausschließen und als *Freak* abstempeln.

Erkennt dieser Typus, dass er durch das Retten und das Missachten von Obrigkeit seine Ansichten nicht durchsetzen kann, verfällt er in Resignation. Aus diesem Grund ist es für diesen Typus sehr schwer, sich selbst zu motivieren, wenn es um das Ausführen von Anweisungen eines Vorgesetzten oder um Teamarbeit geht.

Diesem Typus missfällt es, sich mit seinen Ergebnissen zu schmücken, positives Feedback lehnt er als *Honig um den Mund schmieren* ab und fragt sich stattdessen, was derjenige wohl eigentlich von ihm will. Er sieht oft Verschwörungen und Unterstellungen, wo gar keine sind.

Ausweg für die Zusammenarbeit

Wenn Sie mit diesem Typus zusammenarbeiten, dann gilt es, darauf aufzupassen, dass Ihnen keine Rolle im Drama-Dreieck zugeschrieben oder von ihm aufgedrängt wird. Sollten Sie z. B. merken, dass dieser Typus Sie gerade zu retten versucht, dann machen Sie klar, dass Sie das nicht wünschen, und kommunizieren deutlich, was Ihnen nicht passt und wie Sie gedenken, die Situation zu klären.

Wenn dieser Typus Ihnen gegenüber in die Verfolger-Rolle schlüpft, ist es ratsam, die eigenen Emotionen zu zeigen, z. B.: »Ich habe dir nichts getan! Dass du mich so anfährst, macht mich ärgerlich[1]. Lass uns bitte versuchen, das eigentliche Problem zu finden und aus der Welt zu schaffen!«

Sollte er dann in die Opfer-Haltung verfallen, so sollten Sie ihn nicht darin bestärken. Vielmehr können Sie ihm zeigen, was er alles erreicht hat und noch erreichen kann, um ihm die Möglichkeit zu geben, die Opfer-Haltung als für ihn nicht hilfreich zu erkennen und aus dem Drama-Dreieck auszusteigen (Abb. 14.4).

Ausweg für die Führung

Als Vorgesetzter heißt es zu überprüfen, ob dieser Typus noch produktiv und motiviert arbeitet. Wenn dies nicht der Fall ist, dann bleibt nur die direkte Konfrontation. Machen Sie ihm klar, welche positiven und negativen Aspekte sein Gerechtigkeitssinn für ihn hat.

---

[1] oder unsicher bzw. ängstlich usw.

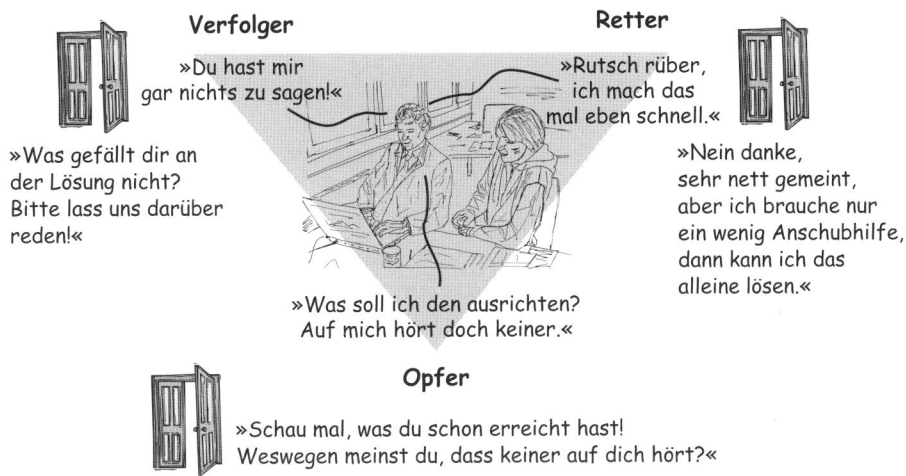

Abbildung 14.4: Typische Aussagen des *Hackers* in den drei Rollen des Drama-Dreiecks und mögliche Auswege, um das Drama-Dreieck aufzubrechen.

Auch das Aufdecken der Positionen im Drama-Dreieck und die Reaktionen des Gegenübers können bei selbstreflektierenden Vertretern dieses Typus sehr hilfreich sein.

Sollte das alles keine Früchte tragen, dann können vielleicht andere Tätigkeitsbereiche diesem Typus näherliegen. Kann er auf Technik verzichten, könnte ein Posten im Betriebsrat oder einer anderen Vertretung das Richtige sein, denn *Retten* und *Obrigkeitsverachtung* können hier eher konstruktiv umgesetzt werden.

Kann er sich unterordnen und möchte er nicht auf Technik verzichten, dann fühlt er sich eventuell als Sicherheitsexperte wohl. Unter Umständen ist auch ein Platz in der Forschung nicht schlecht für ihn, dort gibt es meistens nicht den Druck seitens der Führungshierarchien und seine Ausdauer kann sehr nützlich sein.

Zusammenfassung

Der *Hacker* macht sich das Leben durch ein schnelles Wechseln seiner Positionen im Drama-Dreieck schwer. Er verachtet Anweisungen von Vorgesetzten und Tipps von Kollegen. Sein Antrieb besteht darin, dass er gerne Gleichgesinnte retten möchte.

Technisch ist dieser Typus äußerst begabt und kann sich mit Leichtigkeit in technisch sehr komplexen Umgebungen bewegen. In Krisenzeiten können seine Stärken wichtig werden.

14.5 Mr. 120 %

Beschreibung

Er redet nicht gerne über seine Tätigkeiten, denn *Mr. 120 %* mag keine halben Sachen. Das fängt schon bei der Beschreibung einer Aufgabe an, die er übernehmen soll. Die Beschreibung wird hinterfragt, bis dem Auftragsteller schwindelig wird und er den Eindruck gewinnt, dass er die Aufgabe so genau spezifizieren muss, dass er sie auch gleich selbst umsetzen könnte.

Ist dieses Schlachtfeld ausgereizt, geht *Mr. 120 %* zum nächsten über: Er fängt an, die Aufgabe zu lösen bzw. umzusetzen. Dabei zeigt er natürlich genau die gleiche pedantische Genauigkeit. Kein Fehlerfall entgeht ihm, kein `else`-Zweig bleibt unberührt. Dass er dann Fragen über Fragen an den Auftraggeber oder Projektleiter stellt, versteht sich von selbst. Aussagen über den Fertigstellungsgrad trifft Mr. 120 % nur sehr ungern, viel zu viel ist dabei noch zu beachten.

Wenn er dann mal fertig geworden oder einfach die Zeit abgelaufen ist und er seine Ergebnisse präsentieren soll, steht er unter hohem Druck. Es stellen sich diesem Typus die ihm eigenen Fragen: »Habe ich wirklich alle Sonderfälle berücksichtigt? Was, wenn ein Kollege oder gar mein Vorgesetzter Lücken in meiner Umsetzung findet?« Dadurch verkauft sich dieser Typus meistens unter Wert, was bei ihm und auch bei seinen Mitmenschen zu negativen Gefühlen oder Mitleid führt.

Lieblingssprüche

- »Bitte nicht stören!«
- »Immer dieser Termindruck!«
- »Was heißt das genau?«
- »So kann ich nicht arbeiten!«
- »Diese Jugend!«
- »Immer was Neues. Das konnten wir vorher auch schon!«

Grundeinstellung

Die Grundhaltung im *Vier-Quadranten-Modell* ergibt sich aus der Liebe zur Vollständigkeit. *Mr. 120 %* ist im *Was*-Quadranten angesiedelt. Damit hat er naturgemäß besonders Schwierigkeiten mit Leuten aus dem *Wie*-Quadranten, die einen für ihn nicht nachvollziehbaren Drang zu Ergebnissen und Unvollständigkeit haben. Am ehesten versteht dieser Typus Kollegen, die sich im *Warum*-Quadranten befinden, denn hier hinein verfällt er leicht, wenn es nicht so läuft, wie er es sich wünscht. Hierzu passen die *Eltern-Ich*-Botschaften, die sich bei diesem Typus festgesetzt haben: »Pass auf!«, »Fast fertig gibt es nicht!« und »Sei kritisch!« als Antreiber sowie »Das ist zu komplex für dich!« und »Gefühle sind überflüssig!« als Bremser.

Als transaktionsanalytische Grundhaltung lässt sich bei diesem Typus meistens *Ich bin nicht O.K., du bist O.K.* feststellen. Mit einer *»Ich bin O.K., du bist nicht O.K.«*-Haltung tendiert er eher zu anderen Betätigungsfeldern, wie z. B. als Architekt oder Projektleiter. Dort versucht er, seinen Vollständigkeitsdrang auf seine Kollegen und Mitarbeiter auszudehnen.

Im *Drama-Dreieck* befindet sich dieser Typus vorwiegend in der Opfer- oder Verfolger-Rolle. Als Verfolger agiert er nur kurz, wenn ihm nicht genügend Freiraum in Form von Zeit zugebilligt wird, damit er seine Aufgaben nach seinen Vorlieben, nämlich *vollständig*, zu Ende bringen kann. Merkt er, dass er als Verfolger keinen Erfolg hat, dann wechselt er in die bevorzugte Opfer-Haltung. Hier klagt er über die seiner Meinung nach schlechten Arbeitsverhältnisse, also meist über die fehlende Zeit oder den zu hohen Druck seitens der Projektleitung. Die Opfer-Haltung wird letztendlich durch seine Unsicherheit ausgelöst, für ihn *unausgegorene* Ergebnisse produzieren und kommunizieren zu müssen.

Stärken

Vollständigkeit ist seine Stärke. Wo andere unmotiviert aufhören, fängt dieser Typus an, sich für die Aufgabe zu interessieren. Das ist gerade in Endphasen z. B. der Spezifikation oder Implementierung von Vorteil. So rettet dieser Typus das eine oder andere Mal ein Projekt, indem er die Sachen einfach zu Ende bringt und dabei nicht viel Aufhebens macht.

Dieser Typus lernt schnell und gut, ohne dabei viel Praxis in den eingesetzten Sprachen oder Methoden zu brauchen. Durch seinen Vollständigkeitsdrang fragt er sich ständig, ob er schon fertig ist oder welche Aspekte er noch nicht betrachtet hat, und geht sie dann an. Erwischt man diesen Typus auf dem richtigen Fuß, so ist er durchaus sehr hilfsbereit. Dann kann er mit seiner ruhigen Art Gutes tun und sich Anerkennung für seine Arbeit holen.

Schwächen

Dieser Typus macht es seinem Umfeld nicht leicht: Kollegen, die auf Ergebnisse drängen, werden von ihm ebenso abgelehnt wie Vorgesetzte, die Zeitdruck aufbauen. Auch zu sich selbst ist er hart und unnachgiebig.

Zufriedenheit stellt sich bei ihm erst ein, wenn er das Gefühl hat, Vollständigkeit erreicht zu haben. Aber das dauert meistens sehr lange und verlangt eine große Ausdauer. Deshalb schaut er verachtend auf die Kollegen, die an ihm vorbeiziehen und *damit durchkommen*.

Wird dieser Typus älter, dann wirkt sich seine Verachtung oft stereotyp auf jüngere Kollegen und Vorgesetzte aus. Auch lehnt er Neues ab. Das macht sich z. B. an Diskussionen über neue oder angepasste Vorgehensweisen im Projekt fest. Hier fehlt ihm die Motivation, sich engagiert zu beteiligen, denn meistens gab es ja auch bisher ein Vorgehen. Das Gleiche zeichnet sich bei Schulungen ab, die Themengebiete nur im Überblick anreißen. Das Verlangen nach Vollständigkeit und fachlicher Tiefe hindert diesen Typus dann, das Geschulte aufzunehmen.

Im Allgemeinen kann *Mr. 120 %* schlecht seine noch zu erledigenden Aufgaben vom Aufwand und Zeitbedarf her abschätzen. Es ist für ihn auch nur schwer verständlich, wie man von einem *Release* sprechen kann, wo doch noch nicht alles fertig ist. In Diskussionen verwendet dieser Typus meistens eine sehr präzise Sprache und verlangt von seinem Gegenüber, dass er diese versteht und sich danach ausrichtet. Dieser Typus tut sich außerdem schwer, seine geleisteten Taten selbst anzuerkennen. Seinen Gesprächspartnern gegenüber verhält er sich diesbezüglich eher still.

Ausweg für die Zusammenarbeit

Wenn Sie mit einem *Mr. 120 %* zusammenarbeiten, dann ergibt sich oft der Konflikt, dass auch Sie an der Leistung dieses Typus gemessen werden. Das kann insofern problematisch werden, wenn Sie ein etwas anderes, z. B. schnelleres oder pragmatischeres Vorgehen anstreben. Sie erreichen bei diesem Typus keine Veränderung, wenn Sie ihn angreifen und ihm zeigen wollen, wie schnell er Ihrer Meinung nach vorankommen könnte.

Als Ausweg achten Sie auf genügend Struktur in Ihrer Zusammenarbeit. Sprechen Sie die Ihnen übertragenen Aufgaben ganz genau durch. Lassen Sie *Mr. 120 %* die Aufgaben ruhig ein wenig durchleuchten. Treffen Sie dann Abmachungen, wer von Ihnen welche Aufgabenteile erledigt und wie die Ergebnisse sich zusammenfügen lassen. Mit diesen klar umrissenen Aufgabenpaketen können Sie nun die Arbeit beginnen.

Bei weiterem Kommunikationsbedarf achten Sie darauf, sich ausreichend Zeit zu nehmen. Es ist auch sehr hilfreich, Entscheidungen, die Sie gemeinsam mit ihm gefällt haben, zu dokumentieren. Ein Beispiel für eine typische Kommunikation zwischen *Mr. 120 %* und einem Kollegen aus dem *Wie*-Quadranten sowie Möglichkeiten für Auswege entnehmen Sie bitte Abbildung 14.5.

Ausweg für die Führung

Wenn Sie als Führungskraft kurz eine Auskunft haben wollen, z. B. wie lange die Implementierung noch dauert oder ob das gerade aufgekommene Problem zu lösen sein wird, bekommen Sie oft keine zufriedenstellende

14.5 Mr. 120 % 195

Was?	Wie?	
»Was passiert, wenn der Fehlerfall in der neuen Datenbank eintritt?«	»Das interessiert mich jetzt nicht, lass uns mit der neuen Abfrage weitermachen!«	Umfang des Prototyps oder Use Case absprechen und abschließend in Hinblick auf die Vollständigkeit programmieren.
»Wir sind hier noch nicht fertig!«	»Ich denke schon, es läuft doch!«	Genauer nachfragen, welche Teile noch fehlen, und deren Wichtigkeit gemeinsam festlegen.
»Diese Präsentation werde ich so nicht halten!«	»Nun stell dich nicht so an, die Entwicklungsleiter haben doch keine Ahnung!«	Darauf hinweisen, dass Vollständigkeit auf andere Weise erreicht werden kann, z. B. über die gesprochenen Worte.
»Dafür brauchen wir noch sieben Tage!«	»Quatsch! Heute Nachmittag ist das drin.«	Aufgabe in kleinere Blöcke zergliedern und dann gemeinsam den Zeitaufwand abschätzen.
»Ich kann dir nicht sagen, wie die Lösung aussieht!«	»Die Lösung ist das Einbauen unseres Standard-Editor-Moduls aus dem Altprojekt, was denn sonst!«	Motivieren, wofür die vorläufige Lösung gebraucht wird. Lösung hinterfragen, offene Punkte transparent machen und bewusst akzeptieren.

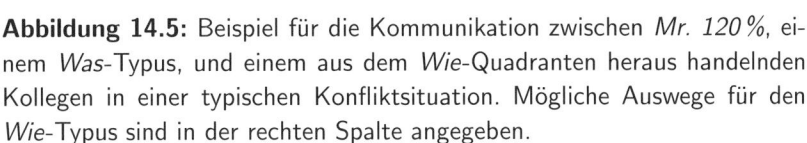

Abbildung 14.5: Beispiel für die Kommunikation zwischen *Mr. 120 %*, einem *Was*-Typus, und einem aus dem *Wie*-Quadranten heraus handelnden Kollegen in einer typischen Konfliktsituation. Mögliche Auswege für den *Wie*-Typus sind in der rechten Spalte angegeben.

Antwort. Sie bemerken vielleicht, dass Sie zudem auch noch demotivierend auf diesen Typus wirken. Was ist passiert? Aus seiner Sicht haben Sie eine vollständige Aussage zu einem Themengebiet verlangt, in dem er sich nicht 120 % sicher ist. Das erzeugt Unsicherheit, die er aber Ihnen als Vorgesetztem nicht zeigen möchte. Dieser Versuch des *Überspielens* verstärkt dann die unangenehme Situation für *Mr. 120 %* weiter.

Als Ausweg bietet sich hier an, dass Sie sich Zeit für ihn nehmen! Wirken Sie nicht gehetzt, sondern setzen Sie zu ihm hin. Motivieren Sie Ihre Frage, z. B.: »Ich muss auf der heutigen Steering-Board-Sitzung eine erste Aussage zu dem Problem XY machen. Was ist deiner Meinung nach sinnvoll, hier zu kommunizieren?« Geben Sie diesem Typus Sicherheit, indem Sie deutlich machen, dass Sie zu dem jetzigen Zeitpunkt keine fundierte Aussage erwarten. Bestätigen Sie ihn darin, auf seinen Bauch zu hören und Ihnen das Ergebnis mitzuteilen.

Wenn es Ihnen möglich ist, behalten Sie das Thema im Auge und fragen Sie ihn dann von Zeit zu Zeit danach. So wird ihm deutlich, dass seine Vollständigkeit honoriert wird, und er wird das Vertrauen zu sich selbst und zu Ihnen aufbauen und auch mal vorläufige Ergebnisse mitzuteilen.

Zusammenfassung

Mr. 120% möchte alles perfekt machen. Deshalb steht er sich und anderen oft im Weg, denn perfekt zu sein, ist, wenn überhaupt, meistens nur mit überproportional viel Zeitaufwand zu erreichen. Wichtig ist für diesen Typus, Vertrauen vermittelt zu bekommen. Dann kann er den Mut fassen, seine Unsicherheit zu überwinden, und wird auch für ihn bis dato *unausgereifte* Ergebnisse akzeptieren.

15 Kommunikationstypen in den Fachbereichen

In größeren Projekten oder Organisationen wird dem Entwickler oft die direkte Arbeit mit dem Kunden abgenommen. Der Entwickler hat nicht so sehr die Aufgabe, sich ein tiefes Verständnis für die fachlichen Aspekte zu erarbeiten, sondern sich auf die technische Realisierung zu konzentrieren. Dafür sind die Kollegen aus den Fachabteilungen zuständig, Analytiker, Produktspezialisten oder Produktmanager.

Diese Fachspezialisten müssen mit dem Umfeld und der Sprache der Kunden vertraut sein, d. h. deren Fachbegriffe verstehen und verwenden. Des Weiteren gilt es für die Fachspezialisten, zusammen mit dem Kunden die Anforderungen an ein zu entwickelndes System festzulegen. Anschließend übergeben sie diese Anforderungen an die Entwicklung und stehen für Rückfragen zur Verfügung. Die Fachspezialisten befinden sich also in einem ständigen Spannungsfeld zwischen Kunden und Entwicklung.

In kleineren Projekten wird diese Aufgabe direkt in der Entwicklung wahrgenommen. Das führt einerseits zu interessanten vielseitigen Arbeitsinhalten, stellt aber andererseits auch eine hohe Belastung dar, für die nicht jeder Entwickler geeignet scheint. Dafür sind Universalisten gefragt.

15.1 Der bessere Verkäufer

Beschreibung

Er redet zwar viel und hört sich selbst gerne zu, aber alles Gerede hat nur einen Sinn: seine Meinung an den Mann bzw. die Frau zu bringen. Dieser Typus ist sich sicher, die *Weisheit mit Löffeln gefressen* zu haben. Er hat zu jedem Problem eine unmittelbare Lösung und lässt sich da nicht reinreden. Diese Verhaltensweise wendet er konsequent auf seine Kunden an, was oft zur Folge hat, dass deren Wünsche nicht die nötige Berücksichtigung finden.

Unter Umständen ist der Kunde noch gar nicht in der Lage, seine Anforderungen klar zu formulieren. Leider ist dieser Typus dabei keine gute

Hilfe, denn er wird immer versuchen, seine Meinung mit einzubringen und so den Kunden in eine bestimmte Richtung zu drängen. Auch im Kontakt mit der Entwicklungsabteilung finden wir dieses Verhaltensmuster wieder, was dazu führt, dass die Anforderungen nicht eindeutig und ausführlich genug kommuniziert werden. In jedem Fall ist das Resultat eine Transformation der ursprünglichen Anforderungen. Die Anforderungen, die den Entwicklern mitgeteilt werden, entsprechen dann nicht immer denen, die der Kunde im Sinn hatte. Eine sehr gefährliche Situation.

Im Allgemeinen ist dieser Typus sehr zufrieden mit sich und seiner Arbeit. Er wünscht sich oft sowohl einsichtigere Kunden als auch einsichtigere Kollegen in der Entwicklung. Wird ihm diese *nötige* Einsicht nicht entgegengebracht, so mutiert dieser Typus oft zum Verkäufer. In langen Monologen preist er seine Ideen und Lösungen an. Und oft genug bekommt er dann Recht, entweder weil sein Gegenüber tatsächlich die angepriesene Meinung übernimmt oder weil er ihn einfach nur müde geredet hat. Sein Gegenüber gibt also auf, auf seiner eigenen Meinung zu bestehen.

Lieblingssprüche

- »Das machen wir so ...«
- »Wo ist das Problem?«
- »Denken Sie doch mal nach!«
- »Wieso bin ich der Einzige, der weiß, wo es langgeht?«
- »Das haben wir schon tausendmal gemacht!«

Grundeinstellung

Dieser Typus ist im *Wie*-Quadranten zu Hause. Er ist ein Macher, was leicht an seinen langen Monologen zur Umsetzung seiner Ideen erkennbar wird. Denn das Umsetzen seiner Ideen entspricht den Ergebnissen, die dieser *Wie*-Mensch liefern will. Vollständigkeit ist dabei nicht sein Ziel, dieser Typus will überzeugen, seine Meinung durchsetzen. Auf dieses und nur auf dieses Ergebnis arbeitet er kontinuierlich hin.

Da er aus einer gefestigten *»Ich bin O.K., du bist nicht O.K.«*-Haltung heraus kommuniziert, merkt er meistens nicht, dass er seinen Gesprächspartner schon seit einigen Sätzen verloren hat. Das passiert oft dann, wenn dieser Typus mit Kollegen zu tun hat, die aus einem anderen als dem *Wie*-Quadranten heraus agieren.

Im Drama-Dreieck nimmt er die Verfolger-Position ein, wenn er mit Menschen zu tun hat, die nicht unmittelbar seiner Meinung sind oder die gar ihre eigene Meinung einbringen wollen. Die Retter-Position belegt er, wenn er ihnen großzügig die Welt erklärt. Wird das nicht angenommen und wehrt sich sein Gegenüber zu stark, findet sich dieser Typus auch schon mal in der Opfer-Position wieder.

Typische *Eltern-Ich*-Antreiber-Sätze sind: »Zeig's ihnen!«, »Beeil dich!«, »Der Stärkere gewinnt!«, »Kümmere dich nur um dich selbst!« oder »Frag nicht lange, mach!«. Als Bremser dienen Botschaften wie z. B.: »Du kommst nicht auf den Punkt!«, »Du wirst nicht fertig!« oder »Das verstehst du nicht!«.

Stärken

Reden kann er! Keine Frage bleibt unbeantwortet, keine *Denkgeräusche* wie äh! oder hm! sind zu hören. Das qualifiziert ihn für das Podium, für Vorträge und andere Informationsveranstaltungen, bei denen die Informationen hauptsächlich in eine Richtung, nämlich weg vom Vortragenden fließen. Dieser Typus wird von Vorgesetzen geschätzt, garantiert sein Vorgehen doch, dass keine kritischen Nachfragen kommen.

Der *bessere Verkäufer* kann sich mit vielen Themen gleichzeitig auseinandersetzen, da er nicht so gerne in die Tiefe, ins Detail eintaucht. Meistens hat er deshalb ein breites Wissen, das auch die angrenzenden Fachgebiete mit abdeckt.

Schwächen

Die Hauptschwäche dieses Typus ist sein mangelndes Einfühlungsvermögen. Dadurch bekommt er nicht mit, wann seine Bemühungen nicht mehr zum Ziel führen, weil seine Kommunikationspartner ihm nicht mehr folgen können und/oder wollen.

Dieser Schwäche aus dem Reich der sozialen Kompetenz gesellt sich eine weitere hinzu: Er kann nicht zuhören. Deshalb unterbricht er sein Gegenüber, fällt ihm ins Wort und beendet dessen Sätze. Das führt schnell dazu, dass die Kollegen sich nur noch ungern mit ihm unterhalten, d. h., die Kommunikation wird auf das absolut Notwendige beschränkt. Das aber setzt einen Teufelskreis in Gang, denn dieser Typus braucht ja Zuhörer für seine Monologe. Um diese zu gewinnen, wird er seine Bemühungen um Kontakte also noch verstärken (Abb. 15.1).

Eine weitere Schwäche ist sein fehlender Wille, sich ausführlich mit dem Fachgebiet zu beschäftigen. Dieser Typus kann sich nicht dazu motivieren, sich tief und gründlich mit der Materie zu beschäftigen. Für ihn zählt nur, dass er seine Anforderungen an die Entwicklungsabteilung übergeben hat. Doch die Anforderungen werden sich im Laufe der Zeit immer wieder verändern, d. h., sie müssen angepasst oder erweitert werden. Das ist für die Entwicklungsabteilung ein gefährlicher Zustand, der unbedingt berücksichtigt gehört.

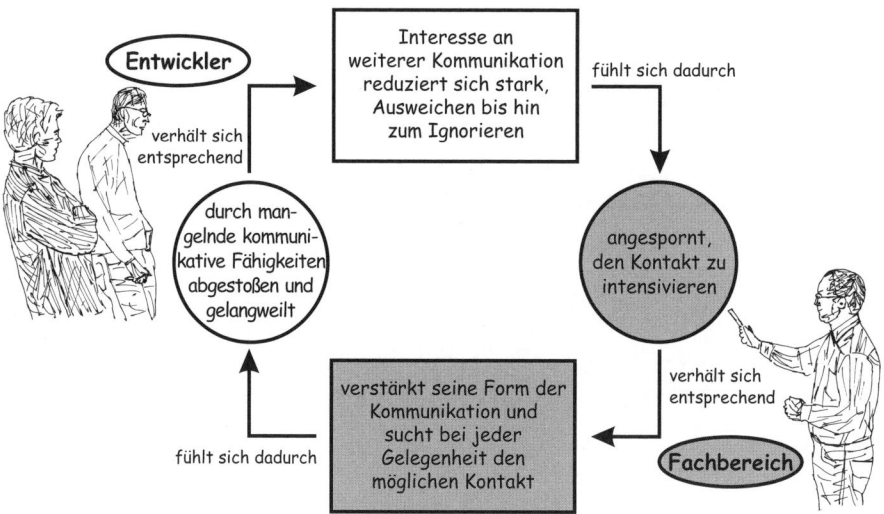

Abbildung 15.1: Aufgrund mangelnder Kommunikationsfähigkeit gerät der *bessere Verkäufer* in einen Teufelskreis.

Ausweg für die Zusammenarbeit

Sie arbeiten mit einem Kollegen dieses Typus zusammen? Da hilft nur eines: Sie müssen es schaffen, Ihren Standpunkt deutlich zu machen. Ansonsten laufen Sie Gefahr unterzugehen. Das kann dann konkret dazu führen, dass Sie Anforderungen umsetzen müssen, die Sie vielleicht noch gar nicht richtig verstanden haben.

Eventuell sehen Sie sogar bessere Umsetzungsalternativen. Es scheitert *nur* daran, dass Sie einfach nicht zu Wort kommen oder dass der Kollege Ihnen nicht wirklich zuhört, d. h., er versucht oft erst gar nicht, Sie zu verstehen.

Lassen Sie sich davon nicht frustrieren, sondern bleiben Sie am Ball! Geben Sie ihm Feedback, z. B.: »Ich sehe, du hast dich für die Lösung XY entschieden. Ich fühle mich jetzt ein wenig unter Druck gesetzt, da ich dir meine Lösung YZ noch nicht vorstellen konnte. Bitte nimm dir die Zeit, meine Lösung anzuhören und nachzuvollziehen!« So kann es gelingen, den *besseren Verkäufer* in seinem hohen Tempo zu bremsen.

Geben Sie diesem Typus die Chance zu erkennen, was er durch seine Monologe anrichtet, und geben Sie zu verstehen, dass Sie nicht *mitspielen* werden. Das heißt aber nicht, dass Sie diesen Typus nun Ihrerseits unterbrechen. Lassen Sie ihn ausreden und bestehen Sie dann darauf, Ihren Standpunkt darzulegen. Fragen Sie nach, ob Ihr Standpunkt von ihm auch wirklich verstanden wurde.

Ausweg für die Führung

Sind Sie Vorgesetzter dieses Typus, dann geben auch Sie ihm Feedback. Am besten sofort nach einer Besprechung, in der Ihnen das typische Verhalten aufgefallen ist. Machen Sie ihm deutlich, dass er sein eigentliches Ziel, seinen Gesprächspartner von seiner Meinung zu überzeugen oder sie zur Diskussion zu stellen, auf diese Weise verfehlt und ihn stattdessen nur müde geredet hat. Erklären Sie ihm, dass auch andere, z. B. stillere Kollegen, gute Ideen haben können und dass diese sich in diesem Umfeld eher zurückziehen werden. In Besprechungen können Sie diese schweigsamen Kollegen ermutigen, auch ihre Meinung beizutragen. Sie zeigen damit, dass Ihnen auch deren Meinung wichtig ist, und leben diesem Typus das richtige Verhalten in der Praxis vor.

Bieten Sie Schulungsmaßnahmen an, die die kommunikativen Defizite adressieren. Als weiterführende Maßnahmen eignen sich u. a. Konfliktmanagementseminare. Achten Sie bei der Auswahl dieser Seminare auf einen hohen Übungsanteil, denn nur so kann dieser Typus lernen, dass er mit einer Umstellung seiner kommunikativen Gewohnheiten deutlich mehr Erfolg hat.

Zusammenfassung

Der *bessere Verkäufer* kann gut reden bzw. Monologe halten. Seinen Kommunikationspartner *überfährt* er dabei häufig, sodass er sein eigentliches Ziel, seine Meinung zur Diskussion zu stellen und auch durchzusetzen, oft nicht erreicht. Durch sein eher oberflächliches Fachwissen ist es die Aufgabe einer Entwicklungsabteilung, darauf zu bestehen, die Anforderungen von ihm detailliert ausspezifiziert zu bekommen.

15.2 Der zurückgezogene Spezialist

Beschreibung

Dieser Typus sitzt an seinem Rechner und arbeitet Aufgaben ab. Er ist selten von sich aus aktiv. Er tut sich schwer damit, fachliche Konzepte zu überlegen, zu vertreten und dann auch noch nach außen, also z. B. an die Entwicklungsabteilung, zu kommunizieren. Immer wieder findet er Ecken, in denen noch Arbeit zu tun ist. Diese Probleme muss er erst abstellen und ganz genau ausspezifizieren, bevor er seine Ausarbeitungen publik machen kann. Große Aufgaben eigenständig zu lösen, ist nicht die Domäne dieses Typus. Er sieht unmittelbar Tausende von Problemen, die er alle zu lösen hat. Das hindert ihn daran, einen strukturierten Anfang für die Problemlösung zu finden.

Dieser Typus ist häufig chronisch überlastet, denn anstatt Aufgaben wirklich abzuschließen, kommen immer neue hinzu (Abb. 15.2). In diesem Aufgabenberg scheitert er dann schließlich an der immer weiter steigenden Komplexität und liefert keinen brauchbaren Output mehr. Wenn der Chef dann Ergebnisse einfordert, nimmt das Drama seinen Lauf. Er verlangt die Aufgaben abzuschließen, die nach Meinung dieses Typus noch gar nicht abschließbar sind. Unzufriedenheit und Demotivation sind die Folge. Mit Gleichgesinnten arbeitet dieser Typus gerne zusammen. Sie geraten dann ins Philosophieren über die Richtigkeit bestimmter Konzepte und behindern sich so noch mehr gegenseitig.

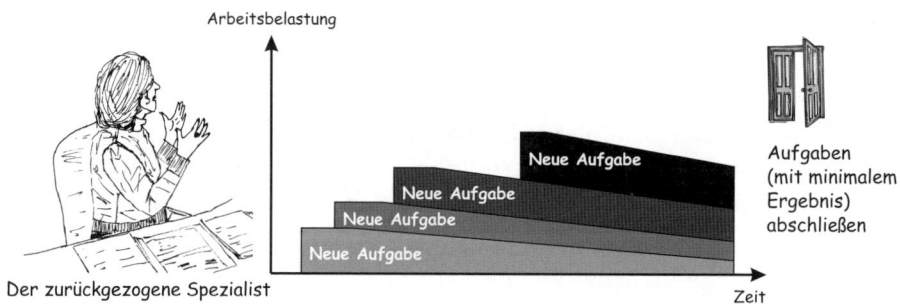

Abbildung 15.2: Der *zurückgezogene Spezialist* wird von der Menge der Aufgaben erschlagen. Seine Arbeitsbelastung steigt kontinuierlich und die angefangenen Aufgaben stapeln sich.

Lieblingssprüche

- »Ich bin noch nicht ganz fertig!«
- »Das ist aber nicht ganz so einfach!«
- »Da muss ich noch mal darüber nachdenken!«
- »Das schaffe ich nie!«

Grundeinstellung

Dieser Typus folgt der *»Ich bin nicht O.K., du bist O.K.«*-Haltung, was unmittelbar aus seiner Zurückgezogenheit ableitbar ist. Diese Haltung dient aber auch als eine Art Motor, der ihn sich andauernd selbst kritisieren lässt und so neue Denkimpulse gibt.

Aufgrund seiner Liebe für das Detail und seines inneren Zwangs, die Dinge erst publik zu machen, wenn er sie für abgeschlossen hält, wird deutlich, dass sich dieser Typus hauptsächlich im *Was*-Quadranten befindet. Zu stark ist der Drang nach Vollständigkeit und zu groß die Angst, später die Schuld für eventuell aufgedeckte Lücken übernehmen zu müssen.

Im *Drama-Dreieck* befindet sich dieser Typus hauptsächlich in der Opfer-Position. Andauernd soll er Ergebnisse liefern, obwohl das Konzept, das Pflichtenheft oder die Anwendungsfälle noch nicht genügend ausspezifiziert sind. Er versteht den Wunsch nach perfekten Spezifikationen, aber er schafft es einfach nicht, sie abzuliefern. Die Verfolger-Position nimmt er ein, wenn er mit Gleichgesinnten über die seiner Meinung schlechten Führungseigenschaften seines Chefs herzieht. In der eher selten eingenommenen Retter-Position fischt dieser Typus in fremden Gewässern und versucht, andere davon zu überzeugen, dass sie noch nicht mit ihrer Arbeit fertig sind und es noch zu viele offene Punkte gibt.

Typische *Eltern-Ich*-Botschaften sehen Sie in Abbildung 15.3. Dort finden Sie auch die entsprechenden *Erlaubnisbotschaften* zur Auflösung des inneren Konflikts. Diese sind aus den Bremser-*Eltern-Ich*-Botschaften abzuleiten, heben sie auf und *erlauben* diesem Typus, sich aus seinem inneren Gefängnis von *Eltern-Ich*-Botschaften zu entfernen. Diese Botschaften kann sich der Typus selbst vorsagen oder sie werden ihm von Dritten, wie z. B. dem Vorgesetzten, vermittelt.

Stärken

Vollständigkeit und Ausdauer sind die Stärken dieses Typus. Außerdem ist er ein Meister der Spezialfälle, mit *Happy-Day*-Szenarien gibt er sich nicht zufrieden. Er achtet stets auf eine lückenlose Dokumentation seiner Arbeitsergebnisse, die er auch gerne anderen zur Verfügung stellt.

Einmal motiviert, hinterfragt er neu entwickelte oder bereits existierende Konzepte und liefert wichtige Impulse in Richtung einer vollständigeren Ausspezifizierung. Dies tut dieser Typus stets, ohne sein Gegenüber dabei anzugreifen oder ihm Schuld zuzuweisen.

Er ist bei seinen Kollegen akzeptiert und als *ungefährlich* abgestempelt. Es wird nur dann problematisch, wenn sich seine Unfähigkeit, Aufgaben abzuschließen, auf die Arbeit seiner Kollegen auswirkt.

Schwächen

Die größte Schwäche dieses Typus liegt in seiner Unfähigkeit, Aufgaben abzuschließen. Dies ist durch seinen Drang zur Vollständigkeit begründet. Er hat große Probleme, mit Kollegen oder Vorgesetzten mit anderen Präferenzen als dem *Was*-Quadranten zu kommunizieren. Am stärksten zeigt sich das in der Kommunikation mit einem ausgeprägten *Wie*-Typus. Sie reden im wahrsten Sinne *aneinander vorbei*.

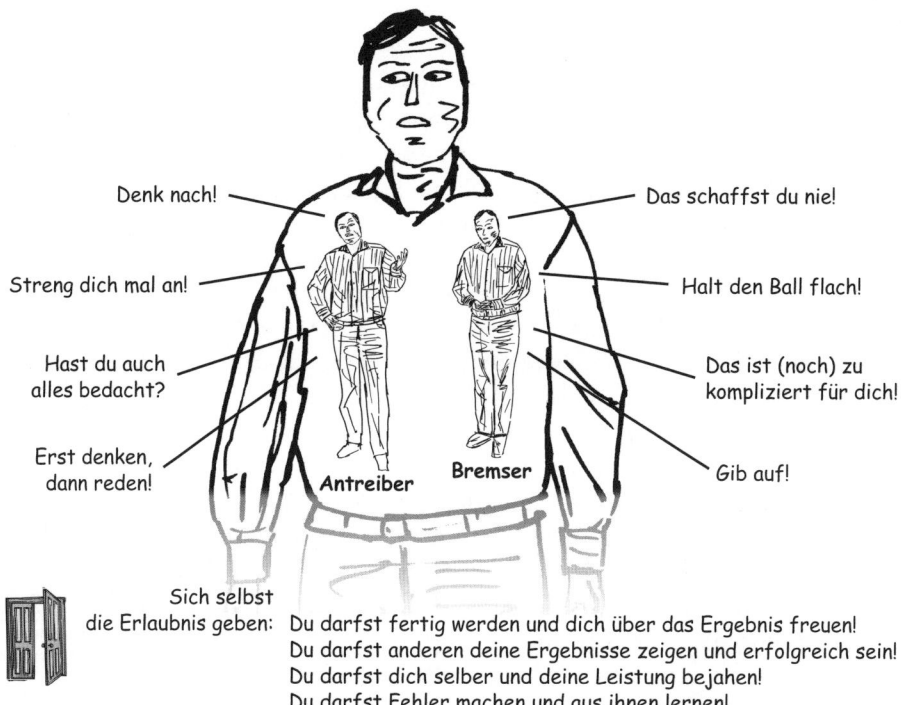

Abbildung 15.3: Der innere Konflikt hemmt den Typus des *zurückgezogenen Spezialisten*. Die widersprüchlichen Aussagen und Wertungen aus seinem *Eltern-Ich* heraus können über Erlaubnisbotschaften aufgelöst werden, um eine bessere Handlungsfähigkeit zu erlangen.

Dieser Spezialist lebt zurückgezogen, redet nicht gerne mit anderen, und wenn doch, dann zeigt er sich eher wortkarg. Dadurch kennen ihn seine Kollegen häufig gar nicht richtig. Wegen der eingeschränkten Kommunikation verlieren die Kollegen dann mit der Zeit die Lust, sich mit ihm zu beschäftigen. Fühlt er sich sicher, z. B. unter gleichgesinnten Kollegen, neigt er zur Revolte, und die Gruppe *weidet* sich in der »*Ich bin nicht O.K., du bist nicht O.K.*«-Haltung, ganz nach dem Motto: »Die Welt ist so schlecht, und wir können nichts dran ändern!«

Ausweg für die Zusammenarbeit

Wenn Sie mit einem Kollegen dieses Typus zusammenarbeiten, setzen Sie ihm möglichst eine Deadline und definieren Sie genau, was zu diesem Zeitpunkt vorliegen soll. Das fällt Ihnen mit einem zugrunde liegenden Projektplan leicht und kann so auch gut vermittelt werden. Außerdem erhält dieser Typus dann von Anfang an die Chance, mit dem begrenzten Zeitfenster klarzukommen, und kann sich später nicht damit rausreden, weder Endtermin noch Umfang wären klar gewesen. Halten Sie in der Zwischenzeit Kontakt mit diesem Typus und gewinnen Sie eine Einschätzung, ob die gewünschten Ergebnisse am Ende auch vorliegen werden.

Als konkrete Maßnahme ist das *Timebox-Verfahren* geeignet, um den zurückgezogenen Fachspezialisten stärker auf die Termintreue von Ergebnissen zu fokussieren [52, 82] (siehe den Kasten auf Seite 206). Wenn wir in der Zusammenarbeit mit einem solchen Kollegen in einer Timebox bemerken, dass sich dieser verzettelt hat, kann ein Lösungsweg darin bestehen, gemeinsam Handlungsalternativen zu erarbeiten, die schneller zu greifbaren Zwischenergebnissen führen.

Muss wirklich alles haarklein textuell dokumentiert sein oder reicht nicht auch eine aussagekräftige Grafik? Können die abfotografierten Whiteboard-Aufzeichnungen nicht einfach in das Dokument kopiert werden? Reicht es im Sitzungsprotokoll nicht aus, nur die Beschlüsse zu dokumentieren, oder muss der ganze Diskussionsverlauf geschildert werden? Oft genügt es, nur die Ergebnisform qualitativ zu reduzieren und wenige Abstriche an den inhaltlichen Aussagen zu machen. So kann dieser Typus sein Handlungsspektrum erweitern.

Sollte dieses Vorgehen nicht funktionieren, sprechen Sie mit diesem Typus darüber oder eskalieren die Angelegenheit an Ihren Chef. Die Regel ist hier: Machen Sie so früh wie möglich auf das Problem aufmerksam.

Sollten Sie diesen Typ Mensch gut verstehen und die tiefen und persönlichen Gespräche mit ihm schätzen, dann passen Sie bitte auf, dass Sie sich nicht von seinem *Vollständigkeitszwang* anstecken lassen. Versuchen Sie, Ihre Aufgaben abzuschließen oder eine große in mehrere kleine Aufgaben zu zerteilen und diese dann zu lösen. Stellen Sie, falls noch nicht vorhanden, auf jeden Fall einen Zeitplan auf.

Ausweg für die Führung

Man kann es gar nicht oft genug sagen: Bestehen Sie auf Ergebnissen. Achten Sie darauf, dass die Ergebnisse mit den Stakeholdern abgestimmt sind. Bekommen Sie oder Ihre Mitarbeiter keine verwertbaren Informationen wie z. B. Spezifikationen von diesem Typus, dann sprechen Sie mit ihm und gegebenenfalls seinem Vorgesetzten. Machen Sie Ihre Verantwortung als Führungskraft eines Entwicklungsprojektes klar und verdeutlichen Sie, welche von Ihnen abgegebenen Commitments gefährdet sind. Ihre Aufgabe ist es, diesen für einen Entwicklungsprozess so außerordentlich wichtigen Prozess der Anforderungsfindung und -definition zu managen. Das bedeutet für Sie, dass Sie eventuell vorhandene Probleme entweder schnell beheben oder aber eskalieren müssen.

> **Mit Timebox und Meilenstein zum Ziel**
>
> Der *Meilenstein* ist eine der bekanntesten Projektmanagementtechniken. Damit wird ein überprüfbares Zwischen- oder Endergebnis bezeichnet, das zur Synchronisation zwischen Entwicklergruppen oder Entwicklung und anderen Gruppen wie Qualitätssicherung oder Fachbereich dient. Der für das Ergebnis notwendige Inhalt wird definiert und ein wahrscheinlicher Lieferungstermin festgelegt. An diesem Termin wird geprüft, ob der Meilenstein erreicht ist. Falls es Probleme mit dem Umfang oder der Qualität der Inhalte gibt, wird ein neuer Ergebnislieferungstermin vereinbart. Der Meilenstein wird dann gegebenenfalls verschoben. Da Meilensteine oft einen langen Zeithorizont haben, werden sie gerne weiter unterteilt, um eine bessere Nachverfolgbarkeit zu erhalten. Diese Zwischenmeilensteine werden als *Inchpeebles* bzw. Kieselsteine bezeichnet.
>
> In einer *Timebox* wird, ähnlich wie bei einem Meilenstein, für einen Zeitraum der zu erarbeitende Inhalt und der Endtermin vorab festgelegt. Im Gegensatz zum Meilenstein wird auf jeden Fall am Endtermin das bis dahin erreichte Ergebnis geliefert. Eine Timebox schafft ein festes, unverrückbares Zeitraster, an dem Ergebnisüberprüfungen stattfinden. Es ist daher oftmals sinnvoll, den Zeitraum bis zu einem Meilenstein durch mehrere Timeboxes zu strukturieren, um frühzeitig Hinweise auf die Wahrscheinlichkeit des Erreichens von Endterminen zu erhalten. Durch eine Timebox erfolgt eine Fokussierung auf lieferbare Ergebnisse, was oft eine darauf ausgelegte Umsetzungsstrategie zur Folge hat.
>
> Beide Konzepte ergänzen sich durch den unterschiedlichen Fokus auf Ergebnisüberprüfung bzw. Ergebnisfertigstellung sehr gut [52, 82]. Das Zusammenspiel beider Konzepte kann auch gut in ihrem Bezug zum Begriff *Phase* dargestellt werden. Der zeitliche Verlauf eines Projekts wird gerne in aufeinanderfolgende Phasen untergliedert. Den Abschluss einer Phase definiert ein Meilenstein, die Phase selbst kann durch aufeinanderfolgende Timeboxes strukturiert werden.

Ermutigen Sie Ihre Mitarbeiter, durchaus Druck mithilfe des Projektplanes auf den Fachspezialisten auszuüben und Ihnen schnellstmöglich Bescheid zu geben, wenn die Abstimmung nicht wie gewünscht bzw. geplant abläuft. Diesen Typus können Sie dabei unterstützen, seine kommunikativen Fähigkeiten auszubauen. Machen Sie auf die essenzielle Rolle der Kommunikation in der Fachabteilung aufmerksam und bieten Sie ihm in Form von Feedback und eventuellen Schulungsmaßnahmen Unterstützung an. Meist wird dies dankbar angenommen. Machen Sie ihn dann auch auf erste Erfolge aufmerksam, damit eine positive Verstärkung einsetzen kann.

Zusammenfassung

Der *zurückgezogene Spezialist* lebt in einer Welt, die er vollständig verstehen und beschreiben möchte. Ergebnisse zu liefern, erst recht in Form von Zwischenergebnissen, fällt ihm schwer, da er immer wieder Lücken findet und diese schließen möchte. Es kommen immer neue Aufgaben auf ihn zu, und schließlich versinkt er in der nicht mehr zu bewältigenden Komplexität.

15.3 Der Konzepteklopfer

Beschreibung

Dieser Kommunikationstyp liebt Konzepte, Spezifikationen und andere Dokumente unter einer Bedingung: Sie müssen von ihm sein. Er ist die Verkörperung des *Not-invented-here*-Syndroms.

Gerne stellt er seine Ideen oder Ausarbeitungen einer breiten Masse vor. Er überzieht stets den fachlichen und zeitlichen Rahmen beim Abarbeiten seiner Aufgaben. Auch dieser Typus zielt auf Vollständigkeit ab (siehe Abschnitt 15.2), und er geht mit einem überaus hohen Selbstbewusstsein an seine Aufgaben heran. Er kennt sich in dem ihm anvertrauten Fachgebiet sehr gut aus und hat stets eine vorgefasste, unabänderbare Meinung zu allen Punkten. Wenn er einen guten Tag hat, gibt er sein Wissen an die Unwissenden weiter und läuft auf Fachtagungen zur Höchstform auf. Oft nimmt er die Meinungen von Kollegen gar nicht richtig wahr, so überzeugt ist er von seiner Lösung. Im Kontakt mit dem Kunden oder der Entwicklungsabteilung lässt er keine Kompromisse zu. Er setzt seinen Weg durch. Notfalls muss der Kunde eben erst einmal davon überzeugt werden, was er überhaupt will.

Fertig wird dieser Typus nie richtig, immer wieder fallen ihm Dinge auf, die seine Kollegen, die Kunden oder die Mitarbeiter der Entwicklungsabteilung falsch verstanden haben oder falsch verstehen könnten. Diese Defekte muss er beseitigen und verstrickt sich dabei nur allzu leicht in komplexe Abgründe.

Lieblingssprüche

- »Das kenne ich nicht! Das ist nicht von mir!«
- »So einfach geht das nicht!«
- »Was ist denn daran nicht zu verstehen?«
- »So war das ja auch nicht gemeint!«

Grundeinstellung

Aufgrund seines tiefen Wissens im Fachgebiet und seines Drangs nach Vollständigkeit ist dieser Typus im *Was*-Quadranten zu Hause. Durch seine ausgeprägte *»Ich bin O.K., du bist nicht O.K.«*-Haltung ist dieser Typ Mensch sehr von seiner Arbeit überzeugt. Er ist der Meinung, dass seine Ergebnisse für andere wertvoll sind. Daher teilt er sie auch gerne mit, wozu man ihn aber meistens bitten muss. Erfolgt dies hingegen ungebeten, steckt wahrscheinlich eine Retter-Aktion aus dem *Drama-Dreieck* dahinter, für die sich seine Kollegen oftmals nicht dankbar zeigen. Als Resultat kann dieser Typus dann in die Opfer-Position geraten.

Auch die Verfolger-Position ist ihm nicht fremd, er benutzt sie, um Gleichgesinnten klarzumachen, dass nur seine Meinung oder Lösung richtig ist. Geht sein Gegenüber darauf nicht ein, wird er schnell emotional und verhindert so einen konstruktiven Abschluss des Gesprächs.

Als *Eltern-Ich*-Botschaften finden sich z. B. »Denk nach!«, »Antworte auf die Frage!«, »Setz dich durch!«, »Kümmere dich um dich selbst!« als Antreiber und »Nicht einfach darauf losreden!«, »Keiner versteht dich!«, »Du bist nicht der einzige Mensch auf der Welt!« als Bremser.

Stärken

Geht es darum, jemanden von einer bestimmten Lösung zu überzeugen, beweist dieser Typus überdurchschnittliche Ausdauer. Er wird nicht müde, die Vorteile aufzuzählen, und wird beharrlich die Versuche, von dieser Lösung abzukommen, abwehren. Dabei lässt er sich auch nicht auf fachlichem Gebiet verunsichern, dafür ist sein Wissen zu gefestigt.

Eine andere Stärke von ihm ist es, Dinge zu hinterfragen. Wenn ihm z. B. *fremde* Konzepte vorgestellt werden, wird er viele Lücken und Schwächen identifizieren. Hat er die Aufgabe, von ihm gefundene Defekte zu beheben, wird er dies konsequent mit der ihm selbstverständlichen Gründlichkeit und Motivation tun.

Schwächen

An erster Stelle steht sein mangelndes Einfühlungsvermögen, was ihn in der Kommunikation von seinem Gegenüber abkoppelt. Er ist kaum in der Lage zu erfassen, was der andere denkt, wie er zu der Sache steht und ob er vielleicht eigene Ideen mit einbringen möchte oder könnte. Zweitens ist sein Drang nach Vollständigkeit zu nennen, der ihn keine Sache richtig abschließen lässt. Diese beiden Schwächen kann er auch kombinieren und damit seinen Gesprächpartner zur Weißglut treiben; er spielt dann *Mäkeln*[1]:

---

[1]Eric Berne: Spiele der Erwachsenen [5], vgl. Kasten auf Seite 159.

Er bringt den anderen in die Position, immer neue Vorschläge zu machen. Dabei hat er seine Lösung bereits im Kopf und kann so an allem *mäkeln*, was andere vorschlagen.

Ausweg für die Zusammenarbeit

Wenn Sie mit einem Fachspezialisten dieses Typus zusammenarbeiten, dann passen Sie darauf auf, dass Ihre Meinung genügend in den Lösungsprozess einbezogen wird. Wenn Ihre Meinung gegen seine steht, dann lassen sich häufig zwei Reaktionen beobachten: Entweder Sie nehmen sich zurück, weil »es halt keinen Zweck hat«, oder Sie tauchen in die Beziehungsebene ein und streiten emotional über die richtige Lösung. Beides führt dann meist dazu, dass es doch so gemacht wird, wie dieser Typus es möchte. Der einzige Ausweg ist auch hier, von der Beziehungsebene zur Sachebene zu wechseln, d. h. die aktuelle Diskussion zu unterbrechen und Ihre Probleme zu thematisieren (Abb. 15.4 und Kasten auf Seite 73).

Der Konzepteklopfer

»Stopp! Jetzt diskutieren wir schon eine ganze Weile über diesen Punkt. Ich fühle mich nicht wohl dabei. Ich habe das Gefühl, du hörst mir gar nicht zu!«

»Das stimmt doch gar nicht! Es ist nur so, dass deine Lösung einfach nicht funktioniert.«

»Ja, das sagst du die ganze Zeit. Ich habe mir deine Lösung angehört und möchte nun meinen Vorschlag erläutern und ...«

»Hast du doch schon tausend Mal. Es klappt so nicht!«

»Genau das meine ich: Ich möchte bitte ausreden. Ich möchte meine Lösung einmal ganz in Ruhe vorstellen und bitte dich, mich nicht zu unterbrechen und nur zuzuhören.«

»Na gut, schieß los ...«

Fachliche Vorstellung

»So, danke dass du das ausgehalten hast. Hast du noch irgendwelche Fragen dazu?«

»Nein, das war gut so. Ich denke, wir können ein paar Sachen davon einbauen.«

Abbildung 15.4: Durch Beharren auf einem systematischen Vorgehen kann man sich gegen einen *Konzepteklopfer* durchsetzen.

Ausweg für die Führung

Wenn Sie als Führungskraft von Problemen eines Mitarbeiters mit einem Fachspezialisten dieses Typus hören, ist Feingefühl angesagt. Zieht sich Ihr Mitarbeiter eher aus solchen unangenehmen Diskussionen zurück, besteht die Gefahr, dass Sie Konzepte in Ihrer Entwicklungsmannschaft umsetzen müssen, hinter denen keiner steht und die unter Umständen auch keiner verstanden hat. Wie auch immer, das Ergebnis wird wahrscheinlich den Kunden nicht befriedigen, denn ihm wurde ursprünglich etwas anderes verkauft. Ihre Aufgabe ist es nun, Ihrem Mitarbeiter den Rücken zu stärken. Bieten Sie an, dass Ihr Mitarbeiter Ihnen Unstimmigkeiten mit diesem Typus möglichst zeitnah kommuniziert. Sie können auch an einigen Abstimmungsrunden selbst mit teilnehmen. In jedem Falle ist es Ihre Aufgabe, die Abstimmungen so zu gestalten, dass eine konstruktive Diskussion möglich ist (Abb. 15.4).

Sollte dieser Typus sein Verhalten nicht ändern, müssen Sie mit ihm und gegebenenfalls seinem Vorgesetzten reden. Besprechen Sie dann die beidseitige Verantwortung dafür, dass die Anforderungen von der Fachabteilung in der Entwicklung ankommen sowie verstanden werden und wie dieses Ziel am besten umgesetzt werden kann.

Zusammenfassung

Der *Konzepteklopfer* ist ein sehr selbstbewusster Fachspezialist, der sich tief in das jeweilige Fachgebiet eingearbeitet hat und darauf aufbauend eigene und vollständige Konzepte entwickelt. Seine Schwächen sind hauptsächlich darin zu sehen, dass er potenziell sein Gegenüber, wie Entwickler oder Kunde, nicht genügend mit einbindet.

15.4 Der Visionär

Beschreibung

Der *Visionär* denkt immer einen Schritt weiter. Das aktuelle Konzept ist noch nicht final abgestimmt, die Spezifikationen sind noch nicht komplett und es sind noch viele Fragen offen. Was macht dieser Typus? Er denkt daran, wie es weitergehen kann. Er geht davon aus, dass die aktuellen Probleme gelöst sind, und wendet sich den daraus resultierenden Aufgabenstellungen zu. Dabei entwickelt er eine erstaunliche Fantasie. Es entstehen Konzepte zur Problemlösung, die im Moment gar nicht benötigt werden. Auf diesen Konzepten baut dieser Typus wieder neue auf. Am Ende verzettelt er sich häufig selbst und erwartet stürmischen Beifall von der unfreiwilligen Zuhörerschaft.

Mit dieser Eigenheit steht dieser Typus meistens alleine da und erstaunt alle seine Kollegen und Vorgesetzten immer wieder, weil es geradezu unmöglich scheint, dass er sich *nur* auf das aktuelle Problem konzentriert und dieses auch abschließt.

Oft passt das Bild des zerstreut wirkenden Professors sehr gut auf ihn, der Sätze nicht immer zu Ende spricht und ab und zu darum kämpft, die richtigen Worte zu finden. In solchen Momenten wirkt er wie nicht von dieser Welt oder zumindest scheinen ihm die aktuellen weltlichen Dinge viel zu profan zu sein, um ihnen jetzt seine Aufmerksamkeit zu widmen.

Lieblingssprüche

- »Was für Möglichkeiten sich da auftun!«
- »Es ist doch alles klar, lass uns weitermachen!«
- »Lass mich in Ruhe (mit deinen banalen Problemen)!«
- »Moment noch, ich hab es gleich!«

Grundeinstellung

Wir haben es mit einem Kommunikationstypus mit ausgeprägter *Wohin-noch*-Präferenz zu tun. Das wird durch sein ständiges Streben nach neuen Möglichkeiten deutlich. Dabei löst er aktuelle Probleme nur so weit, bis für ihn der Weg in die Zukunft frei wird.

Zu den typischen *Eltern-Ich*-Botschaften als Antreiber gehören beispielsweise:»Berücksichtige alle Möglichkeiten!«, »Denk weiter als die anderen!« und »Deine Chance liegt in der Zukunft!«. Als Bremser finden wir z. B.»Leg dich nicht fest!«, »Du wirst nicht fertig!« und »Das verstehst du nicht!«. An diesen *Eltern-Ich*-Botschaften wird deutlich, dass sich dieser Typus gerne alle Optionen offenhält. Er legt sich ungern fest, was er tun müsste, wenn er die Probleme *hier und jetzt* lösen würde. Stattdessen spinnt er *Was-wäre-wenn*-Fäden in die Zukunft und berauscht sich an den Möglichkeiten, die sich dann auftun (Abb. 15.5).

Im *Drama-Dreieck* spielt dieser Typus alle Rollen im klassischen Sinne. Den Verfolger gibt er, wenn er merkt, dass er gezwungen wird, in der Gegenwart zu agieren, und sich zur Wehr setzt. Gibt seine Abwehr nach, verfällt er in die Opfer-Haltung. In der etwas seltener auftretenden Retter-Haltung versucht er, andere von den tollen Möglichkeiten zu überzeugen und sie aus der Gegenwart in die Zukunft zu befördern. Das gelingt ihm häufig nicht in einem für ihn befriedigendem Maße, und so nimmt das Drama seinen Lauf: Er verfällt in die Verfolger- oder Opfer-Haltung.

Wenn dieser Typus mit einer ausgeprägten »*Ich bin O.K., du bist nicht O.K.*«-Haltung daherkommt, dann wird er eher die Verfolger-Position

15 Kommunikationstypen in den Fachbereichen

Abbildung 15.5: Der visionäre Fachbereichsmitarbeiter denkt in der Zukunft. Auf die Lösung der aktuellen Probleme kann er sich nur schwer fokussieren. Das würde er am liebsten delegieren.

wählen. Im Falle von *Ich bin nicht O.K., du bist O.K.* wird ihm die Opfer-Haltung näherliegen. Die Retter-Rolle ist für diesen Kommunikationstypus, wie bereits aufgezeigt, eher unwahrscheinlich.

Stärken

Die Eigenschaft dieses Typs, in der Zukunft zu leben, kann handfeste Vorteile bringen. Es gibt häufig niemand anderen im Projekt, der so zukunftsorientiert handelt. Dabei reizen ihn Fragestellungen wie z. B.: »Ist dieses Projekt zukunftssicher?« oder »Wie könnte ein Folgeprojekt aussehen?«.

Erfahrene Kollegen dieses Typs wirken fast wie Hellseher. Sie haben die Fähigkeit erlangt, die Erfahrungen der Vergangenheit mit der Zukunft zu verknüpfen, sie erkennen immer wiederkehrende Muster und können so Prognosen für die Zukunft stellen.

Schwächen

In der Gegenwart zu leben, im Hier und Jetzt, fällt diesem Typus außerordentlich schwer, mehr noch, er sieht einfach keinen Sinn darin. Locken die Möglichkeiten der Zukunft ihn doch viel zu stark. Er kann auch nichts daran finden, einfach mal ein Gespräch mit Kollegen über vergangene Dinge zu führen. Er ist zu stark zukunftsorientiert. Da es von diesem Typus nicht viele Menschen gibt, ist er meistens recht alleine und wird schnell als *Freak* abgestempelt, was ihn noch weiter von seinen Kollegen und Vorgesetzten entfernt. Oft passiert es daher, dass dieser Typus sich seine eigene Fantasiewelt aufbaut, Selbstgespräche zu führen beginnt oder wie in Trance geistig abwesend scheint.

Eine andere, nach außen offensichtlichere Eigenschaft dieses Typus zeigt sich darin, Sachen nicht abschließen zu können. Der Grund dafür ist einleuchtend: Die letzten 5 % einer Aufgabe sind lange nicht so interessant wie die ersten 5 % der nächsten Aufgabe. Hier ähnelt er dem XXPler-Typus aus Abschnitt 14.3 ab Seite 184.

Ausweg für die Zusammenarbeit

Sie arbeiten mit einem Fachspezialisten dieses Typus zusammen und ärgern sich andauernd darüber, dass Sie keine Antworten auf Ihre Fragen bekommen? Sie haben zwei Möglichkeiten, daran etwas zu ändern: Entweder können Sie diesem Typus klarmachen, von welcher Wichtigkeit seine Antworten sind, oder Sie müssen Ihren Vorgesetzten einschalten. Wie können Sie nun auf die Wichtigkeit der von Ihnen benötigten Antworten hinweisen, wenn doch dieser Typus gar nicht zuzuhören scheint?

Versuchen Sie zu verdeutlichen, was Ihre Aufgabe ist. Empfängerorientiert erfolgt dies anhand von in der Zukunft liegenden, von Ihnen zu erreichenden Zielen. Sprechen Sie dann über die Antworten, die Sie von ihm brauchen, um Ihre Ziele zu erreichen. Kurzum: Versuchen Sie, diesen Typus zu motivieren, Ihnen Antworten zu geben, indem Sie seine zukunftsorientierte Haltung ansprechen. Bei Absprachen mit ihm sollten Sie diese schriftlich fixieren.

Ausweg für die Führung

Wenn Ihr Mitarbeiter mit einem Fachspezialisten dieses Typus zusammenzuarbeiten hat und die Zusammenarbeit einfach nicht funktioniert, dann ist es Ihr Job, tätig zu werden. Reden Sie mit diesem Typus und machen Sie ihm eindrücklich klar, dass die Abstimmung mit der Fachabteilung, also mit ihm, unbedingt zu geschehen hat, ansonsten kann das Projekt in der Entwicklung nicht vorangetrieben werden, was sich in einem zeitlichen Verzug ausdrücken wird.

Machen Sie auf die Konsequenzen aufmerksam. Wenn das alles keine Wirkung zeigt, bleibt nur das Gespräch mit seinem Vorgesetzten; und bitten Sie notfalls um eine andere Kontaktperson aus der Fachabteilung. Ihre Aufgabe ist es, den Erfolg des Projekts sicherzustellen, und dafür müssen Sie eben notfalls auch unbequeme Wege gehen.

Zusammenfassung

Der *Visionär* lebt hauptsächlich in der Zukunft. Die Gegenwart ist ihm zu nebensächlich und die Möglichkeiten in der Zukunft zu verlockend. Da die eigentliche Abstimmungsarbeit jedoch in der Gegenwart zu geschehen hat, tun sich Probleme auf, die den gesamten Projektfortschritt gefährden können.

16 Projektleiter-Kommunikationstypen

Im IT-Umfeld haben wir es häufig mit einer sehr hohen Komplexität zu tun. Die Zeiten, in denen ein Entwickler das gesamte System überblicken konnte, sind lange vorbei. Immer höhere Abstraktionsebenen fordern immer generelleres Denken von den Entwicklern. Die Rolle des Projektleiters wandelt sich zunehmend vom rein administrativen Projektverwalter zum Komplexitätsmanager. Dabei ist zu beobachten, dass oft die Probleme nicht auf dem technischen Niveau liegen. In Teams ab 3-4 Entwicklern aufwärts hat der Projektleiter die Pflicht, sich mit dem wichtigsten Thema zu beschäftigen: der Kommunikation.

Er ist dafür verantwortlich, dass die Mitarbeiter zur richtigen Zeit über die richtigen Inhalte miteinander reden, um so das gesamte Projekt im Griff zu behalten. Neben der internen Teamkommunikation muss er auch noch für die effiziente Abstimmung mit benachbarten Projekten, eine möglichst reibungsarme Abstimmung mit der Fachabteilung und eine geeignete Berichterstattung ins Upper Management sorgen. Oft sind die Projektleiter für derart komplexe Aufgaben jedoch nicht ausgebildet. In der Praxis finden sich hier z. B. die nachfolgend beschriebenen Typen.

16.1 Der freundliche Kollege

Beschreibung

Man trifft diesen Kommunikationstypus in fast jeder Firma. Es ist der *freundliche Kollege*, der das beste Fachwissen oder technische Wissen hat bzw. hatte. Als Belohnung für seine guten Dienste wird er befördert, und verzaubert vom Rang eines Projektleiters nimmt er die neue Position an.

Am Anfang läuft auch alles gut. Dieser Typus ist im Team aufgrund seiner guten Leistungen beliebt und akzeptiert. Hat das Projekt jedoch eine gewisse Größe und Wichtigkeit, dann wird nach ein paar Tagen bis wenigen Wochen von ihm verlangt, komplexe Situationen schnell zu erfassen und Entscheidungen zu treffen. Das überfordert ihn, sein bisheriges Wissen scheint überhaupt nicht mehr hilfreich zu sein. Seine Exkollegen schwärzen ihren *Ehemaligen* natürlich nicht an, sie halten vorerst noch zu ihm. Es entsteht ein Führungsvakuum. Jeder der Kollegen macht, was er für richtig hält. Mit professioneller Führung hat das nichts zu tun.

Diesem Typus wird deutlich, dass er keinen Einfluss auf das Projektgeschehen hat, was ihn letztlich demotiviert. Die entwickelte Software enthält viele Fehler. Tests sind genauso wie Dokumentation Mangelware, und die Integrationsrunden nehmen viele Ressourcen in Anspruch. Der schleichende Projektfortschritt fällt früher oder später dem Upper Management auf, und er gerät ins Visier. Dass er das nicht lange erträgt, verwundert nicht, und so wird er früher oder später durch einen erfahrenen Projektleiter unterstützt oder ersetzt werden.

Diese Entwicklung versteht dieser Typus nicht. Er hat doch ständig sein Bestes gegeben und stets alle Kollegen gut behandelt. Aber er sieht auch, dass das Projekt nicht so läuft, wie es sollte, und stimmt schließlich, oft auch ein wenig erleichtert, der Degradierung zu. Dieser Typus hat nun die Schwierigkeit, sich wieder neben seinen Kollegen einzuordnen, was natürlich umso besser gelingt, desto menschlicher er während seines *Karriereausflugs* geblieben ist.

Lieblingssprüche

- »Lass uns darüber reden!«
- »Das kann ich gut verstehen...«
- »Was machen wir da bloß?«
- »Ich hoffe, der Projektfortschritt verbessert sich noch!«
- »Lasst mich nicht hängen!«

Grundeinstellung

Dieser Typus ordnet seine Meinung der seiner Kollegen unter, weil er so mit möglichst wenig Widerstand rechnen kann. Dies deutet auf eine *»Ich bin nicht O.K., du bist O.K.«*-Haltung hin. Ganz extrem tritt diese Haltung im Kontakt mit dem Upper Management auf, wenn er, von dessen Ansprüchen überfordert, einen Ausweg sucht. Sein großer Harmoniedrang verhindert, dass dieser Typus Entscheidungen trifft. Es gibt immer mindestens einen Kollegen, dem eine Entscheidung nicht passt, und vor diesem Konflikt hat er Angst.

Die Verfolger-Position im *Drama-Dreieck* ist ihm nicht so geläufig wie die Opfer-Position. In die Opfer-Position verfällt er leicht bei jeglicher Art von Problemen und versucht so indirekt, seine Kollegen zu *motivieren*, die nötigen Entscheidungen im Konsens der Gruppe zu tätigen. Als Retter taucht dieser Typus auf, wenn er irgendeine Art von ungerechter Behandlung innerhalb seiner Gruppe vermutet. Er versucht, Konflikte sofort durch

16.1 Der freundliche Kollege 217

eine Deeskalation zu schlichten, um sie nicht aushalten und austragen zu müssen. Meistens unterdrückt er dabei die Konflikte nur, weil er gelernt hat, mit seinen Mitarbeitern zu kooperieren, anstatt sich mit ihnen in einer konkurrierenden Konfliktsituation auseinanderzusetzen. Er verpasst es, den Konflikt konstruktiv zu nutzen (Abb. 16.1 und 16.2). Im Gegenteil vermehrt er darüber sogar die Anzahl der Probleme im Projekt.

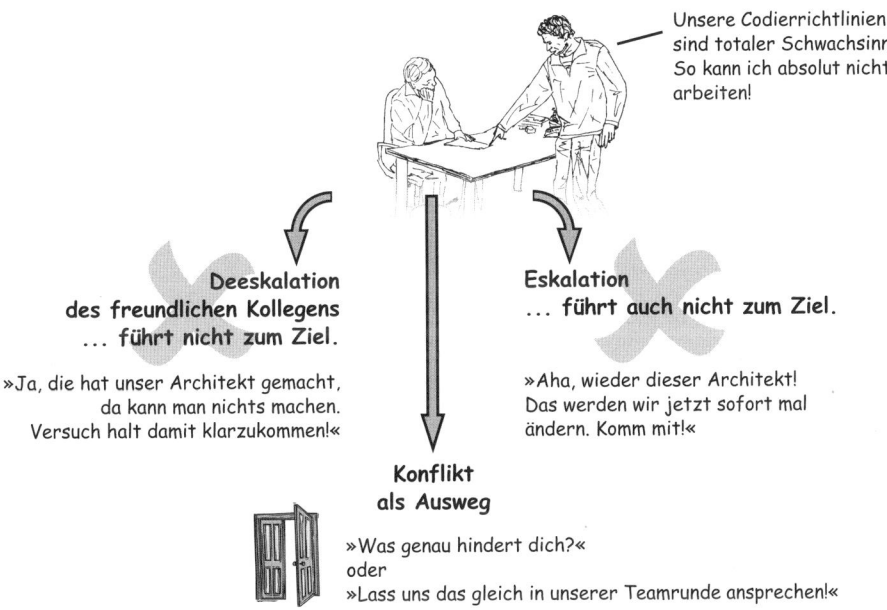

Abbildung 16.1: Beispiel für einen Dialog mit einem Chef vom Typus *freundlicher Kollege*. Als Lösung sollte nicht von einem Extrem ins andere gefallen, sondern ein konstruktiver Konflikt angestrebt werden (Abb 16.2).

Am ehesten ist dieser Typus im *Was*-Quadranten zu finden. Indizien sind sein tiefes fachliches oder technisches Wissen und seine Abneigung, Entscheidungen zu fällen. Aber auch der *Wohin-noch*-Quadrant kann stark ausgeprägt sein, denn aus dieser Haltung heraus braucht man sich nicht um die Gegenwart und die dort lauernden Probleme zu kümmern. Es gelingt ihm dann, sich und manchmal auch andere Teammitglieder von den anstehenden Problemen abzulenken.

Auch die *Eltern-Ich-Botschaften* verdeutlichen die Grundausrichtung dieses Typus. Als Antreiber wären z. B.: »Mache es allen recht!«, »Sei lieb!« und »Arbeite hart!«. Auf der Bremser-Seite finden wir z. B.: »Nimm dich nicht so wichtig!«, »Die anderen haben immer Recht!« und »Du schaffst es nie!«.

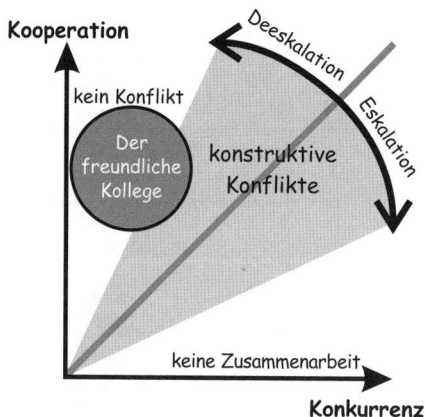

Abbildung 16.2: Bei einem konstruktiven Konflikt geht es um ein ausgeglichenes Verhältnis von Kooperation und Konkurrenz, das beim *freundlichen Kollegen* durch dessen Konfliktvermeidung aus der Balance geraten ist (vgl. Abb 17.4 auf Seite 245).

Stärken

Dieser Typus ist ein guter Teamplayer, er ordnet seine Meinung dem gefundenen Konsens unter und bleibt trotzdem voll bei der Sache. Er versucht stets alle Meinungen in einem Team zu berücksichtigen und motiviert auch die stilleren Kollegen, ihre Meinung beizutragen.

Dabei beweist er eine enorme Ausdauer und eine hohe Kreativität. Sein außerordentliches fachliches und technisches Wissen macht ihn zu einer der zentralen Schlüsselperson im Unternehmen, auf die nicht verzichtet werden sollte.

Schwächen

Dieser Typus hat sich nie mit den wahren Herausforderungen einer Projektleitung beschäftigt. Werden nun plötzlich diese kommunikativ herausfordernden Tätigkeiten von ihm verlangt, ist er zwangsläufig überfordert. Nun steht und fällt alles mit dem Verhalten, das dieser Typus zeigt. Zieht er sich aus lauter Hilflosigkeit aus der Verantwortung, wird er schnell das Vertrauen seines Teams verlieren. Entscheidet er sich, alle Probleme in der Gruppe im Konsens zu lösen, behält er wenigstens das Vertrauen seines Teams, aber der Projektfortschritt wird früher oder später zu wünschen übrig lassen.

Dieser Typus bringt meistens nicht genügend Eigeninitiative auf, sich mit den wirklichen Aufgaben der Projektleitung vertraut zu machen. Das

Prinzip Hoffnung lässt ihn glauben, dass es sich stets um eine temporäre Schwierigkeit handelt und es bestimmt wieder besser wird. Er ist außerdem der Auffassung, dass seine Meinung nicht viel zählt, und ist ständig auf der Suche nach Bestätigung und Anerkennung. Das macht es mitunter sehr schwierig, konstruktiv und auf gleicher Augenhöhe mit ihm zu arbeiten.

Ausweg für die Zusammenarbeit

Ihr vorgesetzter Projektleiter ist diesem Typus sehr ähnlich? Sie kennen ihn noch als Kollegen und haben seine aufrichtige und ehrliche Art schätzen gelernt? Nun brauchen Sie eine Entscheidung von ihm, es muss ein Konflikt ausgetragen oder einfach eine Unterstützung bei der Zusammenarbeit mit anderen Kollegen geleistet werden. Was Sie auch tun, dieser Typus entzieht sich entweder der Verantwortung, indem er klagt, wie schlimm alles geworden ist, oder er trommelt bei jeder *kleinen Mücke* gleich die ganze Mannschaft zusammen und möchte jedes Problem ausdiskutieren.

Sie können diesem Typus helfen, indem Sie sich am besten vorher überlegen, was Sie möchten. Machen Sie Vorschläge, wie Sie das Problem lösen können, und machen Sie ihm klar, was genau Sie von ihm erwarten und bis wann es geschehen müsste. Sollte sich dieser Typus nicht nach Ablauf einer vorher kommunizierten Zeitspanne[1] entscheiden, dann teilen Sie ihm mit, dass Sie nun mit der Umsetzung Ihres Vorschlages beginnen werden. Am Ende wird dieser Typus Ihnen dankbar sein, dass Sie ihm seine Aufgabe erleichtert haben, und hoffentlich dadurch auch erkennen, was eigentlich genau von ihm erwartet wird.

Beim nächsten Mal kann er dann vielleicht schon ein wenig mehr aus sich herauskommen und das Projekt zu leiten anfangen. Sollte sich keine Änderung einstellen, sprechen Sie diesen Typus direkt darauf an. Im äußersten Notfall ist es Ihre Aufgabe, sein Verhalten seinem Chef mitzuteilen. Dabei spielen Sie bitte mit *offenen Karten* und teilen es dem überforderten Projektleiter vorher mit. Machen Sie dies bitte nur, wenn Sie obige Ratschläge erfolglos ausprobiert haben und eine ernsthafte Projektgefährdung vorliegt!

Ausweg für die Führung

Sind Sie der Vorgesetzte dieses Typus, dann achten Sie bitte peinlich genau auf den Projektfortschritt. Vereinbaren Sie projektspezifische Meilensteine und verlangen Sie, sofort benachrichtigt zu werden, wenn er meint, einen Meilenstein nicht einhalten zu können. Wenn das passiert, sparen Sie nicht mit Lob darüber, wie gut er die Lage einschätzen kann.

---

[1]Timebox-Verfahren, vgl. Kasten auf Seite 206.

Bestehen Sie sofort auf einer Analyse. Suchen Sie dabei vorrangig nach kommunikativen Problemen im Projekt, denn wahrscheinlich liegt das Problem nicht an fehlendem fachlichem oder technischem Wissen. Arbeiten Sie gemeinsam einen genauen Maßnahmenkatalog aus, wie die Probleme behoben werden. Definieren Sie Timeboxes und erkundigen Sie sich während der Bearbeitungsphase regelmäßig nach dem Stand.

Zu guter Letzt empfehlen Sie als Vorgesetzter diesem Typus, seine soziale Kompetenz auszubauen. Dies kann am besten durch Schulungen zu Themen wie Gruppendynamik, Konfliktmanagement und Kommunikation geschehen. Achten Sie bei der Auswahl von Schulungsmaßnahmen auf viele Selbsterfahrungsanteile.

Ein weitverbreiteter Fehler ist es, auf diesen Typus umso mehr Druck auszuüben, je schlechter das Projekt läuft. Dies führt ziemlich sicher in eine Sackgasse und sollte daher besser vermieden werden.

Zusammenfassung

Der *freundliche Kollege* ist ein Projektleiter, der früher selbst Entwickler war und aufgrund seiner guten Leistungen zum Projektleiter befördert wurde. Er ist nicht ausgebildet, den komplexen kommunikativen Anforderungen eines Projektleiters gerecht zu werden, und wird ohne fremde Unterstützung seine Aufgabe nur unbefriedigend ausführen.

16.2 Der Choleriker

Beschreibung

Wo dieser Typus hinkommt, da werden Nägel mit Köpfen gemacht. Kein Problem ist zu kompliziert, alles wird klein gehackt und in nächste Schritte verpackt. Oft interessiert ein *Big Picture* nicht wirklich. Die Hauptsache ist, dass klar wird, wie es weitergeht. Alle Kollegen oder Mitarbeiter werden als unfähig abgestempelt, wenn sie es wagen, weiter als die nächsten paar Schritte zu denken und zukünftig aufkommende Probleme *heraufzubeschwören*. So strotzt dieser Typus vor lauter Aktionismus und Selbstvertrauen. Das hilft ihm, wenn er seinem Upper Management Rapport leisten muss. Es gibt kein Problem, bei dem er nicht wüsste, wie es konkret weitergeht. Das beeindruckt seine Vorgesetzten und sie lassen ihn gewähren.

Manchmal holt ihn allerdings seine fehlende Weitsicht ein. Dann probiert er eine Problemlösung nach der anderen und nichts führt so richtig zum Ziel. Kollegen oder Mitarbeiter empfinden ihn dann schnell als unstrukturiert. Sie verlieren langsam das Vertrauen, dass dieser Typus ein Projekt mit der nötigen Weitsicht leiten kann.

Kommt dieser Typus aus den Reihen seiner Kollegen, d. h., er ist befördert worden, so neigt er leicht zu einer »Wenn man nicht alles selbst macht«-Haltung. Sobald ein Mitarbeiter mit Problemen zu ihm kommt, übernimmt er das Ruder und diktiert ihm Schritt für Schritt, was getan werden muss. Dieses Verhalten wirkt nicht gerade motivierend auf den Mitarbeiter.

Als weitere charakteristische Eigenschaft lässt sich beobachten: Dieser Typus bleibt lange ruhig, er duldet Fehlverhalten bis zu einem gewissen Grad. Doch irgendwann reicht es ihm. Dann kommt es zu einem emotionalen Ausbruch, der die Mitarbeiter und das Umfeld des *Cholerikers* überrascht und stark verunsichert.

Lieblingssprüche

- »Lass mich mal ran!«
- »Interessiert mich nicht!«
- »Wer macht was bis wann?«
- »Jetzt reicht es!«
- »Nichts ist unmöglich!«

Grundeinstellung

Dieser Kommunikationstypus erscheint als *Macher* mit ausgeprägtem *Wie*-Quadranten. Menschen mit einer entgegengesetzten starken *Warum*-Präferenz hindern ihn durch ihr Hinterfragen am schnellen Fortkommen. Kollegen mit dominantem *Was*-Quadranten wollen immer Vollständigkeit, statt die nächsten konkreten Schritte auszuführen. Und Visionäre (*Wohin-noch*-Quadrant) schließlich lassen sich nicht in der Gegenwart halten, in der die Ergebnisse erzielt werden.

Dass dieser Typus dann meistens eine ausgeprägte *»Ich bin O.K., du bist nicht O.K.«*-Haltung zeigt, ist für ihn schon fast überlebenswichtig. Nur so kann er sich sicher sein, dass einzig sein Vorgehen zum Ziel führt und die Kollegen mit anderen präferierten Quadranten keine Ahnung haben.

Dieser Typus ist ein Beispiel für eine typische Retter-Position im *Drama-Dreieck*. Sobald er merkt, dass ein Mitarbeiter mit seiner Aufgabe nicht klarkommt, ist er zur Stelle. Er reißt ihm quasi die Tastatur aus der Hand und hackt die Lösung gleich selbst ein. Der Mitarbeiter sitzt dann meistens recht erstaunt daneben und wagt nicht, gegen seinen Vorgesetzten etwas zu sagen. Beim nächsten Problem wird er sich allerdings sehr genau überlegen, ob er noch einmal zu seinem Chef geht.

Die Verfolger-Haltung nimmt dieser Typus ein, wenn er Kollegen oder Mitarbeitern seinen Ansatz erläutert und diese sein Vorgehen zu kritisieren wagen. Als Opfer lernen wir diesen Typus kennen, wenn seine Vorgesetzten beispielsweise von ihm zukunftsorientierte Aussagen (*Wohin-noch*-Quadrant) verlangen, er entsprechende Anforderungen erfüllen muss oder seine Verfolger-Haltung nicht den gewünschten Erfolg brachte. Eine Reihe typischer Beispiele für Aussagen, die den *Choleriker* reizen, finden Sie in Abbildung 16.3.

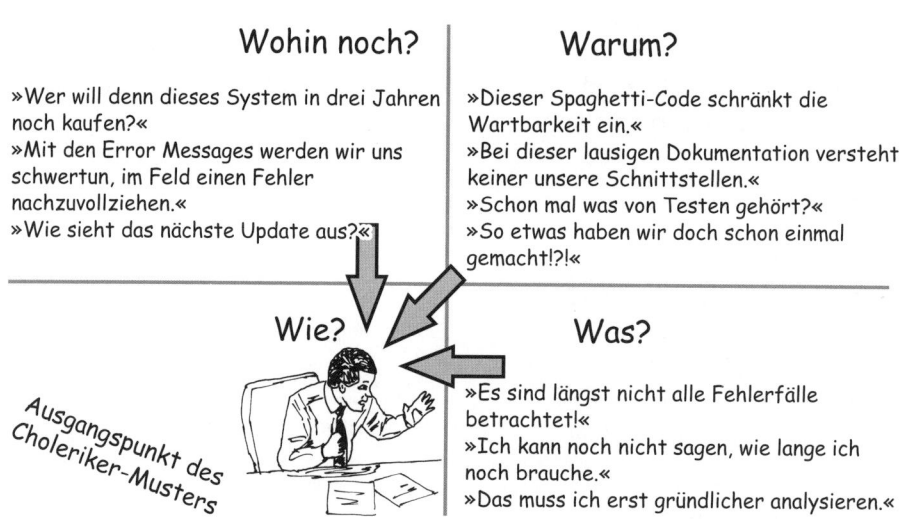

Abbildung 16.3: Der *Choleriker* ist auf die Gegenwart bezogen. Er reagiert eher aus dem *Wie*-Quadranten heraus. Im Kontakt mit Menschen, die aus anderen Quadranten heraus kommunizieren, gibt es viele Möglichkeiten, ihn zu reizen.

Stärken

Dieser Typus besitzt Eigenschaften, die unbedingt in einem Projektteam vorhanden sein sollten. Er kann komplexe Probleme in kleinere zerlegen, entscheiden, welches zeitlich als Nächstes zu bearbeiten ist, und dann die erforderlichen Schritte einleiten. Dieses Vorgehen ist der Garant für einen Projektfortschritt. Ohne diese Kräfte droht ein Projekt in der Komplexität verloren zu gehen. Die Mitarbeiter würden sich vielleicht vorwiegend mit theoretischen Abhandlungen und Prozessdefinitionen beschäftigen und nie wirklich fertig werden.

Dieser Typus sprüht vor Aktionismus und steckt andere Kollegen oder seine Mitarbeiter damit an. Ist er kompatibel zum Upper Management, d. h. in den meisten Fällen zur Unternehmenskultur, und ist sein Selbstvertrauen genügend ausgeprägt, kann ihm eine steile Karriere bevorstehen.

Schwächen

Dieser Typus hat einen eingeschränkten Blick auf die nahe Zukunft. Alles, was er oder seine Mitarbeiter für das Projekt tun, muss sich möglichst schnell in einem Ergebnis manifestieren. Alle Stimmen, die ihn von diesem Vorhaben abbringen könnten (Abb. 16.3), bewertet er als falsch und versucht sie zu bekämpfen. Diesen Umstand bemerken auch seine Mitarbeiter schnell, und so werden sie sich genau überlegen, mit welchen Problemen sie zu ihrem Projektleiter gehen.

Wenn dieser Typus dann mithilfe von emotionalen Ausbrüchen sein Vorgehen mit Gewalt durchsetzen will, ist das Vertrauen seiner Mitarbeiter endgültig verloren gegangen. Diese emotionalen Ausbrüche sind das Ergebnis vom *Rabattmarkensammeln*[2]: Dieser Typus sammelt für ihn belastende, aber nicht sofort lösbare Probleme, um sich dann, wenn er genug beisammen hat, eine Gefühlsreaktion zu leisten, die er sonst nicht zeigt.

Das führt dann fast zwangsläufig in die sogenannte *Geschäftsführerkrankheit*, von der nicht nur Geschäftsführer befallen werden können [31]. Dieses Krankheitsbild zeichnet sich dadurch aus, dass die Mitarbeiter dieser Führungskraft keine Informationen mehr geben, für die sie anschließend nur negative Anerkennung ernten. Die Projektverantwortlichen sind nicht mehr umfassend informiert und infolgedessen nicht mehr in der Lage, das Projekt noch zweckdienlich zu leiten.

Außerdem wird es dieser Typus schwer haben, einen Vertreter zu finden, weil dieser es ihm sowieso nicht recht machen kann. Es kommt dann schnell zu einer Überlastung dieses Typus. Beachtet er diesen Zustand nicht, kann sich die Überlastung in körperlichen Symptomen manifestieren, und er wird krank. Typische bildhafte Ausdrücke dafür sind z. B. »Nase voll haben« und »Kann nicht mehr schlucken«.

Ausweg für die Zusammenarbeit

Wenn Ihr Chef auch von diesem Typus ist, dann haben Sie wahrscheinlich gute Karten, wenn Sie die Entscheidungen Ihres Chefs mittragen können und sich auch im *Wie*-Quadranten am wohlsten fühlen. Trifft dies allerdings nicht zu, dann werden Sie mit ihm wahrscheinlich sehr emotionale Diskussionen über die *richtige* Entscheidung zu führen haben.

Was aber ist die richtige Entscheidung? Diese Antwort liegt in einer ausgewogenen Betrachtung des Problems, in der alle vier Quadranten angesprochen werden. Da aber genau darin die Schwierigkeit für Sie und Ihren Chef liegt, schaukeln sich Emotionen hoch, und am Ende gewinnt der Stärkere. Das muss dann aber nicht unbedingt die *richtige* Lösung sein.

---

[2]Eric Berne: Spiele der Erwachsenen [5], vgl. Kasten auf Seite 159.

Liegen Ihre Stärken im *Warum-*, *Was-* oder *Wohin-noch*-Quadranten, dann haben Sie zwar wertvolle Informationen für Ihren Chef, werden ihn aber mit Ihren Argumenten nicht so einfach erreichen. Sie bewegen sich ständig auf dem schmalen Pfad zwischen konstruktiver Kritik und Verweigerung. Ein guter Weg, den *Choleriker* zu mehr Nachdenken zu bewegen, ist ein Gespräch über Risiken und mögliche Worst-Case-Szenarien (Abb. 16.4).

Der Choleriker	Ein Kollege mit Was-Präferenz
Fachliche Diskussion	
»Ich habe genug gehört, wir werden keine Persistenz einbauen. Mir kann ja keiner sagen, ob der Kunde das haben möchte.«	»Das geht doch nicht. Wir müssen doch wissen, was wir entwickeln sollen!«
»Jetzt ist mal Schluss. Wir machen den Deckel zu. Sollen die sich doch tot diskutieren.«	»Persistenz oder nicht macht aber einen großen Unterschied!«
»Ist schon klar. Ich denke, wir werden ohne Persistenz schneller fertig.«	»Ja schon, aber ...«
»Und deshalb machen wir das jetzt! Basta!«	»Dann möchte ich Ihnen das Risiko klarmachen, das wir so eingehen. Das komplette Design unserer Software hängt davon ab. Kommt die Persistenz dann doch noch rein, werden wir große Teile unserer Software umprogrammieren müssen. Das würde zu 3 bis 4 Monaten Verzögerung führen!«
»Ups! Umprogrammieren? 3 bis 4 Monate?«	»Ja! Ich schlage vor, eine letzte Entscheidungsrunde mit der Fachabteilung durchzuführen, um zu einer finalen Entscheidung zu kommen.«
»Machen Sie das! Ich möchte ein Ergebnis bis Ende der Woche haben.«	»O.K.«

Abbildung 16.4: Aus dem Gegeneinander eines *Cholerikers* und eines Menschen, der aus dem *Was*-Quadranten heraus kommuniziert, kann ein Miteinander werden, ohne dass die Positionen gewechselt werden müssen.

Dieses Gesprächsbeispiel macht deutlich, wie aus einem Gegeneinander ein Miteinander werden kann. Tun Sie also bitte Ihrem *Wie*-Chef **nicht** den vermeintlichen Gefallen, selbst auch ein totaler *Wie*-Typus zu werden. Behalten Sie Ihre Präferenzen und überlegen Sie sich, wie Sie diese empfängerorientiert kommunizieren können. Profitieren Sie von den Stärken Ihres Chefs. Das bringt Sie auf die Zielgerade, was die Betrachtung aller vier Quadranten und deren situativ angemessener Einsatz betrifft.

Ausweg für die Führung

Wenn Sie der Vorgesetzte diese Typus sind, gefällt Ihnen höchstwahrscheinlich seine Entscheidungskraft. Dieser Typus hat immer eine Entscheidung parat, weiß anscheinend immer, wie es weiterzugehen hat. Das ist bequem für Sie, aber achten Sie bitte auch auf Äußerungen aus dem Umfeld wie z. B.: »Unser Bereich ist total überlastet!«, »Die Mitarbeiter schieben alle Frust!« oder »Wir kommen eigentlich überhaupt nicht voran!«.

Diese Aussagen werden Sie natürlich nicht von diesem Typus hören, sie können aber sehr wohl Auswirkungen seines Führungsstils sein. Das liegt daran, dass er zwar viel entscheidet, sich aber selten um die Bedenken seiner Mitarbeiter kümmert. Er entscheidet über ihre Köpfe hinweg. Möglichen Konflikten geht er damit aus dem Weg, indem er eine Lösungsfindung durch eine voreilige Entscheidung unterbindet.

Völlig kontraproduktiv wäre es nun, wenn Sie von Ihrer Seite aus den Druck auf diesen Typus erhöhen. Er wird daraufhin einfach noch mehr entscheiden und die Situation wird sich verschlimmern. Der Ausweg geht nur über Gespräche, in denen Sie schildern, welchen Eindruck Sie von seinem Tätigkeitsfeld haben, und über das Vereinbaren von Maßnahmen, um einen breiteren Konsens der zu treffenden Entscheidungen zu erreichen. Je nach Größe und Wichtigkeit des Projekts können auch Schulungsmaßnahmen oder externe Unterstützung von Beratern aus dem Bereich *Change Management* hilfreich sein.

Zusammenfassung

Der *Choleriker* hat eine stark ausgeprägte *Wie*-Präferenz. Er entscheidet voreilig, um Konflikten aus dem Weg zu gehen. Damit vergibt er oft die Chance, Entscheidungen im Konsens und damit nachhaltig zu treffen. Oft kann eine »*Wenn man nicht alles selbst macht*«-Haltung beobachtet werden. Wenn allzu viel nicht nach seiner Vorstellung läuft, leistet sich dieser Typus einen emotionalen Ausbruch, der seine Mitmenschen verunsichert.

16.3 Der formale Prozessler

Beschreibung

Man fragt sich, ob dieser Typus überhaupt Gefühle hat. Unter ihm gibt es keine Streitereien und keinen Freudentaumel. In seiner Abteilung läuft alles nach bestimmten Prozessen ab. Und diese Prozesse müssen meist ganz genau beschrieben sein.

Dieser Typus lebt das Motto: »Der Mensch funktioniert ohne Prozesse nicht!« Letztendlich ist es für ihn von Bedeutung, dass alle Eventualitäten abgesichert sind. In seiner Prozesswelt darf es keine Lücke geben. Hieran ist sofort und mit hoher Priorität zu arbeiten. Leider sind dann messbare Ergebnisse im Projektfortschritt nicht das Wichtigste in seiner Abteilung.

Abstimmung mit der Fachabteilung? Gibt es einen Prozess dafür? An wen wird wann welche strittige Aufgabe eskaliert? Wer kommt auf wen während des Abstimmungsprozesses zu? Wenn der nicht kommt, was passiert dann? Fragen über Fragen sind noch zu beantworten und die Antworten zu dokumentieren, bevor der eigentliche Abstimmungsprozess beginnen kann. Testen ohne ausgefeilte Teststrategie? Geht nicht. Integrationsprozess, Change Management, Konfigurationsmanagement? Für alles muss ein Prozess her, bevor angefangen werden kann. Ganz fleißige Zeitgenossen dieses Typus fangen sogar an, die Kommunikation innerhalb des Teams in Prozessen festschreiben zu wollen, um Emotionen aus dem Projekt zu eliminieren und sich auf das *eigentliche Arbeiten* zu konzentrieren.

Lieblingssprüche

- »Gibt es da nicht eine Norm oder einen Standard für?«
- »So einfach geht es ja nicht!«
- »Dafür brauchen wir eine Prozessdefinition!«
- »Halte dich bitte an die ISO 9001!«
- »Komme mal wieder runter (von deinen Emotionen)!«

Grundeinstellung

Dieser Typus kann eine ausgeprägte »*Ich bin O.K., du bist nicht O.K.*«-Haltung haben, mit der er allen in seiner Abteilung seine Auffassung näherzubringen versucht. Das deutet im Sinne des *Drama-Dreiecks* auf seine Lieblingspositionen hin: Verfolger und Retter.

Wenn dieser Typus aus einer »*Ich bin nicht O.K., du bist O.K.*«-Haltung heraus agiert, dann leidet er schnell unter zu wenig Prozessdefinitionen. Er ist nicht in der Lage, diesen Umstand wirklich zu ändern, und gibt gerne seinem Vorgesetzten oder zentralen Prozessdefinitionsabteilungen die Schuld an der misslichen Lage. Kurzum: Er nimmt die Opfer-Position im Drama-Dreieck ein.

Interessant ist die Motivation, mit der dieser Typus Prozesse als Lösung aller Probleme heraufbeschwört. Letztendlich geht es ihm darum, Konflikten und den damit verbundenen Emotionen aus dem Weg zu gehen. Lässt er diese zu, so hat er Angst, mit der daraus resultierenden Situation nicht klarzukommen. Das lässt sich gut am Eisbergmodell zeigen (siehe Abschnitt 8.1), das die bewussten von den unbewussten Ebenen abgrenzt (Abb. 16.5).

Abbildung 16.5: Ein typisches Denkmuster des *formalen Prozesslers* am Beispiel der vier Ebenen des Eisbergmodells (vgl. Abb 8.1 auf Seite 100) zeigt, wie aus Ängsten, die ihre Herkunft aus den beiden unteren Ebenen haben, seine extreme Prozessbezogenheit motiviert ist.

Typische *Eltern-Ich*-Botschaften lassen sich auch bei diesem Typus oft beobachten. Als Antreiber finden wir z. B. »Denk erst mal nach!«, »Hast du alles bedacht?« oder »Halte durch!«. Dagegen stehen die Bremser-Botschaften wie z. B. »Gefühle sind nicht wichtig!«, »Du schaffst es nie!« oder »Streite dich nicht!«.

Stärken

Dieser Projektleiter schafft für seine Mitarbeiter ein sicheres Umfeld. Alle Probleme dürfen angegangen werden, und zwar bis sie vollständig geklärt sind. Diese Sicherheit gibt den Mitarbeitern Vertrauen, kritische Dinge ansprechen zu dürfen und dafür nicht bestraft zu werden. Konzeptphasen werden z. B. sehr gründlich durchlaufen und es zeigen sich so in späteren Projektphasen kaum Probleme.

Der Umgang der Mitarbeiter untereinander ist ruhig, gelassen und erfolgt stets auf der Inhalts- oder Geschäftsordnungsebene. Dieser Typus schafft es meistens, den von außen wirkenden Druck auf das Projekt, z. B. durch Kosten, Zeitmangel oder auch Politik, von seinen Mitarbeitern fernzuhalten. So sorgt er für eine Atmosphäre, in der konzentriertes Arbeiten möglich ist.

Schwächen

Am Anfang jeder Veränderung steht die Angst oder das Gefühl, dass etwas nicht in Ordnung ist und verbessert werden kann. Das macht unzufrieden, unsicher oder ungeduldig. Menschen dieses Typus haben gelernt, solche Situationen zu vermeiden. Sie versuchen, sie erst gar nicht aufkommen zu lassen, indem sie vorher alles Mögliche unternehmen, um sich sicher sein zu können.

Hier sind in erster Linie Maßnahmen zu nennen, wie z. B. das Definieren und Dokumentieren von Prozessen. Das ist für sich gesehen keine Schwäche. Das Problem dieses Typus ist es, die **vollständige Sicherheit** vor eventuellen Fehlern erreichen zu müssen. Das gibt es in Softwareprojekten nicht. Prozessdefinitionen z. B. über ein Vorgehensmodell geben Halt und Orientierung, doch keine vollständige Sicherheit über den Projekterfolg. Diese Einstellung kann ein trügerisches Bild entwerfen.

Als Projektleiter wird er so seinen Mitarbeitern mit ausgeprägtem *Was*-Quadranten sehr entgegenkommen, die mit präferiertem *Wie*-Quadranten allerdings komplett vor den Kopf stoßen. Er wird mit seiner Mannschaft zwar Ergebnisse erarbeiten, alles läuft extrem ruhig und vermeintlich gesittet ab, aber das Potenzial dieser Gruppe ist vermutlich viel höher. Um das auszuschöpfen, wäre es allerdings erforderlich, dass dieser Typus seine Konfliktfähigkeit und die seines Teams erhöht.

Als Projektleiter, der an der Erreichung von Zielen gemessen wird, tut er sich schwer. Er ist als *Was*-Typus zeitlos und nicht unbedingt ergebnisorientiert. Daraus ergeben sich immer wieder Konflikte mit seinem Vorgesetzten.

Wenn dieser Vorgesetzte einen ausgeprägten *Wie*-Quadranten hat, kann sich ohne Veränderung kein stabiles System aufbauen. Präferiert er dagegen den *Was*-Quadranten, dann ist dies durchaus möglich. Tatsächlich zeigt sich, dass dieser Typus in einer Organisation, in der *Was*-Menschen dominieren, zufrieden seinen Job machen kann. Kommen allerdings stärkere *Wie*-Strömungen auf diese Organisation zu, wird sie sich verändern müssen, um nicht unterzugehen.

Ausweg für die Zusammenarbeit

Wenn Ihr Vorgesetzter auf die Beschreibung dieses Typus gut passt, hinterfragen Sie ruhig einmal die Spielregeln des Projekts. Es ist mal wieder ein Prozess zu definieren – ist das denn wirklich nötig? Werden wir dadurch wirklich schneller und besser? Sie fühlen sich bei einer Aufgabe unwohl? Äußern Sie Ihre Bedenken! Wird gerade mal wieder versucht, die 120 %-Lösung zu bauen? Hinterfragen Sie das Vorhaben. Werden Sie dabei bitte nie persönlich! Sie werden diesen Typus nicht dadurch verändern, indem

Sie ständig seine Entscheidungen bezweifeln und ihm vermitteln, dass er Ihrer Meinung nach seinen Job nicht richtig macht.

Versuchen Sie innerhalb der erlaubten Grenzen Ergebnisse zu erzielen und achten Sie darauf, dass diese Ergebnisse sichtbar sind und honoriert werden. Holen Sie sich die Erlaubnis, anstelle eines vollständigen Prozesses z. B. einen exemplarischen Durchstich-Prototyp entwickeln zu dürfen. Sie können diesen Typus nur überzeugen, wenn Sie Ergebnisse von unbestreitbarem Wert für das Projekt erzielen.

Hören Sie auf Ihr Bauchgefühl und lassen Sie sich Ihre Intuition nicht kleinreden. Suchen Sie Konflikte und tragen Sie diese stets auf der *Win-win*-Ebene aus (siehe den Kasten auf Seite 259). Sie werden sehen, es werden sich Veränderungen einstellen. Auf Konfliktverhalten gehen wir ausführlich in Teil V ab Seite 233 ein.

Ausweg für die Führung

Wenn Sie der Vorgesetzte von diesem Typus sind, werden Sie sich ständig die Frage stellen, ob seine Projektgruppe genügend Ergebnisse erzielt. Liegen z. B. Ihre Aufwendungen für die Entwicklung, gemessen am Gesamtergebnis der Firma und verglichen mit ähnlichen Firmen, in vertretbarer Höhe? Wenn Sie Verbesserungspotenzial sehen, sprechen Sie mit ihm darüber. Machen Sie ihm klar, dass Sie um die Effizienz besorgt sind, und vereinbaren Sie Maßnahmen, um diese zu verbessern.

Ein mögliches Vorgehen ist es zu untersuchen, mit welchen anderen Gruppen dieser Typus und seine Mitarbeiter nicht so gut klarkommen. Diese Analyse wird Sie zu genau den gewünschten Verbesserungsmaßnahmen leiten. Ein Beispiel verdeutlicht das: Dieser Typus und seine Gruppe haben ständig Schwierigkeiten mit dem Vertrieb. Der möchte wissen, ab wann das Produkt verkauft werden kann, und drängt auf ein möglichst frühes Datum. Dieser Typus hält dieses Vorgehen aber für extrem gefährlich, es seien noch zu viele Bugs in der Software und überhaupt wolle man den Kunden nicht als Betatester missbrauchen. Anhand dieses Konflikts können Sie nun in die Diskussion einsteigen und z. B. folgende Fragen stellen:

- Was wird konkret getan, um die Software fertigzustellen?
- Wie ist *fertig* definiert?
- Welche Funktionalitäten sind noch nicht implementiert?
- Wie hoch ist der Kundennutzen dieser noch fehlenden Funktionen?
- Welche Bugs sind bekannt und noch nicht ausgebessert, welche Auswirkungen haben sie für den Kunden?
- Wie hat sich die Fehlerrate über die letzte Zeit im Projekt entwickelt?
- Wurden schon Betatests oder andere Probeläufe in kundenähnlicher Umgebung durchgeführt? Was haben diese Tests ergeben?

Diese Fragen sollen den Typus dazu bewegen, Ergebnisse zu produzieren, denn das ist häufig das grundlegende Problem. Es werden immer wieder Bugs gefunden oder Stellen aufgedeckt, wo unbedingt noch Arbeit investiert werden muss. Wegen seiner zeitlosen Art wird es diesem Typus höchst logisch vorkommen, sich um diese Punkte zu kümmern. Ihre Aufgabe ist es, ihm dabei zu helfen zu erkennen, wann Aufgaben abgeschlossen sind und wann noch Arbeit zu investieren ist.

Zusammenfassung

Das Ziel des *formalen Prozesslers* ist vollständige Sicherheit. Dies versucht er durch formale Vollständigkeit und Definition von Prozessen zu erreichen. Sein Team weist häufig eine niedrige Effizienz auf. Da die gewünschte Sicherheit in der Praxis nicht erreichbar ist, kommt es immer wieder zu Konflikten. Das Bearbeiten dieser Konflikte kann eine Veränderung in seinem Verhalten bewirken.

Teil V
Konfliktmanagement

▷ **Konflikte analysieren** 233
Konflikte sind nicht per se schlecht, sondern können sehr nützlich und konstruktiv sein. Im Projektgeschäft ist die konstruktive Lösung von Konflikten essenziell für den Projekterfolg. Die möglichen Lösungswege hängen dabei von der Struktur und Art des Konflikts ab. Daher ist der erste Schritt eine Analyse des Konflikts.

▷ **Konfliktmuster rechtzeitig erkennen** 251
Konflikte bauen sich langsam auf. Unser Ziel ist es, frühzeitig Signale zu erkennen. Dabei helfen uns verschiedene Sichten auf die Entwicklung von Konflikten, die sich wie Muster generalisieren lassen.

▷ **Konflikte managen** 273
Nachdem wir unser Rüstzeug erhalten haben, Konflikte frühzeitig zu erkennen, können wir die geeigneten Deeskalationsmaßnahmen einleiten. Die wesentlichen Techniken dazu kennen wir bereits: Wertschätzung, Feedback und klare Verantwortlichkeitsaufteilung. Die Mediation kommt neu dazu.

▷ **Erfolgreich Verhandlungen führen** 293
Immer stärker werden Softwareentwickler in Verhandlungen mit der Auftraggeberseite einbezogen. Idealerweise erfolgt dies bereits in der Vorbereitungsphase eines Projekts, spätestens aber bei den Budget-Nachverhandlungen. Das Harvard-Konzept unterstützt uns bei der Vorbereitung auf diese oft für uns unangenehme und kritische Situation.

▷ **Nachwort: People Driven Development** 307

17 Konflikte analysieren

In den Abschnitten 7.4, 8.2, 8.3 und 11.2.3 haben wir das Thema *Konflikte* bereits angerissen. In diesem Kapitel wollen wir das Konfliktmanagement als Ganzes betrachten. Was für Konfliktarten gibt es? Wie können wir Konflikte frühzeitig erkennen, angemessen darauf reagieren und Konflikte konstruktiv managen? Fangen wir vorne an: Was ist überhaupt ein Konflikt?

17.1 Konflikt definieren

Beginnen wir unsere Analyse mit einem Blick in die allgegenwärtige Wikipedia [88]:

> Bei einem Konflikt[1] sind die Zielsetzungen oder Wertvorstellungen von Personen oder Gruppen miteinander unvereinbar. Deren gleichzeitige Verwirklichung schließt sich aus.

Das ist doch noch sehr allgemein. Was bedeutet das für uns in der Softwareentwicklung?

17.1.1 Besonderheiten innerhalb der IT

Im Kontext der Softwareentwicklung können wir etwas konkreter werden. Wir können einen Konflikt als eine spezielle soziale Beziehung definieren, die drei besondere Merkmale besitzt:

- Es gibt entgegengesetzte, widersprüchliche Ziele, Interessen oder Handlungsweisen.
- Es sind zwei oder mehrere voneinander abhängige Personen daran beteiligt.
- Die Beteiligten sehen zum Zeitpunkt des Konflikts keine sofortige Lösung.

Mit dem zweiten Punkt ist gemeint, dass eigenständige Personen an einem Konflikt beteiligt sind, deren Abhängigkeit voneinander so gering ist, dass

---

[1]Lateinisch: confligere: aneinandergeraten, kämpfen.

es keine Lösung über Machtmittel gibt bzw. die Konsequenzen daraus nicht gewünscht sind. Natürlich sind Arbeitnehmer vom Arbeitgeber abhängig. In der Softwareentwicklung mit ihren hochqualifizierten Mitarbeitern finden wir jedoch zahlreiche Situationen, in denen gegenseitige Abhängigkeiten bestehen. Für uns folgt daraus, dass es in der IT eher mehr Konflikte gibt als in anderen Branchen. Für diese These gibt es noch einen weiteren Hinweis: die große Anzahl der Projekte.

Wir gehen davon aus, dass Projekte aufgrund ihrer Definition direkt mit Konflikten verbunden sind. Es gilt mit einem Projekt ein einmaliges Ergebnis unter einschränkenden Rahmenbedingungen wie Zeit oder Budget zu erreichen. Projekte sind über die vielen Unbekannten mit Risiken behaftet. Zur Umsetzung wird eine eigene, zeitlich begrenzte Projektorganisation mit einem eigenen Projektmanagement ins Leben gerufen [53]. Bei der Durchführung eines Projekts sind aufgrund der einschränkenden Rahmenbedingungen, eintretender Risiken und gegebenenfalls unterschiedlicher Ziele der Stakeholder Konflikte im Team und mit bzw. zwischen den Stakeholdern vorprogrammiert!

Bei IT-Projekten kommt häufig ein weiterer Aspekt hinzu, der zu einer Reihe besonderer Konflikte führen kann. Mit den Ergebnissen unserer Projekte verändern wir oft die Arbeitsbedingungen der Anwender. Manchmal sind nur die Abläufe betroffen, doch meist werden dabei auch die Regeln und Befugnisse der Mitarbeiter verändert. Im Extremfall sind durch Rationalisierungsmöglichkeiten mit einer neuen Software direkt Arbeitsplätze betroffen. Besonders für *maßgeschneiderte* Individualsoftware können aus solchen Konflikten das Projekt gefährdende Risiken entstehen, da die enge und vertrauensvolle Zusammenarbeit mit den Anwendern eine wichtige Grundlage für die optimale Anpassung der Software ist.

Bereits aus diesen allgemeinen Beispielen können wir erkennen, dass für den Umgang mit Konflikten unsere Einstellung gegenüber Konflikten von zentraler Bedeutung ist. Im Projektgeschäft ist die konstruktive Lösung von Konflikten notwendig, um zu kreativen Lösungen zu gelangen. Konflikte helfen uns, Unterschiede offenzulegen. Damit sind Konflikte und unser konstruktiver Umgang damit essenziell für den Projekterfolg!

Als Ziel für dieses und die folgenden Kapitel versuchen wir, einen Weg aufzuzeigen, wie wir konstruktiv mit Konflikten umgehen können. Wir sind davon überzeugt, dass jeder das ausreichend lernen kann.

17.1.2 Heiße und kalte Konflikte

Es können zwei Konfliktformen unterschieden werden: heiße und kalte Konflikte [30] (Abb. 17.1). Im heißen Konflikt wird es laut. Die Parteien sind (über-)motiviert und suchen die direkte Konfrontation. Regeln werden als hinderlich gesehen und möglichst umgangen, und die Beteiligten versuchen Anhänger bzw. Unterstützer zu gewinnen.

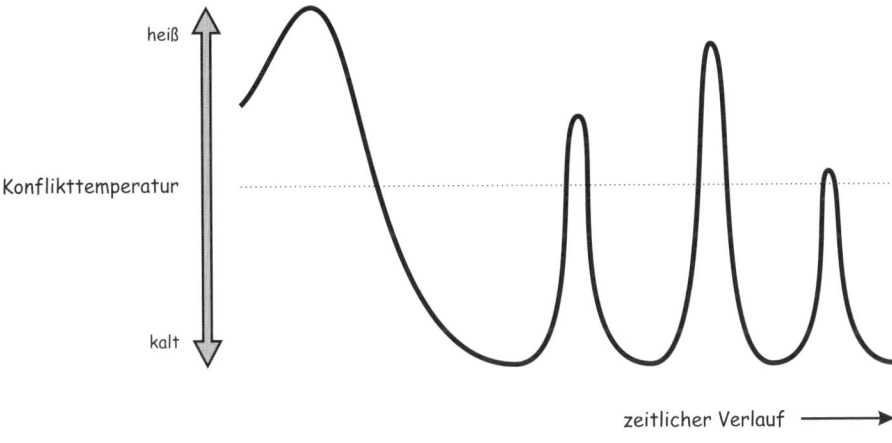

Abbildung 17.1: Die Temperatur eines Konflikts verändert sich im Laufe der Zeit. Von außen sofort sichtbar ist er dabei nur oberhalb der gestrichelten Linie, wenn er *auflodert*.

Im kalten Konflikt bestimmen Enttäuschung und Frustration das Klima. Es herrschen Selbstzweifel und tiefe Aversionen vor. Um den direkten Kontakt zu vermeiden, zieht man sich auf unpersönliche Formalien und Dienstwege zurück. Aus heißen Konflikten können kalte werden, indem z. B. das Upper Management den Konflikt unterdrückt (»Wir haben keine Konflikte!«) oder die Beteiligten selbst nicht in der Lage waren, zu einer dauerhaften Lösung zu gelangen.

Kalte Konflikte sind schwerer zu erkennen und im kalten Zustand kaum lösbar (Abb. 17.1). Daher kann es sinnvoll sein, zu warten, bis er wieder auflodert, oder einen kalten Konflikt sogar etwas anzuheizen. Der kalte Konflikt wird dann (wieder) zu einem heißen. So wird die Negation des Konflikts verlassen und der Konflikt wird zugänglich und bearbeitbar. Es liegen (wieder) alle Elemente des Konflikts offen vor. So besteht die Chance, diesen anzugehen und letztendlich aufzulösen.

17.2 Verschiedene Arten von Konflikten

Konflikt ist nicht gleich Konflikt. Als ersten Schritt versuchen wir, einen Konflikt zu analysieren. Dies ist wichtig, da sich für unterschiedliche Konfliktarten verschiedene Lösungswege ergeben. Außerdem tritt ein Konflikt selten in Reinkultur nur einer Konfliktart auf. Typischerweise finden wir eine Vermengung zweier oder sogar mehrerer Konfliktarten. Dann ist die Analyse von besonderer Bedeutung, da es sinnvoll ist, die Konfliktarten in einer bestimmten Reihenfolge aufzulösen.

17.2.1 Allgemeine Kategorisierung

In der Literatur finden wir die unterschiedlichsten Kategorisierungen. Nachfolgend stellen wir eine einfache Strukturierung vor, mit der wir in unserer Praxis als Konfliktmanager oder Mediatoren arbeiten und die wir auch in unseren Seminaren nutzen.

Sachkonflikt: Im Rahmen einer sachlich geführten Diskussion treffen unterschiedliche Meinungen aufeinander.

> **Ursache:** Aufgrund fehlender Information, unterschiedlicher Erfahrungen der beteiligten Personen oder von Missverständnissen werden in einer Situation oder zur Beantwortung einer Fragestellung unterschiedliche Wege gesehen.
>
> **Beispiel:** Designentscheidungen können oft nur ohne vollständige Information erfahrungsbasiert getroffen werden. Dabei kann die Frage, welches Pattern zu nehmen ist, in einen Sachkonflikt führen.
>
> **Lösungsweg:** Das Informationsdefizit ist abzubauen. Daher gilt es, Informationen zu sammeln und alle Beteiligten auf den gleichen Informationsstand zu bringen. Dazu werden offene Fragen gestellt und aktives Zuhören intensiv eingesetzt. Ein weiterer, in der IT oft erfolgreich eingesetzter Lösungsweg ist das prototypische Ausprobieren auch im Rahmen eines iterativen agilen Ansatzes. So können konkrete und belastbare Informationen schnell aufgebaut und die theoretischen *Was-wäre-wenn*-Szenarien sofort verlassen werden.

Beziehungskonflikt: Die Beziehung zwischen zwei Personen ist gestört und führt zu einer einseitigen oder gegenseitigen Abwertung.

> **Ursache:** Hier finden wir Vorurteile, Ängste oder auch mangelnden Respekt und nicht ausreichende Wertschätzung.
>
> **Beispiel:** Ein mit väterlichem Unterton gesprochenes »Dafür sind Sie noch zu jung!« oder auch das immer noch existierende Vorurteil gegenüber Frauen und Technik haben viele von Ihnen vermutlich selbst bereits erlebt. So kann sich schnell ein Beziehungskonflikt entwickeln.
>
> **Lösungsweg:** Wir versuchen, Wege zu beschreiten, sodass sich die am Konflikt beteiligten Personen gegenseitig verstehen. Auf Basis

des gegenseitigen Verständnisses wollen wir herausfinden, was dem anderen wichtig ist und welche Bedürfnisse mit seinem Handeln befriedigt werden. Über diese *Brücken* kann dann gegenseitiger Respekt aufgebaut und Wertschätzung ausgedrückt werden, um die Beziehung ausgewogen gestalten zu können.

Interessenkonflikt: Dem Verhalten der Konfliktpartner liegen unterschiedliche Interessen zugrunde, die nicht direkt geäußert werden, sondern hinter Positionen versteckt sind.

Ursache: Es bestehen unterschiedliche Interessen. Diese werden jedoch nicht geäußert, sondern vordergründige Positionen ausgetauscht.

Beispiel: Im Rahmen von Gehaltsverhandlungen werden Forderungen und Gegenpositionen genannt und gebetsmühlenartig wiederholt: »Ich möchte 300 € im Monat mehr!« »Ich kann Ihnen nur 50 € bieten!«

Lösungsweg: Der Lösungsweg erfolgt über die Interessen, die hinter den Positionen stehen. Wir versuchen, sie zu erkennen und zu verstehen. Danach kann ein Interessenausgleich verhandelt werden. Eine gewisse Offenheit in einer vertrauensvollen Atmosphäre schafft die notwendigen Rahmenbedingungen. Im obigen Beispiel gilt es also, zu verstehen, warum der Mitarbeiter eine bestimmte Summe fordert. Braucht er wirklich mehr Geld für seinen Lebensunterhalt oder fühlt er sich im Vergleich zu den Kollegen unterbezahlt? Empfindet er andere Ungerechtigkeiten und versucht dies, über das Gehalt zu kompensieren, oder versucht er, seinen Status über sein Gehalt zu erhöhen? Auch hinter der Gegenposition stecken Interessen. Vielleicht hat die Führungskraft nur einen engen Rahmen und benötigt bei einem anderen Mitarbeiter mehr Spielraum oder es hängt seine Prämie daran, möglichst niedrige Abschlüsse zu erzielen? Die Lösung erfolgt über die Antworten auf die Frage, wie die Interessen ausreichend erfüllt werden können.

Wertekonflikt: Mit Wert meinen wir etwas, was eine einzelne Person als wichtig und lohnend einzuschätzen gelernt hat. Ein Wert kann ein Lebensprinzip sein oder etwas, das man erreichen bzw. erhalten möchte [91]. Ein Wert ist also weitgehend unabhängig von einer konkreten Situation oder anderen Personen. Sowohl im Leben einer Person als auch gesellschaftlich verändern sich unsere Werte. Dies vollzieht sich jedoch meist über einen längeren Zeitraum.

Ursache: Unterschiedliche, dauerhafte Wertvorstellungen prallen aufeinander.

Beispiel: Zwei Entwickler teilen sich einen Schreibtisch, weil sie z. B. beide halbtags arbeiten. Einer möchte den Schreibtisch stets frei und ordentlich haben, während der andere seine Arbeitsmittel verstreut und stets zugreifbar auf der Fläche verteilt haben möchte.

Lösungsweg: Die gegenseitigen Wertvorstellungen werden zuerst offengelegt und von den Beteiligten anerkannt. Das Ziel ist es dabei, die Unterschiedlichkeit zu erkennen und zu akzeptieren. Da Wertvorstellungen nicht kurzfristig verändert werden können, bleibt uns nur, Regeln aufzustellen und die Arbeit so umzuorganisieren, dass eine weitere Zusammenarbeit erfolgen kann. Ist dies nicht dauerhaft möglich, können meist nur noch Wege gesucht werden, wie einer oder mehrere der Beteiligten das direkte Umfeld verlassen und neue Arbeitsplätze finden, an denen der Wertekonflikt nicht auftritt.

Rollenkonflikt: Rollenkonflikte entstehen durch unterschiedliche Anforderungen, die von verschiedenen Seiten an eine Rolle gestellt werden. Rollenkonflikte sind damit unabhängig von der Person, die die Rolle einnimmt.

Ursache: Eine Person hat eine Rolle inne, an die unterschiedliche Erwartungen geknüpft sind

Beispiel: Die Geschäftsführung hat einschneidende wirtschaftliche Ziele und daraus abgeleitete Anforderungen an die mittleren Führungskräfte. An eine solche mittlere Führungskraft werden gleichzeitig entgegenstehende Erwartungen der zu führenden Mitarbeiter gestellt. Zusätzlich finden wir oft weitere Führungsrollen wie Projektleiter, die ebenfalls ihre eigenen Erwartungen äußern.

Lösungsweg: Ein Rollenkonflikt kann in der Regel nicht vollständig aufgelöst werden. Es hilft dann, die unterschiedlichen Erwartungen offenzulegen und die Prioritäten transparent festzulegen. So werden die Entscheidungen zumindest nachvollziehbar. Oft kann es helfen, die Kompetenzen der beteiligten Rollen anders zu verteilen bzw. zu optimieren.

Systemkonflikt: Bei einem Systemkonflikt wirkt ein außerhalb unserer Gruppe, also im umgebenden System liegender Konflikt auf uns ein. Ein Systemkonflikt kann daher nicht innerhalb der betrachteten Gruppe aufgelöst werden.

Ursache: Aufgrund äußerer Engpässe oder anderer, widersprüchlicher Rahmenbedingungen kommt es zu einer Konfliktsituation innerhalb einer Gruppe.

Beispiel: In unserer Entwicklungsabteilung haben zwei Mitarbeiter gekündigt und wir möchten schnellstmöglich mit der Einarbeitung neuer Entwickler beginnen. Für die gesamte Firma liegt jedoch im Rahmen einer unternehmensweiten Reorganisation ein genereller Einstellungsstopp vor. Es sind auch keine Mittel für die Beauftragung externer Mitarbeiter vorhanden. Das laufende Projekt in unserer Abteilung ist jedoch von enormer Bedeutung für die wirtschaftliche Existenz des Unternehmens und darf nicht verzögert werden

Lösungsweg: Die Situation kann im Rahmen des Projektmanagements nur selten aufgelöst werden, da die entsprechenden Reserven meist zu gering für solche Extremsituationen sind. Hier kann nur im Team und für die anderen Stakeholder Klarheit über die Zusammenhänge geschaffen und eskaliert werden. Damit delegieren wir den Konflikt an die Stelle zurück, die ihn auflösen kann. In solch einer Situation ist es für die Akzeptanz der Situation durch die übergeordneten Instanzen wichtig, im Rahmen der Eskalation auch mehrere, alternative und konkrete Lösungsszenarien zu benennen. So erreichen wir eine verbesserte Handlungsfähigkeit dieser Instanzen und vermeiden Interpretationen dahin gehend, nur meckern und jammern zu wollen.

Auf Beziehungs-, Werte- und Rollenkonflikte in der IT gehen wir im Folgenden etwas genauer ein. Das Thema *Verhandlungen*, das für die Lösung von Interessenkonflikten von besonderer Bedeutung ist, wird in Kapitel 20 tiefer behandelt.

17.3 Beziehungs- und Wertekonflikte

17.3.1 Beziehungen und Umfeld

Es gibt vier Aspekte, die bei einem Konflikt eine Rolle spielen. Wir bezeichnen diese Aspekte als Dimensionen eines Konflikts (Abb. 17.2) [35]:

- Sache: Worum geht es thematisch-inhaltlich?
- Beteiligte Personen: Wer ist alles betroffen oder hat Interessen?
- Beziehungen: Wie sehen die Beziehungen der Personen untereinander aus?
- Situativer Kontext: Wie sieht das Umfeld aus und welche Rahmenbedingungen sind gegeben?

Die Sache, die beteiligten Personen und die Beziehungen zwischen den Personen bilden ein Dreieck, das in eine konkrete Situation eingebettet ist.

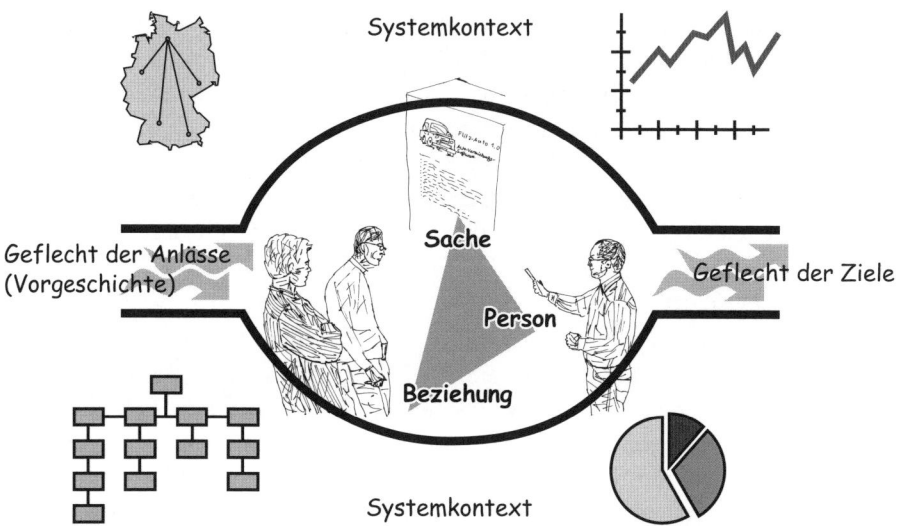

Abbildung 17.2: Die Dimensionen eines Sach- und Beziehungskonflikts lassen sich kaum trennen [35] (vgl. Abb. 9.9 auf Seite 130).

Bislang haben wir uns schwerpunktmäßig dem Beziehungsaspekt von Konflikten gewidmet. Nach unserer Einschätzung liegt dort der Schlüssel, um frühzeitig viele potenzielle Konfliktfelder auszuschalten. Denn scheinbare Sachkonflikte haben häufig einen Hintergrund, der nicht in der Sache selbst begründet ist. So sind z. B. Interessen und Bedürfnisse der Beteiligten nicht ausreichend berücksichtigt oder Gefühle verletzt worden.

Einen reinen Sachkonflikt können wir mit Problemlösungsstrategien wie dem Z-Problemlösungsmodell (siehe Abschnitt 10.3.3) bearbeiten. Doch reine Sachkonflikte liegen leider nur sehr selten vor! Viel häufiger treffen wir auf Vermengungen von Sach- und Beziehungskonflikten [35]. Die Sachkonflikte sind dann oft vorgeschoben.

17.3.2 Wertekonflikte in Teams

Wertekonflikte können Ursache für andere, offensichtlichere Konflikte sein. Deutlich zutage tritt ein Wertekonflikt beispielsweise, wenn sich zwei Entwickler einen Arbeitsplatz teilen müssen. Die beiden Entwickler Meier und Müller sind abwechselnd wochenweise beim Kunden vor Ort. Sie haben dort einen Arbeitsplatz, den sie abwechselnd nutzen. Meier ist ein sehr ordentlicher, gut strukturierter Mensch, Müller ein kreativer Chaot mit einem sehr individuellen Wohlfühl-Arbeitsplatz. Nach kurzer Zeit wird es zwischen beiden krachen.

Nach dem Vier-Quadranten-Modell aus Kapitel 10 befindet sich Herr Meier in dieser Situation in einem dominanten *Was*-Quadranten (introvertiert, analytisch erfassend, auf Sicherheit bedacht) und Herr Müller eher in einem präferierten *Wohin-noch*-Quadranten (extravertiert, gefühlsmäßig erfassend, sich Optionen und Möglichkeiten offen haltend). Beide agieren also aus entgegengesetzten Quadranten heraus. Dies äußert sich auch in ihren Werten. Meier wird eher ein starkes *Sicherheit*sbedürfnis haben, Müller dagegen priorisiert vielleicht den Wert *Freiheit* viel höher.

Jetzt stecken wir in einem Dilemma: Einerseits wollen wir heterogene Teams bilden, um die maximale Gruppenleistungsfähigkeit erreichen zu können, andererseits wird das zu Wertekonflikten führen! Die Lösung kann also nur sein, mögliche Wertekonflikte bewusst und möglichst früh anzugehen. Wertekonflikte können wir leider nicht einfach sachlich auflösen, da sich unser Wertegefüge meist nur langsam ändert. Die Auflösung des Konflikts kann daher besser über die gegenseitige Wertschätzung erreicht werden. Wenn einem ein Mensch wertvoll ist, sind wir eher bereit, auf ihn einzugehen. Beide können dann gemeinsam einen Modus finden, mit dem sie gut klarkommen. Es werden gemeinsam Regeln für die Zusammenarbeit aufgestellt. Häufig sind das getrennte Teilbereiche (»Du hast die oberen beiden Schubladen, ich die unteren beiden«) oder klare Signale des guten Willens (»Ich räume dann freitags meine Sachen auf einen Stapel links außen«, »Danke, mit *einem* chaotischen Stapel kann ich gut leben«).

Zwei Übungen aus dem Anhang B können für unsere Selbsterkenntnis hilfreich sein. Zunächst können wir uns Klarheit über unser Wertegefüge mit der Übung B.6 verschaffen. Da sich unser Wertegefüge parallel mit unserer Weiterentwicklung als Persönlichkeit verändern kann, wird so mancher über das Übungsergebnis überrascht sein. Eine andere Übung zu Projektionen (siehe dazu Anhang A.2.2) kann mögliche Konfliktbereiche identifizieren (Übung B.5). So können wir Hinweise auf mögliche Wertekonflikte durch Spiegelung unserer eigenen Werte erhalten. Dies kann z. B. hilfreich sein, wenn zwei Mitarbeiter im Team ein starkes Bedürfnis nach Anerkennung haben. Auch hier hilft allein das Bewusstmachen schon ein gutes Stück weiter. Selbsterkenntnis ist auch hier oft der erste Schritt zur Besserung.

17.4 Rollenkonflikte

Wie wir bereits gesehen haben, können sich Konflikte auch aus den Rollen ergeben, die wir einnehmen (Abb. 18.7 auf Seite 267). Hierbei stehen für den Träger einer Rolle verschiedene Erwartungen von Menschen seines Umfelds im Widerspruch [88]. Bei dieser Form sozialer Konflikte sprechen wir vom Rollenkonflikt. Typischerweise ergeben sich in der IT Rollenkonflikte an drei Stellen: für die Führungskräfte entlang der Linienorganisation, zwischen den Organisationseinheiten Entwicklung, Qualitätssicherung und den Fachbereichen sowie zwischen Beruf und Privatleben.

17.4.1 IT-Führungskräfte

Die untere und mittlere Ebene der IT-Führungskräfte ist besonders häufig Rollenkonflikten ausgesetzt. Die Entwickler sind oft starke Persönlichkeiten, deren Führung nicht einfach ist und die einen hohen Anspruch an ihre Führung stellen. Der eigene Chef ist zu weit weg von den Menschen und scheint nur auf die betriebswirtschaftliche Seite zu schauen. Die inhaltliche Führungsarbeit gestaltet sich auch schwierig, da es scheinbar immer Ressourcenengpässe gibt. Die Anforderungen an unsere Arbeit kommen von vielen Seiten und scheinen nicht untereinander abgestimmt worden zu sein (Abb. 17.3).

Entwicklungsleiter
»Die Wartungskosten waren im letzten Quartal zu hoch!«

»Diese sechs Anforderungen müssen im nächsten Monat umgesetzt werden!«

Gruppenleiter Fachabteilung

Gruppenleiter Wartungsteam

»Du musst nächsten Monat in deinen Systemen die Migration für unsere Projektdaten durchführen!«

Projektleiter Migration

»Gib uns interessante Aufgaben, an denen wir uns weiterentwickeln können!«

Wartungsteam

Abbildung 17.3: Untere und mittlere Führungskräfte wie z. B. ein Gruppenleiter sind besonders stark möglichen Rollenkonflikten ausgesetzt.

In der Folge heißt das, dass eine IT-Führungskraft fast täglich mit Rollenkonflikten konfrontiert wird. Die widersprüchlichen Anforderungen lassen sich bei bestem Willen manchmal nicht zum allseitigen Wohlgefallen auflösen: Wir können nicht alle zufriedenstellen! Je wichtiger das *Harmoniebedürfnis* für diese Führungskraft ist, desto unwohler wird sie sich in dieser Rolle fühlen.

Im Umkehrschluss bedeutet das für IT-Führungskräfte, dass sie eine hohe Belastbarkeit aufweisen müssen, um Rollenkonflikte auszuhalten und aktiv angehen zu können. Wer versucht, es allen recht zu machen, riskiert dabei, selbst zugrunde zu gehen.

17.4.2 Entwicklung und Qualitätssicherung

Ein Klassiker der Rollenkonflikte zwischen Gruppen ist der zwischen Entwicklern und einer externen Qualitätssicherung (Abb. 18.7). Das Ziel von Softwaretestern ist das Auffinden von Fehlern. Das ist eine Fähigkeit, die bei vielen Softwareentwicklern nicht sehr ausgeprägt scheint. Es ist auch wirklich schwer, seine eigenen Fehler zu finden.

Dazu kommt, dass Software entwickeln eine sehr konstruktive Aufgabe ist, erfolgreiches Testen dagegen eine eher destruktive Arbeit [81]. Zudem identifizieren sich viele Softwareentwickler stark mit ihrer Arbeit und den Ergebnissen. Wenn jetzt die Qualitätssicherung (QS) in der Software Fehler findet, fühlt sich so mancher Entwickler dadurch persönlich angegriffen. Sehr schnell kann die QS dann zu einem allgemeinen *Feindbild* werden. Den zugrunde liegenden Mechanismus erläutern wir in Abschnitt 18.4.1 ab Seite 266 näher.

Dies ist umso bedauerlicher, als dieser Rollenkonflikt oft unnötig ist, da das übergeordnete Ziel beiden gemeinsam ist: der Einsatz von qualititiv hochwertiger Software. Gerne wird vergessen, dass Entwickler Fehler nicht mit Absicht einbauen, sondern diese bei komplexen Entwicklungsprozessen zwangsläufig entstehen. Auch ein testgetriebenes Vorgehen kann methodisch nur einen Teil der möglichen Fehler ausschließen. Gerade die hohe Identifikation mit der Arbeit stößt uns auf ein wesentliches Ziel der Entwickler [14, 15]: »Doing good work!« Der vermeintliche Zielkonflikt ist also keiner. Häufig tritt er nur dadurch auf, dass Entwicklung und QS unterschiedliche Sichten auf den Begriff *Softwarequalität* haben.

Die Ursache für diesen Konfliktklassiker sehen wir eher in zwei anderen Aspekten, dem Zeitdruck und der gering schätzenden, oft respektlosen Art und Weise der Kommunikation. Unter Druck wird *die Haut dünner* und wir reagieren schnell gereizt. Dazu kommt in vielen Prozessen die rein schriftliche Form der Kommunikation über Fehlermeldungen. Missverständnisse sind dadurch vorprogrammiert. Uns erscheint es viel sinnvoller, dass Tester und Entwickler regelmäßig gemeinsam an den Testsystemen sitzen und die Auffälligkeiten analysieren und diskutieren.

17.4.3 Beruf und Privatleben

Softwareentwicklung macht Spaß! Viele sitzen auch in ihrer Freizeit am Rechner. So manches Open-Source-Projekt ist dadurch entstanden. Solche Berufszweige, in denen die Motivation der Mitarbeiter so hoch ist, dass sie sich auch in ihrer Freizeit damit beschäftigen, sind selten. Dazu kommt der hohe Projektdruck, der in der Softwareentwicklung herrscht. Softwareentwicklung ist teuer. In der Folge sind Überstunden häufig und der zeitliche Anteil im Leben vieler Entwickler, der sich nicht mit Computern befasst, ist sehr gering.

Dies ist für viele kein Problem, solange keine anderen Menschen aus dem privaten Umfeld Erwartungen an den Entwickler richten. Ob eine solche Einseitigkeit prinzipiell schädlich ist, möchten wir in diesem Zusammenhang außen vor lassen. Kommen jetzt die Erwartungen von Freund bzw. Freundin, Ehepartner oder Kindern hinzu, wird es eng. Auch aus Aktivitäten in Vereinen oder anderen Organisationen können schnell zusätzliche Erwartungen resultieren. Diese Anforderungen sind aber äußerst nützlich und wichtig, denn ein ausgeglichenes Privatleben ist ein Garant für ein langes, erfolgreiches Berufsleben. Sorgen Sie also dafür, dass Sie ein abwechslungsreiches Privatleben haben, das Ihnen anregende Impulse gibt!

17.4.4 Lösungswege bei Rollenkonflikten

Der Schlüssel zum Auflösen von Rollenkonflikten liegt in der klaren, offenen Priorisierung der Erwartungen [35]. Diese Priorisierung erfolgt in Form einer Rangfolgenliste. Eine Visualisierung hilft, sich diese Liste bei Bedarf vor Augen halten und gegebenenfalls aktualisieren zu können.

Auf dieser Basis kann ein Rollenkonflikt offen thematisiert werden. Die Beweggründe für Entscheidungen können transparent gemacht werden. Dies kann im Idealfall so weit führen, dass das Verhalten der Zentralperson in einem Rollenkonflikt für alle Betroffenen eindeutig vorhersagbar ist.

Bei Rollenkonflikten zwischen Gruppen wie z. B. Entwicklern und QS kann versucht werden, in Workshops mit den Teams zu arbeiten. Ein Ziel dieser Workshops könnte sein, das gemeinsame, übergeordnete Ziel herauszuarbeiten. Diese Teamentwicklungs-Workshops dienen der offenen Kommunikation in und zwischen den Gruppen und haben den positiven Nebeneffekt, dass sich alle Beteiligten besser kennenlernen. Bei der Festlegung von Prioritäten und der Klärung der Verantwortlichkeiten im Rahmen solcher Workshops kann so auch die gegenseitige Wertschätzung verbessert werden.

Bei Rollenkonflikten versuchen wir über die offene Priorisierung und gegebenenfalls Teamentwicklungs-Workshops den Sachaspekt des Konflikts klar vom Beziehungsaspekt zu trennen. Auf diese Weise kann Verständnis für Entscheidungen gezeigt werden, die den Interessen einzelner Personen oder Gruppen widersprechen: »An seiner Stelle hätte ich genauso entschieden!« Dieser Lösungsweg ist damit eine Variante der Standardlösung *Auf die Meta-Ebene gehen* (siehe den Kasten auf Seite 73). Die Meta-Ebene liegt hier einerseits in der Transparenz der Zusammenhänge und Prioritäten für alle Betroffenen und andererseits im gemeinsamen Erarbeiten von Verantwortlichkeiten.

Wenn dieser Weg nicht greift, kann versucht werden, einen Rollenkonflikt mit einer neuen Rolle zu lösen, dem **Vermittler**. Dies kann z. B. durch einen Moderator, einen Schlichter oder einen Mediator erfolgen. Auf Moderation und Mediation gehen wir in den Abschnitten 19.2 und 19.3 näher ein.

17.5 Dynamik in Konflikten

Konflikte sind an sich nichts Negatives, sondern völlig normal und können, richtig geführt, einen Menschen oder eine Gruppe in der Entwicklung weiterbringen und zu sehr kreativen Lösungen führen. Wir werden noch sehen, dass Konflikte selbst in gut funktionierenden Gruppen quasi unumgänglich sind. Ein Ziel kann es daher sein, Konflikte konstruktiv zu nutzen (Abb. 17.4). Wie geht das?

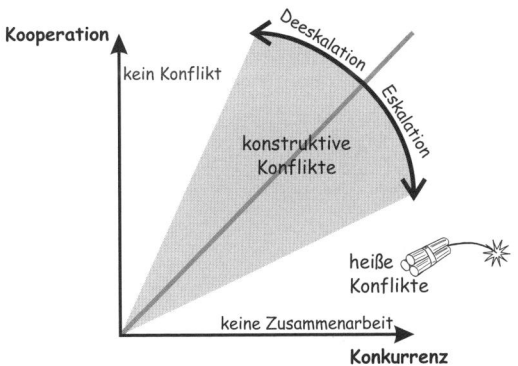

Abbildung 17.4: Konstruktive Konflikte entstehen aus dem Wechselspiel von Kooperation und Konkurrenz der beteiligten Personen [35] (vgl. Abb. 16.2 auf Seite 218).

Konstruktive Konflikte entstehen aus dem stetigen Wechselspiel von Kooperation und Konkurrenz [35]. Eine einseitige Ausprägung nur eines dieser beiden Aspekte ist dagegen eher nachteilig. Eine reine Kooperationshaltung führt zu wenig kreativen Lösungen und zum sprichwörtlichen *Kochen im eigenen Saft.* Die reine Konkurrenz ohne Zusammenarbeit führt zu sich zerfleischenden Einzelkämpfern, die alleine nie das mögliche Potenzial der Gruppe erreichen können. Es gilt also, ein konstruktives Konfliktniveau zu finden (Abb. 17.5), auf dem ein sinnvoller Weg zwischen Konkurrenz und Zusammenarbeit erreicht wird.

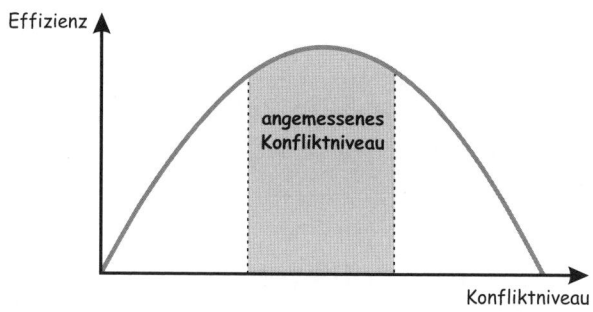

Abbildung 17.5: Konflikte sind notwendig, um uns zu hinterfragen und Lösungen zu optimieren. Die Kunst ist es, dafür ein angemessenes Konfliktniveau zu finden [35].

Die Grundlage konstruktiver Konflikte ist die gegenseitige Wertschätzung und ein Zielkonsens. Wenn die gemeinsamen und individuellen Ziele zueinander passen oder sich zumindest nicht gegenseitig stören, ist bereits viel gewonnen. Dennoch werden Konflikte auftreten. Wenn sich die beteiligten Personen gegenseitig wertschätzen, lassen sich konstruktive und kreative Lösungen finden. Wenn sie sich jedoch in einer abwertenden Haltung gegenüberstehen, kommt es schnell zu einer Eskalation, die zu einem heißen Konflikt führen kann (siehe Abschnitt 7.4 ab Seite 86).

17.5.1 Eskalation in Teufelskreisen

Konflikte haben die Eigenschaft, mehr oder weniger schnell zu eskalieren. Schulz von Thun stellt diesen Eskalationskreislauf in Form von Teufelskreisen dar (Abb. 17.6). Dadurch wird der aufschaukelnde Charakter gut deutlich, den Kommunikation haben kann [65].

Dieses Wechselspiel aus Aktion, Reaktion und Gegenreaktion kann selbstverstärkend wirken, wenn es zu Störungen auf der Beziehungsebene kommt. Bei mangelnder Wertschätzung wird die Gegenreaktion entsprechend ausfallen, was wiederum abwertende Reaktionen zur Folge hat.

Wie kommt es genau zur Eskalation, wie wird aus einer *Mücke ein Elefant*? In Abbildung 17.6 haben wir das Beispiel der beiden Entwickler und des Mitarbeiters des Fachbereichs aus Abschnitt 7.4 ab Seite 86 noch ein-

17.5 Dynamik in Konflikten

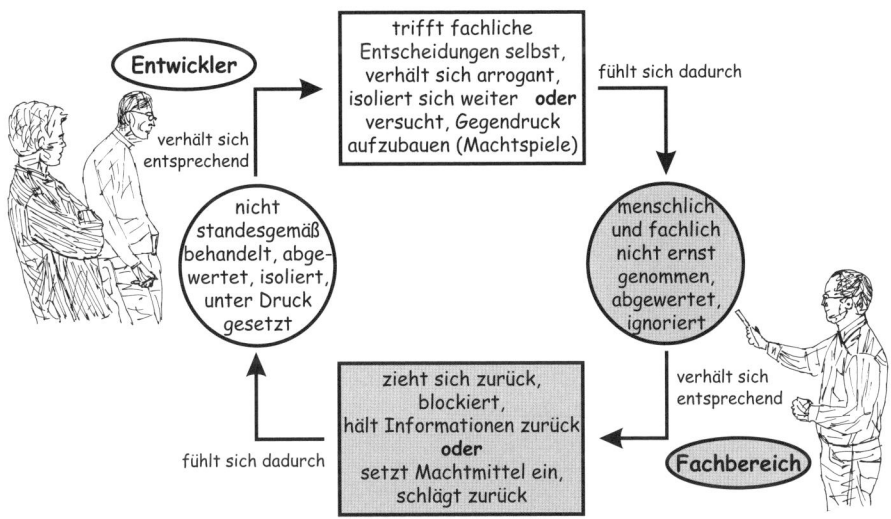

Abbildung 17.6: Kommunikation läuft zirkulär ab und besteht also aus Reaktion und Gegenreaktion [65].

mal aufgegriffen. Die Entwickler im linken, oberen Teil des Teufelskreises haben eine gering schätzende Meinung von ihrem Ansprechpartner auf der Fachbereichsseite. Sie treten ihm gegenüber arrogant auf und verletzen die Verantwortlichkeitsgrenze. Dieser spürt das auch auf der Beziehungsebene und fühlt sich dadurch abgewertet (rechter, unterer Teil des Teufelskreises).

Der Fachbereichsmitarbeiter verhält sich nun den Entwicklern gegenüber entsprechend. Je nach individueller Persönlichkeit zieht er sich vielleicht zurück, setzt Machtmittel ein oder hält wichtige Detailinformationen zurück. Die beiden Entwickler nehmen das als unkooperative Zusammenarbeit wahr und auch sie fühlen sich nun abgewertet oder unter Druck gesetzt. Das passt nicht zu ihrem Selbstverständnis und der Fachbereichsmitarbeiter fällt noch weiter in ihrer Wertigkeit ab. Aus diesem Gefühl heraus verhalten sich die beiden noch arroganter und versuchen, mehr Gegendruck aufzubauen. Mit jedem Durchlauf durch den Teufelskreis eskaliert die Situation weiter.

17.5.2 Grundsätzliche Konfliktlösungsstrategie

Von wenigen Ausnahmen abgesehen besteht ein realer Konflikt aus der Vermengung mehrerer Konfliktarten. Die einzelnen Konfliktarten können jede auf einer eigenen *Temperatur* auflodern oder erkaltet sein. Oft steckt hinter einem vordergründigen Sachkonflikt noch ein anderer, älterer Konflikt wie z. B. ein verdeckter Beziehungskonflikt. Dieser Beziehungskonflikt kann irgendwann einmal vielleicht aufgrund eines Missverständnisses entstanden und erkaltet sein. Der vordergründige Sachkonflikt bietet dann eine Gelegenheit, *ganz sachlich* den ursprünglichen Konflikt wieder hochkommen zu lassen.

Nicht selten sind die Konfliktgemenge noch komplizierter und es gibt noch Interessen- oder Wertekonflikte sowie einen Anteil aus einem Rollen- oder Systemkonflikt. Wie gehen wir in einer solchen realen Situation vor? Womit fangen wir an?

Prinzipiell gilt die Regel, dass der Sachkonfliktanteil hinter andere Arten zurücktritt. Der Grund ist einfach: Wenn ein Sachkonflikt vorgeschoben ist, so kann er nicht konstruktiv aufgelöst werden, solange nicht die verdeckten Konflikte gelöst worden sind. Ansonsten fachen diese darunter liegenden Konfliktanteile den Sachkonflikt immer wieder neu an.

Doch wie gehen wir mit den anderen fünf Arten um? Eine sinnvolle Reihenfolge ist in Abbildung 17.7 aufgezeigt. Die Darstellung orientiert sich dabei am Eisbergmodell aus Kapitel 8 ab Seite 99.

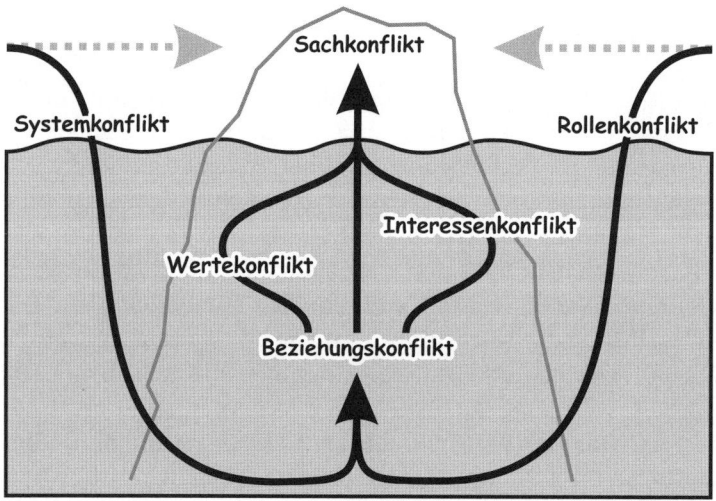

Abbildung 17.7: Eine sinnvolle Reihenfolge, in der die einzelnen Konfliktanteile nach den Konfliktarten angegangen werden.

Eine Lösung des offenen Sachkonflikts, also der sachlichen Inhaltsebene, stellen wir vorerst zurück. Wir folgen also nicht den beiden oberen, gestrichelten grauen Pfeilen in Abbildung 17.7. Stattdessen arbeiten wir uns entlang des Eisbergmodells in die tieferen Regionen vor. Konflikte auf der Geschäftsebene sind Rollen- oder Systemkonflikte. Falls dort Konfliktanteile liegen, können wir diese zuerst klären. Eine wirkliche Lösung ist für diese beiden Konfliktarten kaum möglich, doch schafft die Klärung dieser Konflikte auch Klarheit über den für die beteiligten Personen möglichen Freiraum zur Lösung der anderen Konfliktanteile.

Ab jetzt arbeiten wir uns im Eisbergmodell von unten nach oben durch. Falls ein Beziehungskonflikt vorliegt, beginnen wir hier mit der Lösung. Ohne eine geklärte Beziehungsebene und eine ausreichende gegenseitige Wertschätzung werden sich sowohl Interessen- oder Wertekonflikte wie auch ein vorgeschobener, inhaltlicher Sachkonflikt nicht lösen lassen. Nach dem Beziehungskonfliktanteil kommen evtl. vorhandene Wertekonflikte an die Reihe und wir versuchen, diese zu regeln. Danach verhandeln wir gegebenenfalls vorhandene Interessenkonflikte. Dem Sachkonfliktanteil widmen wir uns zuletzt. Oft hat dieser sich auf dem Konfliktlösungsweg bereits erledigt oder ist schnell aufzulösen. Auf diese Weise werden wir mit unserer Lösungsstrategie der Komplexität eines Konflikts gerecht.

Der wichtigste Teil der Lösungsstrategie beruht also auf einer ausreichend belastbaren Beziehung zwischen den Konfliktpartnern. Wenn diese nicht gegeben ist, brauchen wir Wege, sie herzustellen oder wieder zu erreichen. Dazu brechen wir ein Grundmuster, was vielen Beziehungskonflikten zugrunde liegt auf. Jede beteiligte Person sieht meist nur ihre Probleme und Schwierigkeiten. Andere beteiligte Personen sind dann entweder Mitleidende oder Verursacher. Wir hören dann in den Gesprächen immer wieder anklagende Schuldzuweisungen oder bestätigendes Jammern.

Eine Lösung solcher gegenseitigen Verstrickungen einseitiger Sichtweisen können wir auflösen, wenn es uns durch Fragen gelingt, dass die beteiligten Personen sich in den jeweils anderen hineinversetzen und versuchen, seine Sicht nachzuvollziehen. Als Moderatoren stellen wir so ein gegenseitiges Verständnis her. Auf dieser Basis kann dann Wertschätzung entstehen.

Wenn wir versuchen, gegenseitiges Verständnis zu erzielen, kann es wichtig sein, immer wieder darauf hinzuweisen, dass *verstehen* nicht damit gleichzusetzen ist, *einverstanden* zu sein. Es bedarf keiner vorherigen Zugeständnisse, um sich in die Lage einer anderen Person zu versetzen. Das gegenseitige Verständnis bildet die Basis für Wertschätzung und Beziehung. Darauf bauen dann die Lösungswege für evtl. noch vorhandene Werte- oder Interessenkonflikte auf.

18 Konfliktmuster rechtzeitig erkennen

Die wesentliche Fähigkeit, die wir für ein angemessenes Konfliktmanagement benötigen, ist die frühzeitige Wahrnehmung von Konflikten. Hier ist es wichtig wie bei vielen anderen Managementtechniken, Problembereiche frühzeitig zu identifizieren. Nur wenn wir ein Problem rechtzeitig erkennen, können wir angemessen darauf reagieren. Ein schönes Beispiel dafür sind die kurzen Iterationen beim eXtreme Programming. Am Ende jeder Iteration entsteht als Ergebnis lauffähige Software, die geprüft werden kann. Es wird also eine Pause eingelegt, um sich einen Zwischenstand genauer anzusehen. Bei diesem Vorgehen verlieren wir zwar auf den ersten Blick Entwicklungsgeschwindigkeit, aber Irrtümer und unpassende Lösungswege werden so schnell erkannt und können sofort korrigiert werden. Unterm Strich bedeutet das eine deutliche Geschwindigkeitssteigerung [82], frei nach dem Motto:

»Wenn du es eilig hast, gehe langsam!«

In den agilen Vorgehensweisen wird daher auch dem frühen Erkennen und Behandeln von Konflikten besonders Rechnung getragen [1]. Wir können nur unterstreichen, wie wichtig ein angemessenes, frühes Konfliktmanagement für **jede** Form von IT-Projekten ist.

18.1 Schwierigkeit – Problem – Konflikt

Glücklicherweise entwickelt sich nicht jedes Hindernis zu einem Konflikt. Wir werden in unserer Arbeitswelt permanent mit Schwierigkeiten konfrontiert. Jeder Entwickler im Team bis zum Projektleiter oder Lenkungsausschussvorsitzenden wird u. a. dafür bezahlt, diese täglichen Schwierigkeiten zu bewältigen. Eine typische Schwierigkeit, die vermutlich jeder schon mal erlebt hat, ist z. B. der Personal-Ressourcen-Konflikt. Ein Entwickler, nennen wir ihn Herrn Meier, ist quasi zeitgleich für zwei Teilteams essenziell wichtig, um jeweils deren anstehende Aufgaben zu bearbeiten. Die Projektleiterin Frau Müller muss nun eine Entscheidung treffen.

18.1.1 Qualität von Entscheidungen

Trifft Frau Müller eine Entscheidung, die die Schwierigkeit ausreichend behebt, ist alles in Ordnung. Zwei solche Handlungsmöglichkeiten sind recht offensichtlich: Sie könnte die anstehenden Aufgaben so zuordnen, dass Herr Meier erst zwei Wochen am Stück dem einen Team zugeordnet ist und danach die zwei Wochen bis zum Ende der Iteration das zweite Team zu 100 % unterstützt. Unter Umständen kann sie auch die Arbeitspakete so neu verteilen, dass ein Aufgabenblock gut in die Folgeiteration verschoben und dafür ein anderer vorgezogen werden kann. Solche oder ähnliche Lösungen sind angemessen und beheben die Schwierigkeit.

Trifft die Projektleiterin eine weniger angemessene Entscheidung, kann aus der Schwierigkeit schnell ein Problem werden. Versucht sie z. B., einen extrem weichen Kompromiss zu finden, der zunächst niemandem weh tut, kann das schwerwiegende Konsequenzen nach sich ziehen.

Nicht selten haben wir in unserer Beratungstätigkeit solche wenig tauglichen Lösungsversuche vorgefunden, die Zuordnung einer begehrten Person einfach pauschal prozentual vorzunehmen: 50 % für beide Teams, am besten noch innerhalb eines Arbeitstags, also vormittags das eine Team und nachmittags das andere. Schon sind Probleme vorgezeichnet. So wird z. B. die Produktivität von Herrn Meier für jedes Team deutlich unter 50 % liegen, da die Einarbeitungszeiten, also die geistigen Rüstzeiten, einen überproportional großen Anteil der Arbeitszeit einnehmen (»Was ist denn gestern aus der Besprechung herausgekommen?« oder »Wie hatte ich mir das gestern noch gedacht?«). Die Zeitpläne werden aus dem Ruder laufen. Auch wird es terminliche Probleme geben, z. B. wenn beide Teams ausgerechnet am gleichen Nachmittag die wichtigen Besprechungen mit ihren Fachbereichen haben.

Aus einer alltäglichen Schwierigkeit ist dann durch unangemessenes Handeln ein Problem geworden [61]. Die Begriffe *Schwierigkeit* und *Problem* sind dabei sehr speziell definiert und dienen nur der Unterscheidbarkeit dieser beiden *Problemstufen*. Eine Schwierigkeit ist dabei ein alltägliches Hindernis, das wir durch angemessenes, eigenes Handeln lösen können. Ein Problem hat einen stärkeren Schweregrad, ist nicht mehr alltäglich, *scheint* unlösbar und ist daher meist ohne übergeordnete Hilfe nicht mehr zu klären (Abb. 18.1).

Es gibt leider kein Handbuch, das Standards für angemessene Handlungsweisen zur Lösung einer Schwierigkeit im Projektalltag aufzeigt. Dazu sind die konkreten Situationen zu unterschiedlich. Deshalb ist es nach unseren Erfahrungen grundsätzlich sehr hilfreich, viele verschiedene Handlungsweisen zu kennen. Je mehr *Werkzeuge* zur Verfügung stehen, desto differenzierter kann reagiert werden. Oder andersherum gesagt: Wer nur einen Hammer hat, für den besteht die Welt aus Nägeln.

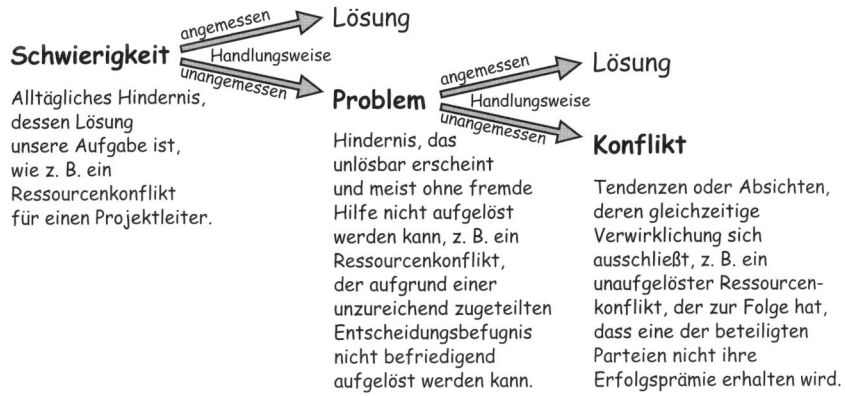

Abbildung 18.1: Aus alltäglichen Schwierigkeiten werden durch unangemessene Lösungsversuche Probleme. Werden diese Probleme nicht gelöst, entstehen daraus Konflikte (*spezielle* Definitionen nach [61] und [88]).

Dieser Werkzeugkasten an Handlungsweisen besteht einerseits aus technisch-methodischen Tools und andererseits aus unseren Soft Skills. Beides können wir erlernen und ausbauen. Ein anregender Projektleiter-Werkzeugkasten ist in [82] nachzulesen. In unserem Buch geht es um die Verbesserung unserer Kommunikationsfähigkeit und angrenzender Soft Skills.

Wie können wir die initialen Tendenzen erkennen, die aus einer Schwierigkeit ein Problem werden lassen? Häufig ist es das Nicht-Handeln, was uns auffällt: »Das kann ich nicht entscheiden« oder »Da muss ich beim Lenkungsausschuss nachfragen« können solche Indizien sein. Die Ursache liegt dann oft in einer unvollständigen Delegation von Aufgaben. Wir haben zwar die Verantwortung für eine Aufgabe bekommen, nicht aber die vollständigen Handlungsbefugnisse, diese Aufgabe auch angemessen erledigen zu können. In Softwareprojekten erkennen wir das z. B. daran, im Teufelsquadrat[1] stecken zu bleiben. Es ergibt sich eine »*Wasch mich, aber mach mich nicht nass*«-Situation.

18.1.2 Teufelsquadrat – Spielräume schaffen

Das Teufelsquadrat ist auch ein geeignetes Beispiel für einen Zielkonflikt (Abb. 18.2) [71, 72]. Die vier Absichten, eine möglichst umfassende Funktionalität in bester Qualität zu einem minimalen Preis in kürzester Zeit zu

---

[1] Das Teufelsquadrat geht auf Harry Sneed zurück.

liefern, bekommen wir kaum unter einen Hut.[2] Erhalten wir die notwendigen Spielräume nicht, werden oft verdeckte, nicht sofort sichtbare Wege genutzt. Dies betrifft häufig die Qualität der Umsetzung und die Ergonomie.

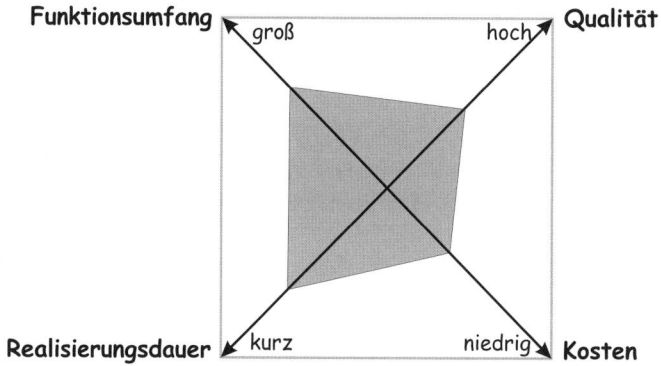

Abbildung 18.2: Wenn wir Softwareprojekte aus Managementsicht auf die vier Aspekte Funktionsumfang, Qualität, Kosten und Realisierungsdauer reduzieren, erhalten wir das sogenannte Teufelsquadrat. Die graue Fläche entspricht der Teamproduktivität und ist für kurze und mittlere Zeiträume konstant. Eine Optimierung kann daher nie nach allen vier Parametern erfolgen, sondern beeinflusst sich gegenseitig in der Art eines Zielkonflikts [72].

Dieser Interessenkonflikt kann auf verschiedene Weisen in jeder der vier Achsen aufgelöst werden. Über eine Priorisierung der funktionalen und nicht funktionalen Anforderungen kann z. B. eine Gewichtung erfolgen und die Funktionalität im Umfang oder in der Qualität bzw. Ergonomie reduziert werden. Es könnte auch durch eine Staffelung der Auslieferungen in aufeinander aufbauenden Versionen die zeitliche Auslieferungsachse entzerrt oder mit einer Aufstockung des Budgets reagiert werden, wenn die anderen Aspekte wirklich so wichtig sind.

Die Delegation einer Aufgabe beinhaltet also stets Entscheidungsspielraum. Unsere Aufgabe als Projektverantwortlicher ist es, innerhalb der Spielräume ein Optimum zu finden. Wenn jedoch Funktionsumfang, Qualität, Liefertermin und Budget fest sind, haben wir keinen Spielraum. In so einem Umfeld werden aus Schwierigkeiten schnell Probleme. In der Realität werden dann die Spielräume im am leichtesten zu kaschierenden Bereich der Qualität gewählt. Wenn das Problem dann bekannt wird, können

---

[2]Das Teufelsquadrat kann auch als eine Erweiterung des oft verwendeten sogenannten *magischen Dreiecks* aus Leistung bzw. Qualität, Kosten und zur Verfügung stehender Zeit verstanden werden.

Teile immer noch auf den inkompetenten Anwender abgeschoben werden. In so einem Umfeld wird es zwangsläufig zu heißen Konflikten kommen, die aufgrund der Machtverhältnisse schnell zu kalten Konflikten werden und uns später immer wieder begegnen werden.

Unzureichende Delegation ist folglich ein mögliches Indiz für spätere Konflikte. Ein weiteres kann Unerfahrenheit sein. Softwareprojekte sind extrem komplex (Abb. 1.2 auf Seite 4). An jede Verantwortung beinhaltende Position sollte man daher langsam herangeführt werden. Eine unzureichende Betreuung durch erfahrene Kollegen in der Einarbeitungsphase ist ebenfalls ein Indiz.

Ein rein formales Indiz kann auch sein, wenn sich die Projektbeteiligten nicht persönlich kennen. Wir haben bereits öfter darauf hingewiesen, dass der direkte Kontakt durch nichts zu ersetzen ist. Gerade in den frühen Projektphasen ist das gegenseitige Kennenlernen als Grundlage der weiteren Zusammenarbeit besonders wichtig.

18.1.3 Eskalationsstufen

Manchmal erkennen wir eine Stagnation in der Bearbeitung einzelner Aufgaben. Auch das kann ein Hinweis auf das Fehlen angemessener Handlungsweisen sein. In jedem Fall ist es wichtig, schnell zu reagieren, damit aus Schwierigkeiten keine Probleme werden. Haben wir bereits Probleme, ist es von höchster Dringlichkeit, diese sofort zu lösen, um spätere Konflikte zu vermeiden. Für die Problemlösung gibt es in Softwareprojekten dezidierte Personen wie Teilprojektleiter, Projektleiter, einen Lenkungsausschuss usw., die auf hierarchischen Eskalationsstufen angeordnet sind (Abb. 18.3).

Selbst für kleine Projekte ist eine zweistufige Eskalationsebene sinnvoll. Dadurch bleibt die Handlungsfähigkeit innerhalb einer Gruppe erhalten und Machtgerangel werden reduziert. Die internen Probleme werden innerhalb der Stufe gelöst. Übergreifende Probleme werden von der nachfolgenden Eskalationsstufe bearbeitet.

Sinnvolle Eskalationsstufen gehen mit klaren Verantwortlichkeiten einher. Daher ist das Fehlen von Eskalationsstufen oder das Nichtwahrnehmen von Aufgaben ein guter Nährboden dafür, aus alltäglichen Schwierigkeiten Probleme zu machen. Unklare oder aufgeteilte Verantwortlichkeiten sind also auch ein Hinweis auf spätere Konflikte.

18.2 Entwicklungsstufen eines Konflikts

18.2.1 Neun Stufen in den Abgrund

Wie entwickeln sich Konflikte? Gibt es eine Grundstruktur oder andere erkennbare Muster? Friedrich Glasl (*1941) hat zu eskalierenden Teufelskrei-

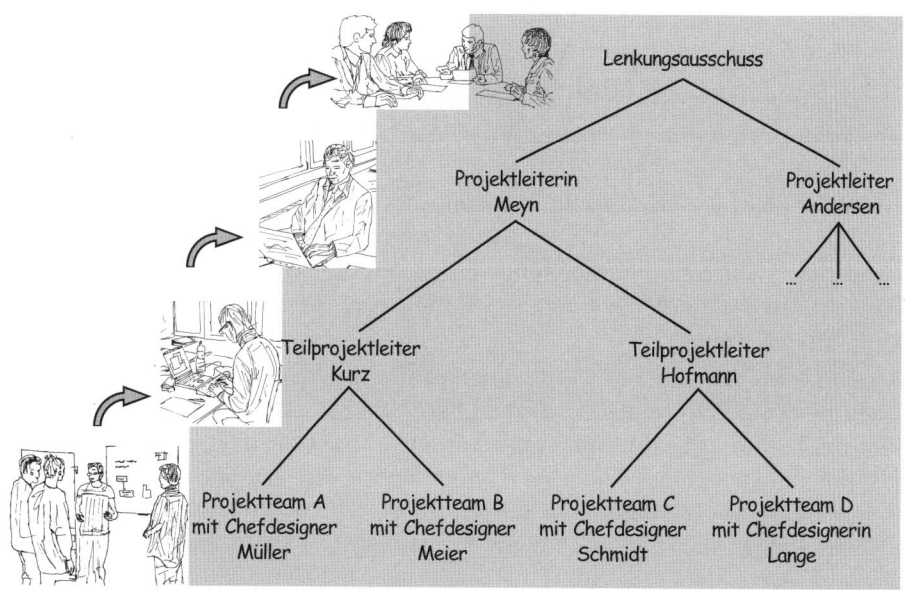

Abbildung 18.3: Um Probleme angemessen lösen zu können, sind klar zugeordnete Verantwortlichkeiten sinnvoll. So ergeben sich hierarchische Eskalationsstufen zur Problemlösung, wie im obigen Beispiel für ein Großprojekt. In kleineren Projekten gibt es entsprechend nur zwei oder drei Ebenen.

sen (Abb. 17.6) ein neunstufiges *Phasenmodell der Konflikteskalation* entwickelt [30].

Jeweils drei Stufen sind zu einer Ebene zusammengefasst. Die drei Ebenen beschreiben die Möglichkeiten der am Konflikt beteiligten Parteien (Abb. 18.4). Auf der ersten Ebene können noch alle Beteiligten gewinnen, danach gibt es Sieger und Verlierer bzw. zum Schluss nur noch Verlierer. Die drei Ebenen mit den neun Stufen definieren sich wie folgt:

1. **Ebene:** Win-win

    1. **Stufe: Verhärtung** Alltägliche Schwierigkeiten lassen Meinungen aufeinanderprallen. Dies wird in der Regel nicht als Beginn eines Konflikts wahrgenommen, da Meinungsdifferenzen alltäglich sind und nicht zu einem Konflikt führen müssen. Wenn daraus Konflikte entstehen, werden die Meinungen fundamentaler. Wie wir bereits erkannt haben, liegen die Ursachen für die Verschärfung oftmals auf der Beziehungsebene der beteiligten Parteien.

    2. **Stufe: Debatte und Polemik** Jetzt überlegen sich die Konfliktpartner eigene Strategien, um die anderen von ihren Argumenten zu

18.2 Entwicklungsstufen eines Konflikts

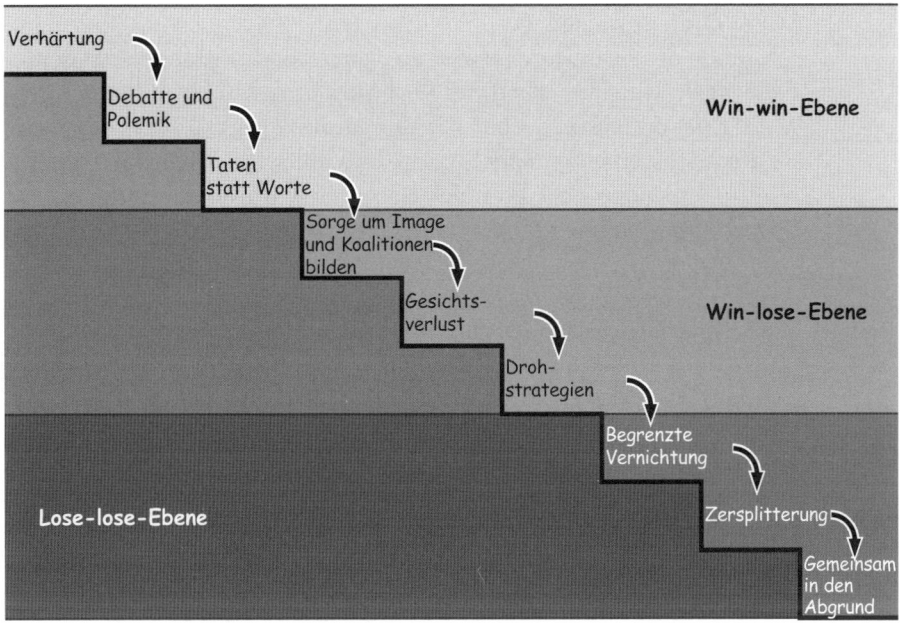

Abbildung 18.4: Konflikte eskalieren häufig nach dem neunstufigen Phasenmodell der Eskalation von Friedrich Glasl. Jeweils drei Stufen bilden eine Ebene, die die Möglichkeiten der beteiligten Parteien beschreibt [30].

überzeugen. Es wird versucht, andere unter Druck zu setzen, und die Meinungsverschiedenheit führt zu einem Streit.

3. **Stufe: Taten statt Worte** Die Konfliktpartner erhöhen durch Taten den Druck auf die anderen, um ihre jeweiligen Meinungen durchzusetzen. So werden z. B. Gespräche abgebrochen oder vorschnell Fakten geschaffen. Es findet keine direkte Kommunikation mehr statt, und der Konflikt verschärft sich schneller.

2. **Ebene:** Win-lose

    4. **Stufe: Sorge um Image und Koalitionen bilden** Die am Konflikt beteiligten Parteien versuchen, Unterstützer zu finden. Aus dem Glauben heraus, im Recht zu sein, werden die Gegner denunziert. Der Konflikt verschärft sich derart, dass es nicht mehr um die Sache geht, sondern nur noch darum zu gewinnen.

    5. **Stufe: Gesichtsverlust** Mit *Gesichtsverlust* ist der Verlust der moralischen Glaubwürdigkeit der Gegner gemeint. Sie sollen in ihrer Identität vernichtet werden. Dies erfolgt z. B. durch Unterstellungen oder politische Machtspiele. Der gegenseitige Vertrauensverlust ist nun vollständig erfolgt.

6. Stufe: Drohstrategien Die Konfliktparteien versuchen, über Drohungen die Situation absolut zu kontrollieren. Dabei entscheidet die Verhältnismäßigkeit der Drohung in ihrem aktuellen situativen Zusammenhang über deren Glaubwürdigkeit. Im Gegensatz zum Antesten von möglichen Drohungen, was auf vorherigen Stufen oft erfolgt, sind hier die Beteiligten durchaus willens, ihre Drohungen umzusetzen.

3. Ebene: Lose-lose

7. Stufe: Begrenzte Vernichtung Die Konfliktparteien versuchen, sich mit allen Tricks empfindlich zu schaden, wobei der Gegner nicht mehr als Mensch wahrgenommen wird. Solange der Schaden beim Gegner größer ist, wird sogar ein eigener begrenzter Schaden als Gewinn angesehen.

8. Stufe: Zersplitterung Die Konfliktparteien versuchen, sich mit Vernichtungsaktionen gegenseitig zu zerstören.

9. Stufe: Gemeinsam in den Abgrund Jetzt wird sogar die eigene Vernichtung einkalkuliert, um den Gegner zu besiegen.

Dieses Konfliktstufenmodell hilft uns beim Erkennen und Bewerten von Deeskalationsmöglichkeiten, führt uns jedoch nicht selbst aus einer Konfliktsituation heraus. Neben den neun Stufen sind dabei die drei Ebenen von Bedeutung. Sie geben an, welche Handlungsmöglichkeiten für beide Parteien noch möglich sind. In den drei Win-win-Stufen sind danach konstruktive Lösungen möglich, die für alle Parteien Vorteile bieten (siehe Kasten *Sieger und Verlierer* unten), weshalb es von besonderer Wichtigkeit ist, die frühen Stufen rechtzeitig zu erkennen.

18.2.2 Konflikteskalation und Transaktionsanalyse

Aus transaktionsanalytischer Sicht entstehen Konflikte aus gekreuzten Transaktionen (siehe Abschnitt 11.2.3 und Abb. 11.5). Im Stufenmodell von Glasl finden wir diese Kommunikationsform auf der zweiten Stufe wieder. Wir können also auch die Transaktionsanalyse nutzen, um Konflikte zu erkennen.

Ebenfalls bereits auf der zweiten Stufe finden sich oft komplementäre Transaktionen als mögliche Vorstufen des offenen Konflikts (siehe Abschnitt 11.2.2 und Abb. 11.4). Diese Transaktionen vom Eltern-Ich ins Kindheits-Ich sind gut zu erkennen und können Indizien für einen aufkommenden Konflikt sein.

Wenn ein Konflikt weiter eskaliert und die Win-win-Ebene verlässt, erreicht er die vierte Stufe. Die gekreuzten Transaktionen in der Kommunikation der Konfliktparteien sind weiter eskaliert, sodass Glasl die drei

> **Sieger und Verlierer**
>
> Im Wettstreit wie in Konflikten gibt es grundsätzlich drei Endsituationen [88]:
>
> **Win-lose-Situation:** Die übliche Scheinlösung von Konflikten besteht darin, dass entweder sich eine der Parteien durchsetzt oder ein Kompromiss gefunden wird. Im ersten Fall ist der Verlierer klar, im zweiten hat jeder einen Teil seines als berechtigt empfundenen Anspruchs verloren. Daher sind Kompromisse im weiteren Verlauf häufig wenig belastbar und verlässlich. Dann entstehen dadurch Folgekonflikte oder Nebenkriegsschauplätze und die Motivation der Beteiligten ist negativ beeinträchtigt.
>
> **Lose-lose-Situation:** In diesem Extremfall scheitern alle Beteiligten. Entweder wird der eigene Verlust einkalkuliert, solange der Verlust der anderen Seite größer ist, oder, wenn der eigene Verlust beträchtlich ist, soll wenigstens der Gegner auch nicht gewinnen. Die Beziehungsebene ist vollständig vergiftet und wird weitere Konflikte zur Folge haben.
>
> **Win-win-Situation:** Hier erzielen alle Beteiligten ihren Nutzen aus einer Konfliktlösung. Eine notwendige Voraussetzung dafür sind ähnliche Interessen der beteiligten Personen. Dieses Konzept geht auf das *Harvard Negotiation Project* zurück [24] (vgl. Kap. 20 ab Seite 293). Voraussetzungen für eine Win-win-Lösung sind zum einen, dass kein grundsätzlicher Interessengegensatz vorliegt, und zum anderen, dass es gelingt, die Interessen zu artikulieren. Bei Win-win geht es darum, eine dauerhafte Lösung zu finden, die von allen Beteiligten getragen wird [88].

Ich-Zustände aus der Transaktionsanalyse um zwei weitere Ich-Zustände ergänzt hat (Abb. 18.5). Die zusätzlichen Ich-Zustände *Übermensch-Ich* und *Untermensch-Ich* verdeutlichen besonders drastisch die innere Haltung und Einstellung zum jeweiligen Gegenüber in der Konfliktsituation.

18.2.3 Beispiel für das Durchlaufen der Konfliktstufen

Wie sieht ein Beispiel aus unserem IT-Alltag dazu aus? Stellen wir uns ein achtköpfiges Entwicklerteam mit zwei dominanten Entwicklerpersönlichkeiten vor. Die Gruppe untersteht einer Personalführungskraft und hat keine offizielle technische Leitperson. Beide Entwickler beanspruchen die informelle architektonische und designtechnische Führung der Gruppe. Wie kann hier ein Konflikt eskalieren?

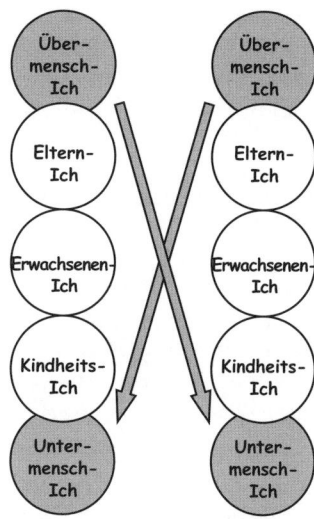

Abbildung 18.5: Bereits auf der vierten Stufe wird die Konfrontation so heftig, dass für die Darstellung der gekreuzten Transaktionen des Konflikts die Ich-Zustände der Transaktionsanalyse von Glasl erweitert wurden (vgl. Abb. 11.5 auf Seite 152) [30].

Es beginnt damit, dass gelegentlich Meinungen aufeinanderprallen: »Exception-Handling darf man nur für technische Ausnahmen benutzen!« »Wenn man ein gutes Messaging- und Exception-Handling-Konzept aufsetzt, kann man es sehr gut auch für fachliche Ausnahmen einsetzen!« Es werden zu verschiedenen Themen viele solcher kleinen Grundsatzdiskussionen geführt. So favorisiert auch jeder der beiden einen anderen Codierstil. Da es naturgemäß bei vielen dieser Fragen kein absolutes richtig oder falsch gibt, werden die Meinungsäußerungen immer fundamentaler: »Jede Methode hat nur ein `return`-Statement!« »Blödsinn, grundsätzliche Fehlerprüfungen werden am Anfang gegebenenfalls gleich mit `return` beendet!«

In der zweiten Stufe werden die anderen sechs Entwickler mit einbezogen. Jeder versucht, Gefolgsleute zu rekrutieren. Einigen wird es egal sein, Hauptsache, es gibt eine gemeinsame Entscheidung. Andere werden ein Lager unterstützen: »Peter ist auch meiner Meinung!« Die Argumentation wird verfeinert und um vermeintlich schlagkräftige Argumente erweitert: »Im DeltaX-Projekt haben die das auch so gemacht und waren sehr erfolgreich damit!«

Mit den Gefolgsleuten werden jetzt Fakten geschaffen und damit die dritte Stufe erreicht. In einigen Komponenten werden die favorisierten Lösungen einfach eingebaut. Leider sind die Konzepte häufig nicht kompatibel zueinander, sodass sehr seltsame technische Überbrückungslösungen geschaffen werden müssen, damit das Zusammenspiel noch klappt. Diese Situation ist z. B. in einer Reduktion der Performance oder in einer Verlangsamung des Entwicklungsfortschritts zu erkennen. Die Software wird *zäh* und damit immer schwerer wartbar bzw. erweiterbar.

Spätestens hier sollte die Personalführungskraft einschreiten, um noch eine Win-win-Situation erreichen zu können. Dazu müssen die zugrunde liegenden Interessen der beiden Protagonisten geklärt werden. Was steckt dahinter? Ein Aspekt könnte die ungeklärte technische Führerschaft sein, um die zwei Entwickler konkurrieren. Die Verantwortlichkeiten sind nicht eindeutig geklärt. Vielleicht möchten beide Karriere machen und sehen hier ein geeignetes Sprungbrett. Vielleicht ringen beide auch nur um Anerkennung und Wertschätzung innerhalb und außerhalb der Gruppe. Oder die Beziehung zwischen beiden ist seit einem früheren Vorfall belastet und von gegenseitiger Geringschätzung und Abneigung geprägt. Vieles ist möglich, und der Schlüssel zum Erfolg ist es, die Ursachen zu finden.

Hier ist die Führungskraft gefordert, in Einzel- und gemeinsamen Gesprächen die Ursachen herauszuarbeiten. Dabei kommen gezielt Fragetechniken zum Einsatz wie *5 × Warum* aus Abschnitt 4.1.2 ab Seite 43. Wenn die Interessen klar sind, können Lösungen erarbeitet werden. Wie diese konkret aussehen können, lässt sich nicht allgemein beschreiben, da sie hochgradig individuell sind. Wichtig ist es, eine Win-win-Situation zu erreichen. Hilfreich sind dabei auch offene Fragen der Art: »Wie kannst du dir XY vorstellen? Was glaubst du, denkt B darüber?«

Manchmal beruhen solche Konflikte auch auf grundlegenden Missverständnissen, die nie offen angesprochen wurden und die Gefühlswelt der beteiligten Personen stark irritieren. Dann ist ein Feedback (Seite 65) das geeignete Mittel: Welche konkrete Wahrnehmung hat welche Gefühle zur Folge? »In der letzten Gruppenbesprechung bist du mir bei meinem Architekturvorschlag zum Exception-Handling dreimal ins Wort gefallen. Das wirkt auf mich so, als ob du mich und meine Meinung nicht ernst nimmst. Ich fühle mich dadurch abgewertet und vor den anderen bloßgestellt.«

Je früher reagiert wird, desto größer sind die Erfolgsaussichten. Was passiert, wenn wir diesen Punkt verpasst haben? Dann erreichen wir die zweite Ebene, den Win-lose-Bereich. Jetzt fangen die Aktionen *unter der Gürtellinie* an, unser Gegenüber in der Konfliktsituation wird in der Terminologie von Glasl zum *Untermenschen* abgewertet (Abb. 18.5). Vermeintliche Fehler des anderen werden aufgebauscht und der vermeintliche Verursacher denunziert: »Ich habe es ihm vorher gesagt, dass das so nicht geht, aber er ist halt kein Teamplayer!«

Leider gibt es aufgrund der Vorgeschichte mit den unterschiedlichen parallelen Designkonzepten genug Möglichkeiten, Softwareprobleme hochzukochen. Selbst gute Ideen des anderen werden abgelehnt, weil sie aus der falschen Ecke kommen. Es kommt zu Drohungen von »Wir werden ja sehen, auf wen der Chef hört!« bis zu »Ich sorge dafür, dass du versetzt wirst!« oder gegenüber dem Chef: »Dann kündige ich, und ihr könnt sehen, wo das Projekt ohne mich bleibt!«

Wenn es so weit gekommen ist, hilft oft nur noch eine saubere Trennung der Kontrahenten: Einer verlässt das Team. Der Verlierer hat mit diesem Makel zu kämpfen und wird in einem anderen, parallelen Team einen schweren Stand haben. Eine solche Vorgeschichte wird sich kaum verheimlichen lassen. Nicht selten verlässt er dann die Firma und sucht anderswo einen Neuanfang.

Wenn vor der Trennung bereits die dritte Ebene (Lose-lose) erreicht wurde, kann es sein, dass der Konflikt selbst nach einer Versetzung eines der Protagonisten in ein anderes Team weiter bestehen bleibt. Hier muss manchmal als letztes Mittel die Kündigung eines oder vielleicht sogar mehrerer der Beteiligten ausgesprochen werden. Das Klima wäre ansonsten dauerhaft vergiftet. Glücklicherweise ist dies nur äußerst selten notwendig.

18.3 Kommunikationsmuster in Konflikten

Bei der Entwicklung einer Strategie für Konfliktlösungen hat uns das Eisbergmodell geholfen. Wenn wir unsere Kommunikation in Konfliktsituationen betrachten, kann uns die einfache Typologie des Vier-Quadranten-Modells aus Kapitel 10 ab Seite 131 einen Ausgangspunkt liefern. Um damit gezielt arbeiten zu können, werden wir zuerst einen weiteren Blick auf die Aspekte unserer Kommunikation richten.

In Konflikten finden wir häufig Kommunikationsweisen, die kaum zielführend sind und oft sogar destruktiv. Diese Art der Kommunikation suchen wir uns nicht bewusst aus, sondern wir fallen durch den Stress eines Konflikts in erlernte Muster zurück. Diese Stressmuster haben ihren Ursprung in Verhaltensweisen, die wir bereits als Kinder übernommen oder entwickelt und damals als hilfreich empfunden haben. Meist sind diese Kommunikationsmuster in aktuellen Arbeitskonflikten nicht mehr angemessen und daher kaum mehr hilfreich.

18.3.1 Kongruente Kommunikation

Virginia Satir (1916–1988) hat bei ihrer umfangreichen Arbeit mit Familien ein einfaches Modell für eine kongruente Kommunikation entwickelt, das uns in Konflikten helfen kann, negative Aspekte der Kommunikation schneller zu erkennen. Wir reduzieren dafür die Dimensionen eines Konflikts aus Abbildung 17.2 auf Seite 240 auf die drei zentralen Aspekte (Abb. 18.6 in der Mitte) [58]:

Selbst: Die eigene Person, meine Bedürfnisse, Interessen und Anliegen sowie mein Selbstwertgefühl

Andere: Die anderen Personen in meinem direkten Umfeld sowie deren Bedürfnisse, Interessen und Anliegen

Kontext: Die konkrete Sache, um die es geht, und alle direkt damit in Zusammenhang stehenden, fachlichen Aspekte

Eine kongruente Kommunikation umfasst also alle drei Aspekte gleichermaßen: mich selbst, die anderen und den Kontext. Die oben erwähnten, negativen Kommunikationsweisen in Konflikten lassen sich damit über die fehlenden Aspekte im Vergleich zu einer kongruenten Kommunikation beschreiben (Abb. 18.6).

Abbildung 18.6: Kommunikationsmuster in Konflikten nach Virginia Satir und ihr Bezug zum Vier-Quadranten-Modell

Die vier Kommunikationsmuster in Konflikten sind für bestimmte Aspekte eines Konflikts hilfreich und für andere wiederum schädlich. Das macht ihre Inkongruenz aus. Wir haben unser präferiertes Kommunikationsmuster bereits früh in unserem Leben erlernt, weil es für uns damals nützlich war. Satir bezeichnet diese Muster daher auch als *Überlebenshaltungen* [58].

18.3.2 Überlebenshaltungen: Die vier Kommunikationsmuster

Werfen wir kurz einen Blick darauf, was mit einem Muster gut funktioniert und was dagegen kaum zu leisten ist. So können wir besser differenzieren, wann ein solches Muster vielleicht hilfreich sein kann und wann es stört und von uns selbst durchbrochen werden sollte bzw. wann wir andere Personen mithilfe der typologischen Einwandbearbeitung (Abschnitt 10.2 ab Seite 134) beim Verlassen des Musters unterstützen.

Beschwichtiger: Fokussierung auf Kontext und Andere bei Vernachlässigung des Selbst.

> **Motto:** Nur wenn ich für andere sorge, geht es mir gut!
>
> **Charakteristika:** macht sich viele Gedanken und ist anspruchslos für sich selbst
>
> **Typische Syntax:** häufiger Gebrauch von Einschränkungen und Konjunktiven
>
> **Was funktioniert gut?** Harmonie schaffen, vermitteln im Team, Sympathie erzeugen, anpassungsfähig, hohes Risikobewusstsein, zuverlässig sein und sehr genau hinschauen (daher etwas langsam)
>
> **Was funktioniert nicht?** Etwas durchsetzen, standfest sein, streiten (gibt schnell nach) und aktive Führung

Rationalisierer: Fokussierung auf Kontext bei Vernachlässigung des Selbst und der Anderen.

> **Motto:** Nur wenn wir ganz sachlich und logisch vorgehen, kommen wir zu einem guten Ergebnis!
>
> **Charakteristika:** Fakten dominieren, zeigt keine Emotionen, detailverliebt
>
> **Typische Syntax:** Substantivierungen, tilgen von Verben, Formulierungen mit »man«
>
> **Was funktioniert gut?** Forschen, Ziele und Maßnahmen finden, Wissen sammeln, Einzelarbeit, Regeln und Grenzen einhalten, Auswirkungen betrachten und Neutralität im Sinne eines Schiedsrichters
>
> **Was funktioniert nicht?** Unkonventionelle Wege gehen, Kompromisse erarbeiten, Konflikte und die dahinter stehende Bedürfnisse erkennen

Ankläger: Fokussierung auf Kontext und Selbst bei Vernachlässigung der Anderen.

> **Motto:** Nur wenn ich kämpfe, bekomme ich etwas!
>
> **Charakteristika:** lebhaft, laut, schnell, aggressiv

Typische Syntax: Formulierungen mit »andere« oder Universalquantoren wie »immer« oder »jeder«

Was funktioniert gut? Etwas vorantreiben, effizient arbeiten, etwas optimieren, Klarheit schaffen, Sicherheit geben, schnell Ergebnisse liefern und Führung im Sinne von Orientierung

Was funktioniert nicht? Kompromisse erarbeiten, andere einbinden, zuhören, genau arbeiten, Umwelt wahrnehmen, Fingerspitzengefühl und Zusammenarbeit

Ablenker: Fokussierung auf nichts bei Vernachlässigung des Kontextes, des Selbst und der Anderen.

Motto: Nichts ist wirklich wichtig!

Charakteristika: unstrukturiert bis chaotisch, unverbindlich, kreativ, immer guter Stimmung

Typische Syntax: rascher Wechsel der Wortwahl, eher generelle und zukunftsorientierte Formulierungen, Worte ohne Beziehung zum Gesprächspartner und dadurch kaum konkret greifbar

Was funktioniert gut? Neue Ideen einbringen, Begeisterung, Vision entwickeln und Schwung einbringen, Motivation sowie Innovation

Was funktioniert nicht? Konflikte austragen, Verbindlichkeit schaffen und Dinge zu Ende bringen

18.4 Gruppendynamik

Konflikte zwischen Menschen können nur entstehen, wenn mehrere Menschen zusammentreffen oder in irgendeiner Beziehung zueinander stehen. Wir betrachten also stets eine Gruppe von Menschen. Die Dynamik innerhalb einer Gruppe wird zwangsläufig allein durch die Existenz der Gruppe zu Konflikten führen, weil Gruppen einen immer wiederkehrenden Entwicklungszyklus durchlaufen. Sie entwickeln sich dabei als Gruppe weiter, doch sind in bestimmten Phasen dazu Konflikte konstruktiv zu lösen.

In Bezug auf das Konfliktmanagement wollen wir zwei Aspekte der Gruppendynamik betrachten: die Struktur aus transaktionsanalytischer Sicht und die Dynamik der Gruppenbildung mit der Gruppenentwicklung. Die Gruppendynamik selbst geht im Wesentlichen auf Kurt Lewin zurück. Lewin (1890–1947) kam 1933 als Flüchtling aus Deutschland in die USA und konnte sich nicht erklären, wie sein Heimatland sich derart der Tyrannei des Diktators Hitler ergeben konnte. Er hatte Versammlungen von mehreren Tausend Menschen gesehen, die ihrem Führer in Ergebenheit entgegengeschrien haben. Das ist ein erschreckendes Zeugnis der dynamischen Kraft von Gruppen, den Verstand und die Handlungen von einzelnen Menschen zu verändern, bzw. der Macht von charismatischen Führungspersönlichkeiten über Gruppen von Menschen [91].

Kommen wir wieder zurück zu unserem Kontext. Die Ausgangsthese der Gruppendynamik besagt, dass die Eigenschaften und Fähigkeiten einer Gruppe sich von der Summe der Eigenschaften und Fähigkeiten der einzelnen Personen der Gruppe unterscheiden. In gut zusammenarbeitenden Gruppen liegt daher die Gruppenleistungsfähigkeit über der Summe der Einzelleistungsfähigkeiten. Dies wird gerne auch durch die plakative Formel $2 + 2 = 7$ ausgedrückt. Eine Voraussetzung dafür ist es, die unterschiedlichen Stärken der beteiligten Personen für das Team nutzbar zu machen.

Das Thema Gruppendynamik greifen wir in [84] wieder auf. Dort interessieren uns Aspekte der Führung und des Aufbaus von Hochleistungsteams.

18.4.1 Statik: Gruppenbildung und Strukturen

Betrachten wir eine Gruppe von Menschen zu einem gewissen Zeitpunkt, können wir eine Gruppenstruktur erkennen. Dabei gibt es verschiedene Aspekte, unter denen man diese Struktur untersuchen kann. So können z. B. Analysen unter Führungsaspekten durchgeführt werden, um die Wirkungsweise unterschiedlicher Führungsstile zu beobachten. Wir betrachten im Folgenden die statische Struktur von Gruppen aus Sicht der Transaktionsanalyse (siehe Kapitel 11 und Anhang A.4).

Den Leitsatz der Transaktionsanalyse haben wir bereits kennengelernt: *Ich bin O.K., du bist O.K.* Wir sind dabei primär von Zweierbeziehungen bzw. von der Zwei-Personen-Kommunikation ausgegangen. In Gruppen wird häufig zwischen zwei Arten des Du unterschieden: dem *Du* der direkten eigenen Gruppe und dem *Ihr* der anderen. Es werden also drei Parteien bewertet: Ich, Du und Ihr. Der obige ideale Leitsatz wird damit zu:
Ich bin O.K., du bist O.K., ihr seid O.K.

Leider finden wir in der Praxis oft andere Varianten vor. Es gibt Störenfriede und Sündenböcke, die sich idealerweise außerhalb unserer eigenen Gruppe befinden (Abb. 18.7).

Wir sind in unserer eigenen Gruppe der Softwareentwickler integriert und können dort gut zu zweit z. B. beim Pair Programming oder in Kleingruppen arbeiten (Ich bin O.K., du bist O.K.). Doch zu den Menschen außerhalb der Entwicklergruppe stellt sich schnell ein abwertendes Verhältnis ein: Die Fachbereiche wissen nicht, was sie wollen, die Qualitätssicherung nervt nur mit Formalien, die Anwender sind unfähig und der Support verbündet sich auch noch mit denen. Und im Management sitzen nur

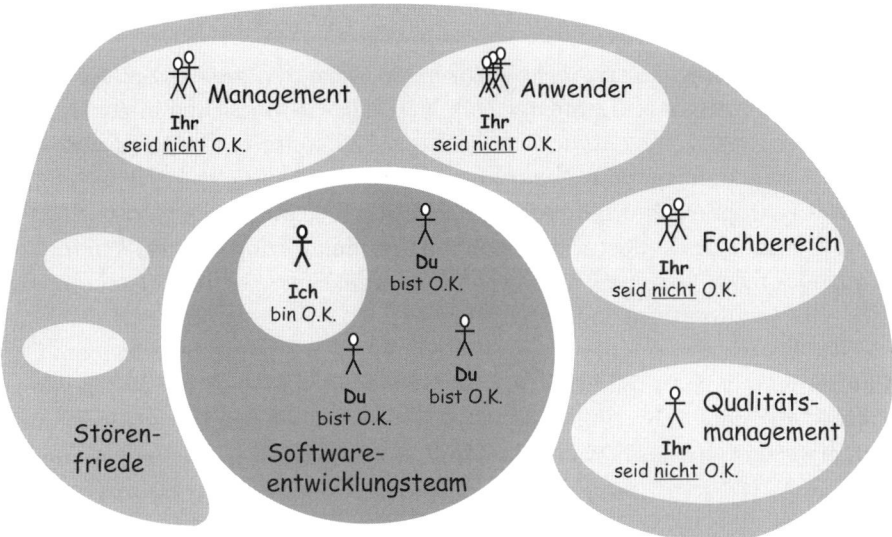

Abbildung 18.7: Die Nicht-O.K.-Einstellung zu Gruppen außerhalb der eigenen führt leicht zu Konflikten mit diesen Menschen.

ahnungslose Verwalter. Der ideale Leitsatz wird dann verzerrt zu: *Ich bin O.K., du bist O.K., ihr seid nicht O.K.*

Diese Sichtweise macht es uns einfach, innerhalb unseres Entwicklungsteams harmonisch zusammenzuarbeiten. Wir können keine Fehler machen, die Fehlerquellen liegen außerhalb. So von außen betrachtet ist es klar, dass dieses Verhalten mittel- und langfristig nicht zielführend ist und Konflikte provoziert. Doch wenn wir selbst in der Situation sind und unter Druck stehen, ist diese Einstellung sehr verlockend und fühlt sich auch gut an. Der verzerrte Leitsatz wird durch die gemeinsame »Wir sind O.K.«-Haltung innerhalb der Gruppe stabilisiert und oft noch verstärkt.

Dies ist ein weiteres Beispiel dafür, wie wir durch eine abwertende *Nicht-O.K.*-Haltung Konflikte heraufbeschwören. Besser ist es, wir versuchen, die Stärken der anderen Personen zu erfassen und ihnen dafür Wertschätzung entgegenzubringen.

Wir sind leider nicht perfekt, auch wenn eine Gruppenstruktur wie in Abbildung 18.7 uns das zeitweise glauben machen möchte. Am besten wir reagieren sofort auf eine *Nicht-O.K.*-Haltung, indem wir versuchen, uns die darunter liegenden Mechanismen klarzumachen und die jeweiligen Stärken des Gegenübers zu verdeutlichen. Um die Stärken anderer Menschen herauszuarbeiten, können uns positiv konstruktiv formulierte Typologien dienen. Das Vier-Quadranten-Modell aus Kapitel 10 bietet eine Möglichkeit dazu.

18.4.2 Dynamik: Phasen der Gruppenentwicklung

Eine Gruppenstruktur ist nicht statisch, sondern dynamisch. Sie verändert sich von ganz allein im Laufe der Zeit, weil sich die Menschen in der Gruppe verändern und weiterentwickeln. Was gestern völlig in Ordnung und sehr angenehm war, kann heute kaum noch akzeptabel sein.

Die Gruppe reagiert ihrerseits auf diese Veränderungen, was wiederum zu einer rückkoppelnden Veränderung der Gruppe führt. Wir haben zwangsläufig in Gruppen über einen längeren Zeitraum immer eine Dynamik, aus der Konflikte entstehen werden.

Die Entwicklung einer Gruppe wird häufig in Phasen beschrieben. Das Phasenmodell aus Abbildung 18.8 basiert auf Ideen von Bruce W. Tuckman (*1938) aus dem Jahr 1965 [80], die u. a. von Dave Francis und Don Young [26] erweitert wurden.[3] Was hat es mit den fünf Phasen auf sich?

Abbildung 18.8: Jede Gruppe hat einen Lebenszyklus und obliegt damit einer inneren Dynamik. Damit verbunden ist eine Konfliktphase in der Findung einer Gruppe (Storming) [26].

Forming: In der *Orientierungsphase* herrscht Unsicherheit, distanziertes Verhalten bis hin zur Zurückgezogenheit vor. Die Gruppe ist erstmalig neu geformt und man ist höflich und eher unpersönlich. Die Gruppenmitglieder versuchen, sich an die neue Situation und die ihnen bislang

---

[3]Bei Francis und Young gibt es vier Phasen mit den Namen Testphase, Nahkampfphase, Organisierungsphase und Verschmelzungsphase.

fremden Menschen zu gewöhnen. Dabei sind die Gruppenmitglieder eher angespannt und verhalten sich meist vorsichtig.

Storming: Daran schließt sich direkt die *Konfliktphase* an, auch Machtkampfphase genannt. Jetzt bilden sich Cliquen, es gibt unterschwellige Konflikte bis hin zur Konfrontation. Die Gruppe kommt nur mühsam voran und es macht sich ein Gefühl der Auswegslosigkeit breit. Um die einzelnen, gruppeneigenen Führungsrollen wird gekämpft und die inneren Strukturen bilden sich heraus. Diese Phase ist die Härteprobe einer Gruppe, und es zeigt sich, wer Machtkämpfe besser durchsteht und wer weniger.

Norming: In der *Organisierungsphase* entwickeln sich die gruppeneigenen Umgangsformen und Verhaltensweisen heraus. Es gibt mehr oder weniger offenes Feedback und eine Konfrontation der Standpunkte. Der noch in der Storming-Phase vorherrschende Konkurrenzgedanke entwickelt sich weiter zu einer intensiven Zusammenarbeit. Jedes Mitglied hat seinen Platz mit seinen Aufgaben und ist damit auch innerhalb der Gruppe weitgehend akzeptiert.

Performing: Jetzt hat die Gruppe ihre *Hochleistungsphase* erreicht. Die Gruppe ist ideenreich, flexibel, offen für Neues, untereinander solidarisch und hilfsbereit. Häufig wird ein *idealer Arbeitsfluss* (Flow) erreicht [16]. Dadurch wird das Team im Optimalfall bestmöglich leistungsfähig.

Reforming: Nach der Phase der Hochleistung erfolgt zumindest für einige aus der Gruppe der Aufbruch zu neuen Ufern, die *Umorientierungsphase*, auch Trennungsphase genannt, ist erreicht. Dadurch wird anderen Gruppenmitgliedern die Möglichkeit zum Nachrücken gegeben und die Gruppenstruktur verändert sich meist dramatisch. Es entstehen Unruhe und Unzufriedenheit.

Bei der ersten Zusammenstellung einer Gruppe beginnt diese mit der Forming-Phase. Danach durchläuft sie bis zu ihrer Auflösung zyklisch die folgenden vier Phasen. Für einen Durchlauf kann dabei aufgabenabhängig eine Dauer von bis zu einigen Jahren benötigt werden. Gruppen, die sehr lange bestehen, wie Abteilungen, Entwicklungsteams in Großprojekten oder in Wartungsprojekten, werden den Zyklus vielleicht sogar mehrmals durchlaufen. Dabei kommt es in der Storming-Phase immer wieder zu Konflikten. Das ist ganz normal.

Die Frage ist, wie wir mit diesen Konflikten umgehen. Die Storming-Phase ist die Nagelprobe für das Team und seine Führung! Hier wird die Basis für die spätere Leistungsfähigkeit der Gruppe gelegt. Das Gute dabei ist, wir wissen, dass diese Konflikte kommen werden, und wir können uns darauf einstellen.

In der Forming-Phase ist der Blickwinkel der Gruppenmitglieder stark auf den offiziellen Leiter ausgerichtet. Dadurch kann dieser das Forming sehr effektiv gestalten. Er kann Zeit und Unterstützung für das gegenseitige Kennenlernen geben und für jedes Mitglied Interesse zeigen. Zu tief in die Privatsphäre (Abb. 9.4 auf Seite 123) sollte das gegenseitige Bekanntmachen nicht eindringen, um nicht schon zu Beginn mögliche interne Außenseiterrollen zu belegen.

Bereits in der Forming-Phase werden einige Weichen für die direkt anschließende Storming-Phase gestellt. Einige äußere Strukturen werden festgelegt, und alle Gruppenmitglieder sollten erkennen können, welchen Spielraum sie in Zukunft haben werden. Da die Gruppe so früh noch nicht bereit ist zu kooperieren, sollten komplexe Aufgaben auf einen späteren Zeitpunkt nach der Storming-Phase gelegt werden. Das ist eine interessante Konsequenz, die den klassischen Risikomanagement- und inkrementell-iterativen Planungsregeln entgegensteht [81, 82]. Dort lernen wir, riskante und hoch priorisierte Aufgaben möglichst früh anzugehen. Diese Regel ist weiterhin richtig, gilt jedoch erst *nach* der Storming-Phase. Dies ist ein weiteres Argument, sehr bewusst in die Storming-Phase zu gehen, um diese so kurz wie möglich zu halten.

In der Storming-Phase muss sich auch der formale Gruppenleiter behaupten. Die festgelegten Rahmenbedingungen unterliegen jetzt einem ersten Praxistest. Auf jeden Fall sollten diese Regeln verfeinert, optimiert und vom Gruppenleiter bewusst durchgesetzt werden. Es ist die Phase der *Klärung und Gärung* [88].

Hilfreich ist es, in der Storming-Phase Möglichkeiten zu haben, die Machtkämpfe quasi spielerisch und im Wechsel mit Kooperationsaufgaben durchführen zu lassen. Hier ist erneut der formale Leiter gefragt, die Aufgaben entsprechend vorzugeben. Eine gute Möglichkeit bietet dazu die Entwicklung unterschiedlicher Prototypen zu möglichst frühen Zeitpunkten im Projektablauf. So laufen gruppendynamischer Prozess und iterative Entwicklung mit früh sichtbaren Ergebnissen Hand in Hand. Die Storming-Phase bildet vor allen Dingen die Grundlage für die Performing-Phase.

Die Norming-Phase zeichnet sich durch ein stark regelorientiertes Vorgehen aus. Die Abläufe werden eingeschliffen und die Prozessschnittstellen zum Leben erweckt. Der Projektfortschritt ist ordentlich und relativ konstant, was die Planungssicherheit deutlich erhöht hat.

Wenn in der Storming-Phase die Beziehungen ausreichend geklärt und die individuellen Interessen belastbar ausgeglichen wurden, erreicht ein Team die Performance-Phase. Nun läuft alles wie von allein. Das Team versteht sich blind und die eher starren Regeln aus dem Norming können aufgeweicht und individuell optimiert werden, um den maximalen Projektfortschritt zu erreichen. Die einzelnen Teammitglieder arbeiten oft im Flow und das Team hat den Sprung zu einem Hochleistungsteam geschafft.

Ist die Storming-Phase überwunden, ist der Gruppenleiter immer weniger gefordert, bis er zum Ende der Performing-Phase fast nur noch organisatorisch tätig ist. Jetzt kommen die geeigneten Zeitpunkte, Aufgaben zu delegieren. Als Problem kann sich in der Norming- und Performing-Phase ergeben, dass der Leiter zu stark Teil der Gruppe wird. Eine gewisse Distanz kann dem entgegenwirken. Die Performing-Phase wird dann nach einer möglichst langen und ergiebigen Zeit erfolgreichen Zusammenarbeitens durch die immer stärker aufkeimenden, individuellen Wünsche beendet. Das Wir-Gefühl und der Gemeinschaftsgedanke treten immer stärker in den Hintergrund.

Leider hat auch die beste Performing-Phase ihr natürliches Ende. Anzeichen dafür sind Unzufriedenheit und Unruhe. Da wir dies wissen, können wir uns darauf einstellen. Der Versuch, das Reforming hinauszuzögern, führt eher zu einer Erlahmung der gruppendynamischen Prozesse als zu einer Verlängerung der Performing-Phase. Hier können z. B. bewusst Positionen für die individuelle Weiterentwicklung geschaffen werden. Der Weggang tragender Gruppenmitglieder wird unausweichlich eintreten, also können wir uns dafür rüsten, indem geeignete Nachrücker aufgebaut werden, was wiederum für diese Perspektiven schafft. Die Gruppe wird neu durchgemischt, neue Mitglieder kommen hinzu, *altgediente Haudegen* verlassen das Team. Es findet eine Neuorientierung statt und der Zyklus beginnt wieder.

18.4.3 Karriereperspektiven in der IT

Ein wesentlicher Punkt in der Reforming-Phase ist das Schaffen von neuen Perspektiven. Eine Perspektive kann durch Karrieremöglichkeiten geboten werden. Leider steht dafür in vielen Firmen nur eine Karriereleiter zur Verfügung, nämlich die der Personalverantwortung. Diese Posten sind rar, nicht jeder fühlt sich mit Personalverantwortung wohl, und dafür geeignet sind auch nur wenige. Und wenn wir einen guten Kandidaten haben, so ist sein direkter Vorgesetzter häufig nur drei Jahre älter und wird diese Position noch die nächsten Jahre innehaben. Kaum besser ist die Situation, dass ein langgedienter Spitzenentwickler endlich Karriere machen *muss* und nur eine Personalführungsposition zur Verfügung steht. Wir verlieren den besten Entwickler und gewinnen eine unmotivierte, schwache Führungskraft.

Wie können ansprechende und sinnvolle Alternativen zur klassischen Personalführungskarriere geschaffen werden? In der Softwareentwicklung bieten sich dazu zwei weitere Karrierepfade an: Projektleitung und Fachexperte (Abb. 18.9). Neben der klassischen Führungskraft gibt es demnach noch zwei fachliche Arten von Führungskräften. Die Projektleiter haben keine Personalverantwortung, sondern Projektverantwortung. Sie spezialisieren sich auf Projektmanagement und die Führung von Projektteams. Wie bei der Personalführungskraft sind dazu ausgeprägte Soft Skills notwendig. Sie sind weisungsbefugt, und es findet eine Zusammenarbeit mit der Personalführungskraft statt, doch die leidigen Themen der Personalführung, wie z. B. Gehalts- und Personalgespräche, bleiben demjenigen erspart.

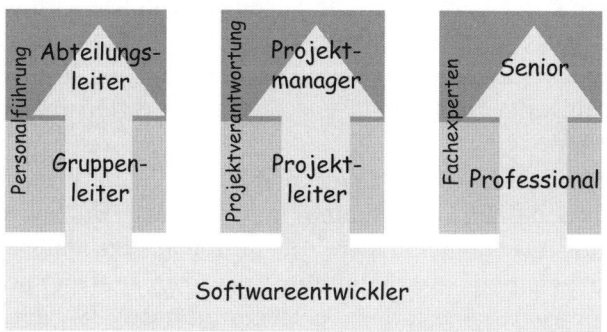

Abbildung 18.9: Zweistufiges Modell der Karrieremöglichkeiten

Da viele Entwickler eher introvertiert sind und nur über wenig ausgeprägte Soft Skills verfügen, streben sie weder eine Personal- noch eine Projektleitung an. Sie sind Entwickler geworden, um Software zu entwickeln. Für sie ist die Karrieremöglichkeit als Fachexperte interessant. In Abbildung 18.9 ist ein zweistufiges Modell beispielhaft dargestellt. Wichtig ist dabei, dass auf einer Ebene die Arbeitsverträge ähnlich aussehen, insbesondere was die Vergütung betrifft. In funktionierenden Organisationen kann durch diese klare Trennung der Verantwortlichkeiten ohne Weiteres ein Projektteam bestehend aus einem neuen Projektleiter und einer Gruppe hochrangiger Fachexperten eng und vertrauensvoll zusammenarbeiten, obwohl der Projektleiter vielleicht weniger verdient als die Fachexperten. Auch fällt es in einer solchen Situation leichter, den anderen mit seinen Stärken und Schwächen zu akzeptieren. Ein solches Modell kann also bestimmte Konflikte, die auf Machtgerangel und gegenseitiger mangelnder Akzeptanz beruhen, vermeiden helfen.

Solche Karrieremöglichkeiten führen dann zu matrixartigen Strukturen, deren wesentlicher Entstehungsgrund oft genau darin liegt, qualifizierten und motivierten Menschen Perspektiven zu bieten. Die in der Praxis dabei sichtbaren Probleme beruhen meist auf zwei Defiziten, auf die wir bereits mehrfach eingegangen sind: mangelnde gegenseitige Wertschätzung und unklare Verantwortlichkeiten.

19 Konflikte managen

Nachdem wir jetzt wissen, wie wir unterschiedliche Konflikte früh erkennen können, kommen wir nun zu den Möglichkeiten, mit Konflikten angemessen umzugehen. Solange wir noch auf der ersten Ebene nach Glasl sind (Abb. 18.4 auf Seite 257), können wir mit den Parteien an einem Tisch zusammenkommen. Wir können dann direkt ein Kritikgespräch führen oder zusammen mit einem Moderator, der für die Einhaltung der Regeln, Klarheit der Aussagen und Zusammenfassung der Ergebnisse sorgt. Auf das Thema *Moderation* sind wir bereits in Abschnitt 7.5.1 eingegangen. Orientierungspunkte für ein Kritikgespräch und eine Konfliktmoderation, sowie der Aufbau einer Konfliktkultur, um mit zukünftigen Konflikten angemessener umgehen zu können, werden in den folgenden Abschnitten aufgezeigt.

Ist der Konflikt bereits weiter fortgeschritten, wird die einfache Moderation nicht mehr ausreichen. Dann kann professionelle Hilfe durch einen Mediator erfolgen. Auf die Mediation gehen wir in Abschnitt 19.3 näher ein.

19.1 Kritikgespräche führen

Wenn wir mit dem konkreten Verhalten eines Kollegen nicht einverstanden sind, können wir ihm dazu Feddback geben. Manchmal möchten wir jedoch auf jeden Fall eine Wirkung in Form einer Verhaltensänderung erzielen. Dann bietet sich ein Kritikgespräch an.

Das Grundproblem eines Kritikgesprächs kennen alle Eltern: Wie sage ich meinem Kind, dass ich es lieb habe, aber nicht mit dem aktuellen Verhalten einverstanden bin. Auf unsere Situation übertragen bedeutet das, sowohl ehrlich wertschätzend zu sein und gleichzeitig eine dauerhafte Verhaltensänderung herbeizuführen. Wie läuft ein solches Kritikgespräch ab?

19.1.1 Struktur eines Kritikgesprächs

Ein Kritikgespräch ähnelt zu Anfang einem Feedback, wie wir es in Kapitel 6 ab Seite 65 kennengelernt haben, verfolgt jedoch ein anderes Ziel und geht daher darüber hinaus (Abb. 19.1) [13]. Die unterschiedlichen Sichtweisen werden dargestellt, ein gemeinsames Verständnis erreicht und daraus konkrete Handlungen vereinbart. Das gegenseitige aktive Zuhören ist die wesentliche Gesprächstechnik, um die andere Person genau zu verstehen. Das gegenseitige Verständnis ist in diesem Prozess von zentraler Bedeutung, ohne die Wirkung eines Kritikgesprächs zu mindern, denn etwas zu verstehen bedeutet nicht gleichzeitig, auch damit einverstanden zu sein!

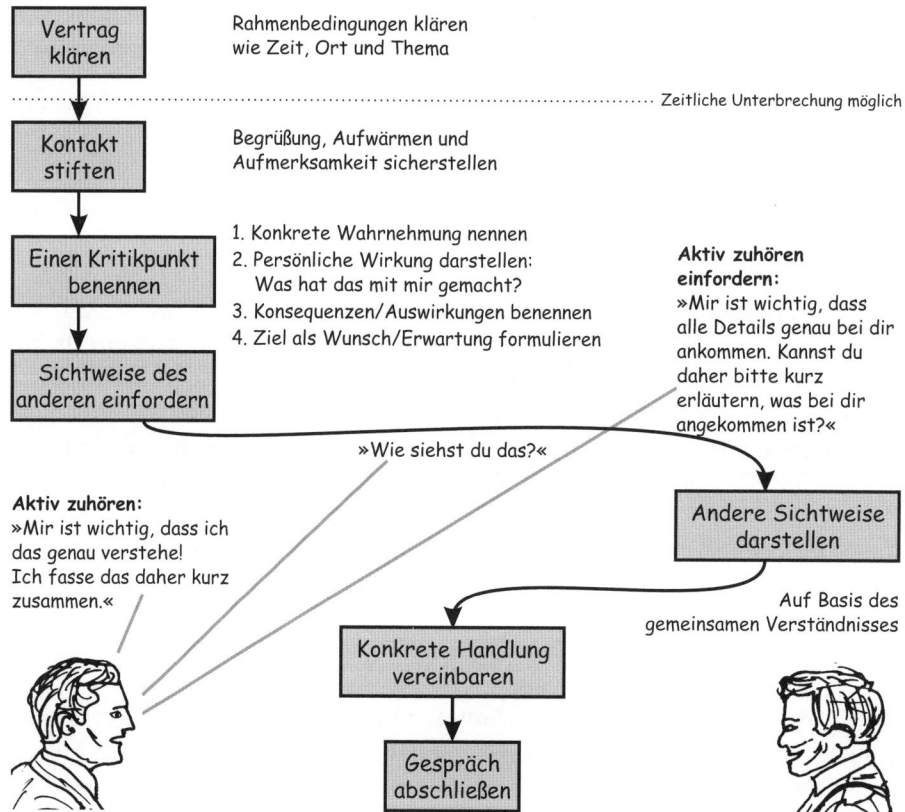

Abbildung 19.1: Die Struktur eines Kritikgesprächs gibt dem Kritikgeber (links) einen Leitfaden für solche Situationen [13].

Der Kritikgeber (Abb. 19.1, links) fordert beim Kritikempfänger (Abb. 19.1, rechts) durch entsprechende Fragen ein aktives Zuhören ein und stellt so sicher, dass der Kritikpunkt und die Lösungsideen auch wirklich verstanden werden. Daraufhin wird der Kritikempfänger gebeten, seine Sichtweise darzustellen. Der Kritikgeber hört dabei aktiv zu, um wirklich ein gemeinsames Verständnis zu erreichen.

Auf Basis des gemeinsamen Verständnisses werden dann konkrete Handlungen vereinbart. Danach erfolgt der Abschluss, in dem z. B. der

Dank für das Verständnis und die Kooperation kurz geäußert werden kann. Über diese kleinen Gesten kann immer wieder unsere Wertschätzung ausgedrückt werden.

19.1.2 Beispiel eines Kritikgesprächs

Stellen wir uns die folgende Ausgangssituation vor: Zwei Kollegen, Lars und Peter, waren gestern zu einer Präsentation bei einem Kunden. Obwohl vorher abgestimmt wurde, dass Lars die technischen Aspekte vorstellt, hat Peter ihn dabei mehrmals unterbrochen und damit aus dem Konzept gebracht. Am Tag danach möchte Lars dazu ein Kritikgespräch führen.

»Peter, hast du 15 Minuten Zeit? Ich möchte gerne über unsere Präsentation gestern sprechen. Da war ein Punkt, der mir nicht gefallen hat.« »Klar!« »Danke, der Besprechungsraum 2 ist frei. Lass uns da hingehen.«

Beide gehen in den Besprechungsraum und Lars eröffnet das Kritikgespräch: »Danke, dass du dir die Zeit nimmst. Mir ist unsere Außendarstellung beim Kunden sehr wichtig.« »Mir auch, schieß los!«

»Gestern bei meiner technischen Präsentation hast du mich dreimal unterbrochen und dabei Details ergänzt, die ich entweder später oder nur auf Nachfrage erläutern wollte. Das hat mich in der Situation irritiert und aus meinem Konzept gebracht. Dadurch konnte ich meine Präsentation nicht so souverän wie geplant zu Ende bringen, und entgegen unseres Planes warst du gestern für den Kunden der Ansprechpartner für technische Fragen. Das hat mich im Nachhinein sehr geärgert. Ich erwarte, dass wir uns beide an die getroffenen Absprachen halten.

Mir ist wichtig, dass mein Punkt richtig bei dir ankommt. Kannst du mir bitte zurückspiegeln, wie mein Kritikpunkt bei dir angekommen ist?«

»Gerne: Dich hat es gestern aus dem Konzept gebracht, dass ich ein paar Mal Ergänzungen zu deinem Vortrag eingebracht habe. Du ärgerst dich darüber, wie das dein Bild beim Kunden negativ beeinflusst hat.« »Ja genau. Wie siehst du die Situation gestern?«

»Ich hatte den Eindruck, dass unser Kunde genau diese Fragen während deiner Präsentation hatte, und wollte nur helfen. Ich fand das in dem Moment nicht schlimm. Dass dich das aus dem Konzept gebracht hat, tut mir leid.«

»Du wolltest mich also unterstützen und hast dabei nicht bedacht, dass mich das irritieren könnte?« »Genau. Sorry, gut gemeint ist leider nicht immer gut gemacht.«

»Ich möchte, dass wir uns in Zukunft enger an unsere Abmachungen halten, um solche für mich peinlichen Situationen zu vermeiden. Passt das für dich?«

»Ja klar. Ich will dich ja auch nicht bloßstellen. Mir würde es dabei helfen, wenn wir vorab nicht nur den Ablauf, sondern auch die Dramaturgie besser abstimmen. Dann weiß ich, was du noch vorhast, und kann ruhiger bleiben.« »Gute Idee. In zwei Wochen haben wir eine ähnliche Situation, da können wir es gleich besser machen.«

»Danke dir für dein Verständnis und deine Offenheit.« »Gerne. Das ist doch auch wichtig für mich. Danke dir!«

19.1.3 Wem nutzt ein Kritikgespräch?

Kritikgespräche können ein mächtiges Mittel bei der individuellen Weiterentwicklung von Kollegen und Mitarbeitern sein. Sie sind damit auch wertvoll bei der Teambildung. Leider finden wir in der täglichen Arbeit zu viele bzw. demotivierende Kritikgespräche. Vielleicht haben Sie bereits Erfahrungen mit Kritikgesprächen gemacht. Lief das immer so ab, wie im vorherigen Abschnitt dargestellt? Hat sich wirklich eine Verbesserung oder Lösung eingestellt? Wie passen Ziel und Realität von Kritikgesprächen zusammen?

Es gibt zwei zentrale Fallen, in die wir als Kritikgeber stolpern können. Beide hängen mit dem angestrebten Ziel des Gesprächs zusammen. Wem also soll ein Kritikgespräch nutzen?

Echte Kritik möchte der kritisierten Person helfen. Sie ist damit eine Form der Anerkennung. Sie sagt aus, dass die kritisierte Person dem Kritikgeber wichtig ist. Eine wertschätzende Grundhaltung des Kritikgebers macht also den Unterschied aus! So nutzt das Kritikgespräch im Wesentlichen der kritisierten Person, sich weiterzuentwickeln und mit einem Problem oder Risiko angemessener umgehen zu können.

Wenn ich als Kritikgeber hingegen mich selbst darstellen möchte, wird eine ganz andere Wirkung erzielt. Sobald wir in diese Falle tappen, möchten wir uns über das Mittel einer Kritik als besonders klug bzw. wissend dem anderen gegenüber darstellen. Häufig ziehen wir dann noch weitere Kollegen in die Situation mit hinein, um für unsere Selbstdarstellung eine angemessene Bühne zu schaffen. Damit verstoßen wir jedoch gegen ein Grundprinzip des Kritikgesprächs: Kritikgespräche finden unter vier Augen statt!

Eine einzelne Person vor einer Gruppe zu kritisieren, kann zu ungewünschten Effekten führen. Nicht nur der kritisierten Person, sondern auch anderen aus der Gruppe wird diese Situation peinlich sein. Einige werden sich allein aufgrund dieser unangemessenen Selbstdarstellung mit der kritisierten Person solidarisch erklären. Dies hat ungeahnte Konsequenzen für die Gruppendynamik. Einen positiven Effekt auf die kritisierte Person wird dies sicherlich nicht haben.

Eine Anerkennung seitens der kritisierten Person und aus der Gruppe erreichen wir in einer solchen Situation nur, wenn wir auf eine gleichberechtigte, ausgewogene Kommunikation achten und unser enormes Wissen und Können auf ein positives Ergebnis des Kritikgesprächs fokussieren.

Die zweite Falle hat auch den eigenen Nutzen im Fokus. Die kritisierte Person soll es einfach so handhaben, wie ich es mir vorstelle! So passt es mir am besten. Wir bringen kurz unsere Kritikpunkte dar und erklären knapp die Lösung, die wir der kritisierten Person vorschreiben. Auch wenn wir in diese Falle geraten, sind wir weit entfernt von einer wertschätzenden Grundhaltung der anderen Person gegenüber. Damit wird auch diese Form von Kritik nicht ihr Ziel erreichen. Der Kritisierte wird in der präsentierten Lösung nach Schwachstellen suchen, um so den Vorschlag abzuwehren.

Warum sind Kritikgespräche so heikel? Sie können im wahrsten Sinne des Wortes wie eine Ohrfeige wirken! In einem Experiment wurden Erregungsschwankungen über Pulsfrequenz oder Hautfeuchtigkeit von Testpersonen in zwei Situationen gemessen. Im ersten Teil des Experiments erhielten sie zwei Ohrfeigen. Im zweiten Teil wurden die Testpersonen in arbeitstypischen Besprechungen vor Kollegen und anderen Führungskräften von ihren Vorgesetzten scharf kritisiert. In beiden Situationen waren die erhobenen Daten beinahe identisch [36].

Um diesen Effekt zu minimieren, d. h. ein für beide Seiten konstruktives Kritikgespräch zu führen, empfiehlt sich also ein Vier-Augen-Gespräch. Dabei sollten die Redeanteile ungefähr gleich verteilt sein, sodass sich die kritisierte Person auch ausreichend in die Lösungsfindung einbringen kann. Die inhaltliche wie mentale Vorbereitung auf das Kritikgespräch ist entscheidend. Die Technik des Reframing aus Abschnitt 9.2.1 ab Seite 121 kann uns dabei unterstützen.

19.2 Moderationsleitfaden für die Win-win-Ebene

In die Rolle eines Konfliktmoderators kann jeder von uns leicht geraten. Sie sind Teil eines Entwicklerteams und wollen zusammen mit den Kollegen die nächsten Schritte im Projekt besprechen. Auf einmal bricht zwischen zwei Ihrer Kollegen ein kleiner Disput über eine Designentscheidung aus, und Sie stehen als Dritter im Team mitten drin statt nur dabei. Alle Personen, die irgendeine Form von Führung übernommen haben, werden beinahe zwangsläufig mit Konflikten anderer Menschen konfrontiert. Wie verhalten wir uns dabei angemessen?

Stellen wir uns beispielhaft folgende Situation vor: Sie sind Projektleiter und bemerken, dass einer Ihrer besten Entwickler die direkte Abstimmung und Klärung der Anforderungen mit seinem Ansprechpartner aus dem Fachbereich vermeidet. Die Folge sind häufige Änderungen und Anpassungen der Funktionalität. Wie gehen Sie vor?

Erste Voraussetzung für eine erfolgreiche Konfliktmoderation ist die Allparteilichkeit des Moderators gegenüber den Parteien. Allparteilichkeit bedeutet nicht Neutralität, sondern für alle beteiligten Personen da zu sein und sie gegebenenfalls zu stärken. Als Moderator dürfen Sie keine eigenen Interessen verfolgen. Nur so sind Sie auch offen für jede mögliche Lösungsform und nur dann kann es Ihnen gelingen, Verständnis für die Wünsche und Bedürfnisse der Parteien aufzubauen.

Als zweite Voraussetzung für einen Konfliktmoderator müssen Sie sich in dieser Rolle in der konkreten Situation einigermaßen wohlfühlen. Nur dann sind Sie in der Lage, Neutralität zu wahren und als Moderator aktiv lenkend zu wirken. Häufig ist ein *unwohles* Gefühl das Indiz dafür, dass Sie doch in den Konflikt involviert sind oder eine abwertende Meinung von einer der beteiligten Personen haben. Unter diesen Umständen können wir nur davon abraten, eine Konfliktmoderation zu übernehmen.

Als Moderator lenken Sie die Diskussion zwischen den Konfliktparteien auf eine kooperative Problemlösung. Dabei liegt der Fokus einer Konfliktmoderation auf den Inhalten der Auseinandersetzung und den Sichtweisen der Beteiligten [35]. Das ist natürlich umso einfacher, je kooperativer die Interessen der Konfliktparteien sind.

19.2.1 Aufgaben einer Konfliktmoderation

Ein Konfliktmoderator versucht zu Anfang, die Sichtweisen und Wahrnehmungen der Konfliktparteien herauszuarbeiten. Dabei kann er Klärungshilfen geben und als eine Art Übersetzer wirken. Wie könnte das in dem obigen Beispiel mit der mangelnden Abstimmung zwischen Topentwickler und Fachbereichsmitarbeiter aussehen?

Moderatorin Britta: »Wie nehmt ihr den Konflikt wahr?«

Logistiker Martin: »Klaus versucht, mir irgendwelche Details seiner Implementierung zu erklären, die mich nicht interessieren. Im Gegenzug weiß er aber nicht, wie die Läger und Filialen arbeiten.«

Entwickler Klaus: »Martin versteht den Algorithmus für die neue Filialbestandsvorhersage nicht. Er kommt nur immer mit seinen Geschichten aus den drei Zentrallägern.«

Britta: »Wie nehmt ihr die andere Seite wahr?«

Martin: »Klaus versteht unsere Probleme nicht.«

Klaus: »Martin fehlt einfach jedes mathematische Gespür. Ich feile seit einem halben Jahr an diesem Algorithmus.«

Britta: »Wie beurteilt ihr dabei euer eigenes Verhalten und Vorgehen?«

Martin: »Na ja, ich bin dann etwas ausfallend geworden...«

Klaus: »Ich kann meine Fragen nicht einfacher darstellen, weil sie so komplex sind. Dann habe ich irgendwann blockiert und mein eigenes Ding gemacht.«

Entwickler Klaus fühlt sich anscheinend in seiner anspruchsvollen Arbeit nicht wertgeschätzt und auch nicht verstanden. Logistikmitarbeiter Martin fühlt sich dagegen ignoriert und mit seinen Anforderungen und Problemen abgewertet. Im weiteren Vorgehen gilt es, das gegenseitige Vertrauen wiederherzustellen, Klärungshilfen zu geben und das Gespräch auf konstruktive Ziele auszurichten. Dabei ist es hilfreich, die gemeinsamen und übergeordneten Interessen klar benennen zu können und jede Bewegung in den Positionen der Konfliktpartner aufrichtig wertzuschätzen.

Die Moderatorin gibt dem weiteren Gespräch eine Struktur, die auch dabei hilft, die Übersicht zu bewahren. Des Weiteren ist es wichtig, die Gewinne für beide Seiten zu betonen und dafür zu sorgen, dass beide Parteien ihr Gesicht wahren können [35].

19.2.2 Grundregeln einer Konfliktmoderation

Bevor wir mit der Struktur weitermachen, möchten wir fünf Grundregeln für eine Konfliktmoderation klarstellen [35]:

- Störungen haben Vorrang: Befindlichkeiten auf der persönlichen Ebene und Irritationen in den gegenseitigen Beziehungen werden vorab geklärt, damit sich alle Teilnehmer vollständig auf die Konfliktmoderation konzentrieren können.
- Widerstände haben Vorrang: Sind alle beteiligten Personen bereit, gemeinsam an einer konstruktiven Lösung zu arbeiten? Wenn nicht, ist die Konfliktmoderation nicht geeignet, das Problem zu lösen!
- Keine Vergangenheitsbewältigung: Ursachenforschung ist nicht das Thema einer Konfliktmoderation, sondern das gegenwarts- und zukunftsorientierte Handeln.
- Übergeordnete Ziele haben Vorrang: Es ist meist einfacher, vom Allgemeinen zum Besonderen vorzugehen als umgekehrt.
- Keinen Ballast mit nach Hause nehmen: Eine Konfliktmoderation muss entsprechend abgeschlossen werden.

Alle Störungen auf der Beziehungsebene müssen vor der Behandlung der Sachthemen geklärt werden. Sonst wird die notwendige konstruktive Zusammenarbeit kaum möglich sein. Es kann hilfreich sein, nach den Erwartungen an sich selbst und an die anderen Parteien zu fragen, um Hinweise auf Störungen zu erhalten. Mögliche Widerstände sollten ebenfalls möglichst früh erkannt werden. Bitte seien Sie vorsichtig bei der Suche und Bearbeitung von Widerständen: Wir sind Moderatoren, keine Therapeuten! Es reicht zur Behandlung von Widerständen aus, Fragen zu stellen wie: »Was kann die andere Seite oder der Moderator tun, um den Widerstand zu überwinden?«, »Was kannst du selbst tun, um den Widerstand zu überwinden?« oder »Welche Hilfe oder anderen Bedingungen wünschst du dir, um den Widerstand zu überwinden?«. Weiter gehen wir als Moderatoren nicht, sondern brechen gegebenenfalls die Konfliktmoderation ab.

Bei Bedarf können Fragen wie »Was können alle Beteiligten jetzt tun, um das Problem zu lösen?« dabei helfen, sich von möglichen Vergangenheitsbetrachtungen und der Suche nach Schuldigen zu lösen, um zur konstruktiven, gegenwarts- und zukunftsorientierten Arbeit zurückzukehren. Auch das Besinnen auf die übergeordneten Ziele kann dafür hilfreich sein.

Der Abschluss einer Konfliktmoderation ist besonders wichtig und sollte alle Beteiligten positiv stimmen und für die anstehenden Lösungsaufgaben motivieren. Dazu fragt der Moderator die Stimmung jedes Teilnehmers ab, wobei sich dabei die Visualisierung für uns sehr bewährt hat (Abb. 19.2). Jeder Teilnehmer trägt einzeln nacheinander einen Punkt auf einer Skala ein, um seine individuelle Bewertung auszudrücken. Dabei darf er gerne Erläuterungen machen. Durch die Verwendung verschiedener Farben kann auf Wunsch auch nachvollzogen werden, wer welches Stimmungsbild abgegeben hat. So erhalten alle Beteiligten neben den Einzelstimmungen auch einen Gesamteindruck. Bei Bedarf kann jetzt durch den Moderator die ein oder andere Nacharbeit angeregt werden.

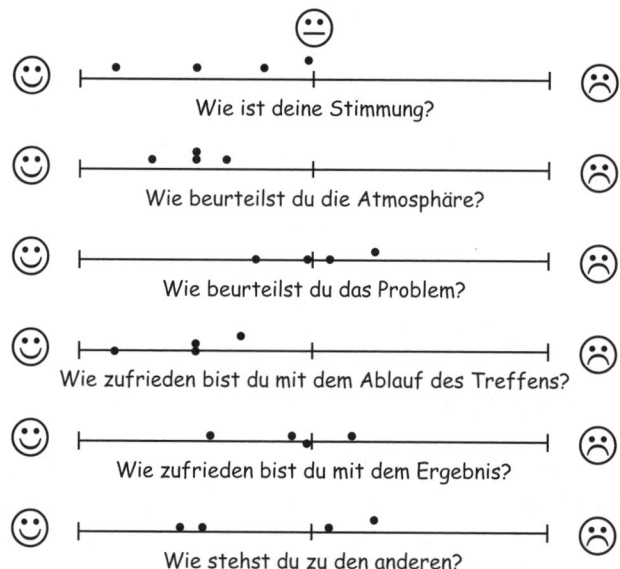

Abbildung 19.2: Die Stimmung der Einzelnen kann am Ende eines Workshops an einem Flipchart durch Punkte auf Skalen visualisiert werden.

19.2.3 Struktur einer Konfliktmoderation

Eine Konfliktbearbeitung kann in acht Phasen erfolgen [35]. Dabei wird ein kompletter Prozess zur Konfliktlösung von der ersten Initialisierung bis zum abschließenden Rückblick durchlaufen. Zu einem gewissen Teil können mehrere Phasen in einem Treffen nacheinander bearbeitet werden, andere Phasen dagegen sind voneinander getrennt, und es vergeht einige Zeit zwischen ihnen. In Abbildung 19.3 sind die acht Phasen und insbesondere die konkrete Struktur der Moderationssitzung visualisiert.

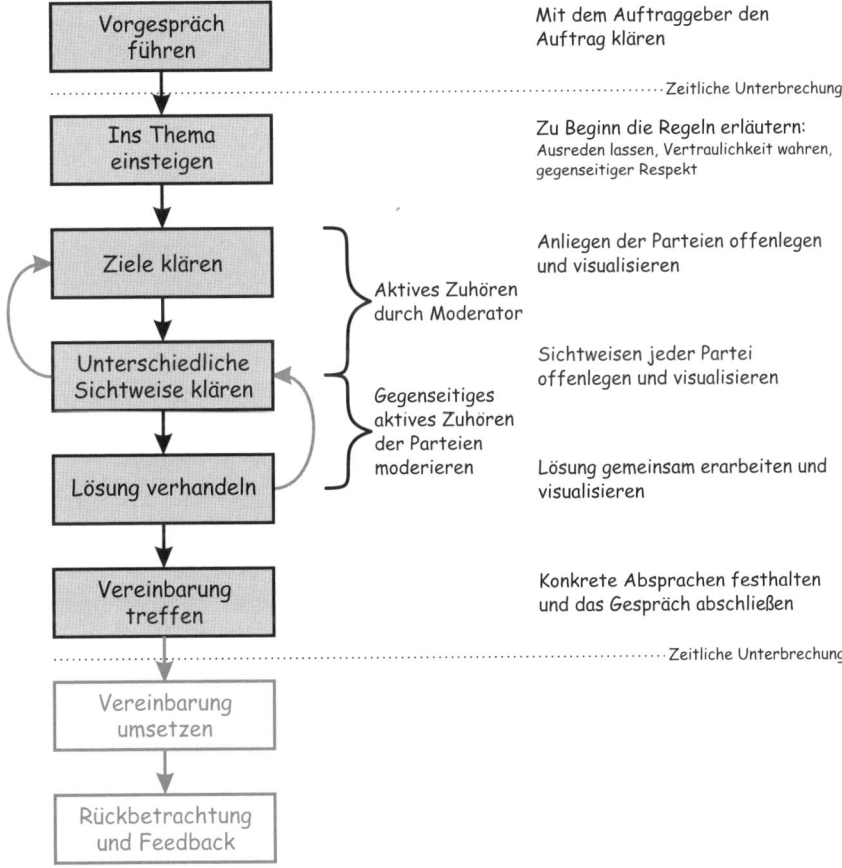

Abbildung 19.3: Struktur einer Konfliktbearbeitung mit Moderation [13]

Die Aufgaben des Moderators sind dabei im Wesentlichen, ein aktives Zuhören zwischen den Parteien zu moderieren und immer wieder einzufordern sowie die Visualisierung von Aussagen und Ergebnissen. In Abbildung 19.3 ist durch zwei graue Rückpfeile angedeutet, dass je nach neustem Zwischenstand zwischen den zentralen Schritten hin- und hergesprungen werden kann. Gerade bei dieser flexiblen Moderation ist die Struktur als Leitfaden besonders wichtig, um die angestrebten Ziele zu erreichen.

Bei der Visualisierung ist es wichtig, auf keinen Fall Anklagen zu visualisieren, da so der Graben zwischen den Parteien nur noch größer gemacht wird. Positiv formulierte Ziele und sachliche Aussagen sind dagegen eher hilfreich. Einige Gemeinsamkeiten können daran entweder direkt oder über Verallgemeinerungen sichtbar gemacht werden und erste Brücken für die Verhandlung der Lösung bilden.

In der ersten Phase geht es darum, die Rahmenbedingungen zu klären und Bedenken zu erfassen. Danach wird das Problem, um das es geht, weiter konkretisiert. Dabei werden vier Aspekte herangezogen, um das Problem aus verschiedenen Sichten zu umschreiben:

- Was genau ist das Problem?
- Welche Ursachen kennt bzw. vermutet ihr?
- Wie wirken sich die Ursachen auf das Problem aus?
- Welche Gefühle werden dabei in euch erzeugt?

Als Nächstes werden die einzelnen Sichtweisen herausgearbeitet: »Wie verhält sich das für jeden Einzelnen?« Danach werden möglichst viele unterschiedliche Lösungsideen erarbeitet. Dabei hat der Moderator zwei wichtige Aufgaben. Zum einen ist er gefordert, geeignete Visualisierungs- und andere Techniken bereitzustellen, die die Kreativität unterstützen. Zum anderen muss er einer vorschnellen Bewertung der Ideen energisch entgegenwirken. Die Bewertung erfolgt als eigene Phase im Anschluss.

Jetzt kann ein Plan geschmiedet werden, nach dem die favorisierte Lösungsidee umgesetzt werden soll. Danach erfolgt die Umsetzung, wobei vorher vereinbarte Meilensteine gegenseitig kontrolliert werden können. Zum Ende gibt es noch einen abschließenden Rückblick mit einer Bewertung des ganzen Prozesses und seiner Resultate. Dabei kann auch ein gegenseitiges Feedback erfolgen.

Wenn die Ergebnisse nicht befriedigend sind, kann mit einer weiteren Konfliktmoderation versucht werden, zumindest ein Teilproblem zu lösen. Wenn sich der Konflikt bereits zu sehr verschärft hat, gibt es als nächste Möglichkeit die Mediation, auf die wir in Abschnitt 19.3 eingehen.

19.2.4 Umgang mit der Verweigerung der Konfliktlösung

Was können Sie tun, wenn jemand bei der Lösung des Konflikts nicht bereit ist, so mitzuarbeiten, wie Sie sich das vorstellen? Viele Menschen haben sich nicht so intensiv mit Kommunikation beschäftigt, wie Sie es beispielsweise beim Lesen dieses Buchs gerade tun. Es kann passieren, dass Ihre Kollegen oder auch Vorgesetzten es albern finden, sich an Gesprächsregeln zu halten oder sich mit Sätzen wie »Ich fühle mich ...« oder »Mein Bedürfnis ist ...« zu äußern. Unser Tipp zum Umgang mit Verweigerung offener

Kommunikation: Versuchen Sie, die entsprechende Person von der *guten Sache* zu überzeugen. Erklären Sie Ihrem Kollegen, der vielleicht bevorzugt im Was-Quadranten kommuniziert, warum ihm und Ihnen das helfen wird, zur Lösung beizutragen.

Neues ist für viele einfach zu fremd. Regeln auf dem Flipchart zu notieren ist neu. Und sich daran zu halten, vielleicht noch neuer. Helfen Sie ihm, indem Sie ihm von Ihren eigenen positiven Erfahrungen damit erzählen. Ein kurzer Erfahrungsbericht Ihrerseits nimmt ein wenig dem Vorgang das Befremdliche. Sie können auch ein wenig provozieren, wenn sich jemand verweigert. Schließlich ist das Problem bisher mit herkömmlichen Bordmitteln nicht gelöst worden. Also kann etwas Neues helfen. Wenn er sich dem verweigert, ist er an einer Lösung vielleicht gar nicht interessiert? Rechnen Sie damit, dass Ihr Gesprächspartner auf die Palme geht, wenn Sie ihm das so provokant vorwerfen. Sie können ihn da wieder runterholen, wenn Sie ihm den Lösungsweg schmackhaft machen. Beim Mittel der Provokation ist es wichtig, dies mit einem *Augenzwinkern* und einem Lächeln zu verbinden, damit sich alle darauf einlassen können. Bleiben Sie als Moderator in Ihrer Haltung und Kommunikation stets wertschätzend. Die Situation ist für die beteiligten Personen schwierig und ungewohnt.

Wenn jemand sich weigert, über seine Gefühle zu reden, kann das viele Gründe haben. Vielleicht wird die Person gerade zum ersten Mal in seinem Leben nach seinen Gefühlen gefragt und er denkt: »Was soll das jetzt?« Machen Sie ihm klar, warum Ihnen das wichtig ist und warum das zur Lösung beiträgt. Der Lösungsweg verläuft immer nach dem folgenden Schema:

- von Positionen zu Themen
- von Themen zu Interessen bzw. Bedürfnissen
- hin zu Optionen
- und einer Bewertung der Optionen
- mit daraus folgenden Lösungen
- und einer Auswahl einer passenden Lösung

Machen Sie ihm deutlich, dass es nur eine für ihn befriedigende Lösung gibt, wenn er seine Bedürfnisse, die mit Gefühlen verknüpft sind, ausreichend offenlegt. Nur dann können sie angemessen berücksichtigt werden.

19.2.5 Aufbau einer Konfliktkultur

In einer Organisation kann im Rahmen eines präventiven Konfliktmanagements eine Konfliktkultur aufgebaut werden [35]. Dazu werden als Erstes wahrscheinliche Konfliktursachen für den betrachteten Systemkontext analysiert und nachgefragt, wie bislang mit diesen Konflikten umgegangen wurde. Hilfreiche Einstiegsfragen dazu lauten:

- Welche Konflikte treten häufig auf?
- Wo liegen die Ursachen für die Konflikte?
- Wie wurden diese Konflikte bislang behandelt?
- Warum werden die Konflikte bisher so behandelt?
- Wie zufrieden sind alle mit den bisherigen Konfliktlösungen?

Eine Konfliktkultur kann nur aufgebaut werden, wenn Ruhe herrscht, es also keine schwelenden Konflikte gibt. Zunächst gilt es, sich mit den vier folgenden Fragestellungen zu befassen:

Strategie: Wie und warum sind Sie bisher so vorgegangen? Wie war dabei der Erfolg? Welche Handlungsalternativen sehen Sie?
Motivation: Wer sind die Befürworter und Gegner einer verbesserten Konfliktkultur? Wie stehen die bisherigen Sieger und Verlierer dazu? Drohen vielleicht Gesichtsverlust oder Racheaktionen?
Fähigkeiten und Fertigkeiten: Wer kann mit dem Konfliktstress gut umgehen und wer weniger? Wer kennt die konfliktlösenden Verhaltensweisen und Techniken?
Ressourcen: Wie viel Zeit und Geld darf eine Konfliktlösung kosten? Welche Risiken sind dabei tragbar?

Eine Konfliktkultur richtet sich nach wenigen Grundregeln. So sind die Interessen der Konfliktpartner ausreichend zu beachten und hervorzuheben. In einer Softwareentwicklung gibt es eine Reihe massiver wirtschaftlicher Interessen, die auf verschiedene, z. T. sehr persönliche Interessen der Entwickler, Anwender und anderer Stakeholder treffen (Kap. 2).

Als Nächstes können offizielle Verhandlungsoptionen wie Feedback-Gespräche, die Konfliktmoderation oder auch die Mediation etabliert werden. Dazu gehören im weiteren Aufbau der Konfliktkultur auch Optionen für den Fall, dass Verhandlungen scheitern. Dazu kann ein ganzes Spektrum differenzierter Möglichkeiten aufgebaut werden, von dem Einrichten einer Schiedsstelle bis zur Definition fairer Trennungen. Letzteres ist sicherlich nur sehr selten notwendig. Wenn doch, hilft es sehr, sich vorher über die Art und Weise der Vermittlung Gedanken gemacht zu haben, da solche Situationen meist für die Beteiligten sehr belastend sind. Für diese Optionen ist auch die Kostenseite zu beleuchten, um gegebenenfalls verschiedene Maßnahmen gegeneinander abwägen zu können. Zur Konfliktkultur kann es auch gehören, dass bei weitreichenden Maßnahmen wie z. B. der Neueinführung einer Softwarelösung im Voraus mögliche Konfliktsituationen analysiert werden.

Auch hierbei hilft uns eine Projektumfeldanalyse. Die möglichen Konfliktlösungsstrategien werden dann betriebswirtschaftlich auf Kosten und Nutzen sowie auf ihre langfristige Wirkung und Auswirkungen auf die Zufriedenheit und Motivation abgeklopft. Eine solche Konfliktkultur hilft damit, Konflikte im Vorfeld zu reduzieren und konkret auftretende Konflikte angemessen zu bearbeiten. Ein solcher gegenseitiger Umgang ist kein Selbstzweck, sondern minimiert die Kosten, die durch Konflikte entstehen und die wir in Abschnitt 19.3.5 ab Seite 291 genauer betrachten.

19.3 Mediation für die Win-lose-Ebene

Mediation ist ein wirksames Verfahren zur Bearbeitung von abgrenzbaren Konflikten, das seit 2012 auch eine gesetzliche Grundlage hat [10]. Der Mediator begleitet die Konfliktpartner durch einen Prozess der Lösungsfindung. Wenn die einfacheren Mittel wie das Konfliktgespräch und die Moderation nicht funktioniert haben oder die beteiligten Personen dafür nicht mehr offen sind, kann eine Konfliktmediation oft noch sehr gut, schnell und kostengünstig einen Konflikt dauerhaft lösen. Am Ende einer erfolgreichen Mediation befinden sich die Beteiligten, Medianten genannt, in einer Win-win-Situation. Es gibt folglich keinen Verlierer und jeder wahrt sein Gesicht. Dies ist die besondere Stärke einer Mediation, da sie ja meist in Konflikten erfolgt, die nach dem Stufenmodell von Glasl aus Abbildung 18.4 auf Seite 257 bereits in der Win-lose-Ebene stecken.

Mit Mediation können Streitfälle zwischen zwei Personen, aber auch mit mehreren Beteiligten gelöst werden. Wenn es sich um eine Gruppe handelt, die einen Konflikt bearbeiten möchte, wird diese in Abhängigkeit der Gruppengröße entweder komplett in die Mediation gehen oder Vertreter entsenden. Der Einfachheit halber gehen wir im Folgenden von zwei Konfliktbeteiligten aus. Die Anzahl der Teilnehmer ändert nichts am grundsätzlichen Verfahren, am Ablauf und an den Voraussetzungen.

In einer Mediation enthebt der Mediator die Beteiligten nicht ihrer Verantwortung, sondern hilft ihnen, selbst den Konflikt zu lösen. Anders als ein Richter entscheidet er nicht über die Lösung. Vielmehr versucht er, gegenseitiges Verständnis für die Lage des anderen zu schaffen und die oft bestehenden Hierarchie- bzw. Machtgefälle auszugleichen. Mit seiner Allparteilichkeit stärkt er allen Beteiligten den Rücken. Er hilft, Vereinbarungen zu erarbeiten. Seine Aufgabe ist es, das gemeinsame Gespräch zu strukturieren und so zu steuern, dass alle ihre Anliegen einbringen können.

Die Dauer der Mediation ist unterschiedlich sowohl in Bezug auf die einzelnen Mediationstermine als auch den Zeitraum, über den sie sich erstreckt. Das hängt davon ab, wie umfassend das Konfliktthema und wie dringend die Lösung ist oder wie die Medianten zeitlich und räumlich verfügbar sind. Optionen sind zum Beispiel wöchentliche Sitzungen von 90 Minuten über einen Zeitraum von vier bis fünf Wochen, zwei halbe oder ein ganzer Tag. Es läuft am Ende in unserer Praxis meistens auf eine Dauer von acht Zeitstunden hinaus, deren Verteilung im Einzelfall angepasst wird. Dazu kommt eventuell ein Nachsorgetermin mit zwei bis vier Stunden. Ob der erforderlich ist, hängt von der Tiefe des Konflikts und dem Verlauf der Mediation ab.

Wir haben die besten Erfahrungen damit gemacht, bei Mediationen mit zwei halben Tagen mit vier Stunden zu arbeiten. Das genügt, um eine angemessene inhaltliche Tiefe zu erreichen. Gleichzeitig werden die Medianten durch die intensive Arbeit nicht überfordert. Wenn weite Anreisen der Teilnehmer notwendig sind, kann der zweite Termin mit den weiteren vier Stunden am Folgetag stattfinden. Eine Nacht über die Geschehnisse und Gefühle zu schlafen, ist hilfreich für die Konfliktbewältigung und konstruktive Lösung. Sind alle Teilnehmer vor Ort verfügbar, empfehlen wir, den zweiten Termin eine Woche nach dem ersten anzusetzen. Sollte der erste Termin bereits zur Lösung führen, kann der zweite Termin auf einen Abstand von drei bis vier Wochen verschoben werden und der Nachsorge dienen. Im beruflichen Kontext ist es oft schwierig, regelmäßige Termine mit kürzeren Sitzungen zu vereinbaren, wenn Mitarbeiter im Tagesgeschäft eingebunden sind. Auch das ist ein Grund, die Mediationssitzungen kompakt zu gestalten.

19.3.1 Voraussetzungen für Mediation

Vorteil der Mediation ist, dass sie auch noch auf der zweiten Ebene (Winlose) des Konfliktstufenmodells von Glasl (Abb. 18.4 auf Seite 257) eingesetzt werden kann. Das ist sogar ihr Haupteinsatzfeld. Auf der Win-win-Ebene wäre eine Mediation unter Umständen zu übertrieben – zu förmlich, offiziell, wie *mit Kanonen auf Spatzen zu schießen*. Bedingung für eine Mediation ist, dass der Konflikt sich noch in der Win-lose- und nicht schon auf der Lose-lose-Ebene befindet. Mediation kann nur eingesetzt werden, wenn folgende Voraussetzungen auf allen Seiten erfüllt sind:

- Die Teilnahme ist freiwillig.
- Die Teilnehmer sind bereit, fair zu kommunizieren.
- Die Konfliktparteien sind in Bezug auf die Lösung ergebnisoffen.
- Der Konflikt ist klar abgrenzbar.
- Die Inhalte der Mediationstreffen werden vertraulich behandelt.
- Die Beteiligten sind bereit, alle zur Klärung benötigten Sachinhalte offenzulegen.

Das beinhaltet auch, dass Sie als Auftraggeber in Bezug auf die Lösung offen sind. Das Verfahren funktioniert nicht, wenn Sie als Arbeitgeber, Projektleiter oder Vorgesetzter dem Mediator oder (einzelnen) Medianten Vorgaben machen.

Zur Abgrenzbarkeit des Konflikts ist zu sagen, dass nur konkrete Konflikte oder Ereignisse mediiert werden können. Themen, wie z. B. die allgemeine Stimmung in der Abteilung, oder jahrelang angehäufte, aufsummierte Missstimmungen können nicht mediiert werden, weil ein konkreter Konflikt nicht greifbar ist. Es würden mit hoher Wahrscheinlichkeit von den Beteiligten Nebenkriegsschauplätze aufgemacht und so die Konzentration auf ein gemeinsames Thema verhindert werden. Nach dem Motto: »Wenn du mir bei Thema X nicht zuerst nachgibst, brauchen wir über Thema Y gar nicht erst zu reden.«

Die Vertraulichkeit der Mediationsinhalte ist wichtig, damit die Beteiligten sich öffnen und ab einem bestimmten Punkt auch wieder auf einander zugehen können. Wenn Sie als Entwickler eine Mediation mit der Fachabteilung eingehen, wollen Sie sicher nicht, dass hinterher Ihr Chef über das Gesagte informiert wird. Wenn einer der Beteiligten eine Ausnahme wünscht, geht das nur, wenn wirklich alle dem zustimmen. Es kann auch vorkommen, dass Ihr Chef oder Sie als Auftraggeber den Wunsch haben, nach erfolgter Mediation über die Ergebnisse informiert zu werden. Das geht nur, wenn das von vornherein klar ist und die Beteiligten eine gemeinsame Version abstimmen, die übermittelt werden darf. Alles andere würde der Mediation einen Teil der Basis nehmen. Konkrete Details zur Verschwiegenheitspflicht sind vorab mit dem Mediator zu klären.

19.3.2 Ablauf der Mediation

Typischerweise erfolgt eine Mediation in fünf Phasen, die in der Praxis ineinander übergehen [7]. Davor liegen die Kontaktaufnahme und Information der Teilnehmer über Mediation. Dann folgen die fünf Hauptphasen:

1. Eröffnung und Klärung der Mediationsthemen
2. Betrachtung der Sichtweisen der einzelnen Teilnehmer
3. Konflikterhellung und Vertiefung
4. Erarbeitung von Lösungsideen
5. Treffen von Vereinbarungen, denen alle Teilnehmer zustimmen

Am Ende steht die Umsetzung der Lösungen und Vereinbarungen in der Praxis gegebenenfalls mit Überprüfungsterminen.

Werfen wir einen genaueren Blick auf die fünf Phasen [7]. Sie bilden eine Art Leitfaden für den Mediator für die Struktur einer Mediation (Abb. 19.4). Was erfolgt dort genau?

Phase 1 – Rahmen der Mediation: Die Personen stellen sich einander vor und der Mediator sorgt für eine vertrauensvolle Atmosphäre. Der Mediator berichtet über seinen aktuellen Informationsstand und die erfolgten Kon-

19 Konflikte managen

Phase	Aufgaben Mediator	Aufgaben Konfliktbeteiligte	Kommunikationswege	
1. Rahmen	Verfahren klären	Verfahren akzeptieren, Vertrauen fassen		Mediator / Konfliktbeteiligte
2. Mitteilungen	Raum geben, »Blitzableiter«	Sichtweisen erläutern		
3. Klärungen a. Klärung	Klärungshilfe	Eigene Gefühle, Bedürfnisse und Interessen äußern, Wünsche formulieren		
b. Kontakt	Aktives Zuhören moderieren	Gegenseitiges Verstehen, einander zuwenden		
4. Lösungen	Lösungsmoderation	Gemeinsam neue Wege finden		
5. Vereinbarung	Testfragen, Abschluss	Vereinbarung treffen und bekräftigen		

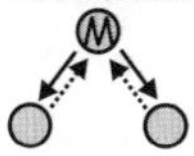

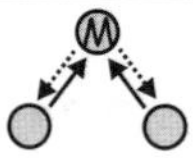

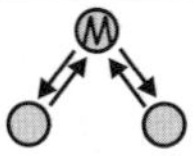

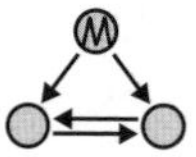

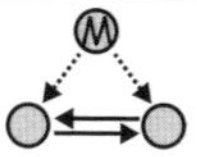

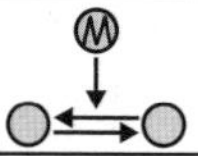

Abbildung 19.4: Ablauf einer Mediation in fünf Phasen [7, 45]

taktaufnahmen. Wenn im Vorwege Gespräche zu Inhalten mit den Medianten stattgefunden haben, wird an dieser Stelle aus Transparenzgründen darüber informiert. Idealerweise finden keine Vorabgespräche zum Inhalt statt, um einseitige Positionierungen zu vermeiden. In sehr verhärteten Fällen kann es aber sinnvoll sein, um die Teilnehmer für eine Mediation zu öffnen. Das entscheidet der Mediator im Einzelfall. Der Mediator wird niemanden zur Teilnahme überreden, da Freiwilligkeit zur Lösung erforderlich ist. Geschäftliches wie z.B. Vertrag und Organisatorisches wie Zeiten und Ablauf werden geklärt.

Dann werden die Mediationsthemen zusammengestellt. Es können durchaus mehrere Themen sein – die Teilnehmer haben in der Regel verschiedene Anliegen. Wichtig ist, dass die Themen klar abgegrenzt werden und sich die Beteiligten auf eine Reihenfolge der Bearbeitung einigen. Bei der Sammlung der Themen sprechen die Medianten zuerst nicht miteinander, sondern stellen nacheinander dem Mediator die Anliegen dar. So werden Schuldzuweisungen und Anklagen verhindert. Der Mediator sorgt dabei für Ruhe und stellt sicher, dass jeder sein Anliegen vorbringen kann. Dabei kann es durchaus emotional und laut werden, schließlich sind die Beteiligten wütend, frustriert oder zornig oder sonstwie genervt – sonst säßen sie nicht in der Mediation. Der Mediator steuert das Gespräch straff und gibt allen Raum. Er sorgt dafür, dass aus den vertretenen Positionen sachliche Themen formuliert werden.

Phase 2 – Was wollen wir regeln? Die Medianten bekommen nacheinander die Möglichkeit, ihre Sichtweisen zum gewählten Thema darzustellen. Der Mediator hört dem jeweiligen Medianten zu, fragt nach und der jeweils andere Konfliktbeteiligte schweigt und hört nur zu. Es kann gut sein, dass Schweigen in dieser Situation schwerfällt – der Mediator wird dafür sorgen, dass es für denjenigen auszuhalten ist. Der Mediator hört zu und fasst zusammen, um das gegenseitige Verstehen sicherzustellen. Die Kontrahenten dürfen einander nur sachliche Veständnisfragen stellen. Die Kommunikation erfolgt über den Mediator. Er gibt den Beteiligten Raum und fungiert selbst als eine Art *Blitzableiter*. Gemeinsamkeiten und Differenzen werden durch den Mediator festgehalten.

Phase 3 – Was ist mir wichtig? Der Mediator erhellt den Konflikt und befragt die Medianten im Wechsel zum Thema. Er wird dabei bisher nicht genannte Interessen, Gefühle und Hintergründe zutage bringen. Nachdem die Medianten erst nur zum Mediator sprechen, wird dieser die Richtung ändern, wenn beide ausreichend Platz für ihre Darstellungen bekommen haben. Dann wird der Mediator die Gesprächsrichtung dahingehend ändern, dass die Streitparteien direkt miteinander kommunizieren. Sinn des Einanderzuwendens ist, dass die Parteien die Gefühle und Interessen der Gegenseite nachvollziehen können. Das bedeutet nicht, dass sie deren Ansicht teilen müssen. Es geht nur darum, deren Sichtweise zu hören und zu verstehen. Außerdem dürfen die Medianten an dieser Stelle Wünsche an den Kontrahenten adressieren.

Phase 4 – Wie kann das Thema für die Beteiligten gelöst werden? Jetzt werden Lösungsmöglichkeiten als Optionen gesammelt. Dabei geht es darum, alle Wege in Betracht zu ziehen und auch über den *Tellerrand* hinaus zu denken. Im Brainstorming werden ohne Wertung Ideen der Medianten gesammelt und vom Mediator festgehalten. An dieser Stelle darf der Mediator nach Rückfrage auch eigene Ideen einbringen, wird sich aber dabei sehr zurückhalten. Es ist wichtig für die nachhaltige Konfliktbewältigung, dass die Medianten selbst die Lösung erarbeiten. Erst nach der Ideensammlung erfolgt die Bewertung und Auswahl der Möglichkeiten. Die Lösungen werden ausgearbeitet und gegebenenfalls erforderliche Sachinformationen einbezogen.

Phase 5 – Deshalb einigen wir uns auf . . . In der letzten Phase einigen sich die Medianten auf die beste Lösung und formulieren eine Übereinkunft. Dabei wird auch die Umsetzung, Kontrolle und der Umgang mit künftigen Problemen geklärt. Der Mediator wird hinterfragen, ob diese Lösung von allen so gewollt ist und das Problem wirklich löst und ob noch etwas zu beachten ist. Er weist auf die Möglichkeit hin, die Vereinbarung bei Bedarf durch externe Berater überprüfen zu lassen. Wenn es in der Umsetzungsphase ein Nachfolgetreffen gibt, werden dort Stand der Umsetzung und evtl. dabei anfallende Probleme besprochen.

19.3.3 Der Mediator

Der Titel *Mediator* ist nicht geschützt. Allerdings darf seit Inkrafttreten des Mediationsgesetzes Mediation nur noch angeboten und durchgeführt werden, wenn der Mediator die gesetzlichen Voraussetzungen erfüllt [10]. Wenn intern in Ihrem Unternehmen ein Mediator zur Verfügung steht, kann dieser nur Konflikte mediieren, an denen er weder direkt noch indirekt als Stake- oder Shareholder beteiligt ist. Wir empfehlen, genau zu prüfen, ob die Person wirklich unabhängig ist. Wenn das gewährleistet ist, steht dem internen Einsatz nichts im Weg. Wenn Sie diesbezüglich unsicher sind oder Vorbehalte haben, sollten Sie auf externe Mediatoren zurückgreifen. Die Konflikte, die für eine Mediation geeignet sind, sind für Moderation oder Gespräche – an die Sie sich einfacher heranwagen können – nicht geeignet, weil die Konflikte zu tief gehen. Qualifizierte Mediatoren finden Sie z. B. bei Verbänden und Handelskammern.

Ein Mediationsverfahren stellt in vielen Fällen eine Alternative zum Rechtsverfahren mit Anwälten dar. Daher ist es nicht notwendig, dass der Mediator eine juristische Ausbildung hat. Gerade diese Alternative zum Rechtsverfahren macht die Mediation so wertvoll. Es kann bei Ihnen im Unternehmen bei Konflikten z. B. darum gehen, dass ein Mitarbeiter mit Kündigung droht oder Mobbingvorwürfe im Raum stehen. In solchen Fällen ist der Weg zum Anwalt oft nicht mehr weit und die Mediation stellt hier eine Alternative dar. Viel wichtiger als eine juristische Ausbildung ist für Sie, dass der Mediator mit dem Verfahren der Mediation vertraut ist und über entsprechendes psychologisches Gespür verfügt. Der *gesunde Menschenverstand* und ein *klarer Überblick* sind in der Mediation in der Regel wichtiger als Rechtskunde oder Fachwissen in der Softwareentwicklung, da es oft um Konflikte geht, die ihren Ursprung im zwischenmenschlichen Bereich haben.

Aber auch bei ganz sachlichen Problemen kann eine Mediation helfen, gemeinsam eine geeignete Lösung, gegebenenfalls unter Einbeziehung von Sachverständigen, zu erarbeiten. Es gilt: Die Konfliktbeteiligten sind die Experten ihres Konflikts. Der Mediator ist der allparteiliche Verhandlungshelfer. Es steht allen Teilnehmern frei, die zu treffenden Vereinbarungen vor Abschluss durch externe Berater prüfen zu lassen.

Ein Mediator kann alleine oder im Team mit einem Co-Mediator arbeiten, wobei Letzteres diverse Vorteile bietet. Die beiden Mediatoren können nach Alter, Geschlecht und sozialem und beruflichem Background adäquat zu den Medianten gewählt werden. Das dient der Stärkung der Konfliktpartner. Das heißt aber nicht, dass bei zwei Streitenden jeder einen Mediator zugeteilt bekommt oder die Mediatoren jeweils Partei ergreifen. Die Mediatoren sind beide immer allparteilich, d. h. für alle Medianten da. Allparteilich bedeutet nicht, inhaltlich Partei zu ergreifen, sondern alle Parteien auf dem Weg zu unterstützen. Es ist aber für das Gefühl der Medianten hilfreich, wenn sie sich repräsentiert sehen. Das trägt zu einer besseren Verhandlungsbereitschaft und Atmosphäre bei. Außerdem nehmen zwei Mediatoren mehr wahr als einer und so können zwei Mediatoren unter Umständen noch besser bei der Klärung und Lösungsfindung unterstützen. Getreu dem Motto: Vier Augen sehen immer mehr als zwei und vier Ohren hören noch mehr.

Ebenso wie ein Mediatorenteam kann auch eine einzelne Person mediieren. Es ist oft auch eine Honorarfrage, wie viele Mediatoren Ihr Unternehmen bereit ist zu bezahlen. Einer ist immer besser als keiner. Wenn Sie die Wahl haben, empfehlen wir Ihnen zwei.

19.3.4 Vorteile von Mediation

Wenn die Mediation erfolgreich durchgeführt wurde, haben Sie den Konflikt für die Zukunft gelöst und eine gute Basis für den Umgang mit neuen Konflikten geschaffen. Personen, die an einer Mediation teilgenommen haben, werden sich oft auch in Zukunft in Konfliktsituationen oder in der Reflektion darüber im stillen Kämmerlein erinnern, was zur Lösung beiträgt und wie sie die Gegenseite verstehen können. Das fördert die Entwicklung einer Konfliktkultur (Abschnitt 19.2.5 ab Seite 283) in Ihrem Unternehmen oder auch erst einmal in Ihrer Abteilung oder Gruppe. Im Idealfall entwickeln sich die Sichtweisen der Teilnehmer wieder in Richtung der Win-win-Ebene und sie verbleiben dort auch bei neuen Konflikten.

Ein weiterer Vorteil von Mediation im Vergleich zu urteilsartigen Entscheidungen, wie es z. B. auch eine einseitige Entscheidung eines Weisungsbefugten sein kann, ist, dass alle Beteiligten die Lösung tragen. Es gibt nur Gewinner. Die Lösung ist dauerhaft zufriedenstellend, weil alle relevanten Interessen und Bedürfnisse berücksichtigt wurden. Die zukunftsweisende Richtung der Mediation motiviert die Beteiligten!

19.3.5 Konfliktkosten

Die schnelle, dauerhafte und konstruktive Lösung von Konflikten ist ein betriebswirtschaftliches Ziel, denn jeder Konflikt am Arbeitsplatz kostet Ihr Unternehmen Geld. Konflikte gehören nicht nur in den Bereich von Soft Skills, auch wenn die hier so buchtitelgebenden berühmten Soft Skills helfen, mit Konflikten konstruktiv umzugehen und Konfliktkosten so zu minimieren.

19 Konflikte managen

Konflikte sind nicht messbar und galten daher bisher auch als nicht monetär berechenbar. Das ist ein Irrtum, der viele Unternehmen teuer zu stehen kommt. Eine Studie aus dem Jahr 2009 zeigt als teuerste Konsequenz aus unzureichendem Konfliktmanagement verschleppte oder gescheiterte Projekte. Dort werden neun Konfliktkostenkategorien in drei Dimensionen benannt (Abb. 19.5) [89].

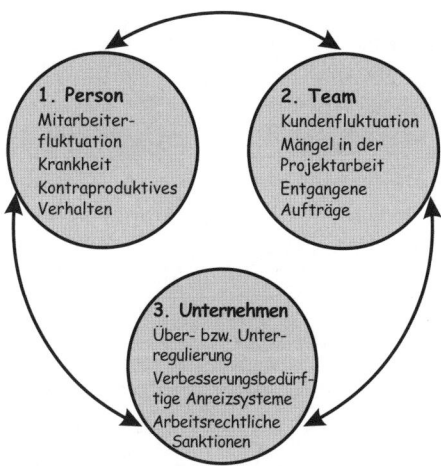

Abbildung 19.5: Die drei Dimensionen des *Circle of Conflict* bei Konflikten in Unternehmen [89]

Wir nehmen an, dass Ihnen mindestens einige Aspekte bekannt vorkommen und Sie auch in der Vergangenheit schon mal daran gedacht haben, was das die Firma wohl so kosten mag. Die Dimensionen Person, Team und Unternehmen bedingen einander und die Konflikte drehen sich in diesen Dimensionen in alle Richtungen im Kreis (Abb. 19.5). Aus diesem Teufelskreis auszubrechen ist mit gezieltem Konfliktmanagement möglich. In der Studie der KPMG werden auch Möglichkeiten der monetären Berechnung von Konflikten genannt, auf die wir hier nicht näher eingehen [89]. Einen Konfliktkostenrechner, der ungefähre Kosten abhängig vom Streitwert für Gericht, Schiedsgericht und Mediation vergleichend unverbindlich ausgibt, finden Sie beispielsweise auf www.was-kostet-ein-konflikt.de.

Für uns bedeutet das für die Qualifikation von Projektverantwortlichen, dass sie neben den fachlichen und technischen Aspekten auch Konfliktmanagement beherrschen sollten. Projekte sind aufgrund ihrer Unsicherheiten und Unwägbarkeiten eng mit Konflikten verbunden.

20 Erfolgreich Verhandlungen führen

20.1 Nach dem Harvard-Konzept verhandeln

Verhandlungen führen gehört für viele Entwickler und Projektleiter zu den eher unangenehmen Aufgaben. Wir fühlen uns unseren Verhandlungspartnern auf Fachbereichs- und Auftraggeberseite unterlegen, und mit den Ergebnissen sind wir auch oft unzufrieden (Abb. 20.1). Wir versuchen dann, ähnlich wie bei Konflikten, solche Situationen zu vermeiden. Doch damit geben wir reichlich Spielraum in der Projektgestaltung preis, was wir oft nur durch Mehrarbeit kompensieren können.

Abbildung 20.1: Wenn wir Softwareentwickler unvorbereitet in Verhandlungen z. B. mit dem Auftraggeber gehen, kommt selten Gutes dabei heraus.

Hinzu kommt, dass wir Verhandlungskompetenz benötigen, um in Konfliktmoderationen erfolgreich zu sein oder Interessenkonflikte auflösen zu können. Verhandeln gehört also zu den Kernkompetenzen von verantwortlichen Softwareentwicklern und Projektleitern.

Zum Ende dieses Buchs möchten wir erläutern, wie wir über Verhandlungen nach dem Harvard-Konzept zu dauerhaften Geschäftsbeziehungen kommen können. Wenn Sie tiefer in das Harvard-Konzept des sachorientierten Verhandelns eintauchen wollen, als wir es im Folgenden leisten können, empfiehlt es sich, die Originalliteratur [24] hinzuzuziehen.

20.1.1 Grundidee des Harvard-Konzepts

Wie können wir also erfolgreich verhandeln, um zu tragfähigen Lösungen zu gelangen und ohne in heftige Konfliktsituationen zu geraten? Dieses Problem ist weit verbreitet, und schon vor Jahrzehnten wurde im Rahmen des *Harvard Negotiation Project* eine Methode des Verhandelns und Vermittelns entwickelt. Daran können wir uns gut orientieren. Der Lösungsansatz besteht darin, *Interessen* herauszuarbeiten und nicht um *Positionen* zu feilschen. Dazu wird in vier Schritten vorgegangen [24]:

1. Menschen und Probleme getrennt voneinander behandeln
2. Auf Interessen konzentrieren und nicht auf Positionen
3. Entscheidungsmöglichkeiten und Optionen zum beiderseitigen Vorteil entwickeln, also Möglichkeiten für eine Win-win-Situation schaffen
4. Neutrale Beurteilungskriterien schaffen und anwenden

Diese vier Schritte lassen sich umso leichter anwenden, je intensiver wir uns auf eine Verhandlungssituation vorbereitet haben. Dann werden wir hoffentlich angemessen reagieren können, so wie z. B. in Abbildung 20.2 gezeigt. Wir behandeln deshalb nachfolgend zuerst unsere Vorbereitung auf Verhandlungen. Hier können wir bereits die ersten Weichen auf Erfolg stellen. Danach gehen wir etwas tiefer auf das Harvard-Verhandlungskonzept ein. Abschließend gestalten wir eine empfängerorientierte Verhandlung, basierend auf dem Persönlichkeitsmodell aus Kapitel 10.

20.1.2 Verhandlungen vorbereiten

Wie so oft ist die Vorbereitung die halbe Miete. Da sich der Verlauf einer Verhandlung selten voraussagen lässt, ist es als Erstes wichtig, Ihre eigenen Verhandlungsziele zu kennen. Was wollen Sie erreichen und was möchten Sie vermeiden? Auch hier gilt wie immer bei Zielen, dass sie realistisch, messbar und damit überprüfbar gewählt werden, um sinnvoll nutzbar zu sein. Für Verhandlungen können solche Ziele z. B. so aussehen, dass Sie mindestens einen bestimmten Deckungsbeitrag oder eine Verlängerung Ihrer Aktivitäten um eine bestimmte Dauer erreichen wollen. Ziel kann auch

Abbildung 20.2: Wenn es uns gelingt, Interessen zu erkennen und Alternativen zu entwickeln, werden wir in Verhandlungen wesentlich souveräner zu langlebigen und praxistauglichen Ergebnissen kommen. So können wir in der Sache hart verhandeln und gleichzeitig allen Beteiligten Wertschätzung entgegenbringen.

ein Vertragsabschluss sein, um einen Fuß in die Tür eines strategisch wichtigen Kunden zu bekommen. Es kann sogar auch ein Ziel sein, dass Sie einen Auftrag eines Stammkunden nicht bekommen möchten und dennoch in einer guten Beziehung zum Kunden verbleiben wollen, um später weitere Aufträge wieder übernehmen zu können.

Ihre Ziele stehen immer in einem komplexen Kontext aus Vorbedingungen und Möglichkeiten. Als Nächstes versuchen wir daher, den Verhandlungsrahmen abzuklopfen. Was ist z. B. unser finanzieller Rahmen? Wie sieht unsere normale Kalkulation aus und welche Rabatte können wir unter welchen Bedingungen gewähren?

Wichtig ist dabei die Verknüpfung von Entgegenkommen und Gegenleistung. Natürlich können wir gerne Rabatte gewähren. Diese sind jedoch an bestimmte Gegenleistungen wie z. B. Zahlungsbedingungen oder Mindestabnahmen geknüpft. So vermeiden wir das Feilschen um einen Preis. Wenn sich ein Preis in der späteren Verhandlung als zu hoch erweist, können wir so transparent und nachvollziehbar unter bestimmten Bedingungen entgegenkommen. Wir schlagen daher auch keine Verhandlungsmarge auf den Preis, um ihn dann später reduzieren zu können. Denn dadurch würden wir das Gefühl erzeugen, dass wir unseren Verhandlungspartner über den Tisch ziehen wollten.

Qualität hat ihren Preis, und den können wir z. B. über die nachvollziehbare Aufwandsschätzung transparent machen. Auch daraus ergeben sich Optionen, die wir vorab herausarbeiten können. Welche Alternativen gibt es? Können für Teile Standardprodukte mit geringerer Leistungsfähigkeit integriert werden, um Entwicklungskosten zu sparen? Auf welche ergänzenden Anforderungen könnte aus technischer Sicht verzichtet werden bzw. welche könnten vom Umfang her reduziert werden? Wo könnte der Auftraggeber durch Eigenleistungen Aufwände in der Entwicklung reduzieren?

Auch die umgekehrte Denkrichtung kann sinnvoll sein. Welcher Zusatznutzen für den Kunden wäre unter bestimmten Mehrkosten realisierbar? Wie könnte ein grober Versionsplan aussehen, der die Kosten für den Auftraggeber über einen längeren Zeitraum streckt? Dies sollen nur einige Anregungen sein, wie wir uns auf eine Verhandlung vorbereiten können.

Als Nächstes legen wir eine grobe Agenda fest, die wir vor oder zu Beginn der Verhandlung vorschlagen möchten. Wenn wir Verhandlungen als Problemlösung betrachten, werden wir einen sinnvollen, methodischen Weg dafür finden, den wir in einer Agenda ausdrücken können. So könnten wir als Erstes unsere Sicht auf einen Auftrag darstellen, unser Lösungskonzept vorstellen, die Aufwände transparent machen und Optionen erläutern.

Danach geht man vielleicht in die gemeinsame Diskussion von Alternativen und Optionen und versucht, möglichst neutrale Entscheidungskriterien zu entwickeln. Man könnte danach zwei Alternativen erarbeiten, um dann unter Anwendung der Entscheidungskriterien zu einer abschließenden Beurteilung zu kommen.

Wenn die Agenda steht, können wir unsere Rollen verteilen. Das setzt voraus, dass wir von unserer Seite aus in der Verhandlung mindestens zu zweit sind. Dies bietet sich für Entwickler generell an, da wir keine Verhandlungsprofis sind und uns zu zweit oder zu dritt sicherer fühlen.

Dazu kommt noch ein weiterer Vorteil: Durch die Verteilung von Aufgaben und der so gegebenen Struktur wirken wir oft sehr kompetent. Der potenzielle Auftraggeber erhält gleich einen Einblick, wie wir intern zusammenarbeiten. Mögliche Rollen sind ein Verhandlungsführer, ein technischer und ein fachlicher Experte oder auch ein kaufmännischer Leiter.

Durch eine Rollenverteilung ergibt sich automatisch eine Dynamik, die vorher z. B. in einem Rollenspiel geübt werden sollte. Dazu stellt ein weiterer Entwickler den Auftraggeber dar, und die anderen nehmen die ihnen zugedachten Rollen ein. Jetzt können Sie an kritischen Situationen arbeiten, Einstiegsformulierungen finden und sogar an der Sitzordnung feilen. Gleichzeitig kann ausprobiert werden, wie Sie sich untereinander die Bälle zuspielen, um auch wirklich kompetent zu wirken und nicht als Anhängsel wahrgenommen zu werden.

Der simulierte Auftraggeber kann jetzt sehr gut Feedback zur Verhandlungsführung geben. Dieses *Verhandlungstraining* muss nicht lange dauern. Überlegen Sie sich sehr genau, ob Sie darauf verzichten wollen, denn der Wert der Übung ist aus unserer Sicht immens.

20.2 Das Harvard-Konzept

20.2.1 Hart, weich oder besser sachorientiert?

Meist werden wir mit einer von zwei gegensätzlichen Verhandlungsstrategien konfrontiert: der harten oder der weichen Linie (Tab. 20.1). Bei der harten Verhandlungsstrategie wird der Sieg über den anderen angestrebt. Der eigene Vorteil steht im Vordergrund, was zur Folge hat, dass z. B. Informationen zurückgehalten werden und rhetorische Mittel wie das Herunterspielen von Argumenten, das Ignorieren bzw. Kritisieren oder das Ironisieren von Einwänden zum Einsatz kommen. Die eigene Position wird früh festgelegt und mit Argumenten untermauert. Auch das Bluffen wird oft sorgfältig vorbereitet und gezielt eingesetzt.

	Hartes Verhandeln	Weiches Verhandeln
Ziel:	Sieg	Übereinkunft
Haltung:	Hart zu Menschen und Positionen, Verhandlungspartner sind Gegner, Misstrauen	Weich zu Menschen und Positionen, Verhandlungspartner sind Freunde, Vertrauen
Strategie:	Drohen, beharren auf Positionen, Zugeständnisse der anderen Seite sind der Preis für die Übereinkunft, Druck ausüben	Angebote machen, ändern von Positionen, einseitige Zugeständnisse, bestehen auf Übereinkunft, Druck nachgeben
Linie:	Verdeckt	Offen

Tabelle 20.1: Hartes und weiches Verhandeln in der Gegenüberstellung bzgl. Ziel, innerer Haltung, Strategie und Verhandlungslinie [24]

Im Gegensatz dazu steht die weiche Verhandlungsstrategie, bei der die gemeinsame Harmonie im Mittelpunkt steht und alle Beteiligten möglichst konfliktfrei zu einer Übereinkunft kommen sollen (Tab. 20.1, rechts). Gerne werden dafür eigene Interessen vernachlässigt, wenn die Gegenseite z. B. Druck aufbaut. Einwände werden häufig schnell akzeptiert und Interessen, Positionen und Ziele transparent für alle offen dargelegt. Durch die Offenlegung der eigenen Verhandlungsstrategie wird bewusst Vertrauen demonstriert. Schnelles Nachgeben und das Vermeiden von Konflikten dominieren das Verhalten in der Verhandlung.

Beide Strategien können problematisch sein. Hartes Verhandeln führt nur selten zu langfristig stabilen Beziehungen. So wird z. B. ein Unterlegener versuchen, sich bei der nächsten Verhandlung »zu rächen«. Beim weichen Verhandeln werden wir zu oft über den Tisch gezogen und gehen unnötige Kompromisse ein. Das Harvard-Konzept versucht, einen dritten Weg zu gehen: die sachorientierte Verhandlungsstrategie (Tab. 20.2).

	Sachorientiertes Verhandeln
Ziel:	Dauerhafte, vernünftige Übereinkunft
Haltung:	Teilnehmer sind Problemlöser bzw. Partner, offen und weich zu den Menschen, hart bei den eigenen Interessen
Strategie:	Menschen und Probleme getrennt behandeln, beiderseitige Interessen herausarbeiten, Optionen finden, Bewertungskriterien entwickeln
Linie:	Vermeiden, um flexibel einen Interessenausgleich erreichen zu können

Tabelle 20.2: Kennzeichen sachorientierten Verhandelns bzgl. Ziel, innerer Haltung, Strategie und Verhandlungslinie [24]

Das Ziel ist, ein sachliches Ergebnis zu erreichen, das von allen beteiligten Parteien vernünftig akzeptiert werden kann. In der Kommunikation wird daher bewusst zwischen der Sach- und der Beziehungsebene unterschieden und beides parallel eingesetzt. In der Sache nutzen wir harte Argumente und gehen gleichzeitig auf den anderen ein, indem wir auch auf der Beziehungsebene arbeiten, um z. B. unsere gegenseitige Wertschätzung auszudrücken. Auf keinen Fall setzen wir als verantwortungsbewusste Verhandlungspartner Manipulationsversuche ein (vgl. Kap. 12).

20.2.2 Grundpfeiler des Harvard-Konzepts

Das Verhandeln nach dem Harvard-Konzept gleicht einem Problemlösungsverfahren, wie wir es bereits in Abschnitt 10.3.3 kennengelernt haben. Wir versuchen, Ziele und Argumente vorzubereiten, und suchen Kriterien, die für alle Beteiligten von Interesse sind. Dadurch gewinnen diese Kriterien den Anschein der Objektivität, obwohl sie subjektiv[1] sind. Wir entwickeln dann Alternativen und treffen basierend auf den gemeinsamen Kriterien unsere Entscheidungen. Im Einzelnen laufen dabei die folgenden Schritte ab [24]:

---

[1]Wenn Kriterien von mehreren Beteiligten festgelegt werden, spricht man von *intersubjektiv*.

Nicht um Positionen feilschen: Mit Positionen sind *Verhandlungslinien* wie Preise oder Aufgaben gemeint. Das Feilschen um Positionen hält uns schnell in der einmal eingenommenen Position gefangen und lenkt von kreativen Alternativlösungen ab. Oft führt es auch zu einem Win-lose-Ergebnis, auf dessen Basis nur schwer eine belastbare, langfristige Beziehung entstehen kann.

Menschen und Probleme getrennt voneinander behandeln: Wir versuchen, die Sach- und die Beziehungsebene zu trennen. Zuerst sichern wir die Beziehungsebene durch gegenseitige Wertschätzung und orientieren unsere Handlungen und Aussagen an den Bedürfnissen des Verhandlungspartners. Auf Basis dieser Beziehung verhandeln wir dann argumentativ hart auf der Sachebene.

Auf Interessen konzentrieren: Die eigenen Interessen und die der Verhandlungspartner transparent machen. Eventuell machen wir den Verhandlungspartner auf einige mögliche neue Interessen aufmerksam, die sich z. B. aus neuen technischen Möglichkeiten ergeben können. Danach suchen wir gemeinsam Möglichkeiten, die den Interessen aller Beteiligter genügen.

Entscheidungsmöglichkeiten und Optionen entwickeln: Dabei ist unser Ziel, in einen kreativen Lösungsprozess zu gelangen. Dazu suchen wir gemeinsam nach neuen Alternativen und weiteren Lösungsmöglichkeiten. Wichtig ist es dabei, den kreativen Findungsprozess von der Bewertung der Ideen zu trennen. Wir möchten möglichst viele Optionen frei von Kritik entwickeln.

Neutrale Beurteilungskriterien anwenden: Als Erstes identifizieren wir aus den Interessen der Verhandlungspartner die Gemeinsamkeiten. Auf Basis sozialer und moralischer Prinzipien kann dabei ein kleinster gemeinsamer Nenner gefunden werden. Daraus entwickeln wir gemeinsam überprüfbare Kriterien. An diesen Kriterien messen wir jetzt unsere vorher entwickelten Alternativen.

Gegebenenfalls Vergleich zur zweitbesten Variante herstellen: Im Vergleich zur zweitbesten Variante kann bei Bedarf der Blick auf die wesentlichen Punkte geschärft werden. Es kann sich daraus auch die Notwendigkeit ergeben, die beste Variante erneut zu verändern und z. B. Aspekte der zweitbesten Option zu integrieren. Wir kommen in Abschnitt 20.2.6 darauf zurück.

Verhandlung zum Abschluss bringen: Auf Basis des bisherigen Prozesses werden die Entscheidungen abschließend getroffen bzw. bestätigt. Es wird die Zustimmung aller Beteiligten eingeholt und protokolliert.

Ein kleines Beispiel illustriert dieses Vorgehen. Stellen wir uns die Verhandlung zwischen zwei Projektleitern vor, die einen personellen Engpass auflösen wollen. Auch diese häufig vorkommende Situation ist eine Verhandlung. Beide Projekte laufen zeitgleich parallel und sind von vergleichsweise ähnlich hoher Priorität. Häufig versuchen wir dann, aus einer starken Position heraus unsere Interessen durchzusetzen: »Mein Projekt ist wichtiger!« Oder wir finden einen faulen Kompromiss, um die Harmonie nicht zu gefährden: »Vormittags hast du ihn, und nachmittags arbeitet er für mein Projekt.« Wie das Gespräch über den Austausch von Interessen besser laufen kann, zeigt Abbildung 20.3.

Interessen

Wir beide brauchen Klaus in unseren Projekten. Wie gehen wir damit um?

Ich brauche jemanden, der verantwortlich die Architektur des neuen Frameworks gestaltet. Klaus ist genau der Richtige dafür.

Ich brauche jemanden, der das Refactoring des ABC-Projekts auf die richtige Spur bringt. Klaus hat da die meiste Erfahrung und bereits gute Ideen. Wie können wir das Problem lösen?

Wenn ich das richtig sehe, benötigst du ihn nicht die ganze Zeit, sondern nur zu Beginn und danach für ein oder zwei Reviews?

Das ist richtig! Ich dachte, du brauchst ihn auch von Beginn an?

Ja, idealerweise schon, doch den Prototyp muss er nicht selber programmieren. Das kann auch Maja machen.

Wie groß wäre denn das Zeitfenster, das durch den Prototyp entsteht?

Optionen

Geplant sind drei Wochen. Reicht dir das?

Ich denke ja. Doch ich brauche ihn gleich zu Anfang für die Weichenstellung. Wie könnte das gehen?

Das ist auch mein Problem, doch bei mir dauert die Startphase maximal eine Woche. Kannst du mit dem Versatz leben?

Eine Woche ist kein Problem, die brauchen wir noch für die restliche Anforderungsanalyse. Und wie lösen wir die Review-Frage? Aus meiner Sicht wäre ein Rhythmus von vier bis sechs Wochen sinnvoll.

Da habe ich auch eine Idee: Maja wird ja seine Stellvertreterin. Nach sechs Wochen sollte sie in der Lage sein ...

Abbildung 20.3: Beispiel einer gelungenen Verhandlung zwischen zwei Projektleitern. Die offenen Punkte werden die beiden auch noch lösen.

20.2.3 Interessen herausfinden

In Verhandlungen werden wir zu Beginn oft mit den Positionen unserer Verhandlungspartner konfrontiert wie z. B.»75 € Stundensatz sind mein letztes Wort!« So kommen wir kaum weiter, es ein denn, diese Position entspricht unseren Erwartungen.

Hinter jeder Position stehen die individuellen Interessen der Menschen, die gerade verhandeln. Diese Interessen gilt es, durch Fragen herauszubekommen oder sich wie ein Detektiv indirekt zu erschließen. Dies kann über drei Wege erfolgen:

Warum? Wir können direkt nach den Interessen fragen: Was ist Ihr Nutzen? Was ist Ihnen dabei wichtig? Was wollen Sie erreichen?
Warum nicht? Wir können auch nach den Hindernissen für eine Übereinkunft fragen. So kommen wir indirekt auf die hinter einer Position liegenden Interessen: Warum möchten Sie das nicht? Was passiert, wenn wir das nicht tun? Was möchten Sie damit vermeiden?
Auswahlmöglichkeiten: Die Prioritäten unserer Verhandlungspartner lassen sich auch über vergleichende Möglichkeiten erschließen, aus denen wir sie auswählen lassen: Was ist Ihnen wichtiger, ein minimaler Stundensatz oder eine extrem schnelle Umsetzung der Anforderungen?

20.2.4 Konsequenzen prüfen

Wenn wir mit einem Zwischenstand oder einer Möglichkeit konfrontiert werden, ist eine Bewertung möglicher Konsequenzen durchzuführen. Das folgende Muster kann uns dabei helfen.

Ja zur Forderung: Welche Vorteile und welche Nachteile ergeben sich daraus?
Nein zur Forderung: Welche Vorteile und welche Nachteile ergeben sich daraus?
Weder noch – Abwarten: Wir sagen weder Ja noch Nein und sitzen die Diskussion aus. Welche Vor- und Nachteile ergeben sich aus dieser Variante.
Konsequenzen für meine Interessen: Was bedeutet das für meine eigenen, individuellen Interessen?
Konsequenzen für die Interessen meiner Gruppe bzw. Firma: Hier sind die Interessen der Gruppe gemeint, aus der wir kommen bzw. die wir vertreten. Welche Vor- und Nachteile ergeben sich für meine Gruppe?

Dieses Muster führt uns durch ein intensives Reframing eines Vorschlags. Dabei werden sowohl die drei möglichen Reaktionen betrachtet als auch die

Auswirkungen auf die Interessenlage. Dabei muss zwischen den eigenen und den Gruppeninteressen differenziert werden, da diese unterschiedlich sein können. So kann es mir z. B. egal sein, mit einer vorgegebenen Entwicklungsumgebung zu arbeiten, da ich sie bereits kenne. Meiner Gruppe kann sie jedoch völlig unbekannt sein und im Einzelfall zu erheblicher Mehrbelastung führen, die nicht kompensiert wird.

20.2.5 Begrenzungen aufbrechen

Die Ausgangssituation in Verhandlungen erscheint oft so, dass die Auswahlmöglichkeiten stark begrenzt sind. Im Extremfall liegt uns nur ein »*Nimm es oder lass es bleiben*«-Angebot vor. Hier gilt es, die Begrenzungen aufzubrechen und möglichst viele Optionen zu finden. Wir versuchen den Kuchen zu vergrößern, um darüber die Interessen ausgleichen zu können.

Wichtig ist es, dass wir dabei erkennen, dass die Probleme unserer Verhandlungspartner auch unsere Probleme sind. Ein Lösungsvorschlag muss zu deren Lösung beitragen, um attraktiv zu sein. Wie bei den Interessen versuchen wir auch bei den Optionen durch geschicktes Fragen voranzukommen.

Vorschnelles Urteil: Wenn wir z. B. mit einem »So geht das nicht!« konfrontiert werden, können wir diesen Einwand über »Warum genau geht das nicht? Was für Alternativen sehen Sie konkret?« konstruktiv aufnehmen.

Suche nach einziger Lösung: Hier können wir die Scheuklappen entfernen, indem wir direkt nach der zweitbesten Lösung fragen. »Welche Interessen werden dann in welchem Umfang erfüllt?«

Manchmal kann es auch von Vorteil sein, mit dem Wirkungsgrad einer Maßnahme bzw. Option zu spielen. Wie so etwas aussehen kann, entnehmen Sie bitte Tabelle 20.3.

20.2.6 BATNA vs. Limit

Wie bewerten wir ein mögliches Verhandlungsergebnis? Bei einfachen Verhandlungsinhalten reicht vielleicht ein Limit aus. Bei einer Verhandlung um einen Stundensatz mit einem externen Entwickler könnte dieser ein Limit von 75 € haben. Ein Limit bedeutet, dass er niedrigere Angebote pauschal ablehnt. Leider können wir bei vielen Verhandlungen nicht mit so einfachen Mitteln operieren.

Wie so oft ist die Welt meist nicht so simpel. Ein Stundensatz ist nur ein Parameter unter vielen, die einen attraktiven Auftrag ausmachen. Die fachlichen und technischen Aspekte sind ebenso zu berücksichtigen wie z. B. das

Härtere Option	Weichere Option	Beispiel
Sachliche Einigung	Einigung über Vorgehen	Mediation beginnen bei Konflikten
Dauerhafte Einigung	Zeitlich begrenzte Lösung	Laufzeiten oder Kündigungsfristen
Umfassende Einigung	Teilweise Einigung	Prototyp erstellen oder Teilprojekt aufsetzen
Bindende Einigung	Lose Einigung	Absichtserklärung
Erstrangige Einigung	Nachrangige Einigung	Einfache Aspekte vorziehen, Pilotprojekt

Tabelle 20.3: Maßnahmen mit unterschiedlich starkem Wirkungsgrad [24]

konkrete Arbeitsumfeld, dessen Standort bzw. seine Erreichbarkeit oder die Flexibilität bei der Arbeitszeit. Ein eindimensionales Limit begrenzt uns in einer Verhandlung oft zu stark. Der mögliche Lösungsraum wird durch ein Limit verkleinert anstatt vergrößert. Das erhöht das Risiko des Scheiterns und kann bei extremen Limits auch die Beziehung dauerhaft belasten. Wir brauchen also zumindest eine Ergänzung zu unseren Limits.

Als Ausweg bietet sich die BATNA an, die *Best Alternative To Negotiated Agreement*. Sie dient uns als Vergleichswert. Ist ein Verhandlungsergebnis besser als unsere BATNA, so empfiehlt es sich, dieses anzunehmen. Ansonsten greift unsere BATNA.

Die BATNA ist also unser bestes, konkretes Alternativszenario, das zum Zuge kommt, wenn diese Verhandlung scheitert. Wie sieht der alternative Auftrag mit all seinen Parametern konkret aus, den ein externer Entwickler annehmen wird, wenn diese Verhandlung scheitert? Das obige Beispiel mit der Fokussierung auf den Tagessatz erhält über diese Sicht eine ganz andere Dimension. Wir machen uns dabei zunutze, dass sich Fragestellungen relativ zueinander einordnen lassen, ohne diese absolut bewerten zu können. Ein Limit ist eine absolute Bewertung, mit einer BATNA schaffen wir ein über viele Aspekte des Verhandlungsergebnisses relativ vergleichbares Bewertungsmittel (Tab. 20.4).

Diese Idee setzt voraus, dass wir in unserer Vorbereitung auf eine Verhandlung eine konkrete BATNA erarbeitet haben, mit der wir die Vor- und Nachteile sowie weitere Konsequenzen eines Verhandlungsergebnisses ermitteln können. Im obigen Beispiel könnte die BATNA ein Angebot mit einem Stundensatz von 80 € sein, dessen Erfüllungsort jedoch weit entfernt ist, sodass täglich lange und teure Hin- und Rückfahrten erforderlich sind. Dazu kommt, dass der Alternativauftrag inhaltlich wenig reizvoll ist. Wenn

Limit	BATNA
Schutzfunktion	Alternative zur Übereinkunft
eindimensional	Mehrere Aspekte können betrachtet werden
unflexibel	Bewertung durch Vergleich zwischen aktuellem Verhandlungsstand und BATNA
Risiken: ▪ Der Lösungsraum wird verkleinert ▪ Verschärfung führt zur Eskalation ▪ Extremes Limit belastet Beziehung	**Risiko:** Viele Alternativen können ein falsches Gefühl der Sicherheit geben. Wichtig: Nur eine Alternative als BATNA für den Vergleich nutzen!

Tabelle 20.4: Limit und BATNA in der Gegenüberstellung

wir in unseren aktuellen Verhandlungen nur 65 € geboten bekommen, aber der Kunde schnell mit dem Fahrrad zu erreichen und der Arbeitsinhalt auch noch reizvoll ist, fällt die Bewertung der beiden Alternativen leichter, auch wenn der Aspekt *Stundensatz* unterhalb des eigenen Limits liegt.

Vielleicht ist unsere BATNA auch gar kein alternativer Auftrag, sondern eine auftragslose Zeit, in der wir die Arbeit an einem Open-Source-Projekt intensivieren möchten. Darüber lernen bzw. verfestigen wir neue technische Aspekte und schaffen uns eine aktuelle Referenz. Ob diese BATNA attraktiver ist, hängt von den finanziellen Reserven und unseren inhaltlichen Zielen ab. Vielleicht hoffen wir, danach leichter unseren angestrebten Stundensatz zu erhalten oder ihn vielleicht sogar erhöhen zu können.

Eine Falle, in die uns die Entwicklung einer BATNA führen kann, sind mehrere sich ausschließende Alternativszenarien. Natürlich kann ein externer Entwickler auch einen besser bezahlten, inhaltlich jedoch mit veralteten Technologien umzusetzenden Auftrag annehmen oder sich eine Auszeit von drei Monaten nehmen, um sich in eine neue Technologie einzuarbeiten und so seinen Marktwert zu erhalten. Aber er kann eben nur eins von beiden. Die BATNA ist das Szenario, was *wirklich* greift, wenn die Verhandlungen scheitern.

20.2.7 Tipps für die Preisdiskussion

Die größte Befürchtung haben wir wohl dann, wenn es um den Preis geht. Softwareentwicklung hat ihren Preis, und der ist häufig, verglichen mit anderen Produkten, hoch. Doch womit können wir *Softwareentwicklung* vergleichen? Wann ist sie ihren Preis wert? Es gibt kaum eine solide Vergleichsgrundlage, denn die meisten Dinge, für die wir Software einsetzen, bekommen wir ohne sie kaum bewältigt [17]. Genau hier liegt der Schlüssel zum Erfolg! Wir bringen Preis und Nutzen für den Kunden in ein Gleichgewicht.

Da wir wissen, was auf uns zu kommt, können wir uns darauf vorbereiten. Zu Standardeinwänden können wir passende Antworten bereitlegen und diese vielleicht durch eine ansprechende Visualisierung begründen. Der Hauptfehler, mit dem wir in unserer Praxis konfrontiert werden, ist dabei, nicht zu seinem Preis zu stehen. Diesen Fehler können wir umgehen, wenn der Preis genauso eine Selbstverständlichkeit für uns ist wie unsere Qualitätsarbeit. Üben Sie doch während der Vorbereitung auf eine Verhandlung die feste Stimme, den erhobenen Kopf und den klaren Blick zum Gesprächspartner, wenn Sie ihm den Preis nennen.

Um zu unserem Hauptargument des Kosten-Nutzen-Verhältnisses zu kommen, beginnen wir mit der Preisdiskussion erst, nachdem wir ausreichend die Wirkung unseres Softwareprodukts dargelegt haben. Gegebenenfalls verschieben wir einen entsprechenden kundenseitigen Einwand mit der Bemerkung: »Das ist eine wichtige Frage, auf die wir gleich gesondert zu sprechen kommen.« Es ist dabei wichtig, dass unser Preis nicht alleine und ohne angemessenen Gegenwert genannt wird. Wenn wir also den Nutzen ausreichend dargestellt haben, können wir anschließend gleich unseren Preis nennen. So vermeiden wir die für uns oft unangenehm wirkende Frage des Kunden nach dem Preis und behalten die Führung im Gesprächsverlauf.

Wenn jetzt Vergleiche zu anderen Angeboten der Konkurrenten durch den Kunden gemacht werden, versuchen wir, die Preisdifferenz über den Mehrwert der für den Kunden eingebauten Zusatznutzen zu untermauern. Sprechen Sie dabei nicht über den konkreten höheren Betrag, sondern beziehen Sie sich nur auf die Preisdifferenz. In der Preisdiskussion kommen jetzt Ihre Optionen und Varianten ins Spiel, und Sie entwickeln ein oder zwei konkrete Lösungsmodelle gemäß dem Harvard-Konzept.

Auch bei der Preisdiskussion kommen die Argumentationslinien und die Einwandbehandlung aus dem Vier-Quadranten-Modell zum Einsatz. Die Frage nach dem *Warum* ist dabei essenziell. Wir sprechen auch bewusst von einer Preis*diskussion* und nicht von einer Preisverhandlung. Wir verhandeln nicht unsere Stundensätze, sondern diskutieren Möglichkeiten, zu einem guten Kosten-Nutzen-Verhältnis zu gelangen.

20.2.8 Empfängerorientiertes Argumentieren

Lassen Sie uns abschließend den Kreis zur empfängerorientierten Kommunikation wieder schließen. Verhandeln ist Kommunizieren und kann daher auch empfängerorientiert erfolgen. Die Fragetechniken aus Teil II des Buchs können uns dabei ebenso helfen wie die Modelle aus Teil III.

Wir möchten in einer Verhandlung eine Beziehung auf- bzw. ausbauen. Dies erfolgt über die gegenseitige Wertschätzung der Personen und die Anerkennung ihrer Befürchtungen und Ängste. Wir versuchen, den Erwartungen gerecht zu werden, bzw. erläutern, welche Erwartungen angemessen und welche nicht realistisch sind. Dazu beachten wir die Regeln der »Geschäftsordnung«, um Irritationen auf dieser Ebene zu vermeiden. Der Auftraggeber ist unser Partner, und er hat das Recht, als solcher behandelt zu werden.

Die Art und Weise unserer Argumentation können wir am Vier-Quadranten-Modell ausrichten. Wir durchlaufen alle vier Quadranten und setzen unsere Schwerpunkte dort, wo wir die größte Resonanz erwarten. Vielleicht gehen wir stärker in den *Was*-Quadranten und stellen detaillierte Informationen bereit. Vielleicht ist eher eine *Wenn-dann*-Kausallogik angesagt, um den *Wohin-noch*-Quadranten stärker zu berücksichtigen. Achten Sie bei jedem Kontakt auf die entsprechenden Signale und Präferenzen Ihrer Gesprächspartner.

Das *Reframing* der Verhandlung hin zu einer Problemlösung ist dabei hilfreich. Wir sind als Softwareentwickler Spezialisten im Lösen von Problemen und damit prädestiniert für das Führen erfolgreicher Verhandlungen. Über die empfängerorientierte Kommunikation in Verbindung mit der Anwendung des Harvard-Konzepts kann uns das gelingen.

Eine grobe Agenda hilft uns bei unserer Vorbereitung und dabei, unserem Gesprächspartner eine inhaltliche Orientierung zu geben. Ein hilfreiches Redemuster aus der Rhetorik gibt unserer Argumentation eine gut nachvollziehbare Struktur [47]:

1. Situationsbezogener Einstieg: Warum rede ich? Wa ist der Anlass (und nicht das Ziel)? *»Ich habe ein Problem mit dem anstehenden ABC-Projekt.«*
2. Begründung: Wie ist die aktuelle Situation? *»Mir fehlt ein erfahrener Architekt im Team für das anspruchsvolle Refactoring.«*
3. Ziel: Was soll zukünftig sein? *»Ich brauche zumindest temporär kompetente Unterstützung.«*
4. Weg: Wie kann das erreicht werden? Welche Möglichkeiten gibt es?

Nutzen Sie die Sechs-Stufen-Fragetechnik, um eine genaue Klärung herbeizuführen und Nichtausgesprochenes (Tilgungen) sowie Missverständnisse früh zu erkennen und aufzulösen. Der Verhandlungsabschluss erfolgt über geschlossene Fragen mit einem eindeutigen Commitment aller Beteiligter wie beispielsweise »Sind Sie damit einverstanden?« oder »Sehen Sie das auch so?«. Vorbereitend können wir das Ergebnis der Bewertung noch einmal zusammenfassen, wobei die für den Kunden wichtigsten Argumente am Ende präsentiert werden, um den größten Eindruck zu hinterlassen.

Nachwort: People Driven Development

Softwareentwicklung wird **mit Menschen, von Menschen und für Menschen** gemacht. Die Kommunikationsfähigkeit ist daher der wesentliche Erfolgsfaktor! Wir drücken dies mit dem Schlagwort *People Driven Development* (PDD)[2] aus. Dieser Begriff schafft es unserer Meinung nach, die bei der Softwareentwicklung beteiligten Menschen angemessen in den Vordergrund zu stellen.

Damit sind wir beim zentralen Erfolgsfaktor für Softwareprojekte angelangt: den daran beteiligten Menschen! Alle tragen ihren Teil dazu bei, vom Entwickler über die Fachbereichsmitarbeiter, die Anwender bis zum Management und Marketing. Der Erfolg hat viele Väter! Eine Schlüsselstellung nehmen dabei, wie eine Spinne im Netz, die Entwickler ein. Ihre Kommunikationsfähigkeit ist damit der wichtigste Baustein für ein erfolgreiches Miteinander aller Beteiligten. Dazu gehört als wesentliche Voraussetzung die gegenseitige Wertschätzung. Sie bildet das Fundament unserer Kommunikation.

In diesem Buch haben wir uns mit grundlegenden Kommunikationstechniken für Softwareentwickler beschäftigt. Sie schaffen die Basis für die Behandlung weiterer Aufgabenbereiche, die für die Softwareentwicklung von großer Bedeutung sind, wie z. B. das Führen von Entwicklern, Aufbauen von Teams oder Treffen von Entscheidungen. Mit diesen Aufgaben befassen wir uns in einem zweiten Buch mit dem Titel *Soft Skills für IT-Führungskräfte und Projektleiter* [84]. Vielleicht möchten Sie dort die hier behandelten Themen weiter vertiefen. Es liegt bereits in der dritten, überarbeiteten Auflage vor. In unserem dritten Buch *Soft Skills für IT-Berater* [83] gehen wir ausführlich auf Beratungsprozesse in der IT und Veränderungen in Organisationen ein und runden den Themenblock Soft Skills in der IT damit ab.

Wir wünschen Ihnen viel Erfolg bei Ihrer Arbeit und eine erfolgreiche Kommunikation mit allen Menschen in Ihrer Umgebung!

Uwe Vigenschow, Björn Schneider und Ines Meyrose

---

[2]Dieser Begriff wurde unseres Wissens bereits 1994 im Zusammenhang mit Softwareentwicklung benutzt [78], hat sich bisher jedoch (noch) nicht durchgesetzt.

Teil VI
Anhang

▷ **Die theoretischen Grundlagen** 311
Von Freud bis Schulz von Thun: Kurzfassung der Theorien hinter den Modellen für die Leser, die es genau wissen wollen.

▷ **Übungen** 333
Mit den hier vorgestellten Übungen können Sie einige der behandelten Techniken ausprobieren. Viel Spaß dabei!

▷ **Danksagung** 341

▷ **Referenzen und weiterführende Literatur** 343

▷ **Index** 349

A Die theoretischen Grundlagen

Für die Interessierten wollen wir in diesem Anhang den theoretischen Hintergrund der vorgestellten Modelle und Techniken etwas erhellen. Die Theorien sind alle im 20. Jahrhundert entwickelt worden und bauen weitgehend aufeinander auf. Die Psychologie ist als Wissenschaft nicht mit anderen Wissenschaften wie z. B. der Physik zu vergleichen. Die psychologischen Modelle beruhen weitestgehend auf Empirik. Es wurde versucht, die Erfahrungen, die einzelne Personen in ihrer Berufspraxis als Psychologen oder Therapeuten gemacht haben, durch theoretische Modelle zu strukturieren.

Jedes dieser Modelle kann also gar nicht die gesamte Realität beschreiben, sondern nur Aspekte davon. Es handelt sich um einzelne Sichten, die sich ergänzen und teilweise überlappen (Abb. A.1).

Abbildung A.1: Die große Vielfalt an unterschiedlichen und doch ähnlichen Modellen lässt sich dadurch erklären, dass Modelle Sichten (Views) auf einen Ausschnitt der Realität sind.

Die Auswahl der Modelle für dieses Buch erfolgte danach, was wir in unserer Praxis als hilfreich erkannt haben und erfolgreich einsetzen. Das heißt nicht, dass nur die berücksichtigten Theorien sinnvoll sind und andere nicht. Wir haben eine rein subjektive Auswahl getroffen.

Das aus unserer Sicht Schöne an den ausgewählten Modellen ist, dass sie recht gut nachvollziehbar sind und sich bei ihrem Einsatz im IT-Alltag ergänzen können. Sie passen zu den Situationen des Miteinanders von Entwicklern, Fachbereichen, Auftraggebern, Anwendern, Kunden, Managern und anderen an IT-Projekten beteiligten Gruppen. Doch bedenken Sie bitte stets, dass diese Modelle nicht die gesamte Realität abbilden, sondern der Versuch sind, die Komplexität menschlichen Verhaltens ein bisschen besser in den Griff zu bekommen und Aussagen über Verhaltensweisen treffen zu können.

A.1 Persönlichkeitstheorie nach Freud

A.1.1 Die Struktur der Persöhnlichkeit

Sigmund Freud (1856–1939) gilt als Begründer der Psychoanalyse. Was ist das eigentlich? Freud selbst definiert sie 1923 als Bezeichnung für drei Vorgehensweisen bzw. Erkenntnisse [40]:

1. Ein Verfahren zur Untersuchung seelischer Vorgänge, die sonst kaum zugänglich sind.
2. Eine Behandlung neurotischer Störungen, die sich auf diese Untersuchung stützt.
3. Eine Reihe von psychologischen Einsichten, die allmählich zu einer neuen wissenschaftlichen Disziplin zusammenwachsen.

Freud entwickelte die damals ungewöhnlichen Techniken der *freien Assoziation* und *Traumdeutung*, indem er seine Patienten sich frei äußern bzw. erzählen ließ und deren Aussagen dann analysierte und interpretierte. Aus diesen Beobachtungen entwickelte er zuerst eine zweiteilige Theorie über die psychische Struktur, bestehend aus dem *Bewussten* und dem größeren und einflussreicheren *Unbewussten*. 1923 entwickelte er seine Idee weiter zu einer dreiteiligen psychischen Struktur [88]:

Es Das *Es* tritt an die Stelle des *Unbewussten* und bildet das triebhafte Element der Psyche. Es kennt weder Negation noch Zeit oder Widerspruch. Das *Es* ist uns angeboren und somit seit unserer Geburt vorhanden. Unserem Bewusstsein ist es nicht möglich, darauf zuzugreifen.

Ich Das *Ich* ist ein Randgebiet des *Es* und ist uns zum größten Teil bewusst. Hier liegen unser Denken, Erinnern und Fühlen sowie unsere willkürlichen Handlungen. Unser *Ich* sucht nach rationalen Lösungen und dient als Vermittler zwischen den impulsiven Wünschen des *Es* und dem *Über-Ich*.

Über-Ich Das *Über-Ich* bildet unser Gewissen, es ist unsere moralische Instanz, hier liegen unsere Wertvorstellungen. Als Vorbild dafür dienen die Gebote und Verbote unserer Eltern bzw. Bezugspersonen aus unserer Kindheit. Wir bekommen im *Über-Ich* unsere Vorstellung von Gut und Böse. Es bildet damit den Gegenpart zum *Es*.

Freud war nicht der Erste, der den Begriff des *Unbewussten* verwendete. Bereits 1846 erkannte der Arzt Carl Gustav Carus (1789–1869), dass »der bei weitem größte Teil des Reiches unseres Seelenlebens im Unbewussten ruht«. Der Physiker und Physiologe Hermann von Helmholtz (1821–1894) veröffentlichte 1867, dass die meisten Prozesse in unserem Gehirn unbewusst ablaufen[1]. Freud war aber der bis dahin radikalste Verfechter des Konzepts des Unbewussten und machte es populär.

Freud stellte dem bewussten *Ich* das unbewusste *Es* und das durch Erziehung und Kultur geprägte *Über-Ich* entgegen. Er nahm an, dass das Unbewusste bereits vor dem Bewussten in uns existiert und uns ein Leben lang dominiert. Das war für die damalige Zeit radikales Gedankengut und stieß auf heftigen Widerspruch.

A.1.2 Dynamisches Persönlichkeitsmodell

Das *Ich* und das *Über-Ich* entstehen aus dem *Es* heraus. Das *Über-Ich* bildet sich etwa zum fünften Lebensjahr aus und beurteilt die Gedanken, Gefühle und Handlungen des *Ichs*. Aus dem Konflikt zwischen den triebhaften Impulsen des *Es* und dem strengen, bewertenden *Über-Ich* entsteht nach Freud ein Großteil der Motivation für unser Verhalten (Abb. A.2).

Freud ging von der Prämisse aus, dass Symptome in bedeutender Weise mit Lebensereignissen zusammenhängen. Sein Interesse galt dabei primär den sexuellen Impulsen des Menschen. Er bezeichnete den Sexualtrieb als Libido. Mit dem Freud'schen Ausdruck der Libido ist nicht nur die reine Sexualität gemeint, sondern generell Begierden, wobei Freuds Fokus auf der Sexualität lag.

Unter den Eindrücken des Ersten Weltkriegs erweiterte Freud sein Triebmodell um einen zweiten Aspekt, den Zerstörungstrieb oder Destrudo. Freud sah Sexual- und Todestrieb als Basis allen menschlichen Handelns. Wenn *Es* und *Über-Ich* in einen Konflikt geraten, kann das *Ich* in der Regel einen Kompromiss erreichen. Wie bei jedem *echten* Kompromiss werden dabei *Es* und/oder *Über-Ich* etwas eingeschränkt. Von allen Menschen werden dabei in einem gewissen Maß und mit unterschiedlicher Ausprägung die folgenden Mechanismen eingesetzt [91]:

Verdrängung: Extreme Wünsche des *Es* müssen möglicherweise verdrängt werden. Damit wird die psychische Maßnahme bezeichnet, durch die

---

[1]Der *unbewusste Schluss* im letzten Band des »Handbuchs der pysiologischen Optik« (1856–1867).

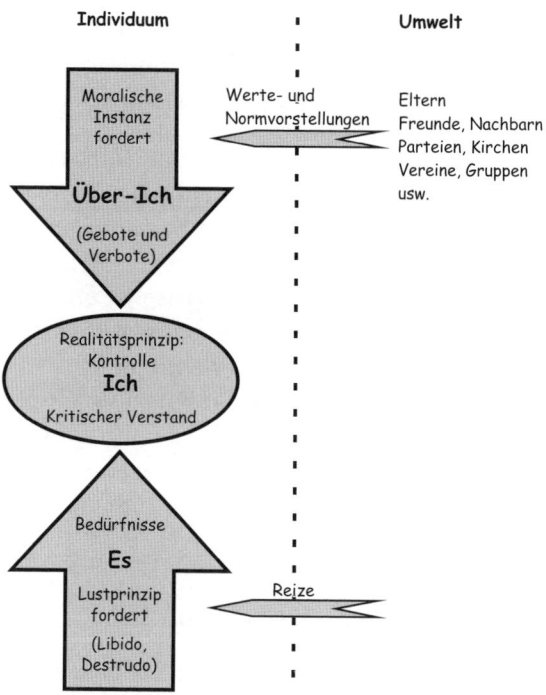

Abbildung A.2: Der psychische Apparat nach Sigmund Freud zeigt die drei Ebenen der psychischen Struktur mit Über-Ich, Ich und Es sowie seine Beeinflussung durch die Umwelt. Mit *Libido* ist die Kraft der Liebe und Sexualität gemeint, mit *Destrudo* die Kraft des Zerstörungstriebs [40, 88].

starke, durch *Es*-Impulse bedingte Konflikte aus dem Bewusstsein verdrängt werden. Das Eindringen unerwünschter oder gefährlicher Impulse ins Bewusstsein wird so verhindert.

Reaktionsbildung: Angstbeladene Wünsche werden vermieden, indem gegenteilige Intentionen und Verhaltensweisen überbetont werden. Sie wirken dann wie ein Schutzwall.

Projektion: Die Missbilligung eigener Unzulänglichkeiten und unmoralische Wünsche werden auf andere übertragen.

Verschiebung: Aufgestaute, gewöhnlich feindselige Gefühle werden gegen Objekte gerichtet, die weniger gefährlich sind als diejenigen, die die Emotion ursprünglich ausgelöst haben.

Kompensation: Eine Schwäche wird durch Überbetonung eines erwünschten Charakterzugs zu verhüllen versucht. Die Frustration auf einem Gebiet wird durch eine übermäßige Befriedigung auf einem anderen Gebiet aufgewogen.

Diese Mechanismen sind psychische Strategien, die das *Ich* einsetzen kann, um die Konflikte abzuwehren, die im normalen Verlauf des Lebens auftreten. Daher werden sie unter dem Begriff *Abwehrmechanismen* zusammengefasst. Die obigen fünf Begriffe stellen nicht die einzigen Abwehrmechanismen dar, sie sind nur besonders häufig anzutreffen. Die psychologischen Schulen, die sich mit den Mechanismen der Verdrängung, der Reaktionsbildung (Widerstand) und der Projektion befassen, werden auch als *Tiefenpsychologie* bezeichnet [28].

A.1.3 Die Dominanz des Es als Basis des Eisbergs

Freud hat dem bewussten *Ich* das unbewusste *Es* gegenübergestellt. Das unbewusste *Es* verglich er mit dem unter Wasser liegenden Teil eines Eisbergs. Das Bewusstsein ist dabei nur der kleinere, aus dem Wasser ragende Teil (Abb. A.3).

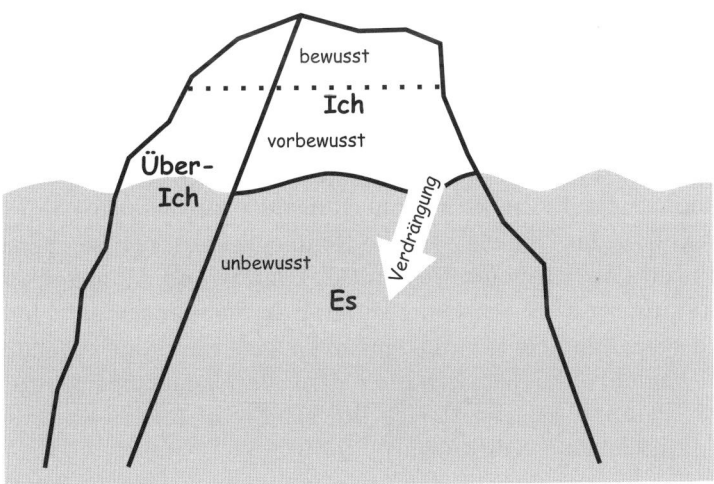

Abbildung A.3: Aus dem psychischen Apparat leitet sich auch die Theorie des Eisbergmodells ab. Das bewusste Ich bildet nur die kleine Spitze des Eisbergs. Das dominante Es ist unter der Wasseroberfläche verborgen. Auch große Anteile des Über-Ichs liegen unter Wasser. An der Grenze vom Bewussten zum Unbewussten liegt das Vorbewusstsein, in dem das Erlernte liegt und abgerufen werden kann [44].

Das *Über-Ich* liegt in diesem Modell parallel zum *Ich* und *Es* und damit auch größtenteils im Unbewussten. Menschliche Handlungen sind damit auf unbewusste Triebe zurückzuführen, die vom durch Kultur geprägten *Über-Ich* unterdrückt werden. Dabei werden viele Erfahrungen ins Unbewusste *Es* verdrängt. Durch das Mittel der freien Assoziation holte Freud diese verdrängten Inhalte wieder hoch ins Bewusstsein.

An der Grenze zwischen Bewusstsein und dem Unbewussten, noch oberhalb der Wasserlinie, liegt der vorbewusste Teil des *Ich*s. Während im *Über-Ich* verinnerlichte kulturelle Normen abgelegt sind, liegt im Vorbewussten das Erlernte, das wir bewusst abrufen können oder das uns manchmal *auf der Zunge liegt*. Als Kommunikationsmodell mit seinen bewussten und unbewussten Ebenen haben wir es als Eisbergmodell auf Seite 100 kennengelernt.

A.1.4 Kritik der Post-Freudianer

Entsprechend seiner Ausbildung hatte Freud eine medizinische, biologische Sicht auf den Menschen und seine Psyche. Er führte den Begriff des *Unbewussten* ein und begründete die Psychoanalyse. Seinem Persönlichkeitsmodell mangelte es jedoch an einer brauchbaren Vorhersagbarkeit des Verhaltens von Menschen.

Die Kritik der *Post-Freudianer* und dabei insbesondere seiner einstigen Weggefährten Alfred Adler (1870–1937) und Carl Gustav Jung (1875–1961) bezieht sich dabei im Wesentlichen auf vier Punkte [91]:

- Die Post-Freudianer messen der Ich-Funktion größeres Gewicht bei. Damit sind z. B. die Abwehrmechanismen des Ichs, die Entwicklung des Selbst, das Denken oder die Kompetenz einer Person gemeint.
- Den sozialen Variablen wie Kultur, Familie und Altersgenossen wird ein stärkerer Einfluss bei der Bildung der Persönlichkeit beigemessen.
- Den sexuellen Trieben und der Libido wird weniger Gewicht gegeben.
- Die Persönlichkeitsentwicklung wird als lebenslanger Prozess gesehen. Dadurch relativiert sich die bei Freud überragende Rolle der frühkindlichen Erfahrungen.

A.2 Analytische Psychologie

Carl Gustav Jung war ein Schüler von Sigmund Freud und gemeinsam mit Alfred Adler einer der Wegbereiter der modernen Tiefenpsychologie. Nach seiner Trennung von Freud 1913 entwickelte er eine eigene Schule der *Analytischen Psychologie*.

A.2.1 Persona, Schatten und kollektives Unbewusstes

Jung erweiterte den Begriff des Unbewussten auf zweierlei Art. Einerseits weigerte sich Jung, die von Freud postulierte Dominanz des Sexualtriebs, der Libido, anzuerkennen, was dann auch zum Bruch mit Freud führte. So erweiterte er das Modell des Unbewussten mit Freuds Libido und Destrudo (Abb. A.2) um zwei weitere Triebe: das Schaffensbedürfnis und das Bedürfnis nach Selbstverwirklichung [91].

Als zweiten wesentlichen Punkt teilte Jung das Unbewusste in zwei Teile auf: einen individuellen, persönlichen Teil und einen allen Menschen gemeinsamen Teil, den er *kollektives Unbewusstes* nannte [56]. Jung nannte seine betrachteten Teile des Unbewussten *Schatten*.

Die Begriffsbildung ist heutzutage etwas schwer nachzuvollziehen. Die Metapher *Schatten* ergibt sich aus Jungs Sicht auf das Bewusste, das er nach den Masken der antiken griechischen Schauspieler *Persona* nannte. Mit Personae sind Rollen gemeint, die wir bewusst annehmen, wie die Rolle eines IT-Managers oder Softwarearchitekten[2] bzw. im Privatleben die eines Vaters oder einer Mutter. Im Schatten dieser Rollen liegt der verborgene Teil unseres Selbst, das Unbewusste (Abb. A.4).

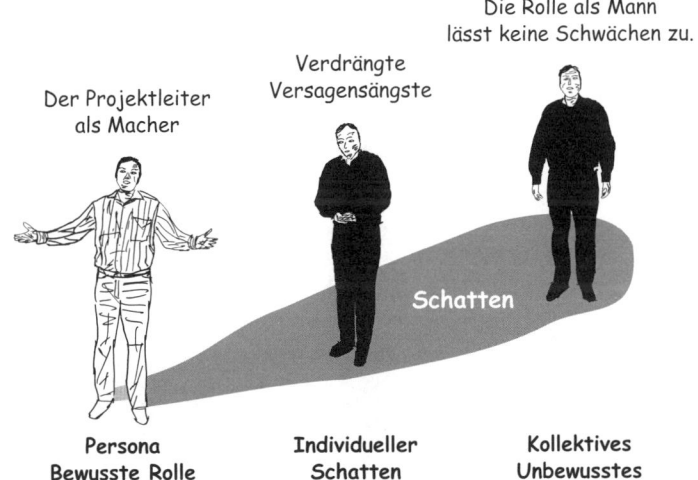

Abbildung A.4: Beispiel für Jungs Vorstellung von Bewusstsein und den unbewussten persönlichen und kollektiven Anteilen: Persona und Schatten

Der individuelle Teil des Unbewussten geht auf die Verdrängung von Inhalten zurück, die mit dem Bewusstsein bzw. mit der bewusst gelebten Lebensform, der Persona, nicht im Einklang stehen. Dies betrifft den individuellen Anteil des *Schattens*. Dazu kommen auch Ursachen für Verdrängungsarbeit

---

[2]Microsoft benutzt die Metapher *Persona* in den Produkten *Visual Studio Team System* bzw. *Solutions Framework (MSF)* im Sinne von typischen Rollen. Für diese Rollen können dann verschiedene Szenarien beschrieben werden.

aus Motiven, die für eine Gruppe von Menschen von Bedeutung sind, also kollektiv gemeinsam abgewehrt werden müssen.

Mit dieser Sichtweise erweiterte Jung auch die Thesen darüber, was im Schatten liegt und wie es dorthin gelangt ist. Neben dem Prinzip der Verdrängung nach Freud erkannte Jung, dass das Unbewusste wie ein Filter in unserer Wahrnehmung wirkt und nur als wichtig eingestufte Anteile ins Bewusstsein vordringen lässt.

A.2.2 Projektion als Manifestation des Schattens

Freud entdeckte die freie Assoziation und die Traumdeutung als Wege, Teile des Unbewussten ans Tageslicht zu holen, um damit im Rahmen seiner Therapie Erkenntnisse zu gewinnen und mit ihnen zu arbeiten. Jung erweiterte die Möglichkeiten um die Projektion [56]. Dabei geht er davon aus, dass wir Teile unseres individuellen Schattens auf andere Menschen projizieren (Abb. A.5). Auf diese Projektionen reagieren wir dann meist recht stark. So können wir aus Verhaltensweisen anderer Menschen, die wir besonders wahrnehmen, z. B. indem wir uns darüber immer wieder ärgern, auf die eigenen verdrängten Teile unserer Persönlichkeit zurückschließen.

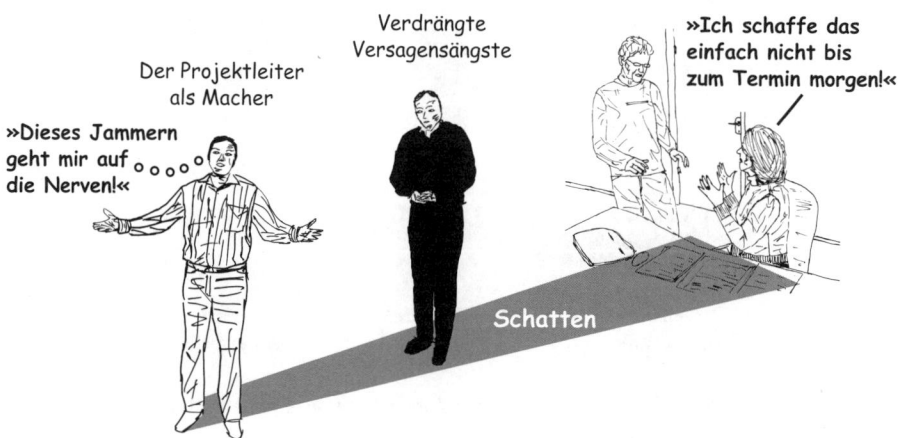

Abbildung A.5: Nach Jungs Vorstellung projizieren wir Teile unseres Schattens auf Menschen in unserer direkten Umgebung. Wir können dies über unsere innere Reaktion darauf bemerken, indem wir uns z. B. darüber ärgern.

Wenn wir z. B. unbewusst von Versagensängsten unter Druck gesetzt werden, nehmen wir bewusst das zögerliche, ängstliche Verhalten anderer Menschen wie z. B. eines Kollegen wahr. Je stärker wir etwas verdrängt haben, desto mehr stört oder ärgert es uns bei anderen. Diese interessante These von Jung lässt auch einfache Möglichkeiten der Selbsterkenntnis zu, wie sie in der Übung B.5 angedeutet sind.

A.3 Typologie nach C. G. Jung

Auf Basis seiner langjährigen Berufspraxis als Psychiater kristallisierte Jung bestimmte Charaktertypen heraus, die ihm halfen, die Vielfalt der menschlichen Charaktere zu strukturieren. Seine Typologie ist rein empirisch entstanden.

Die einzelnen Typen sind in der Regel nicht in einer Reinform anzutreffen, sondern als Mischung mit individuellen, häufig situationsabhängigen Präferenzen. Zwischen Eigen- und Fremdbild kann es auch Differenzen geben, die es ihrerseits wert sind, ausgelotet zu werden, aber dies ist nicht Gegenstand dieses Buchs.

A.3.1 Einstellung und Funktionstypen

Jung unterscheidet zwei verschiedene Kriterien für die Typzuordnung: die allgemeine Einstellung und die Funktionstypen [38]:

Allgemeine Einstellungstypen: Hier differenzieren wir in die bekannten Beschreibungen für den extravertierten[3] und introvertierten Menschen. Wir beschreiben also die Beziehung zwischen einem Menschen und seiner sachlichen Umwelt.

> **extravertiert:** Der Mensch identifiziert sich im Wesentlichen mit seiner ihn umgebenden Umwelt.
>
> **introvertiert:** Der Mensch wendet sich eher seiner eigenen Persönlichkeit zu.

Funktionstypen: Hier finden wir die sogenannten Bewusstseinsfunktionen:

- Denken (analytisch beurteilen)
- Fühlen (gefühlsmäßig beurteilen)
- Empfinden (sinnlich erfassen)
- Intuieren (intuitiv erfassen)

Jeweils zwei lassen sich zu einer Gruppe zusammenfassen:

> **Beurteilungsfunktion:** Jung nannte sie die *rationale Gruppe*. Hier werden der Denk- und der Gefühlstypus zusammengefasst. Gemeinsam ist beiden das Bedürfnis zu urteilen und zu kategorisieren. Die Denkfunktion möchte nach rationalen Gesichtspunkten

---

[3]Jung verwendet den Begriff *extra**v**ertiert*, während umgangssprachlich *extro**v**ertiert* benutzt wird.

Werturteile fällen, die Gefühlsfunktion gibt den Menschen und Dingen gefühlsmäßig einen Wert, um zu urteilen.

Wahrnehmungsfunktion: Bei Jung heißt sie *irrationale Gruppe*. Hier werden die beiden anderen Typen, Empfindung und Intuition, zusammengefasst. Beiden ist das Bedürfnis gemeinsam, Lebensqualität zu gewinnen. Die Empfindungsfunktion stellt sinnlich fest, dass und wie etwas ist. Bei der Intuition vermuten oder ahnen wir, woher etwas Wahrgenommenes kommt oder wohin es geht.

Es fällt bei dieser Wortwahl schwer, zwischen Gefühls- und Empfindungsfunktion klar zu unterscheiden. Als Merksatz gilt: Der Gefühlstypus **urteilt** aus dem Gefühl heraus, der Empfindungstypus **nimmt wahr** und akzeptiert das Wahrgenommene, er nimmt es hin.

A.3.2 Typologische Komponenten

Wir können uns sowohl die allgemeine Einstellung wie auch die beiden Funktionsgruppen als Paare vorstellen, die die beiden extremen Pole der typologischen Komponenten wie auf einem individuell einstellbaren Schieberegler darstellen (Abb. A.6).

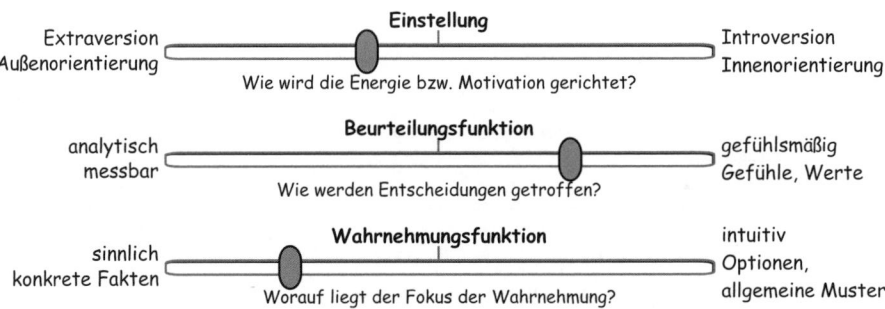

Abbildung A.6: Aspekte der Persönlichkeit nach C. G. Jung. Sie bilden paarweise die gegensätzlichen Pole und damit die Grundlage für ein dynamisches Gleichgewicht.

Extreme Positionen auf den drei Skalen sind eher selten. In der Regel sind alle sechs Aspekte vorhanden, jedoch dominiert meist ein Aspekt auf jeder Achse. Manchmal ist es auch so, dass die Dominanz eines Aspekts situationsabhängig ist. So kann es z. B. sein, dass wir normalerweise eher intuitiv wahrnehmen, aber bei einer komplizierten Fehlersuche in unserem

Quellcode im tiefsten Debugging bewusst versuchen, über unsere Sinne die konkreten Fakten wahrzunehmen.

Jeder der beiden Einstellungstypen kann mit einem der vier Funktionstypen des Bewusstseins kombiniert werden. Das ergibt somit acht unterschiedliche *Typen*, wie z. B. den introvertierten, gefühlsmäßig beurteilenden und intuitiv wahrnehmenden Menschen oder den extravertierten, analytisch beurteilenden und sinnlich wahrnehmenden Menschen. Auf diesem System aufbauend wurden weitere Modelle gebildet wie:

- Der Myers-Briggs Type Indicator® (MBTI®), der die drei Aspekte aus Jungs Typologie um einen vierten Aspekt erweitert, indem die Einstellungen in eine innere und eine äußere unterschieden werden.
- Das 4-Mat-Modell der Lerntheorie, das wir als Vier-Quadranten-Modell bereits in Kapitel 10 ab Seite 131 kennengelernt haben.

Das Vier-Quadranten-Modell lässt sich durch zwei der drei Aspekte der Jung'schen Typologie erklären. Es wird dazu die Einstellung (extravertiert oder introvertiert) mit der Beurteilungsfunktion kombiniert (Abb. A.7).

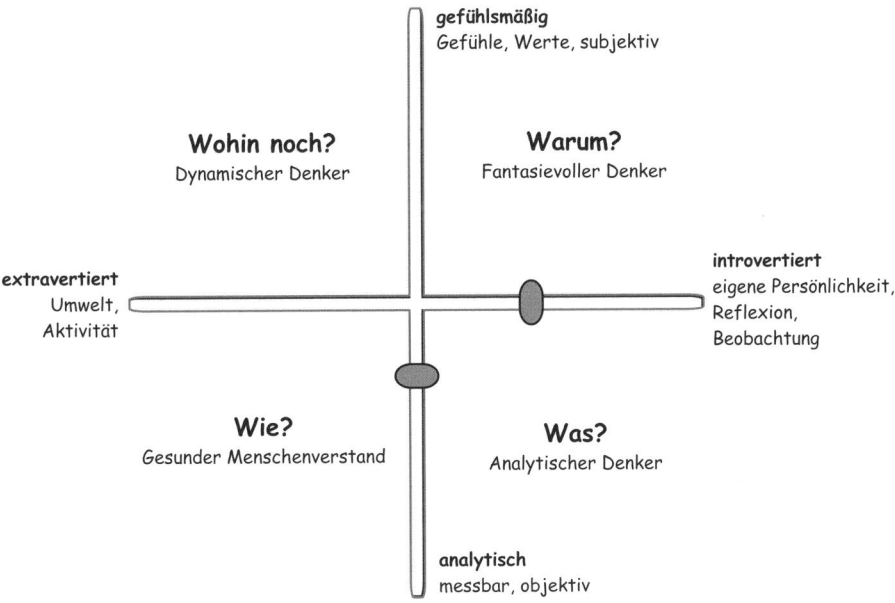

Abbildung A.7: Das Vier-Quadranten-Modell ergibt sich aus der Kombination der Einstellung mit der Beurteilungsfunktion aus Abbildung A.6.

Beide Aspekte bilden jeweils eine Koordinatenachse, sodass sich vier Quadranten ergeben, die wir bereits in Abschnitt 10.1.2 kennengelernt haben.

Jeder Quadrant wurde mit einem einprägsamen Namen belegt, der die zentrale Grundfrage des Typus stellt: Warum, Was, Wie und Wohin noch.

In der Lerntheorie ist dieses Modell als 4-Mat-Modell bekannt. Es ist von Bernice McCarthy Ende der 70er-Jahre entwickelt worden und basiert auf den experimentellen Lerntheorien von David A. Kolb. Aus diesem Grund kann dieses Modell so gut bei Präsentationen, Vorträgen usw. eingesetzt werden.

A.4 Die Transaktionsanalyse

Die Transaktionsanalyse wurde in den 60er-Jahren von Eric Berne (1910–1970) entwickelt. Berne bemerkte bei seiner Arbeit, wie sich Menschen vor seinen Augen veränderten, wenn er sie beobachtete und ihnen zuhörte. Diese Veränderungen betrafen den Gesichtsausdruck, das Vokabular, Gesten, Haltungen und Körperfunktionen wie Erröten oder schnelleres Atmen. Das Ziel der Transaktionsanalyse ist es, den Ursprung der Veränderungen herauszufinden und das gegenseitige Wechselspiel von Aktion und Reaktion einfach zu beschreiben. Berne definiert eine Transaktion folgendermaßen:

> »Die Grundeinheit aller sozialen Verbindungen bezeichnet man als *Transaktion*. Begegnen zwei oder mehr Menschen einander im Rahmen eines Sozialaggregats, dann beginnt früher oder später einer von ihnen zu sprechen oder in irgendeiner Form von der Gegenwart des anderen Notiz zu nehmen. Diesen Vorgang nennt man *Transaktions-Stimulus*. [...] Sagt oder tut dann eine von den anderen Personen etwas, das sich in irgendeiner Form auf den voraufgegangenen Stimulus bezieht, so bezeichnet man diesen Vorgang als *Transaktions-Reaktion*. [...] Die einfache Transaktionsanalyse sucht zu ergründen, welcher Ich-Zustand den Transaktions-Stimulus ausgelöst hat und welcher die Reaktion auf diese Transaktion vollzogen hat.« [5]

Eine Transaktion ist also eine Art seelischer Geschäftsabschluss zwischen zwei Menschen. Der eine bietet Verhalten an, der andere reagiert mit seinem Verhalten darauf. Als Transaktionen bezeichnen wir dabei die atomaren Transaktionseinheiten, also eine einzelne Aktion bzw. Reaktion eines Gesprächsteilnehmers. Die Transaktionsanalyse bietet ein einfaches Beschreibungsmodell zur Auswertung dieser Transaktionen. Jeder Mensch hat grob betrachtet drei Ich-Zustände:

Eltern-Ich: Hier liegen die Regeln, Normen und Beurteilungen.
Erwachsenen-Ich: Der Zustand des Verstands und der Kausalität. Aus diesem Ich-Zustand heraus reden wir über Inhalte.

Kindheits-Ich: Hier befinden sich die Gefühle, mit denen unsere Normen verfestigt wurden.

Alle drei Ich-Zustände sind parallel in uns vorhanden, und wir wechseln zwischen ihnen hin und her, sodass stets einer aktiv ist. Berne geht davon aus, dass sich die Eltern- und Kindheits-Ich-Zustände während der ersten vier bis sechs Lebensjahre ausbilden. Wie ein Tonband werden Ereignisse aufgezeichnet, die in dem Alter logischerweise meist direkt mit den Bezugspersonen, den Eltern, im Zusammenhang stehen.

Das Eltern-Ich ist eine Sammlung von ungeprüft hingenommenen und aufgezwungenen äußeren Ereignissen, die ein Mensch während der ersten vier bis sechs Lebensjahre aufzeichnet. Diese aufgezeichneten Ereignisse stammen meist von den Eltern, daher der Name der Zustandsform. Das Eltern-Ich selbst spaltet sich in zwei Teile auf (Abb. 11.8):

- fürsorgliches Eltern-Ich (Mutter-Rolle)
- kritisches Eltern-Ich (Vater-Rolle)

Unsere Lieblingstätigkeiten aus dem Eltern-Ich heraus sind Wissen, Werten und Wiegen[4]. Typische Sätze, die dem Eltern-Ich entspringen, sind:

- »Sag immer die Wahrheit!«
- »Ein braver Junge isst seinen Teller leer!«
- »Mach es ganz oder gar nicht!«
- »Stör mich nicht, ich habe keine Zeit!«
- »Grüner wird's nicht!«

Als Eltern können wir nun machen, was wir wollen. Aufgrund der biologisch altersbedingten Unzulänglichkeit eines Kleinkinds kommt dieses fast immer zu der Grundeinstellung: *Ich bin nicht O.K., du bist O.K.* Wir brauchen als Eltern noch nicht einmal etwas zu sagen. Es reicht der entnervte Blick, wenn unser Kind in seiner Ungeschicklichkeit etwas kaputt gemacht hat.

Was passiert noch im Kind? Im Kindheits-Ich sammeln wir unsere Reaktionen auf die äußeren Ereignisse. Wir bilden sie also zu inneren Ereignissen ab. Diese Reaktionen bestehen überwiegend aus den dabei entstandenen Gefühlen. Diese Aufzeichnung dauert etwa bis zum sechsten Lebensjahr an, wobei natürlich positive und negative Ereignisse gespeichert werden. Die guten Aufzeichnungen betreffen z. B. Neugier, Sinn und Sicherheit.

Das Kindheits-Ich spaltet sich ebenfalls, diesmal in drei Teile auf (Abb. 11.8 auf Seite 156):

---

[4]Es ist das Im-Arm-Wiegen eines Babys gemeint und nicht die Ermittlung des eigenen Gewichts.

- das angepasste Kindheits-Ich
- das rebellische Kindheits-Ich
- das freie Kindheits-Ich

Die Lieblingstätigkeiten aus dem Kindheits-Ich heraus sind Leiden, Spielen und Genießen. Insbesondere braucht das Kindheits-Ich Streicheleinheiten, um zu überleben. In diesen Kindheits-Ich-Aufzeichnungen liegen die Ursachen für die Grundeinstellung *Ich bin nicht O.K., du bist O.K.*

Wir können auch als Erwachsene immer wieder in diesen Zustand zurückfallen. Wenn uns unser Chef anfährt: »Ist der Plan jetzt endlich fertig?«, reagieren wir schnell unterwürfig und wie ein Kind, das sich aus der Verantwortung stehlen möchte: »Ich kann nichts dafür, Paul hat mich mit seinen Zahlen hängen lassen.«

Wie kommen wir aus dieser Falle heraus? Wie können wir trotzdem die Stärken von Kindheits- und Eltern-Ich wie Fantasie oder liebevolle Zuwendung nutzen? Der Schlüssel liegt in unserem Erwachsenen-Ich.

Hier wiegen wir die verschiedenen Aspekte der erfassten Wirklichkeit gegeneinander ab und sind in der Lage, darauf basierend Entscheidungen zu treffen. Wir können es trainieren, unsere Äußerungen aus dem Eltern- und Kindheits-Ich heraus auf ihre Korrektheit und Angemessenheit hin zu überprüfen. Unsere Lieblingstätigkeiten aus dem Erwachsenen-Ich heraus sind das Erfassen der Realität, das Prüfen von Fakten und das Bedenken von Folgen. Hier liegt also das Potenzial verborgen zur Änderung unserer Grundeinstellung hin zu: *Ich bin O.K., du bist O.K.*

Eine typische Aussage aus dem Erwachsenen-Ich heraus lautet: »Ich spiele kein Lotto, weil die Chancen auf einen Hauptgewinn mit 1 zu 13 Mio. extrem schlecht sind.« Es geht bei der Zuordnung weniger um die inhaltliche Aussage, sondern um die Haltung, die dahintersteckt. Auch der Satz »Ich spiele Roulette, weil dort die Chancen beim Glücksspiel am höchsten sind« entstammt dem Erwachsenen-Ich. Es handelt sich um kausale, auf Fakten bezogene Aussagen.

Alle drei Ich-Zustände können für uns von Nutzen sein. Sie spielen permanent zusammen. Um dies deutlich zu machen, spricht Berne auch von *kindhaft*, wenn es um das Kindheits-Ich geht. Anmut, Freude und schöpferische Impulse kommen aus diesem Ich-Zustand. Wenn das Kindheits-Ich in unangemessener Form die Oberhand gewinnt, haben wir es mit *unreifen* Menschen zu tun. *Reife* Menschen haben ihr Erwachsenen-Ich freigelegt und aktiviert, sodass es die meiste Zeit dominiert bzw. den Einsatz von Eltern-Ich und Kindheits-Ich ermöglicht. Das Eltern-Ich manifestiert sich in zweierlei Form, als aktiver Ich-Zustand und als Einflussfaktor. Als aktiver Zustand reagieren wir so, wie wir es bei unseren Bezugspersonen erlebt haben, als Einflussfaktor reagieren wir so, wie es unsere Eltern von uns erwartet hätten. Bei Letzterem spielen Eltern- und Kindheits-Ich zusammen. Im Eltern-Ich liegt die Ursache, im Kindheits-Ich-Zustand *angepasstes Kind* dessen Wirkung. Die anderen beiden Unterzustände des Kindheits-Ichs werden als das *natürliche Kind* zusammengefasst. Das Eltern-Ich leistet für uns zwei Dinge:

- Es hilft uns bei der Erziehung unserer eigenen Kinder. Je mehr eigene Erfahrung in unserem Eltern-Ich gespeichert ist, desto besser sollte uns diese Aufgabe gelingen.
- Es hilft uns, automatisch zu reagieren, und spart damit Zeit und Energie. So werden dem Erwachsenen-Ich viele Trivialentscheidungen abgenommen, und es kann sich auf die wichtigen Dinge konzentrieren.

Alle drei Persönlichkeitsaspekte haben also für uns einen hohen Lebens- und Überlebenswert und verdienen damit »ihren legitimen Platz in einem erfüllten und produktiven Leben« (Eric Berne) [5].

A.5 Differenzielle Kommunikationstheorie

Friedemann Schulz von Thun (*1944) hat verschiedene, sehr anschauliche Modelle und Zusammenhänge für die Kommunikation zwischen Menschen entwickelt. Sie sind von ihm in den 80er-Jahren zur *differenziellen Kommunikationstheorie* zusammengefasst und integriert worden. Die Modelle beruhen neben ihrer individualpsychologischen Wurzel[5] auf empirischen Erfahrungen aus der Praxis. Vier dieser Modelle ziehen sich durch seine Veröffentlichungen, und wir haben sie auch in diesem Buch verwendet:

- das Kommunikationsquadrat (TALK-Modell, vier Ohren),
- das Werte- und Entwicklungsquadrat,
- das innere Team und
- den Kommunikationskreislauf.

In der differenziellen Kommunikationstheorie werden diverse ältere Theorien integriert. Dieser Auswahlvorgang erfolgt bewusst und kann als Eklektizismus gesehen werden. Die so geschaffenen Modelle sind jedoch ein neues, mächtiges Ganzes und dadurch sehr vielfältig einsetzbar.

A.5.1 Das Kommunikationsquadrat

Bereits in den 70er-Jahren wurde das Nachrichtenmodell, bestehend aus vier Aspekten, entwickelt. Diese vier Aspekte lassen sich als Nachrichten- bzw. Kommunikationsquadrat darstellen (Abb. A.8) [63, 65].

---

[5]Die Individualpsychologie geht auf Alfred Adler zurück.

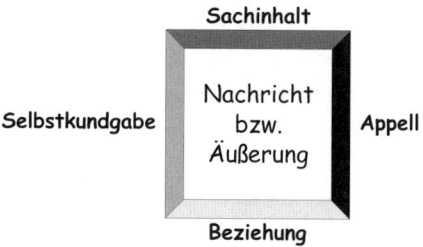

Abbildung A.8: Das Kommunikationsquadrat [63, 65]

Schulz von Thun sieht in jeder Kommunikationseinheit, die wir auch als Transaktion kennengelernt haben, vier Aspekte:

Sachinformation: Worüber informiere ich?
Selbstkundgabe: Was gebe ich von mir zu erkennen?
Beziehungshinweis: Was halte ich von dir? Wie stehe ich zu dir?
Appell: Was möchte ich bei dir erreichen?

Die Sachinformation wird explizit ausgesprochen und spielt in unserem Arbeitsumfeld meist die Hauptrolle. Zumindest sollte sie das. Für die Aussage auf der Sachebene gilt das Kriterium der Überprüfbarkeit und damit die Eigenschaft, wahr oder falsch zu sein. Des Weiteren hat die Sachinformation die Eigenschaft der Relevanz: Ist die Aussage für die aktuelle Situation von Belang? Außerdem gilt das Kriterium der Hinlänglichkeit: Sind die Inhalte für das Thema ausreichend?

Jede Äußerung enthält auch immer einen Anteil Selbstkundgabe: Was geht in mir vor und wie fasse ich meine aktuelle Rolle auf? Die Selbstkundgabe kann explizit als *Ich-Botschaft* oder implizit erfolgen. Sie kann zur positiven Selbstdarstellung oder im Sinne der Authentizität genutzt werden.

Ob Sie möchten oder nicht: Sie geben bei einer Aussage stets zu erkennen, wie Sie zu dem anderen stehen und was Sie von ihm halten. Der Beziehungshinweis wirft beim Empfänger die Frage auf, wie dieser sich durch die Art der Kommunikation behandelt fühlt. Diese Beziehungssignale werden meist implizit, also *zwischen den Zeilen*, gesendet. Tonfall und Mimik spielen dabei eine besonders wichtige Rolle, da sie die Beziehungsebene abbilden. Eine Uneinigkeit auf der Sachebene kann also mit einer Störung auf der Beziehungsebene einhergehen. Wichtig ist es, beides sauber voneinander zu trennen. Dann kann zuerst die Störung auf der Beziehungsebene angegangen werden, um danach das Sachproblem lösen zu können.

Natürlich wollen wir auf andere Menschen mit unseren Äußerungen Einfluss nehmen. Dies erfolgt auf der Appellebene. Hier fordern wir von anderen Menschen etwas. Leider wird der Appell häufig mit einer herabsetzenden Beziehungsbotschaft vermengt, was nicht konstruktiv ist: »Kannst du wenigstens heute mal alle notwendigen Dateien rechtzeitig einchecken?« Man braucht den Nachsatz »Du Depp!« gar nicht mehr explizit ansagen, er steht für alle hörbar im Raum. Mit einer solchen Verquickung sollte man sehr vorsichtig sein, denn ihr liegt eine Störung auf der Beziehungsseite zugrunde, die meist erst geklärt sein muss, bevor der Appell wirken kann.

Die vier Aspekte des Kommunikationsquadrats sind sowohl für unsere Wahrnehmung der Außenwelt wie auch für unsere Reaktionen bzw. Antworten relevant. Wir nehmen bildlich gesprochen mit *vier Ohren* wahr (je eins für jeden Aspekt des Kommunikationsquadrats), d. h., wir können eine Nachricht auf diesen vier Ebenen wahrnehmen und interpretieren, wobei meist eine Ebene dominiert. Analog sprechen wir davon, mit einem von *vier Schnäbeln* zu reagieren. Es ist sicherlich von Nutzen für die individuelle Weiterentwicklung, die jeweils schwächeren Ebenen stärker zu beachten und zu trainieren.

Die spannendste Ebene in der Kommunikation ist oft die der Beziehungen. Die Beziehung zwischen den Gesprächspartnern bildet die Basis für die Kommunikation. Ist sie gestört, greifen auch die anderen Ebenen nicht mehr. Daher ist es besonders wichtig, auf Störungen auf der Beziehungsebene sofort zu reagieren. Dazu kann es hilfreich sein, die Beziehungsebene noch etwas genauer zu betrachten. Eine Nachricht hat auf der Beziehungsebene ihrerseits zwei Dimensionen: Wertschätzung und Lenkung. Aus diesen beiden Dimensionen ergibt sich das sogenannte Verhaltenskreuz mit vier möglichen Führungsstilen (Abb. A.9) [65].

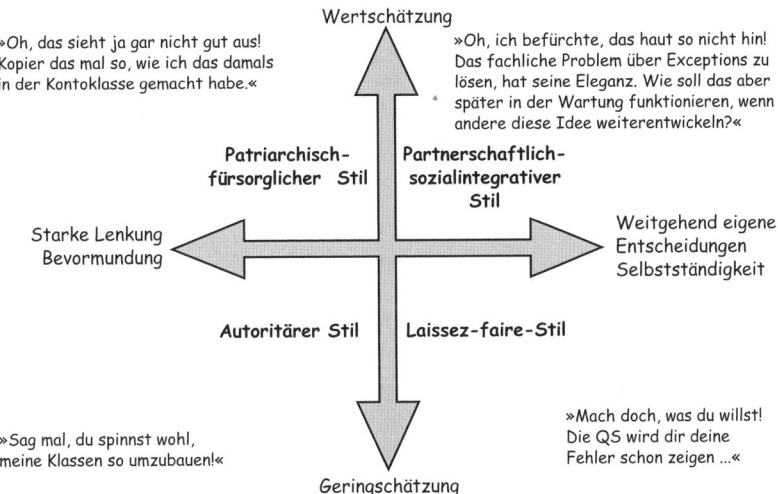

Abbildung A.9: Das Verhaltenskreuz der vier Führungsstile [65]

Wir möchten im Rahmen dieses Buchs nicht weiter auf die Führungsaspekte eingehen, sondern dieses Beispiel nur dafür benutzen, erneut auf die Wichtigkeit der gegenseitigen Wertschätzung für die Kommunikation hinzuweisen. Sie bildet die Basis für die Kommunikation und ist der Schlüssel zur Konfliktvermeidung bzw. Konfliktlösung. In unserem zweiten Buch zu Soft Skills in der IT steht der Führungsaspekt im Zentrum [84].

A.5.2 Das Werte- und Entwicklungsquadrat

Mit den Wertequadraten drückt Schulz von Thun visuell die Spannungsfelder aus, in denen wir uns bewegen.[6] Die den Wertequadraten zugrunde liegende These lautet, dass jeder positive Wert nur dann seine konstruktive Wirkung entfalten kann, wenn er sich in einer Spannung zu einem anderen positiven Wert, dem Gegenwert, befindet. Daher sind die resultierenden Spannungsfelder positiv zu sehen [64, 65]. Der Wert und sein Gegenwert stehen in einer Balance, ohne die ein Wert zu seiner entwertenden Übertreibung entarten würde (Abb. A.10).

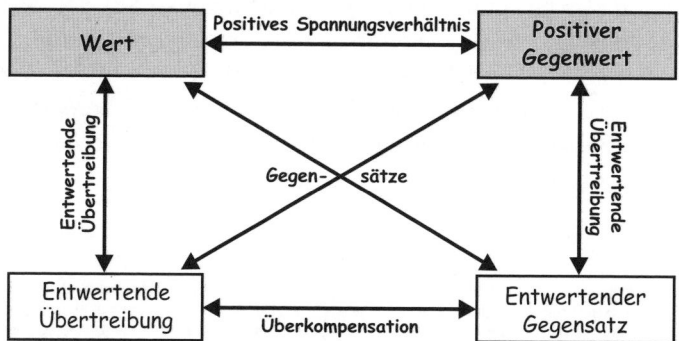

Abbildung A.10: Schema eines Wertequadrats nach Schulz von Thun [64]

Warum wird diese Darstellung auch *Entwicklungsquadrat* genannt? Weil sie eine Hilfe gibt, aus einer entwertenden Übertreibung herauszukommen. Dabei versucht man, den diagonal entgegengesetzten Wert in seinem Verhalten besonders zu betonen. So gelangt man wieder auf die obere Ebene des konstruktiven Wechselspiels der beiden positiven Werte.

Zwei Beispiele sollen zur weiteren Illustration der Wertequadrate dienen. Ein typischer Balanceakt zwischen zwei positiven Werten ist der zwischen Vertrauen und Vorsicht (Abb. A.11). Es ist offensichtlich, dass eine einseitige Betonung des Vertrauens oder der Vorsicht schnell zu den de-

---

[6]Wertequadrate gehen auf Paul Helwig (1893–1963) zurück [34].

struktiven, entwertenden Übertreibungen der naiven Vertrauensseligkeit oder des paranoiden Misstrauens führen kann. An diesem Beispiel wird sehr schön deutlich, dass die ausgewogene Balance der beiden positiven Werte deren Stärke ausmacht.

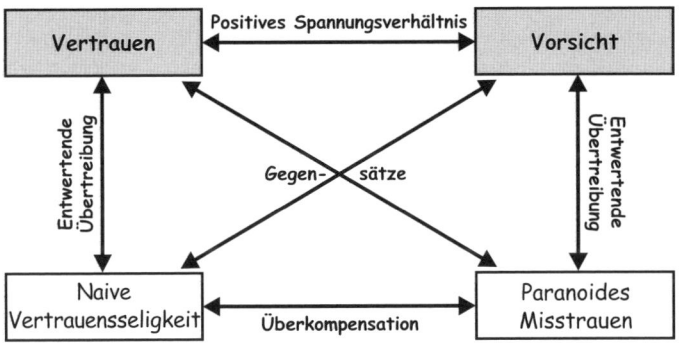

Abbildung A.11: Beispiel eines Wertequadrats für den Wert *Vertrauen* und seinen Gegenwert *Vorsicht* [64]

Das zweite Beispiel ist die Konvertierung der vier Grundimpulse nach Fritz Riemann (siehe Abschnitt 8.3.4, Abb. 8.4 auf Seite 112) in zwei Wertequadrate. Es ergeben sich die beiden positiven Spannungsfelder zwischen Nähe und Distanz sowie Wechsel und Beständigkeit (Abb. A.12). Die entwertenden Übertreibungen sind dann Klammern beim Grundimpuls nach Nähe, Isolation beim Grundimpuls Distanz sowie Flatterhaftigkeit für Wechsel und Starre für Beständigkeit.

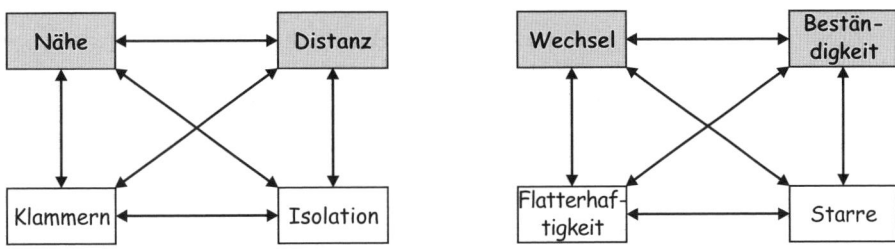

Abbildung A.12: Nach Riemann sind allen Menschen vier grundlegende Werte gemeinsam. Jeweils zwei bilden ein Wertepaar (oben, grau hinterlegt), für das eine ausgewogene Balance zu finden ist [54].

A.5.3 Das innere Team

Mit dem Modell des inneren Teams wird die *Innenseite* der Kommunikation betrachtet. Wie in der *Außenseite* mit dem Miteinander und Gegeneinander verschiedener Menschen haben wir auch *mehrere Herzen in unserer Brust* [62, 65, 66]. Wenn wir in uns hineinhorchen, hören wir mehrere Stimmen, die sich selten einig sind (Abb. A.13).

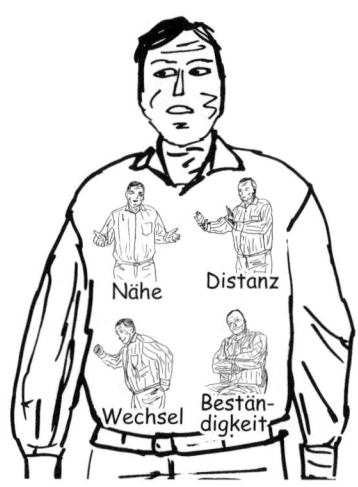

Abbildung A.13: Das Modell des inneren Teams bildet unseren inneren Zustand in Kommunikationssituationen als gruppendynamischen Prozess zwischen einzelnen, kleinen Ichs ab (Beispiel der Grundimpulse nach Riemann).

Gerade in schwierigen Situationen kann uns diese *innere Pluralität* helfen, sofern wir es gelernt haben, sie angemessen zu nutzen. Dieses innere Team kann uns gelegentlich lästig sein und im Einzelfall bis zur kurzzeitigen Verhaltenslähmung führen. Dennoch handelt es sich dabei um keine seelische Störung, sondern eine ganz normale menschliche Eigenschaft.[7] Wie bei jedem guten Team kommt es auf die Heterogenität und die gegenseitige Wertschätzung an. Dann können sich die Stärken hervorragend ergänzen. Die Herausforderung in diesem Zusammenhang besteht darin, die richtigen Teammitglieder für die Aufgabe auszuwählen und in einer *inneren Ratsversammlung* zu einer Handlungsanweisung für sich selbst zu kommen. Dann können wir in einer konkreten Gesprächssituation klar, authentisch und angemessen agieren.

---

[7]Die Abgrenzung zur krankhaften Schizophrenie trifft Schulz von Thun anhand der Eigenschaft des inneren Teams, miteinander zu kommunizieren. Bei der Schizophrenie, der Bewusstseinsspaltung, kennen sich die verschiedenen Personen nicht.

A.5.4 Der selbstverstärkende Kreislauf der Kommunikation

In Abbildung 17.6 auf Seite 247 haben wir ein Beispiel für einen selbstverstärkenden Teufelskreis kennengelernt. In Abbildung A.14 links sehen wir das Schema dieser Darstellung von Kommunikationsprozessen für den Konfliktfall.

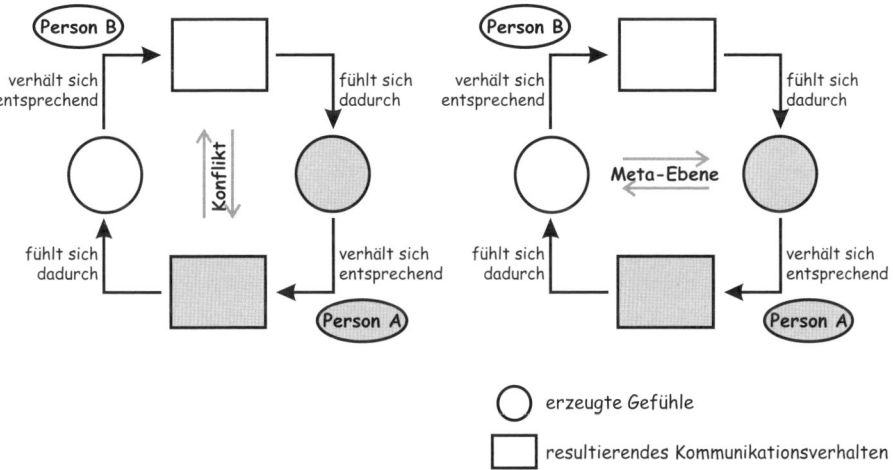

Abbildung A.14: Im Kommunikationsprozess kann es zu selbstverstärkenden Kreisläufen kommen, einem *Teufelskreis*.

Unser Verhalten erzeugt beim Gesprächspartner Gefühle, die wiederum sein Verhalten beeinflussen. Diese Reaktion erzeugt ihrerseits bei uns Gefühle, die unser Verhalten beeinflussen. Der Kommunikationsprozess ist damit ein Kreislauf [64, 65].

Wie es dabei konkret zu Konflikten kommen kann, ist in Abschnitt 17.5.1 erläutert. Die Konflikte ergeben sich aus dem Verhalten der beteiligten Personen. Das jeweils unterschiedliche Kommunikationsverhalten prallt aufeinander. Die senkrechten grauen Pfeile in Abbildung A.14, links stellen den äußerlich wahrnehmbaren Konfliktfall dar. Was das bedeutet, wurde bereits in Abbildung 17.6 auf Seite 247 verdeutlicht.

In vielen Fällen hilft dann die Standardlösung *Auf die Meta-Ebene gehen* (Abschnitt 6.4, Kasten auf Seite 73). Wir reden nicht mehr über das konkrete Verhalten, sondern über die Gefühle, die dadurch erzeugt werden (siehe die waagerechten grauen Pfeile in Abb. A.14, rechts). Wir verlassen dabei den äußerlich sichtbaren Rahmen und nähern uns dem Kern [65].

B Übungen

In unserer Praxis und den Erfahrungen mit Kommunikationstechniken und Arbeitspsychologie sind uns diverse Übungen begegnet. Sie können zum Verständnis beitragen, weil wir mit diesen Übungen einige Prinzipien und Ideen spielerisch ausprobieren können. Uns haben sie jedenfalls viel Spaß gemacht.

B.1 Verbale Kommunikation: Sagen und Verstehen

Mit dieser einfachen Übung [47] können wir gut erspüren, welche Informationsverluste entstehen, wenn wir uns nur auf die verbale Kommunikation verlassen. Sie brauchen dazu einen Partner oder – noch besser – Sie machen die Übung in einer kleinen Gruppe. Diese Übung eignet sich gut zur Sensibilisierung für die Wichtigkeit von Kommunikationsthemen im Allgemeinen und für aktives Zuhören im Speziellen.

Der Ablauf ist folgender: Nur ein Mitglied der Gruppe sieht ein einfaches geometrisches Bild und soll es den anderen Personen erklären, sodass sie es sofort nachzeichnen können. Es dürfen dazu keine Rückfragen aus der Gruppe gestellt werden, und der Beschreibende darf nicht sehen, was die anderen zeichnen. Eine Rückkopplung (Abschnitt 6.3 ab Seite 71) ist also unterbunden.

Hinterher vergleichen Sie das Original mit den Zeichnungen. Dabei geht es nicht darum, die einzelnen Skizzen zu bewerten oder die Qualität der Beschreibung, sondern nur darum, den Informationsverlust durch die Einengung auf einen Kanal ohne Rückkopplung zu erkennen. Anregungen, wie solche Ausgangsbilder aussehen können, finden Sie in Abbildung B.1. Fangen Sie mit dem linken, einfacheren Beispiel an und nehmen Sie für eine Wiederholung ein etwas komplexeres, wie z. B. das rechte Bild.

Wir haben aus den Erfahrungen der ersten Runde mit dem einfacheren Bild gelernt und fassen in der zweiten Runde unsere Formulierungen präziser ab. Die beschreibende Person kann dazu gewechselt werden. Auch in der zweiten Runde mit dem komplexeren Bild wird trotz vermeintlich besserer Vorbereitung ein Aha-Effekt eintreten.

Selbst wenn es uns gelingt, dass ein oder sogar alle gezeichneten Bilder stimmen, haben wir gesehen, was für einen Beschreibungsaufwand wir dafür leisten mussten. Die alternative Anweisung: »Ich zeige euch ein Bild, malt das bitte ab!« ist deutlich einfacher.

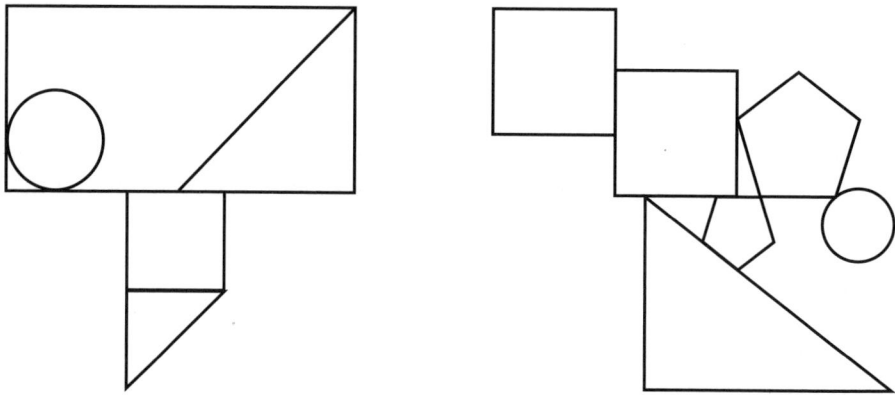

Abbildung B.1: Zwei Anregungen für geometrische Bilder. Sie müssen für unseren Zweck nicht komplizierter sein als diese beiden Beispiele.

B.2 Freies Sprechen: Drei-Wörter-Übung

Freies Sprechen vor anderen Menschen können wir gut üben. Dazu treffen wir uns im Team und bilden, wenn wir mehr als drei sind, Kleingruppen von zwei bis drei Personen. In jeder Gruppe erfolgt der gleiche Ablauf. Einer ist der Redner und hält vor der ganzen Gruppe eine kurze Rede von ca. einer Minute Länge. Dabei muss er drei Wörter verwenden, die ihm die anderen auf eine Karte geschrieben haben. Der Redner sieht diese Begriffe erst zu Beginn seiner Rede [47].

Wir müssen uns dann blitzschnell einen Kontext schaffen, in dem wir diese Begriffe verwenden können. Im Begrüßungs- und Einführungsteil unserer Redeimprovisation teilen wir den anderen diesen Kontext mit. Falls dies so einfach nicht möglich ist, stellen wir unserer Rede *einen* kurzen erläuternden Satz voran. Und dann geht es los...

Es gibt für die drei Begriffe keine Regeln, sie sollten bunt gemischt sein, wie z. B.:

- Katze – Schreibtisch – Weintrauben
- Modell – Gummistiefel – Albtraum

Dafür ist der Redner frei, jeden beliebigen Zusammenhang zu schaffen. Ob er vor Aktionären spricht, eine Geburtstagsrede hält oder einen Appell an Ordnungskräfte wählt, ist seiner Fantasie überlassen. Es müssen innerhalb einer Minute nur alle drei Begriffe sinnvoll eingebaut werden.

Ganz nebenbei wird beim Üben des freien Sprechens auch der Wert einer gelungenen Einführung erkannt. Jeder Zuhörer ist gespannt, wie der Redner das Problem meistern wird. Mit einem originellen Aufhänger haben wir alle hinter uns, und die Übung fällt uns deutlich leichter.

B.3 Freies Sprechen: Aber-zu-und-Übung

Problemlösungsspezialisten wie Softwareentwickler verwenden das Wort »aber« gerne allzu oft. Leider fokussieren wir so in unserer Aussage auf die Probleme und weniger auf den eigentlichen Kern. Wie wir bereits in Kapitel 10 gesehen haben, kollidiert das Wort »aber« mit aktuellen Präferenzen in den beiden oberen Quadranten *Warum* und *Wohin noch*. Mit dieser Übung trainieren wir, beim gesprochenen Wort darauf zu achten, unnötige »aber« zu vermeiden.

Es bedarf dazu mindestens zweier Personen, eine, die übt, und eine, die kontrolliert. Es wird ein technisches Thema festgelegt, und der Übende hält aus dem Stegreif eine kleine Rede dazu. Es eignen sich hierfür besonders Überzeugungsreden, weil dann die »aber« noch störender sind. Immer, wenn ein »aber« gesagt wird, unterbricht der Kontrollierende, und der Übende wiederholt den letzten Satz, wobei er das Wort »aber« durch »und« ersetzt. Es ist enorm, wie sich so die Aussagekraft unserer Sätze verändern kann.

Manchmal ist es schwierig, aus dem Stand heraus geeignete Themen zu finden. Vielleicht kann Ihnen die folgende Liste als Anregung dienen.

- Es soll eine einheitliche Office[1]-Version in einer Entwicklungsabteilung eingeführt werden.
- Alle Entwickler sollen mindestens einmal am Tag lauffähige Software in die Versionskontrolle einchecken.
- Soll Exception-Handling neben technischen Fehlern auch für fachliche Ausnahmen eingesetzt werden oder nicht?
- Der Einsatz von Vererbung hat in unserer Software zu vielen Vererbungshierarchien geführt!
- Der Einsatz von Vererbung und damit verbunden der Abstraktionsgrad ist in unserer Software zu gering!
- Wir sollten mehr Entwurfsmuster einsetzen!
- Einige Kollegen setzen Entwurfsmuster nur um ihrer selbst willen ein und verkomplizieren so die Software!

---

[1]Es darf auch jede andere Art von eingesetzten Tools sein.

Als Variante bzw. Weiterführung dieser Übung kann der Übende auch alleine arbeiten. Dazu bedarf es entweder eines Aufnahmegeräts (z. B. ein Diktafon) oder für den Fortgeschrittenen einer guten Eigenkontrolle. Um Letzteres geht es gerade bei dieser Übung: Unsere Eigenwahrnehmung soll geschärft weren, sodass wir unsere Handlungsmöglichkeiten erweitern können. Dort, wo ein »aber« sinnvoll ist, soll es auch stehen, dort, wo es überflüssig ist oder stört, soll es nicht eingesetzt werden.

B.4   Unsere Lieblingsrolle im Drama-Dreieck

Aus der Transaktionsanalyse kennen wir das Drama-Dreieck (Abschnitt 11.4). Wenn wir uns in einer Drama-Dreieck-Situation wiederfinden, haben wir meist eine Vorliebe für eine bestimmte Rolle. Eine solche Vorliebe kann auch unbewusst sein. Um herauszufinden, welche Lieblingsrolle wir einnehmen, können Sie für sich die folgenden Fragen beantworten [90].

Gehen Sie dazu die drei Tabellen B.1 bis B.3 durch und setzen Sie Ihre Kreuze in der entsprechenden Spalte für alle Aussagen jeder Rolle. Da solche Allgemeinaussagen selten zu 100 % stimmen, bewerten Sie bitte, ob eine Aussage für Sie überwiegend zutrifft oder nicht!

Verfolger-Aussagen	trifft zu	trifft nicht zu
Ich neige leicht zu Angriffen und Vorwürfen.		
Mir macht der verbale Schlagabtausch oder ein Konflikt Spaß.		
Meistens muss ich unbedingt Recht haben.		
Mir wurde schon oft gesagt, ich sei ein *Besserwisser*.		
Ich denke oft: »Wie kann man nur . . . «		
Manchmal sage ich anderen, was sie denken oder fühlen.		

Tabelle B.1: Typische Aussagen einer Verfolger-Rolle im Drama-Dreieck

Jetzt analysieren wir kurz die Antworten. Vermutlich werden Sie für jede Rolle sowohl *trifft zu* wie auch *trifft nicht zu* angekreuzt haben. Dort, wo die Ja-Antworten am deutlichsten überwiegen, liegt vermutlich Ihre Einstiegsrolle in einer Drama-Dreieck-Situation.

Die meisten Menschen haben eine solche *Lieblingsrolle*. Diese Erkenntnis kann uns helfen, Drama-Dreieck-Situationen schneller zu erfassen und sie dann zu verlassen und damit das Drama-Dreieck aufzubrechen. Frei

Retter-Aussagen	trifft zu	trifft nicht zu
Ich gebe oft ungefragt Ratschläge oder Tipps.		
Häufig spreche und entscheide ich ungefragt für andere.		
Mein Impuls zu helfen und Aufgaben zu übernehmen ist stark ausgeprägt.		
Ich fühle mich immer wieder für alles verantwortlich.		
Bei mir laden viele ihren *Müll* ab.		

Tabelle B.2: Typische Aussagen einer Retter-Rolle im Drama-Dreieck

Opfer-Aussagen	trifft zu	trifft nicht zu
Es fällt mir schwer, Nein zu sagen.		
Ich fühle mich oft überfordert und sage es nicht.		
Ich vertrete selten meine eigene Meinung.		
Konflikte sind mir unangenehm.		
Mein Zutrauen zu meinen eigenen Fähigkeiten ist gering.		
Oft verteidige oder entschuldige ich mich.		

Tabelle B.3: Typische Aussagen einer Opfer-Rolle im Drama-Dreieck

nach der Devise: »Selbsterkenntnis ist der erste Schritt zur Besserung!« können wir darauf aufbauen und damit uns und anderen Menschen wirklich helfen.

B.5 Projektion auf andere Menschen

Eine interessante Übung zur Selbsterkenntnis ist die folgende *Projektionsübung*. Nehmen Sie sich ein Blatt Papier, legen Sie es quer vor sich hin und teilen Sie es gemäß Abbildung B.2 in drei Teile.

Schreiben Sie nun auf die linke Seite (A) die Namen von etwa 8–10 Personen untereinander auf, über die Sie sich in der Vergangenheit konkret geärgert oder die Sie sonst irgendwie gestört haben. Seien Sie dabei ehrlich zu sich selbst: Auch Ihr Beziehungspartner gehört auf diese Liste, oder haben Sie sich wirklich noch nie über sie oder ihn geärgert?

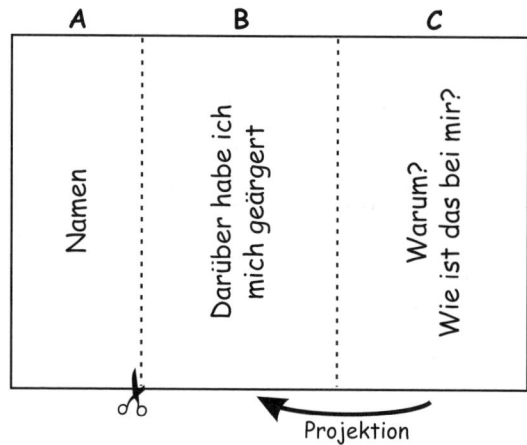

Abbildung B.2: Teilen Sie ein DIN-A4-Blatt quer in drei Bereiche ein, indem Sie es z. B. knicken. Die drei Bereiche benennen wir vorerst mit A, B und C, wobei A etwas schmaler als B oder C ist.

Schreiben Sie nun in die Mitte des Papiers (B) kurz das, was Sie an der Person stört bzw. ärgert. Wenn Ihnen zu einer Person mehrere Dinge einfallen, notieren Sie die einfach untereinander weg.

Schneiden Sie jetzt den Teil A ab. Die konkreten Personen werden nicht mehr gebraucht. Wenn Sie diese Übung mit anderen Personen diskutieren wollen, stellen Sie sicher, dass keiner die Namen gelesen hat, die Sie notiert haben, und werfen den Abschnitt A nach dem Abschneiden weg. Für die weitere Übung werden nur noch die Teile B und C benötigt.

Gehen Sie jetzt die Liste im Teil B durch und notieren Sie im Teil C, warum Sie dieses Verhalten stört. Häufig ist es so, dass gerade dieses Verhalten Ihnen selbst zu eigen ist. Dazu ein kurzes Beispiel zur Illustration. Angenommen Sie haben in Teil B »drängt sich in den Mittelpunkt« notiert. Jetzt kann es gut sein, dass Sie dieses Verhalten gerade deswegen stört, weil Sie selbst gerne im Mittelpunkt stehen möchten. Sie haben dann die negativen verdrängten Aspekte Ihres eigenen Verhaltens auf eine andere Person projiziert. Dieser Fall wird vermutlich häufig auftreten.

Manchmal jedoch wird es auch so sein, dass Sie ein Verhalten notiert haben, das absolut entgegengesetzt zu Ihrem eigenen Verhalten und Ihren Wertmaßstäben ist. Es handelt sich also nicht um eine Projektion. In diesem Fall können Sie sich fragen, ob Sie nicht gegebenenfalls anderen gegenüber etwas mehr Toleranz aufbringen können.

Wie dem auch sei, wenn Sie ehrlich zu sich selbst sind, verschafft Ihnen diese Übung einen guten Zugang zu sich selbst und Ihren dominanten Verhaltenszügen. Wie Sie bei der Übung sehen können, reagieren wir häufig emotional besonders stark auf Verhalten in unserer Umwelt, das uns selbst zu eigen ist. Dies liegt nach Jung daran, dass wir unsere eigenen, negativen Aspekte auf unsere Umwelt projizieren. Mit dieser Übung kann man solche Projektionen offensichtlich machen.

B.6 Werte priorisieren

Es gibt eine Unmenge von möglichen Werten, die für einen Menschen wichtig sein können, wie Freiheit, Unabhängigkeit, Liebe, Anerkennung, Spaß, Sicherheit usw. Einige wenige Werte haben für uns eine besondere Bedeutung. Mit dieser Übung versuchen wir, unser Wertegefüge zu ermitteln. Wir brauchen dazu einen oder zwei Partner, die uns bei der Übung unterstützen.

Sie notieren sich ca. 8–10 für Sie wichtige Werte jeweils auf einer Karte oder einem Post-it-Blatt. Diese Karten bringen Sie in eine erste Reihenfolge, sodass oben der für Sie wichtigste Wert steht, darunter der zweitwichtigste usw. Wesentlich dabei ist, dass Sie eine Reihenfolge finden und sich nicht damit herausreden, dass diese Werte für Sie gleich wichtig sind. Im Zweifel können Sie sich spontan für eine Reihenfolge entscheiden, da sie nur der Ausgangspunkt der Übung ist (Abb. B.3, links).

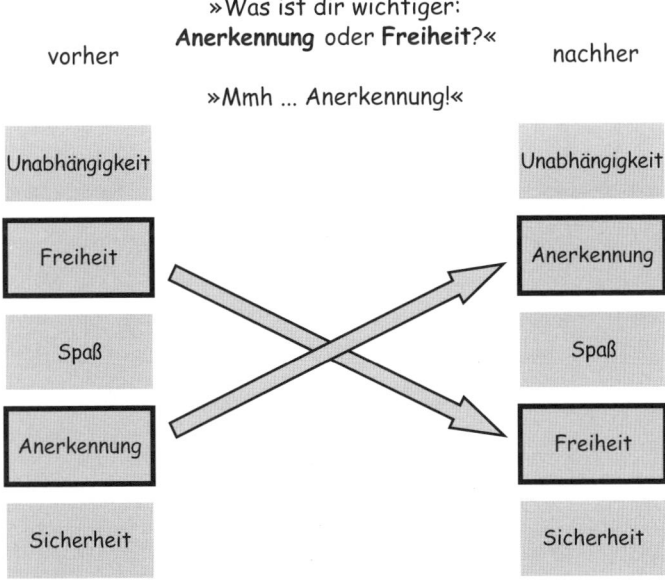

Abbildung B.3: Ermitteln der relativen Wertigkeit von Werten am Beispiel von fünf Wertekarten. Links die Reihenfolge vor der Frage, rechts die neue Reihenfolge nach der Antwort.

Jetzt setzen Sie sich so, dass Sie die Karten nicht mehr sehen können. Ihr Partner stellt Ihnen nun Fragen nach dem Muster: »Was ist dir wichtiger: *Freiheit* oder *Anerkennung*?«, wobei natürlich Werte verwendet werden sollten, die Sie vorher notiert haben. Stimmt die Antwort mit der zuvor angegebenen Reihenfolge überein, bleibt alles so, wie es ist. Ansonsten werden die beiden Karten getauscht (Abb. B.3, rechts).

Zu Beginn der Übung wird sich wenig tun, da Sie Ihre Ursprungsreihenfolge noch gut im Kopf haben. Ihr Partner sollte jetzt mit den unterschiedlichsten Kombinationen versuchen, Sie von dieser Ursprungsreihenfolge abzulenken. Er kann nah beieinander liegende Werte genauso wie weit voneinander entfernte auswählen und mit etwas zeitlichem Abstand dieselbe Kombination wieder abfragen. Nach einigen Minuten wird Dynamik in die Reihenfolge kommen. Die Übung läuft jetzt so lange, bis sich wieder eine stabile Reihenfolge ergeben hat. Dies kann durchaus 30 Minuten dauern. Diese Reihenfolge entspricht Ihrer derzeitigen Wertepriorität.

Persönliche Wertegefüge verändern sich im Laufe unserer Entwicklung. Waren uns z. B. früher *Freiheit* und *Unabhängigkeit* wichtig, so kann uns fünf Jahre später mit Familie und Haus der Wert *Sicherheit* viel wichtiger erscheinen. Deshalb kann man diese Übung immer wieder oder nach einschneidenden Ereignissen wiederholen.

Es kann sein, dass uns während der Übung ein neuer, für uns wichtiger Wert bewusst wird. Dieser wird dann einfach ergänzt und der Liste hinzugefügt. So können wir herausfinden, was uns wirklich wichtig ist bzw. wie sich unser Wertegefüge im Laufe der Jahre vielleicht verändert hat.

Danksagung

All denen, die mit diesem Buch in Zusammenhang stehen, möchten wir hiermit danken.

Wir danken unseren Partnern für ihre Geduld, die sie mit uns während der Erstellung und den Überarbeitungen dieses Buchs hatten.

Björn dankt den folgenden Menschen, die er sehr schätzt: Carsten Mölck (www.selbst-begegnung.de), Peter Bartning (www.beziehungsheilung.de) und der »kleinen« Conny.

Uwe dankt den Menschen, die ihn zu diesen Themen am stärksten beeindruckt haben: Bert Reissner, Doris Rohde, Hubert Hölzl, Franz Mittermair, Claudia Müller-Meyn, Maren Windus und Daniela Mayrshofer. Sein besonderer Dank gilt den Teilnehmern der oose Soft-Skills-, Projektmanagement- und Softwaretest-Workshops und Seminare für ihre Fragen, Beispiele, Visualisierungen und Antworten: »Der Lehrer lernt immer mehr als die Schüler« (André Gide).

Ines Dank gilt allen in ihrer Nähe, die sie unterstützen und an sie glauben.

Diplom-Psychologin Jennifer Rolle gilt unser gemeinsamer Dank für ihre ausgezeichneten Kommentare und Anregungen zu einigen zentralen Kapiteln. Für die Einführung in das Thema Emotionsmarketing danken wir Egon Trapp.

Für inhaltliche Hinweise gilt weiter unser Dank Guido Zockoll, Christine S. Hartmann, Christian Weiss, Bernd Oestereich und Alexander Lenhard. So geht z. B. die Sichtweise der Grenzverletzung auf Guido zurück und der Hinweis zur Originalreferenz auf das Akronym TALK kam von Christine.

Wir bedanken uns bei den Kolleginnen und Kollegen der oose Innovative Informatik GmbH, die sich für die Fotos zur Verfügung gestellt haben, nach denen Ines Meyrose die Zeichnungen angefertigt hat.

Christa Preisendanz vom dpunkt.verlag möchten wir dafür danken, dass sie seit den ersten Entwürfen das Buchkonzept aktiv gefördert und unterstützt hat.

Abschließend bitten wir bei all denen um Entschuldigung, die wir zu erwähnen vergessen haben.

Referenzen und weiterführende Literatur

[1] Agile Alliance. *Agiles Manifest.* www.agilealliance.org.

[2] Akademie für Führungskräfte der Wirtschaft GmbH. *Seminarunterlagen Führung und Organisation I (FO201).* Eigendruck, 2000.

[3] Kent Beck. *Extreme Programming – Die revolutionäre Methode für Softwareentwicklung in kleinen Teams.* Addison-Wesley, 2000. Originaltitel: Extreme Programming Explained. Embrace Change.

[4] Hans-Peter Beck-Bornholdt und Hans-Hermann Dubben. *Der Hund, der Eier legt – Erkennen von Fehlinformation durch Querdenken.* Rowohlt Taschenbuch, 1997.

[5] Eric Berne. *Spiele der Erwachsenen – Psychologie der menschlichen Beziehungen.* Rowohlt Taschenbuch, 1970.

[6] Eric Berne. *Was sagen Sie, nachdem Sie Guten Tag gesagt haben? – Psychologie des menschlichen Verhaltens.* Fischer, 2002.

[7] Christoph Besemer. *Mediation – Vermittlung in Konflikten.* Werkstatt für Gewaltfreie Aktion, 12. Auflage, 2007.

[8] Klaus Birker und Gabriele Birker. *Was ist NLP? – Grundlagen und Begriffe des Neuro-Linguistischen Programmierens.* Rowohlt, 4. Auflage, 2002.

[9] Heike Bruch. *Outsourcing – Konzepte und Strategien, Chancen und Risiken.* Gabler, 1998.

[10] Bundesministerium für Justiz und für Verbraucherschutz. *Meditationsgesetz (MediationsG).* http://www.gesetze-im-internet.de/bundesrecht/mediationsg/gesamt.pdf, Juli 2012.

[11] Alistair Cockburn. *Agile Software Development.* Pearson Education, 2002.

[12] Harris Collingwood. *Vom Widersinn der Quartalsberichte. Harvard Business Manager Magazin,* Seiten 77–86, Juli 2001.

[13] Consensa Projektberatung GmbH & Co. KG, Maren Windus. *Konfliktmanagementseminar,* 2007.

[14] Larry L. Constantine. *Objects by teamwork. Hotline on Object-Oriented Technology,* Seiten 1–6, November 1990.

[15] Larry L. Constantine. *Building Structured Open Teams to Work.* In: *Software Development '91 Proceedings.* Miller Freeman, 1991.
[16] Mihaly Csikszentmihalyi. *Flow im Beruf – Das Geheimnis des Glücks am Arbeitsplatz.* Klett-Cotta, 2004.
[17] Tom DeMarco. *Warum ist Software so teuer? ... und andere Rätsel des Informatikzeitalters.* Hanser, 1997.
[18] Tom DeMarco und Timothy Lister. *Wien wartet auf Dich!* Hanser, 2. Auflage, 1999.
[19] Tom DeMarco und Timothy Lister. *Bärentango – Mit Risikomanagement Projekte zum Erfolg führen.* Hanser, 2003.
[20] Duden. *Fremdwörterbuch.* Dudenverlag, 2001.
[21] Cornelia Edding und Karl Schattenhofer (Hrsg.). *Handbuch Alles über Gruppen – Theorie, Anwendung, Praxis.* Beltz, 2009.
[22] Andreas Edmüller und Thomas Wilhelm. *Manipulationstechniken – Erkennen und abwehren.* Haufe, 3. Auflage, 2002.
[23] Heinz Fichtinger und Gregor Sterzenbach. *Knigge fürs Ausland.* Haufe, 2003.
[24] Roger Fisher, William Ury und Bruce M. Patton. *Das Harvard-Konzept – Der Klassiker der Verhandlungstechnik.* Campus, 22. Auflage, 2004.
[25] Martin Fowler. *Refactoring – Wie Sie das Design vorhandener Software verbessern.* Addison-Wesley, 2000.
[26] Dave Francis und Don Young. *Mehr Erfolg im Team.* Windmühle, 1996.
[27] Adrian W. Fröhlich. *Mythos Projekt – Projekte gehören abgeschafft. Ein Plädoyer.* Galileo Business, 2002.
[28] Erich Fromm. *Psychologie für Nichtpsychologen – Vortrag vom 1.11.1973.* Auditorium Netzwerk (2 CDs), 2006.
[29] Karol Frühauf, Jochen Ludewig und Helmut Sandmayr. *Software-Prüfung – Eine Anleitung zum Test und zur Inspektion.* vdf, 4. Auflage, 2000.
[30] Friedrich Glasl. *Konfliktmanagement – Ein Handbuch für Führungskräfte, Beraterinnen und Berater.* Haupt / Freies Geistesleben, 8. Auflage, 2004.
[31] Daniel Goleman, Richard Boyatzis und Anni McKee. *Emotionale Führung.* Econ, 2002.
[32] Horst Hanisch. *Knigge für Beruf und Karriere.* Haufe, 3. Auflage, 2005.
[33] Thomas A. Harris. *Ich bin O.K., Du bist O.K. – Eine Einführung in die Transaktionsanalyse.* Rowohlt Taschenbuch, 1975.
[34] Paul Helwig. *Charakterologie.* Herder, 2. Auflage, 1969.
[35] Peter Höher und Friederike Höher. *Konfliktmanagement – Konflikte kompetent erkennen und lösen.* Haufe, 2000.

[36] Franz Hölzl und Nadja Raslan. *Schwierige Personalgespräche*. Haufe, 2006.
[37] Friedel John und Gabriele Peters-Kühlinger. *Mit Druck richtig umgehen*. Haufe, 2004.
[38] Carl Gustav Jung. *Typologie*. dtv, 1990.
[39] Jörg Knoblauch und Holger Wöltje. *Zeitmanagement*. Haufe, 2003.
[40] Ludwig Knoll. *Lexikon der praktischen Psychologie*. Gondrom, 1997.
[41] Otto Kroeger, Janet M. Thuesen und Hile Rutledge. *Type Talk at Work*. Dell, 2002.
[42] Annette Lessmöllmann. *Das Kuli-Komplott. Gehirn & Geist – Das Magazin für Psychologie und Hirnforschung*, Seiten 12–13, März 2006.
[43] Matthias Lohrer. *Rio, New York, Tokio – Virtuelle Teams erfolgreich führen. dotnetpro*, Seiten 141–145, Juni 2006.
[44] Hania Luczak. *Das Unbewusste – Die Kraft, die uns bremst und treibt. Geo – Das neue Bild der Erde*, Seiten 142–172, Dezember 2004.
[45] Mediationsstelle Brückenschlag e.V. *Mediationsausbildung*, 2007.
[46] Daniel Meier. *Wege zur erfolgreichen Teamentwicklung*. SolutionSurfers (Eigenverlag), 2004.
[47] Wolfgang Mentzel. *Rhetorik – Frei und überzeugend sprechen*. Haufe, 3. Auflage, 2002.
[48] Oswald Neuberger. *Miteinander arbeiten – miteinander reden!* Bayrisches Staatsministerium für Arbeit und Sozialordnung, Familie, Frauen und Gesundheit, 15. Auflage, 1996.
[49] Rainer Niermeyer. *Coaching – sich und andere zum Erfolg führen*. Haufe, 2000.
[50] Bernd Oestereich und Axel Scheithauer. *Analyse und Design mit der UML 2.5 – Objektorientierte Softwareentwicklung*. Oldenbourg, 2013. Unter Mitarbeit von Stefan Bremer.
[51] Bernd Oestereich, Christian Weiss, Claudia Schröder, Tim Weilkiens und Alexander Lenhard. *Objektorientierte Geschäftsprozessmodellierung mit der UML*. dpunkt.verlag, 2003.
[52] Bernd Oestereich (Hrsg.). *Agiles Projektmanagement – Beiträge zur Konferenz interPM Glashütten 2006*. dpunkt.verlag, 2006.
[53] Project Management Institute. *A Guide to the Project Management Body of Knowledge (PMBOK Guide)*. Project Management Institute, 4. Auflage, 2008.
[54] Fritz Riemann. *Grundformen der Angst*, Band 36. Reinhardt, 2003.
[55] Gerhard Roth. *Gleichtakt im Neuronennetz. Gehirn & Geist Dossier – Das Magazin für Psychologie und Hirnforschung*, Seiten 24–32, Januar 2003.
[56] Wolfgang Roth. *Einführung in die Psychologie C. G. Jungs*. Walter, 2003.

[57] Chris Rupp und die SOPHISTen. *Requirements-Engineering und -Management – Professionelle, iterative Anforderungsanalyse für die Praxis*. Hanser, 5. Auflage, 2009.

[58] Virginia Satir, John Banmen, Jane Gerber und Maria Gomori. *Das Satir-Modell – Familientherapie und ihre Erweiterung*. Junfermann Verlag, 2. Auflage, 2000.

[59] Elmar Sauerwein, Franz Bailom, Kurt Matzler und Hans H. Hinterhuber. *The Kano Model: How to Delight Your Customers. IX. International Working Seminar on Production Economics*, Seiten 313–327, Februar 1996.

[60] Telse Schnelle-Cölln und Eberhard Schnelle. *Visualisieren in der Moderation*. Windmühle, 1998.

[61] Thomas Schnura. *Systemische Therapie*. video-commerz GmbH, DVD, 2004.

[62] Friedemann Schulz von Thun. *Miteinander reden 3 – Das innere Team und situationsgerechte Kommunikation*. Rowohlt, 9. Auflage, 2002.

[63] Friedemann Schulz von Thun. *Miteinander reden 1 – Störungen und Klärungen*. Rowohlt, 38. Auflage, 2003.

[64] Friedemann Schulz von Thun. *Miteinander reden 2 – Stile, Werte und Persönlichkeitsentwicklung*. Rowohlt, 38. Auflage, 2003.

[65] Friedemann Schulz von Thun, Johannes Ruppel und Roswitha Stratmann. *Miteinander reden: Kommunikationspsychologie für Führungskräfte*. Rowohlt, 2005.

[66] Friedemann Schulz von Thun und Wibke Stegemann (Hrsg.). *Das innere Team in Aktion – Praktische Arbeit mit dem Modell*. Rowohlt, 2004.

[67] Josef W. Seifert. *Visualisieren – Präsentieren – Moderieren*. GABAL, 21. Auflage, 2001.

[68] Lothar Seiwert. *Das neue 1x1 des Zeitmanagement*. Gräfe und Unzer, 2002.

[69] Claude Shannon und Warren Weaver. *Mathematische Grundlagen der Informationstheorie*. Oldenbourg, 1976.

[70] Joachim Skambraks und Michael Lörcher. *Projektmarketing – Wie ich mich und mein Projekt erfolgreich mache*. GABAL, 2002.

[71] Harry M. Sneed. *Software Management*. Rudolf Müller, 1987.

[72] Harry M. Sneed. *Software-Projektkalkulation*. Hanser, 2005.

[73] SOA-Forum 2005. *Service-orientierte Architekturen*. Konferenz vom 21.–22. November 2005 in Bad Homburg.

[74] Mark Solms und Steve Ayan. *Totgesagte leben länger. Gehirn & Geist – Das Magazin für Psychologie und Hirnforschung*, Seiten 50–53, Januar/Februar 2006.

[75] Andreas Spillner und Tilo Linz. *Basiswissen Softwaretest – Aus- und Weiterbildung zum Certified Tester – Foundation Level nach ISTQB-Standard*. dpunkt.verlag, 5. Auflage, 2012.
[76] Reinhard K. Sprenger. *Vertrauen führt – Worauf es im Unternehmen wirklich ankommt*. Campus, 2002.
[77] Claude M. Steiner. *Wie man Lebenspläne verändert*. Junfermann, 10. Auflage, 2000.
[78] Adrian Stone. *A Tool for Project Management and People-driven Development: v. 2*. South research, 1994.
[79] Henry Trull. *Secrets of a technical mind*. Developer Network Journal, Seiten 30–32, Mai/Juni 1998.
[80] Bruce W. Tuckman. *Developmental sequence in small groups*. Psychological Bulletin, 63:384–399, 1965.
[81] Uwe Vigenschow. *Testen von Software und Embedded Systems – Professionelles Vorgehen mit modellbasierten und objektorientierten Ansätzen*. dpunkt.verlag, 2. Auflage, 2010.
[82] Uwe Vigenschow. *APM – Agiles Projektmanagement – Anspruchsvolle Softwareprojekte erfolgreich steuern*. dpunkt.verlag, 2015.
[83] Uwe Vigenschow und Björn Schneider. *Soft Skills für IT-Berater – Workshops durchführen, Kunden methodisch beraten und Veränderungen aktiv gestalten*. dpunkt.verlag, 2012. Unter Mitarbeit von Ines Meyrose.
[84] Uwe Vigenschow, Björn Schneider und Ines Meyrose. *Soft Skills für IT-Führungskräfte und Projektleiter – Softwareentwickler führen und coachen, Hochleistungsteams aufbauen*. dpunkt.verlag, 3. Auflage, 2016.
[85] Uwe Vigenschow, Markus Wittwer und Stefan Toth. *Agilität einführen – Ergebnisse der PM-Studie zu Erfolgsfaktoren*. PM-Forum 2009 in Berlin, Tagungsband, 2009.
[86] Paul Watzlawick. *Wie wirklich ist die Wirklichkeit? – Wahn, Täuschung, Verstehen*. Piper, 16. Auflage, 1976.
[87] Paul Watzlawick. *Anleitung zum Unglücklichsein*. Piper, 1983.
[88] Wikipedia. *Die freie Enzyklopädie*. http://de.wikipedia.org/wiki/Hauptseite.
[89] KPMG AG Wirtschaftsprüfungsgesellschaft. *Konfliktkostenstudie – Die Kosten von Reibungsverlusten in Industrieunternehmen*. http://www.kpmg.de/Themen/9249.htm, 2009.
[90] Ute Zäpaneck. *Teilnehmerunterlagen: Emotionale Intelligenz – Erfolgsfaktor im Beruf und Privatleben*. Seminar der Handelskammer Hamburg, 2004.
[91] Philip G. Zimbardo und Richard J. Gerrig. *Psychologie*. Springer-Verlag, 7. Auflage, 1999.

Index

Symbole
4 Aspekte, *siehe* vier Aspekte
4 Ohren, *siehe* vier Ohren
4 Schnäbel, *siehe* vier Schnäbel
4-Mat-Modell, 321, 322
4-Quadranten-Modell, *siehe* Vier-Quadranten-Modell
5 × Warum, *siehe* Fragetechnik
6-Stufen-Fragetechnik, *siehe* Fragetechnik

A
Abenteurer, 53
Abhängigkeit, 15, 112
Abkürzungen, 54, 57
Ablauf identifizieren, 54
Ablaufdiagramm, 56
Ablaufoptimierung, 47
Ablenker, 265
Abnahmetest, 34
Absicht, 101
Absonderung, 112
Abstraktion, 80
Abwehrmechanismus, 315
abwertendes Verhalten, 7, 87
Adler, Alfred, 316, 325
Administrator, 7
Affekt, 101
Agenda, 94, 296
Aggression, 87, 91
agile Projekte, 9
Agiles Manifest, 8
Agilität, 8, 82, 85, 251
Ähnlichkeit, 27
Akronyme, 54
aktives Zuhören, 71, 72, 83, 274
Aktualbewusstsein, 101
Akzeptanz, 18, 28, 88, 91, 142, 166
Allparteilichkeit, 277, 291
Alternativen, 126, 163
Alternativfrage, *siehe* Frage
Analyseprozess, 57

Analytische Psychologie, 316
Anforderung, 3, 18, 32
Anforderungsverantwortliche, 17
Angst, 9, 23, 108, 111
Animation, 37
Ankläger, 264
Ansehen, 46
Anspruchsberechtigte, 16
Antreiber, 172, 176
Antriebslosigkeit, 101
Anwender, 7, 16, 23
Appell, 115, 326
Appellhören, 120
Arbeitsfluss, 85
Arbeitsraum, 85
Argumentationsfäden, 137
Argumentationstechnik, 306
Arroganz, 87
Artikel, 136
Aspekte der Kommunikation, 115
Aspekte von Begriffen, 54
attraktive Anforderung, 33, 34
Aufmerksamkeit, 103
Auftraggeber, 16, 23
Auftragnehmer, 23
Ausdruckaspekt, 115
Ausdrucksweise, 115
Authentizität, 326
autobiografisches Gedächtnis, 103

B
Basisanforderung, 32, 34
BATNA, 303
Beamer, 90
Bedeutungs-Reframing, 122
Bedienbarkeit, 23
Bedingung, 54
Bedürfnis, 14, 101, 108, 158
Befriedigung, 103
Begeisterungsqualität, 33, 35
begrenzte Vernichtung, 258

Begrenzung, 302
Benommenheit, 101
Benutzerakzeptanz, 25
Berne, Eric, 145, 158, 322
Beschreibung, 172
Beschwichtiger, 264
Beständigkeit, 112, 329
Bestätigung, 43
Betroffenheitsgrad, 19
Beurteilungsfunktion, 319
Bewertung, 164
bewusste Inkompetenz, 97
bewusste Kompetenz, 97
Bewusstlosigkeit, 101
Bewusstsein, 52, 101, 312, 315, 321
Bewusstseinsebenen, 101
Bewusstseinsfunktionen, 319
Beziehung, 14
Beziehungsanalyse, 19
Beziehungsaspekt, 115
Beziehungsebene, 23, 48, 246, 305
Beziehungsgeflecht, 20
Beziehungshören, 120
Beziehungshinweis, 326
Beziehungskonflikt, *siehe* Konflikt
Bilder, 27
blinder Fleck, 122, 123
Blockade, 87, 110
Brainstorming, 142
Bremser, 172, 176

C

Carus, Carl Gustav, 313
Code, 84
Commitment, 43, 44

D

Dankbarkeit, 26
Darstellungsform, 166
Debatte, 256
Deeskalation, 258
Delegation, 254
DeMarco, Tom, 126
Demonstration, 37
Denken, 101, 319
Destrudo, 313, 317
Dienstleister, 36
differenzielle Kommunikationstheorie, 325
Diktion, 115
Distanz, 112, 329
Distributionspolitik, 28, 30

Disziplin, 85
Dokument, 8, 58, 90
Dokumentation, 83, 84
Domänenmodell, 11
Dösen, 101
Drama-Dreieck, 158, 159, 162, 172, 176,
    180, 189, 193, 198, 203, 208,
    211, 216, 221, 226, 336
Drohstrategien, 258
Druck, 86, 124, 163, 257
dynamischer Ablauf, 84

E

E-Mail, 82
eindimensionale Anforderung, 32, 34
Einfachheit, 9
Einflussfaktor, 14
Einstellung, 14, 86, 88, 92, 93, 139, 146
    O.K., 93
    positive, 139
Einstellungstypen, 319
Einstiegsrolle, 336
Einwände, 128, 134
Eisbergmodell, 100, 104, 108, 116, 226,
    248, 315
Ekletizismus, 325
Elicitation, 16
Eltern-Ich, 146, 148, 150, 152, 156, 158,
    322–324
    fürsorgliches, 156, 158, 323
    kritisches, 156, 158, 323
Emotion, 101
emotionaler Druck, 163
Emotionslogik, 137
Emotionsmarketing, 26
Empfänger, 131
empfängerorientiert, 116, 140
Empfinden, 68, 319
Empirik, 311
Endgültigkeit, 112
Enterprise Service Bus, 11
Entscheidung, 44, 164
Entscheidungsrahmen, 163
Entscheidungsspielraum, 254
Entwickler, 37
Entwicklungsquadrat, 328
Entwicklungsumfeld, 15
Erfolgsfaktor, 9
Erinnern, 101
erste Begegnung, 104
erster Eindruck, 104

Erwachsenen-Ich, 146, 147, 149, 151, 155, 158, 322, 324
Erwartung, 108, 306
Es, 312, 313
Eskalation, 246, 257
Eskalationskreislauf, 246, 331
Eskalationsstufen, 255
extravertiert, 319
eXtreme Programming, *siehe* XP

F
Fachabteilung, 16
Fachbegriffe, 54, 57
Fachbereich, 7
Fachbereichsmitarbeiter, 36, 247
Fachexperte, 18, 22, 271
Fachgespräche, 147
Fachpromotoren, 18
Fachspezialist, 197
Fachsprache, 57
Feedback, 9, 52, 65, 68, 114, 121–123
Feedback-Empfänger, 68
Feedback-Geber, 68
Feedback-Regeln, 66, 68, 69
Fehler, 124
Fehlerkultur, 125
Fehlertoleranz, 125
Fehlerwirkung, 126
Feilschen, 299
Feindbild, 23, 243
Filter, 5
Filterprozess, 5, 53
Flatterhaftigkeit, 329
Flipchart, 68, 83, 90, 95
Flow, 85, 148, 149, 269
Flucht, 90
Forderung, 301
Forming, 268–270
Fotoprotokoll, 83
Frage
    alternative, 44
    geschlossene, 41–44, 49
    hypothetische, 49
    Informationsfrage, 41, 42
    Lenkungsfrage, 50
    Motivationsfrage, 48
    offene, 41, 42, 50, 61, 155, 157
    Provokationsfrage, 48
    Prozessfrage, 49
    Rückfrage, 41, 46–48
    Suggestivfrage, 47, 48

    W-Fragen, 41, 44, 53
    Wunderfrage, 49
    zirkuläre, 49
Fragearten, 41
Frageleitfaden, 54
Fragenkatalog, 54
Frageprozess, 57
Fragetechnik, 41, 58
    5 × Warum, 43, 261
    Sechs-Stufen, 42, 53, 63, 80
Framing, 122
freie Assoziation, 312, 316, 318
freies Sprechen, 334, 335
Freud, Sigmund, 99, 111, 312, 316
Freundlichkeit, 27
Funktionstypen, 319
Furcht, 103
Fühlen, 319
Führung, 87, 95, 172, 327
Führungskraft, 242

G
Gedächtnis, 36, 103
Gefühle, 65, 86, 103, 108, 331
Gegner, 19, 22
Geldgeber, 16
Gemeinsam in den Abgrund, 258
Geschäftsführung, 16
Geschäftsordnung, 99, 100, 102, 104
Geschäftsprozess, 10, 11, 106
Geschäftsregeln, 111
geschlossene Frage, *siehe* Frage
Gesetzgeber, 16
Gesichtsverlust, 257
Gespräch, 83
Gesprächsleitfaden, 54
Geste, 89
Gestik, 86, 89, 102, 115, 154
Glasl, Friedrich, 255, 286
Gliederung, 136
Glossar, 54, 57
Grenzverletzung, 87, 103, 166
Grundeinstellung, 146, 172, 323, 324
Grundformen der Angst, 111
Gruppen, 6
Gruppenbildung, 266
Gruppendynamik, 24, 265
Gruppenentwicklung, 268
Gruppenleistungsfähigkeit, 266
Gruppenstruktur, 266, 267

H

Handlungsanweisungen, 133
Harvard Negotiation Project, 259, 294, 298
Harvard-Konzept, 294, 298, 306
Helmholtz, Hermann von, 313
Heterogenität, 7, 140, 330
Hierarchie, 15
Hierarchiestufe, 86
Hinlänglichkeit, 326
Hintergrundbewusstsein, 101
Hochleistungsphase, 269
Homogenität, 6
Hospitieren, 34
Hotline, 16, 150, 151

I

Ich, 312
Ich-Botschaft, 67, 68, 70, 74, 326
Ich-Verlust, 112
Ich-Zustand, 146, 147, 153, 322
    Differenzierung, 156
    Eltern-, *siehe* Eltern-Ich
    Erwachsenen-, *siehe* Erwachsenen-Ich
    Kindheits-, *siehe* Kindheits-Ich
    Übermensch-, 259
    Untermensch-, 259
    wechseln, 155
Ideenkonferenz, *siehe* Brainstorming
Image, 257
Improvisationstalent, 133
Inchpeebles, 206
Individualität, 6
Individualpsychologie, 325
Information, 133
    undokumentierte, 24
Informationsfilter, 5
Informationsfrage, *siehe* Frage
Informationsgehalt, 5
Informationshören, 119
Informationsverlust, 6, 53, 333
Inhalt, 91
Inhaltsebene, 100
Inkonsistenz, 154
inkrementell-iterativ, 270
innere Einstellung, 66, 88, 95
innere Konsequenz, 27
innere Pluralität, 330
innere Ratsversammlung, 330
inneres Team, 128, 325, 330
Inspektion, 58
Interesse, 14, 17, 294, 299, 301

Interessenhalter, 16
Interessenkonflikt, *siehe* Konflikt
Interface, 4
interpretieren, 127
introvertiert, 319
intuieren, 319
intuitiv, 319
irrationale Gruppe, 320
Irritation, 158, 306
ISO 9126, *siehe* ISO/IEC 25 000
ISO/IEC 25 000, 31
Isolation, 112, 329
IT-Umfeld, 133

J

JOHARI-Fenster, 123
Jung, Carl Gustav, 132, 141, 142, 316, 319

K

Kano, Noriaki, 31
Kano-Modell, 31, 34
    attraktive Anforderung, 33
    Basisanforderung, 32
    eindimensionale Anforderung, 32
Karrieremöglichkeiten, 271
Kausallogik, 137, 138
Kennenlernen, 104
Kerngeschäft, 106
Kindheits-Ich, 146, 149, 150, 152, 155, 156, 158, 323
    angepasstes, 156, 158, 324
    freies, 156, 158, 324
    rebellisches, 156, 324
Klammern, 329
Klassifizierung, 7
Knigge, 104
Koalitionen, 257
kollektives Unbewusstes, 317
Koma, 101
Kommentar, 84
Kommunikation, 5, 9, 30, 99, 215
    asynchrone, 85
    direkte, 9, 82, 83, 86, 106
    empfängerorientierte, 131, 132
    gleichberechtigte, 93, 95
    indirekte, 79, 82
    kongruent, 262, 263
Kommunikationseinheit, 326
Kommunikationsfähigkeit, 9
Kommunikationsformen, 82
Kommunikationskreislauf, 325

Kommunikationsmodell
   Eisbergmodell, *siehe* Eisbergmodell
   nach Shannon und Weaver, 5
Kommunikationsmuster, *siehe* Typen
Kommunikationspolitik, 28, 30
Kommunikationsprobleme, 101
Kommunikationsprozess, 71, 131, 331
Kommunikationsquadrat, 325, 327
Kommunikationsschnittstellen, 4–6
Kommunikationstypen, *siehe* Typen
Komparativ, 53, 55
Kompensation, 314
Kompetenz, 91
komplexe Systeme, 5
Komplexität, 3, 45, 47, 79
konfigurierbare Werte, 57
Konflikt, 7, 61, 86, 87, 91, 103, 104, 108,
      110, 128, 151, 233, 234, 251,
      269, 315, 331
   Beziehungs, 236, 239, 240, 249
   Dimensionen, 239
   Entwicklungsstufen, 286
   heißer, 234, 246
   Interessen, 237, 254
   kalter, 234
   konstruktiver, 245
   Rollen, 238, 241–244
   Sach, 236, 240
   System, 238
   verdeckter, 96
   Werte, 237, 240, 241
Konfliktarten, 235, 247
Konfliktbearbeitung, 280
Konflikteskalation, 256
Konfliktkosten, 291
Konfliktkostenkategorien, 292
Konfliktkultur, 283, 291
Konfliktlösung, 280
Konfliktlösungsstrategie, 247
Konfliktmanagement, 65, 233
Konfliktmoderation, 277–280
Konfliktmoderator, 277
Konfliktphase, 269
Konfliktstufen, 256, 258, 259
Konkurrenz, 245
Konkurrenzkampf, 24
Konsequenz, 301
Konstanten, 57
Kontaktaspekt, 115
Kontext-Reframing, 121
Konventionen, 103

Konzentration, 103
Kooperation, 245
Körperhaltung, 109
Körpersprache, 89, 96, 102
Krise, 14, 47
Kritik, 117, 121
Kritikgespräch, 273, 276
   Grundprinzip, 276
Kultur, 130
kulturelle Unterschiede, 104
Kunden, 16
Kundensicht, 31
Kundenzufriedenheit, 25, 31–34
Kurz-Feedback, 70, 71

L

Legacy-System, 23
Leistungseinbruch, 96
Lenkung, 327
Lenkungsaspekt, 115
Lernen, 127
Lerntheorie, 322
Lewin, Kurt, 265
Libido, 313, 317
Lieblingssprüche, 172
Limit, 302
Linienorganisation, 242
Lister, Timothy, 126
Lose-lose, 258, 259
Lösungsebene, 47
Lust, 103

M

Macht, 91
Machtkampf, 87
Machtkampfphase, 269
Machtpromotoren, 18, 21
Machtspiele, 10, 13, 24
magisches Dreieck, 254
Management, 16, 167
Managementsicht, 3
Manager, 7, 36, 45
Manipulation, 45, 47, 63, 104, 163, 164
   Gegenstrategie, 167
   Strategie, 163
Marketing, 16, 25, 28
   vier P, 28
   vier Säulen, 28
Marketing-Dreieck, 26
Marketingstrategie, 26
Marktanalyse, 29

Index

Matrixstruktur, 272
MBTI, *siehe* Myers-Briggs Type Indicator
Mediation, 285, 286, 290, 291
    Phasen, 287
Mediator, 245, 273, 285, 287, 290
Meilenstein, 29, 206
Meinungsdifferenz, 256
Meinungswechsler, 18
Meta-Ebene, 44, 50, 72, 74, 114, 129, 161
Metapher, 13
Metaplan-Wand, 95
Mikrostruktur, 4
Mimik, 86, 89, 102, 115
Missverständnis, 9, 43, 51, 71
Mitarbeiterfluktuation, 151
Modell, 45, 80, 99, 311
    psychologisches, 99
Moderation, 60, 93, 95, 96, 273
Moderator, 68, 93, 96, 130, 245, 277
Motivation, 14, 48, 127, 136, 137
Motivationsfrage, *siehe* Frage
Muster, *siehe* Typen
Mut, 8
Myers-Briggs Type Indicator, 142, 321

N
Nachrichtenmodell, 325
Nachrichtenquadrat, 325
Nähe, 110, 112, 329
Namenskonvention, 55
natürlichsprachliche Analyse, 53, 63, 83
Nearshoring, 106
Nervosität, 124
Neuentwicklung, 23
Neugierde, 103
Neurolinguistisches Programmieren, *siehe* NLP
NLP, 52, 53, 109, 122
nonverbal, 86, 116
Normen, 16, 146
Norming, 269, 270
Notfallmaßnahmen, 126
Notwendigkeit, 112

O
Objektorientierung, 113
offene Frage, *siehe* Frage
Offenheit, 110
öffentliche Person, 123
Offshoring, 105
Opfer, 159, 160

Opfer-Rolle, 337
Optionen, 133
Organisierungsphase, 269
Orientierungsphase, 268
Outsourcing, 105

P
Pacing, 63, 108–110
Pair Programming, 177, 187, 266
Parameter, 57
PDD, *siehe* People Driven Development
People Driven Development, 307
Performance, 270
Performing, 269, 271
Persönlichkeit, 141
Persönlichkeitsaspekt, 52
Persönlichkeitsmodell, 116, 131, 132, 294
    dynamisches, 313
Persönlichkeitstheorie, 312
Persona, 317
Perspektive, 271
Perspektivwechsel, 49
Phase, 206
Philosoph, 133
Polemik, 256
Politik, 14
Position, 294, 299, 301
positive Verstärkung, 61
Potenziale, 14
Präsentation, 35, 136
Preisdiskussion, 304, 305
Preispolitik, 28, 30
Preisverhandlung, *siehe* Preisdiskussion
Priorisierung, 340
Priorität, 85
Privatleben, 242, 244
Privatperson, 123
Problem, 251, 252
Problemanalyse, 47
Problemebene, 47
Problemfelder, 14
Problemlösungsmodell, 142
Problemlösungsprozess, 14
Problemstufe, 252
Produkt, 28
Produktpolitik, 28
Projekt, 234
Projektauftrag, 23
Projektbeteiligte identifizieren, *siehe* Stakeholder Elicitation
Projektdurchführung, 14

Projekterfolg, 4
Projektfortschritt, 27
Projektion, 241, 314, 315, 318, 337, 339
Projektleitung, 215, 271
Projektmanagement, 14, 29
Projektmarketing, 14, 25, 35
Projektpolitik, 13, 14
Projektstruktur, 3, 5, 29
Projektumfeld, 15
Projektumfeldanalyse, 13
Promotoren, 18, 21
Proof-of-Concept, 29
Prosecco-Event, 35, 37
Protokoll, 83, 90
Provokation, 48
Provokationsfrage, *siehe* Frage
Prozess, 14
    innerer, 127
Prozessdesigner, 11
Prozesskomplexität, 106
Prozessoptimierung, 47
Prozesswörter, 53
psychischer Apparat, 314
Psychoanalyse, 312
Psychologie, 99, 311

Q
Qualifikation, 7
Qualität, 31, 243
Qualitätsmodell, 31
Qualitätssicherung, 31, 242, 243

R
rationale Gruppe, 319
Rationalisierer, 264
Rationalisierung, 106, 234
Reaktion, 128
Reaktionsbildung, 314, 315
Rechenmodelle, 167
Rechtfertigungshaltung, 44
Rechtsverfahren, 290
Reduktion, 163
Reforming, 269, 271
Reframing, 121, 122, 277, 301, 306
    Bedeutung, 122
    Kontext, 122
Regeln, 92
    konkretisieren, 56
Relevanz, 326
Respekt, 46
Retter, 159, 160

Retter-Rolle, 337
Review, 58
    Prozess, 59
    Rollen, 60
Revisionsabteilung, 16
Rhetorik, 306
Riemann, Fritz, 111
Risiko, 17, 112, 126
Risikoindikator, 126
Risikomanagement, 126, 270
Risikominimierung, 126
Ritual, 85
Rolle, 71, 159, 161, 296, 317
Rollenkonflikt, *siehe* Konflikt
Rollenspiel, 151
Rollentrennung, 150
Rollenverteilung, 296
Rückfrage, *siehe* Frage
Rückkopplung, 333
Rückkopplungsschleife, 71
Rückzug, 87
Rüstzeit, 85

S
Sachebene, 100
Sachinformation, 115, 326
Sachkonflikt, *siehe* Konflikt
Sachlogik, 137, 138
sachorientiertes Verhandeln, *siehe*
    Harvard-Konzept
Sandwich-Technik, 66, 68
Satir, Virginia, 262
Schaffensbedürfnis, 317
Schatten, 317
Schizophrenie, 330
Schnittstelle, 3, 5, 11, 15
Schubladen, 7
Schubladendenken, 140
Schuldfrage, 125
Schulungspersonal, 16
Schulz von Thun, Friedemann, 115, 325
Schwächen, 172
Schwierigkeit, 251, 252, 256
Scrum, 37
    Review, 37
Sechs-Stufen-Fragetechnik, 306, *siehe*
    Fragetechnik
Selbstbewahrung, 112
Selbstbewusstsein, 103
Selbstdarstellung, 35, 326
Selbsterkenntnis, 337

Selbsthingabe, 112
Selbstkundgabe, 115, 326
Selbstkundgabehören, 119, 120
Selbstoffenbarung, 115
Selbstorganisation, 5
Selbstverwirklichung, 317
Selbstwahrnehmung, 123
Selbstwerdung, 112
Sender, 131
Sender-Empfänger-Problem, 5, 36
Service, 11
Serviceorientierte Architektur, *siehe* SOA
Servicepersonal, 16
Sexualtrieb, *siehe* Libido
Sicherheit, 111, 112, 125, 151
Silver Bullet, 8
Sinn, 133
Situation, 93
    stimmige, 93
    transparente, 93
Situationsabhängigkeit, 72, 129
Sitzordnung, 109
Smalltalk, 104
Sneed, Harry, 253
SOA, 10
Softwareanalyse, 71
Softwareentwickler, 16
Softwareentwicklung, 85
Softwareprojekt, 7
Softwarequalität, 243
soziale Beziehungen, 99, 100, 108
soziale Dimensionen, 93
Spezifikation, 34
Spiegeln, *siehe* Pacing
Spiele der Erwachsenen, 158, 159
Spielraum, 62
Sponsoren, 18
Sprenger, Reinhard K., 87
Stakeholder, 15–17, 19, 21, 27, 284
Stakeholder Elicitation, 14–16
Stakeholder-Management, 21
Stakeholder-Map, 19
Standardlösung, 72
Standup-Meeting, 35
Stärken, 140, 172
Starre, 329
statische Struktur, 84
Statistik, 167
Stehung, 35
Steigerung, 53, 55
Stimmigkeit, 93

Stimmlage, 154
Stimmungsbild, 280
Storming, 269–271
Störungen, 147, 279
Störungskultur, 83, 85
Streit, 257
substantivierte Verben, 53
Suggestivfrage, *siehe* Frage
Superlativ, 53, 55
Support, 16
Sympathie, 27
Systemadministrator, 16
Systembetroffene, 18
Systemkonflikt, *siehe* Konflikt
Systemkontext, 93, 129, 130
Systemlandschaft, 15
Systemwartung, 16

T
TA, *siehe* Transaktionsanalyse
TALK, 116
TALK-Modell, 325
Taten statt Worte, 257
Tatendrang, 103
Tatsachenaspekt, 115
Team, 4
Teamentwicklungs-Workshop, 244
Teamfähigkeit, 190
technischer Prozessdesigner, 11
Telefonunterhaltung, 82
Teufelskreis, 199, 246, 331
Teufelsquadrat, 253, 254
Textverarbeitung, 82
Tiefenpsychologie, 315, 316
Tiefschlaf, 101
Tilgungen, 56
Timebox, 205, 206, 219, 220
Titel, 172
Tonfall, 86
Tool, 8
Transaktion, 145, 147, 322, 326
    gekreuzte, 151, 258
    komplementäre, 150, 258
    parallele, 148
    verdeckte, 153
Transaktions-Reaktion, 322
Transaktions-Stimulus, 322
Transaktionsanalyse, 145, 158, 159, 172,
    258, 260, 266, 322, 336
Transaktionsarten, 148
Transfer, 5